코기토 총서

세계사상의 고전

코기토 총서 031
세계사상의 고전

칼 폴라니 총서 3

다호메이 왕국과 노예무역

어느 고대적 경제에 대한 분석

칼 폴라니 지음 | 홍기빈 옮김

도서출판 길

옮긴이 홍기빈(洪基彬)은 1968년 서울에서 태어나 서울대 경제학과를 졸업했다. 같은 대학교 대학원 외교학과를 거쳐 요크 대학 정치학과 박사과정을 수료했다. 현재 글로벌 정치경제연구소 소장을 역임하고, 칼 폴라니 사회경제연구소 연구위원장을 맡고 있다. 또한『뉴레프트리뷰』한국어판 편집위원으로도 활동하고 있다. 저서로『아리스토텔레스 경제를 말하다』(책세상, 2001),『투자자─국가 직접 소송제: 한미 FTA의 지구정치경제학』(녹색평론사, 2006),『소유는 춤춘다 : 세상을 움직이는 소유 이야기』(책세상, 2007),『자본주의』(책세상, 2010),『비그포르스, 복지 국가와 잠정적 유토피아』(책세상, 2011) 등이 있고, 역서로는『전 세계적 자본주의인가 지역적 계획경제인가 외』(책세상, 2002),『다수 문명에 대한 사유』(책세상, 2005),『자본의 본성에 관하여 외』(책세상, 2009),『거대한 전환』(도서출판 길, 2009),『자본주의 : 어디서 와서 어디로 가는가』(미지북스, 2010),『돈의 본성』(삼천리, 2011),『자본주의 고쳐쓰기』(한겨레출판, 2012),『자본주의 특강』(삼천리, 2013),『북유럽 사회민주주의 모델』(책세상, 2014),『신자유주의의 좌파적 기원』(글항아리, 2015),『칼 폴라니, 새로운 문명을 말하다』(착한책가게, 2015) 등이 있다. 온라인과 오프라인의 여러 매체에 지구정치경제 칼럼니스트로 정기·비정기 기고를 하고 있다. 주요 연구 분야는 지구정치경제의 구조 변화와 일본 자본주의 구조 변화이며, 서구 정치경제사상사에 대한 연구를 병행하고 있다.

코기토 총서 031
세계사상의 고전

칼 폴라니 총서 3

다호메이 왕국과 노예무역

어느 고대적 경제에 대한 분석

2015년 4월 1일 제1판 제1쇄 인쇄
2015년 4월 10일 제1판 제1쇄 발행

지은이 | 칼 폴라니
옮긴이 | 홍기빈
펴낸이 | 박우정

기획 | 이승우
편집 | 권나명
전산 | 김기분

펴낸곳 | 도서출판 길
주소 | 135-891 서울 강남구 신사동 564-12 우리빌딩 201호
전화 | 02)595-3153   팩스 | 02)595-3165
등록 | 1997년 6월 17일 제113호

한국어판 ⓒ 도서출판 길, 2015. Printed in Seoul, Korea

ISBN 978-89-6445-113-7 93300

시장경제의 모순을 극복하고 보다 인간화된 경제를 위해 '제도화된 과정으로서의 경제'를 주창한 칼 폴라니
그는 『다호메이 왕국과 노예무역』에서 '시장경제의 신화'가 인류를 지배하기 이전에 고대적 경제에 존재했
던 '제도화된 과정으로서의 경제'의 구체적 모습을 역사학적·인류학적으로 조사·분석하여 막다른 골목
에 처한 냉전 시대 이후의 현대 문명을 구출할 하나의 중요한 활로를 제시하고 있다.

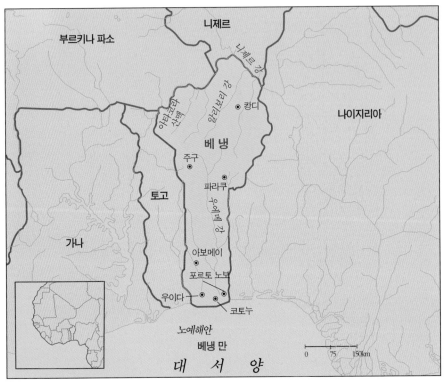

부르키나 파소

니제르

나이지리아

토고

가나

니제르 강

아타코라 산맥

알리보리 강

캉디

베냉

주구

파라쿠

우에메 강

아보메이

포르토 노보

우이다

코토누

노예해안

베냉 만

대 서 양

0 75 150km

과거 역사에서 다호메이 왕국으로 더 잘 알려진 현재의 베냉(Benin)

서아프리카의 나이지리아와 토고 사이에 폭 120킬로미터의 폭으로 내륙으로 길게 뻗어 들어간 국토를 가진 베냉은 한반도 면적의 1/2 정도 크기이다. 대량의 인신공양과 식인 의례 그리고 피지배계급에 대한 지독한 착취 등 잔인하고 피비린내 나는 여러 문화적 특징들로 유명했던 다호메이 왕국이었지만, 독특한 국가경영술과 서양 세력과의 노예무역을 통해 강력한 중앙집권적 체제를 구축하였다.

다호메이 왕국에서 교환수단으로서의 화폐 기능을 한 카우리 조개껍데기

다호메이 왕국의 독특한 경제제도를 대표하는 카우리 화폐는 끈으로 엮는다는 것을 빼면 아무런 손질도 가해지지 않았고, 몰디브 제도의 산호초에서 '거두어들인' 그 자연 상태를 그대로 유지하고 있었다. 이 화폐는 다호메이 왕국의 국가정책으로 말미암아 일종의 통화로서의 지위를 얻게 되었는데, 나중에 프랑스 관리가 들어오고 여러 금속 통화가 도입되며 또 교환수단으로서의 화폐가 보편적으로 사용되자 다호메이에서도 더 이상 이것을 통화로 사용하지 않게 되었다.

다호메이 왕국의 계조(Gezo, 재위 1818~58) 왕
그는 서양과의 적극적인 노예무역을 위해 북쪽으로
영토를 확장하여 인접한 나이지리아의 요루바족과
도 자주 전쟁을 벌였다.

다호메이 왕국의 여전사
이들은 성적(性的) 경험이 없는 처녀들 중에서 자원
한 자로 구성된 대규모 정예병으로 왕궁 근처에 거
주했다.

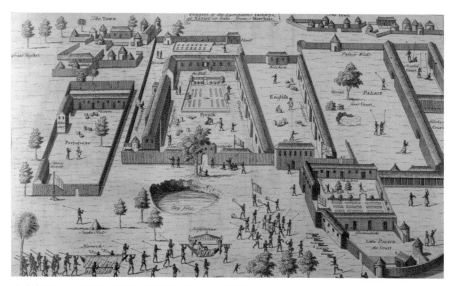

우이다(Whydah) 왕국의 정치적 수도였던 사비(Savi)의 궁정 모습
아르드라 왕국의 속국이었던 우이다는 17세기 말 황금해안에 몰아치던 노예무역의 물결을 타고 국가로 자
라났다. 촌락이었던 사비는 왕국의 정치적 수도였으며, 도시였던 우이다는 상업적 수도였다. 작은 규모의
궁정에서는 소수의 토착민 고관들이 왕을 보위하면서 왕실의 행정을 보고 있었다. 심지어 유럽의 외교 및
군사 인력들조차 왕이 머무는 주거복합체 내에 숙소를 두고 있었다.

노예무역의 전초기지였던 엘 미나(El Mina) 성(城)

고대부터 독특한 무역 형태의 한 유형을 보여준 교역항(port of trade)은 경제적 관리행정 메커니즘, 정치적 중립성, 운송의 용이함 때문에 중요시되었다. 엘 미나 성 역시 교역항의 요지로 1482년 포르투갈인들이 금광 개발을 목적으로 건설했으나, 네덜란드인들이 점령한 이후부터는 노예무역의 전초기지가 되어 '노예의 성'이라는 별명까지 얻기도 했다. 이 성은 가나의 수도 아크라로부터 서쪽 해안으로 200킬로미터 떨어진 곳에 위치하고 있는데, 이곳을 통해 수많은 흑인 노예들이 대서양 건너편의 사탕수수 플랜테이션을 위해 강제로 끌려갔다.

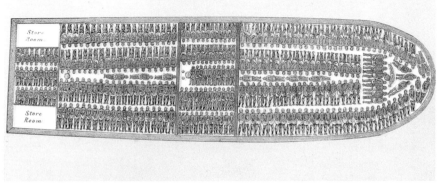

흑인 노예들을 태워 보냈던 노예선의 내부 모습

학자들에 따르면 300여 년 동안 노예로 팔려간 흑인 노예는 거의 1억 명에 육박했지만, 열악한 노예선과 불결한 위생 상태, 탈출 시도 등의 이유로 무사히 대양을 건너간 것은 2천만 명 정도였다고 한다.

편집자 서문

　칼 폴라니(Karl Polanyi, 1886~1964)는 1964년 4월 26일 77세를 일기로 타계하였다. 이로써 조용히 연구에 파묻혀서 경제사와 경제인류학 분야에서 가장 생산적인 이들 중 한 사람이 된 그의 인생이 끝났을 뿐만 아니라, 가장 20세기적이면서 가장 격렬하게 20세기를 살았던 학자 한 사람이 사라지게 된 것이다. 폴라니가 그의 생애 후반기에 키웠던 학생들은 폴라니의 박식함과 일상사에 대한 무관심에 워낙 깊은 인상을 받았는지라 그를 "다른 세상 사람"이라고 불렀지만, 폴라니는 그가 살았던 세계의 태풍의 눈 속에 있었던 사람이었다.

　젊은 시절 그는 부다페스트에서 '갈릴레이 학회'(Galilei Society)를 창립했다. 갈릴레이 학회는 1900년대 헝가리에서 자유주의 혁명의 요람이라고 묘사할 수 있는 집단이었다. 이 조직과 연결된 투쟁 때문에 그는 부다페스트 대학에서 퇴학당했으며 결국 콜로주바르(Kolozsvár) 대학―당시는 헝가리 도시였지만 지금은 루마니아에 속하고 대학은 문을 닫았다―에서 법학으로 학위를 마쳤다. 제1차 세계대전 중에는 기병 장교로 근무하였다. 전쟁이 끝난 뒤에는 병을 얻은 데에다 정치적 망명객이 되어 빈(Wien)으로 이주하였다. 여기에서 그는 『오스트리아 경제지』(*Oesterreichische*

Volkswirt)에서 국제 문제 분석을 담당하는 칼럼니스트이자 논평가가 되었다. 그래서 그는 여러 해 동안 『타임스』(*Times*), 『르 탕』(*Le Temps*), 『프랑크푸르터 차이퉁』(*Frankfurter Zeitung*) 등과 빈의 모든 신문들, 게다가 부다페스트와 다른 여러 도시들에서 온 관련 신문들을 읽어댔다. 1930년대의 격랑 속에서 『오스트리아 경제지』가 계속 앞길을 헤쳐가기 위해 그 자유주의적 전통을 포기해야 하는 상황에 이르자 폴라니는 직장을 잃고 영국으로 이주해야 했다.

그의 첫 번째 미국 여행은 1930년대 후반과 1940년대 초기에 이루어졌다. 그는 거의 모든 주(州)를 돌아다니면서 대학의 청중들에게 유럽의 역사, 경제, 시사를 이해할 수 있는 배경을 강의하였다.

영국에서는 옥스퍼드 대학의 외부강좌 특별위원회(Extramural Delegacy)와 이에 해당하는 런던 대학 기관인 노동자교육협회(Workers' Educational Association)와 긴밀하게 협조하며 활동하고 있었는데, 영국에 머무는 동안 폴라니는 그곳에서 강사(tutor)가 된다. 여기에서 그는 영국 경제사를 다시 분석하는 작업에 몰두하였고 이것이 나중에 『거대한 전환』(*The Great Transformation*)이 된다.

제2차 세계대전이 끝난 후 폴라니는 컬럼비아 대학에 와서 경제사를 가르친다. 여러 인문·사회과학 학과에서 모여든 학생들에게 그가 끼친 영향은 지대했다. 그의 수업은 항상 인기가 있었고 출석률도 좋았다. 컬럼비아 대학에 있던 말년 그리고 퇴임 초기에 걸쳐 폴라니는 콘래드 애런스버그(Conrad Arensberg)와 힘을 합쳐서 여러 경제체제들을 비교·연구하는 대규모 학제적 연구 프로젝트를 이끌었다. 그 결과물인 『초기 제국의 교역과 시장』(*Trade and Market in Early Empires*)은 경제사와 경제인류학에서 하나의 이정표가 된 저작이다.

다호메이(Dahomey)에 대한 폴라니의 관심은 바로 이 '프로젝트'에 참여하던 시절에 시작되었다. 그의 학생 가운데 한 명이었던 로즈머리 아널드

(Rosemary Arnold)는 『초기 제국의 교역과 시장』에 다호메이를 다룬 두 개의 논문을 실었다. 폴라니는 여기에 흥미를 갖기 시작했고 그 특유의 철저한 태도를 동원하여 이 서아프리카 왕국에 대한 문헌을 완전히 파고들어갔다. 이 책은 바로 이렇게 폴라니가 학자로서의 생산력을 보이던 마지막 몇 년간 쓰인 저작이며, 여기에 조수로 도움을 준 에이브러햄 랏스틴(Abraham Rotstein)은 처음에는 대학원생이었지만 이 책의 작업에 참여하던 때에는 토론토 대학에서 강의를 하고 있었다.

『다호메이 왕국과 노예무역』은 폴라니의 미망인인 일로나 두친스카 폴라니(Ilona Duczyńska Polanyi)가 출판을 위해 세심하게 준비한 원고에 기초했으며, 여기에 준 헬름(June Helm)도 베릴 길러스피(Beryl Gillespie)의 도움을 얻어 지칠 줄 모르고 노력을 보탰다. 조지 돌턴(George Dalton)은 참고문헌에 도움을 주었으며, 초고의 의미가 불명확한 몇 군데에서 의미를 밝히는 데에 대단히 값진 역할을 하였다. 하지만 대부분의 텍스트는 폴라니가 쓴 그대로이다(제3장과 제4장의 저본은 랏스틴의 초고를 폴라니가 다시 쓴 것이다). 수전 메설리(Susan Messerley)는 본문에 밝혀져 있지 않은 많은 참고문헌의 출처를 대조했다.

이 책이 인류학에 절대적으로 중요한 몇 가지 이유가 있다. 그중 가장 강력한 이유는 이 책에 역사의 문제와 인류학의 문제가 중첩되어 있다는 것이다. 서아프리카 대왕국들 가운데 하나인 다호메이의 경제사를 우리에게 알려주는 것 이외에도 이 책은 경제인류학에 새로운 이론을 제시하고 있다. 특히 제3부에서 폴라니는 완전히 성숙한 화폐경제를 가진 민족과 그렇지 않은 민족 사이에 벌어지는 교역의 복잡한 여러 사정들을 분석하고 있으며, 또 그가 경제통합의 원칙들에 '가정경제'의 개념을 추가하는 부분들 또한 큰 중요성을 띠고 있다.

폴라니가 경제사가로서, 헝가리 문학 번역가로서, 행동적 실천가로서, 사람들에게 영감을 불어넣는 선생으로서의 지위를 성취했음은 말할 것도 없고, 경제인류학에서도 확고한 위치를 차지하고 있다. 그는 경제를 연구하는 인류학자들로 하여금 생산 과정보다는 분배 과정에 초점을 둘 수 있게 만들었고, 그 덕분에 경제인류학자들은 경제 이론을 여러 경제 시스템에 단순히 '적용'하지 않고서도(이 경제 이론은 그러한 경제 시스템들을 설명하도록 고안된 이론이 아니다) 자신들의 연구를 경제 이론과 양립하게 만들 수 있었다. 이러한 큰 진전 덕분에 경제인류학과 비교경제학 연구에서 나타나게 된 '해방'은 실로 19세기 말경 이루어진 가격 메커니즘의 발견 자체에 비견될 정도이다. 우리에게 낯선 다른 경제들이 어떻게 작동했는가를 더 많이 알게 될수록 우리 자신의 경제의 작동에 대해서도 더 알게 되는 법이다. 폴라니의 저작은 인류학이 목적으로 삼는 핵심인 여러 다른 사회의 비교 작업에서 주요한 혜안의 원천으로 앞으로도 계속 남아 있을 것이다.

폴 보해넌(Paul Bohannan)
에번스턴, 일리노이 주
1965년 8월

저자 서문

　이 연구는 경제사 분야의 작업이다. 인류학의 측면에서는 멜빌 허스코비츠(Melville Herskovits)의 『다호메이』(*Dahomey*, 1938)에 크게 의존하고 있다. 이 책은 토론토 대학의 경제학과 강사이자 나의 가까운 친구인 에이브러햄 랏스틴(Abraham Rotstein)과 함께 쓴 것이다. 에두아르 덩라(Édouard Dunglas)의 좀 더 최근에(1957~58) 내놓은 케투(Ketu)의 역사에 대한 설명은 그보다 전에 존슨 목사(Rev. S. Johnson)가 출간한 『요루바인들의 역사』(*History of the Yorubas*, 1921)를 이해할 수 있는 열쇠 역할을 해주었다. 프랑스 흑인 아프리카 지역 연구소(Institut Français d'Afrique Noire, IFAN)에서 나온 포르토 노보(Porto Novo)와 미국 흑인들을 다룬 출간물들은 다호메이에 대한 우리의 문서 자료의 양을 늘려주었다. 마찬가지로 IFAN과 그 중요한 기고자인 메르시에(Mercier, 1951; 1954a, b, c)의 저작 덕분에 니제르 강 만곡 지대(Niger Bend)와 나이지리아에 대한 역사적 지식도 축적되고 있을 뿐만 아니라 어느 정도는 경제적 지식 또한 축적되고 있다. 노예 무역에 대해서는 1791~92년에 걸친 존 존스턴의 선박 문서들(Johnston, 1930), 가스통 마르탱(Martin, 1948), 시몬 버뱅(Berbain, 1942), K. G. 데이비스(Davies, 1957) 등에서 미출간 데이터들을 얻었다. 앙드레 식(Endre

Sík)의 『흑인 아프리카 지역의 역사』(*Histoire de l'Afrique Noire*, 1961~63)는 아프리카의 관점에서 이 주제를 다룬다.

직접 인용하는 경우에는 출처를 글 속에 밝혀놓았다. 다른 주장들의 출처는 하나하나 인용처를 밝히지 않았다. 글에 너무 많은 각주가 달리는 것을 피하기 위해서다.

로즈머리 아널드 여사(Mrs. Rosemary Arnold)는 여러 경제제도의 기원을 연구하는 컬럼비아 프로젝트(Columbia Project)—컬럼비아 대학의 사회과학 연구위원회의 지원으로 1948년에 시작되었다—의 연구 조교로서 18세기 우이다의 교역항에 대한 데이터를 파고드는 작업을 감수하였다. 여기에 감사를 표하고자 한다. 나의 학술 연구 작업에 최초로 우호적인 지원을 제공했던 이는 1947년 런던에서 만났던 더글러스 졸리(Douglas Jolly) 이사였다. 1953~58년의 기간부터 포드 재단은 컬럼비아 대학에서 수행되었던 제도적 성장의 경제적 측면에 대한 학제적 연구 프로젝트에 지원을 해주었다. 이 프로젝트는 나중에도 계속해서 제도적 시각으로부터 다호메이 경제를 연구하는 작업을 아우르고 있었던바, 이 기간 동안에 나의 추가 작업에 도움을 준 여러 학술 기관들이 있었다. 포드 재단의 행동과학 분과(Behavioral Science Division), 베너-그렌 재단(Benner-Gren Foundation), 사회과학 연구위원회(Social Science Research Council), 미국철학학회(American Philosophical Society) 등에 감사를 표한다.

칼 폴라니

■ 차 례

관점

 이 책에서는 18세기에 문자 이전의 상태로 존재했던 다호메이 (Dahomey)라는 흑인 왕국이 이루었던 경제적 성취를 살펴볼 것이다. 초점은 우선 다호메이 왕국의 발흥에 있다. 그리고 다호메이 왕국이 그 뒤켠에서 폭발적으로 터져 나온 근대적 노예무역이라는 세계 교역사의 독특한 국면에 어떻게 적응해 들어갔는가에 있다. 하지만 이 전체 작업을 관통하는 관심이 결코 회고(懷古) 취미는 아니다. 우리가 지금부터 보여줄 분석적인 스케치는 한 경제사가가 자신이 살고 있는 시대가 직면한 문제들에 무언가 보탬이 되기 위한 작업으로서 착상한 것이다. 다호메이가 겪었던 것과 같은 거대한 사회경제적 변화를 현실주의적으로 조망할 수만 있다면 이는 언제 어디서건 사람들의 시야를 크게 넓히고 또 그들이 직면한 여러 문제의 해법을 찾는 작업에도 큰 진전을 가져올 수 있을 것이다. 하지만 설령 과거의 몇 가지 특징들이 우리 시대에 대한 중요한 교훈을 준다고 해도 우리는 예전 세계를 이상화하지 않도록 조심해야 할 것이다.

 공포, 저 권력의 설계자인 공포가 우리 시대를 지배하면서 사람들의 삶을 조직하는 축을 경제적인 사물의 질서에서 정치적·도덕적 질서로 옮아가도록 흔들어놓고 있다. 그야말로 물리적 생존, 자유, 도덕적으로 의미 있는 실존 같은 것들이 지금 당장 우리에게 닥친 절박한 지상명령이다. 겉으로 드러난 모습과는 달리 지금 떠오르고 있는 문제들은 물질적 삶의 문제가 아니라 생존 그 자체 그리고 인간의 존엄과 같은 것들이다. 이렇게 사람들의 삶의 축이 경제에서 정치와 도덕으로 이동하는 거대한 사건이 우리 시대에 벌어지고 있다. 이 책의 관점은 이러한 상황을 배경으로 하고 있다. 이것이 바로 이 책에 깔려 있는 관점이다.

우리가 오늘날 겪고 있는 복잡한 사태들의 역사적 근원은 그다지 옛날로 거슬러 올라갈 필요도 없다. 19세기에는 두 묶음의 사건들이 생겨났거니와 그 둘의 크기와 중요도에는 아주 큰 차이가 있다. 첫째는 기계제 시대의 도래로서, 이는 수천 년의 시간적 지평에서 벌어진 기술적 발전이다. 그 둘째는 시장체제로서, 이는 경제적 삶의 조직 방식을 기계제 시대라는 기술 발전에 적응시키려고 했던 최초의 시도였다.

19세기 기술 발전의 기적에 충분한 기회를 주기 위해서는 경제조직에도 많은 변화가 있어야 했다. 당시로서는 값비싸고 정교한 기계류의 활용을 생산을 목적으로 조직하는 데에 아마도 시장체제가 유일한 방법이었을 것이다. 당시까지 여러 세대에 걸쳐 그저 '선대제'(putting-out system, 先貸制) 정도나 실행하고 있던 당시의 상인계급에게 리스크를 감수할 능력과 용의, 생산물과 소비자에 대한 지식 등은 모두 생전 처음 보는 문제들이었다. 이런 상황에서 기계에 투입되는 원자재가 끊어지는 일 없이 흘러들어오고 또 완성된 생산물들은 모두 처분될 수 있도록 보장하는 유일한 방법은 세상 만물이 거래되는 무수히 많은 시장을 조직하는 것뿐이었다. 사회적 생산의 모든 단계에 대해 시장을 조직하여 그 무수한 시장들을 서로 연관된 하나의 시스템으로 작동시키지 못한다면 기계류에 자본을 투자하는 경제적 리스크가 너무나 커질 것이다. 소비재와 원자재의 구입에 필요한 시장들뿐만 아니라 노동과 토지 또한 공급의 연속성과 이동성을 보장하기 위해서 일종의 사이비 상품으로서 조직되지 않으면 안 되었다. 인간과

20

그 환경 또한 판매를 위해 시장에 내놓은 상품에나 적용되는 법칙들에 지배당하게 된 것이다. 그 결과 자기조정 시장체제에 근접한 시스템이 나타났으며, 이것이 19세기의 벽두에 서구 사회를 혁명적으로 바꾸어놓게 되었다.

인간이 스스로를, 또 자신의 사회를 이런 식으로 생각하게 되면서 나타난 여러 결과들은 실로 치명적이었다. 일단 인간의 살림살이가 서로 연관된 한 묶음의 시장들로 조직되고 이윤 동기에 기초한 경쟁적 태도로 결정되자, 인간 사회는 모든 본질적인 면에서 물질적 이득이라는 목적 앞에 무릎을 꿇는 유기체가 되어버렸다.

두말할 것도 없이 시장체제에서는 경제가 사회적 과정에 끼치는 영향이 압도적이라 할 만하다. 경제의 작동—수요와 공급의 상호작용—은 여기에서 사회의 나머지 부분을 모양짓는 정도가 아니라 아예 '결정'해버린다—삼각형의 변들이 각을 결정하는 것처럼 말이다. 노동시장에서의 수요 및 공급이란 정의상 각각 고용주 및 노동자와 동일하다. 자본가, 토지 소유자, 소작인, 중개인, 상인, 각종 전문직업의 여러 계급들은 토지시장, 화폐시장, 자본시장, 다양한 서비스시장 등에 의해 정의될 뿐만 아니라 현실에서도 그에 따라 창출되었다. 그리고 이러한 사회계급들 각각의 소득은 그 각각의 시장으로 결정되었고 그 지위와 서열은 각각의 소득으로 결정되었다.

일단 기술이 시장체제를 가져오자 이와 같은 제도적 환경이 생겨나면서 인간의 생각과 가치도 경제를 중심으로 삼게 되었다. 자유, 정의, 평등, 합리성, 법의 지배 등과 같은 개념들은 시장체제에서 그 최고 수준에 도달한 것으로 보였다. 자유란 자유기업을 의미하게 되었으며, 정의란 사적 소유의 보호, 계약의 존중과 보호, 시장이라는 배심원이 내리는 자연적 평결로서의 가격 결정 등을 핵심으로 삼게 되었다. 어떤 사람의 재산, 수입과

소득, 소유물의 가격 등은 이제 마치 경쟁시장에서 형성된 것인 양 여겨짐으로써 정당화되었다. 평등이란 이제 모든 이들이 모든 이들을 상대로 삼아 계약을 맺을 수 있는 무제한의 권리를 뜻하게 되었다. 합리성이란 효율성 그리고 이익 극대화를 지향하는 시장적 행동으로 표상되었다. 시장은 이제 유일한 경제제도가 되었고, 시장의 규칙들은 법의 지배와 동일해져 모든 사회관계를 재산과 계약이라는 규범으로 환원해버렸다.

현대의 교환경제는 간접적으로라도 이런저런 물질적 수단에 의존할 수밖에 없는 사회의 모든 측면들을 범위 안에 포함하는 단일한 시장 시스템이다. 그런데 우리의 사회적 실존에서 한두 가지라도 물질적 수단을 전혀 쓰지 않은 채 실행될 수 있는 부분이란 없다고 해도 좋다. 따라서 경제(즉 물적 수단을 조달하는 과정)를 지배하는 원리들은 절대적인 원리들로 간주되기에 이르렀다.

이 책의 새로운 관점은 이와는 전혀 다른 것들에 우선성을 부여할 필요가 있으며, 그럼으로써 사회에 대한 경제의 위치를 상대적인 것으로 볼 것을 요구한다. 오늘날 예전에 잊혀졌던 대륙들에서 갑자기 산업화가 이루어지고 있으며, 또 이미 산업화된 나라들은 이제 전기 자동화 및 핵 발전 등을 통해 전인미답의 경지로 나아가고 있다. 그런데 이제는 퇴물이 되어버린 우리의 시장적 사고방식이 이러한 새로운 시대에 발생하는 문제들에 대해 현실주의적으로 접근하는 데에 장애물이 되고 있는 것이다(Polanyi, 1947).

서구 문명은 지금 어떠한 취약성에 눌려 허덕이고 있건만, 이 점은 제대로 인식조차 되고 있지 않다. 서구 문명을 짓누르고 있는 그 취약성은 그 경제적 운명을 결정해버린 그 독특한 조건들에 있다(Polanyi, 1944). 서구인들은 이윤의 원리를 절대화해놓았기에 다시 그것을 복속시킬 능력을 잃어버렸다. '경제'라는 말은 이제 인간의 물질적 살림살이와 그것을 확보할 수 있는 실질적 기술이라는 뜻을 상기시키는 것이 아니라 우리가 흔히 '경제적'이라고 부르는 데에 익숙해져버린 특정한 종류의 동기들, 독특한 태도들, 특정한 목표들을 뜻하는 것이 되고 말았다. 이런 것들 자체는 현실의 실질적 경제와 무관한 것들인데도 말이다. 이런 것들이 마치 실질적 경제에서 필연적으로 도출되는 것들인 양 여겨지게 된 것은 오로지 근대 서구 문명의 독특한 문화적 특징들 때문이며, 그 특징들의 상호작용도 결코 영구적이지 않다. 결국 경제의 영구적인 특징들은 뒷전으로 밀려나고, 도리어 일시적인 특징들이 우리에게는 마치 본질적인 것들인 양 보이고 있는 것이다.

이러한 19세기의 망상에 계속 사로잡혀 있게 된다면, 이념적으로나 제도적으로 삶으로의 길은 막혀버리게 된다. 그러한 망상은 지금 새롭게 나타나고 있는 사회적 조건에서 물질적 생산을 어떻게 조직할 것인가의 문제를 다루는 데에 심각한 장애를 가져와 우리들을 마비시키고 말 것이다. 기계제 시대는 그 성격상 금방 끝나는 것이 아니라 장구한 기간 동안 지속될 것이다. 따라서 이 책에서의 우리 관점은 그 기계제 시대가 나타나면서 우리에게 제기되었던 질문, 즉 인간의 삶과 사회를 어떻게 해야 할 것인가라는 질문을 계승하는 것이다. 시장체제가 대단히 최근에 나타난 혁신임에도 불구하고 사람들은 벌써 노동시장이나 토지시장이 존재하지 않았던 사회들을 이해하는 능력에 큰 장애를 보이고 있다. 노동시장과 토지시장이 없다면 이러한 경제의 작동은 전혀 설명될 수 없는 것처럼 보일 것이다. 이 경우에는 생산의 가장 기본적인 요소인 토지와 노동이 어떻게 처분되는지를 설명할 길이 없기 때문이다. 경제사가인 내가 고대적 사회(archaic society)에 결정적인 관심을 갖는 것은 아주 당연하게도 그 사회의 경제적 과정을 이행하는 수단이 되었던 여러 구조, 여러 제도, 여러 조치들을 확인하는 데 있다.

시장체제의 작동을 설명하기 위해 고안된 경제학적 개념들을 시장체제가 아닌 경제체제의 제도적 틀에다 적용하게 되면 반드시 편견으로 왜곡된 결과를 낳게 되어 있다. 예를 들어 교역이나 화폐 같은 기본 용어의 정의를 생각해보자. 교역은 시장에서 가격의 명령에 따라 재화가 쌍방향으로 운동하는 것으로 정의되고, 화폐란 그 쌍방향의 재화 운동을 손쉽게 해주는 수단으로 정의되며, 교역과 화폐라는 요소가 분명히 보이는 경우라면 여러 시장이 존재하고 있다는 것이 당연한 공리(公理)처럼 전제되고 만다. 하지만 이러한 접근은 완전히 그릇된 것일 수 있다. 함무라비 대왕 시절의 바빌로니아에서는 여러 도시에 시장터 자체가 아예 존재하지 않았다. 하지만 이 사실은 고대 메소포타미아를 연구하는 학자들의 관찰을 벗어나고 말았다. 게다가 위에서 정의한 것과 같은 화폐의 개념도 만족스러운 것이 되지 못한다. 화폐가 반드시 교환의 수단일 필요는 없다. 화폐는 지불수단일 수도 있고, 가치표준으로 사용될 수도 있으며, 여러 다른 물체나 물질 단위들이 서로 다른 용도로 쓰이면서 공존할 수 있다. 바빌로니아에서는 보리가 임금이나 지대를 지불하는 수단으로 쓰였던 반면, 가치표준으로 사용된 것은 은(銀)이었다. 시장 자체가 없는 상황이었으므로 어떤 특정한 물건들—일정량의 토지나 가옥, 몇 명의 노예들, 육축 몇 마리, 배 한 척—을 제외하면 교환 자체가 벌어졌다는 증거가 아주 드물다. 그리고 교환이 벌어진 경우라 해도 실제로 은(銀)을 화폐로 사용한 경우는 거의 보이지 않는다. 차라리 기름, 포도주, 양모, 그 밖의 물품들 중 하나가 이 고정된 등가비율로 차별 없이 교환수단으로 쓰였었다.

교역에서도 상황은 비슷하다. 바빌로니아에서는 이집트와는 대조적으로 아주 광범위하게 교역이 이루어졌으며, 현대의 학자들은 이를 시장적 교역이라고 생각하였다. 그 결과 관리교역(administered trade)과 선물교역(gift trade)이라는 성격은 완전히 간과되었다. 그렇지만 선물교역이야말로 고대의 여러 제국들 사이에서 주된 교역 형태였다. 다른 하나인 관리교역 또한 바빌로니아 시대로부터 시작되어 전근대사회의 저 중요한 제도였던 '교역항'(port of trade)에 이르기까지 끊이지 않고 계속 시행되어왔던 것이다.

가격의 개념 또한 이러한 운명에서 벗어나지 못했다. 가격이란 당연히 시장가격을 뜻하는 것으로 간주되었다. 하지만 사실을 보자면 고대사회에서 가격이란 관습, 법령, 선포 등으로 고정되는 경우가 대부분이었으며, 따라서 사실상 일반적으로 가격이라는 용어로 부를 수도 없는 것이었다. 이것은 아래로도 위로도 변동한 적이 결코 없기에, '고정가격'이라는 말로 묘사하는 것 자체가 아주 잘못된 것이다. 아마도 '등가물들'(equivalents)과 같은 새로운 용어를 쓰는 것이 필요할 것이다. 여기서 이것은 한 종류의 재화가 다른 종류의 재화로 대체되거나 교환되는 영구적인 비율을 뜻하는 말로 쓴 것이다. 그리고 이 두 경우에서 등가의 종류가 다르다는 것을 명심해야 한다. '대체되었다'란 '현물'조세의 지불이라든가 점수제(point system)로 물품을 배급할 적에 어떤 배급품을 선택할 것인가와 같은 일방적 운동을 말하며(대체적 등가물들substitutive equivalents), '교환되었다'란 한 종류의 대체 가능물을 고정된 비율에서 다른 대체 가능물로 구매하는 경우와 같은 재화의 쌍방향 운동(교환적 등가물들exchange equivalents)을 말한다.

이 모든 오류의 근원은 교환을 유일한 경제관계의 형태로 최고의 자리에 올려놓은 데에 있다. 따라서 물품을 얻을 수 있게 되는 경우는 모조리 '공급'이라는 시장적 용어를, 또 물품이 일정한 목적에 수단으로 소용되는 경우는 모조리 '수요'라는 시장적 용어를 사용하는 것이 유효하다는 주장까지 나오게 된 것이다. 경제학자들은 이토록 얄팍한 근거 위에서 모든 인간 세상은 잠재적으로 시장체제라고 해석하였다. 하지만 사실을 보자면 근대 이전 세계의 경제조직에서 교환 이외의 여러 패턴들이 확인된다. 원시공동체에서는 상호성(reciprocity)이 경제의 사활을 결정짓는 특징이다. 고대의 여러 경제에서는 중앙으로부터 광범위하게 재분배(redistribution)가

행해졌음을 볼 수 있다. 이보다 좀 작은 규모이지만 농민 가족의 살림살이 패턴은 가정경제(householding)이다. 그런데 상호성과 가정경제가 이토록 일반적으로 영위되었음에도 불구하고, 교환으로 환원될 수 있는 것만을 경제현상으로 인식하는 현대의 관찰자들의 눈에는 전혀 보이지 않았다.

다호메이의 경제는 중앙과 지역의 균형에 기초를 두고 있었다. 중앙에 서는 재분배 행정을 시행하였고, 지역에서는 상호성 및 가정경제의 여러 제도들이 얽히고설킨 데다가 다시 마을장터(local markets)에 의해 보완되어 한 덩어리를 이루면서 일정한 자유를 누리고 있었다. 중앙에서 계획하는 농업은 촌락의 자유와 한 짝을 이루고 있었다. 정부가 주도하는 대외무역은 마을장터와 공존하면서도 시장체제를 형성하는 것은 회피하였다. 다호메이는 고대적 사회였지만 법의 지배에 근거한 강고한 구조를 가지고 있었으며, 화폐는 시장체제에서는 찾아볼 수 없는 여러 기능들을 갖추고 있어서 신분제도를 더욱 강화해주고 있었다.

경제사가라면 구할 수 있는 과거 데이터를 객관적으로 조명해야 한다. 예를 들어서 고도로 계층화되었으면서 종교적·정치적·경제적 이유에서 문자 기록을 금지하고 원하지 않는 외부와의 문화적 접촉보다 고립을 선호하는 사회들이 존재했다는 점을 생각해보면, 문자를 쓰는지 여부를 문명의 기준으로 보는 짓을 그만두게 될 수 있다. 여기서 아샨티(Ashanti)나 다호메이 사람들이 마음속에 떠오른다. 이들은 문자를 사용하지도 않았는데 전쟁이나 교역 및 통화에서 그토록 높은 성취를 이룰 수 있었을까? 그 대답은 비록 오늘날은 잊혀져버렸지만 문명 진화에서 '도구 조작 단계'라고 부를 수 있는 것에서 찾을 수 있다. 복잡한 기계적·조직적 과정을 굳이 개념화하지 않고도 몇가지 도구 장치들을 사용하여 성공적으로 수행한다는 의미에서 '도구 조작'이라고 부른다. 이 조작적 장치의 예로는 조약돌을 사용한 통계라든가 세분화된 숫자 체제라든가 하는 것이 있는데, 일부 초기 국가들—고대사회의 원형들—이 원시 상태에서 빠져나올 수 있었던 것도 바로 이 조작적 장치들을 사용한 덕분이었을 것이다. 예를 들어 다호메이에는 숫자의 셈법이 두 가지 있으니, 첫째는 카우리 화폐를 셀 때 쓰는 셈법이고 둘째는 예를 들어 '사람과 쥐들', 즉 나머지 모든 것을 세는 셈법이었다. 이러한 장치들은 오늘날 기계적 과정으로 사유 과정을 대체하고 능가해버린 IBM에 견줄 만큼 의사소통의 진보를 이루었던 것이다.

초기 국가에서 행정이 상당한 성공을 거둘 수 있었던 또 다른 원천은 높은 수준의 국가경영술(statecraft)이었다. 이렇게 국가경영술 수준이 높았던 것은 부분적으로는 시장체제가 존재하지 않았기 때문이지만, 나중에 가면 시장체제가 정부를 대체하는 경향을 띠게 된다. 마찬가지 이유에서 현대를 괴롭히고 있는 문제의 하나인 정치적 기술의 쇠퇴는 아마도 시장이 점차 확장되면서 나타난 결과라고 추론할 수 있다.

어찌되었든 18세기 다호메이 왕국을 연구하게 되면 국가를 지도할 줄 아는 재능이 유럽인들만 타고난 특권이 아니라는 것이 밝혀진다. 서로 인접해 있던 다호메이 왕국과 아샨티 왕국은 기니 해안에서 독립적으로 존재하면서 의도적으로 그리고 아주 능숙하게 수세기에 걸쳐서 별개의 통화를 사용하였다. 서로 간에 상업적 교류가 광범위했음에도 환율은 안정적으로 유지되었다. 아샨티 왕국은 사금(砂金)을 썼고 다호메이는 카우리─서아프리카를 침략한 제국주의자들은 화폐로 사용된 이것이 참으로 파악하기 어려운 것임을 곧 알게 된다─를 사용하였다. 게다가 영국인들과 프랑스인들은 노예무역에서 마찬가지로 서로 안정된 가상의 통화를 사용하였다.

오늘날 아프리카 토착의 이러한 도구 조작 단계의 문명은 사라졌으며, 문자를 사용하는 문명으로 대체되었다. 아프리카 대륙에서 깨어나고 있는 몇몇 나라들에서는 예상을 깨고 높은 수준의 국가경영술이 다시 나타날지도 모른다. 심지어 자유와 관료제 사이에서, 또 중앙계획과 시장 사이에서 벌어지는 아슬아슬한 갈등들도 아주 새로운 것은 아니다. 복잡한 행정이 나타나면서 자유가 위협을 받는다든가 자유교환과 중앙계획 사이에 모순이 벌어진다든가 하는 일들은 이미 고대경제에서도 나타났던 바 있다. 다호메이 왕국에서도 이 두 가지 딜레마 모두가 존재하면서 서로 상호작용을 벌였던 것으로 보인다.

초기 국가의 사회구조를 보게 되면 자유와 효율성 모두를 보호하는 장치로서 작동하는 제도들을 풍부하게 발견할 수 있다. 다호메이의 시골로 가보면 마을과 숲속마다 크고 작은 시장터가 즐비하게 존재했지만, 어떤 작물을 경작할지는 수도로부터의 중앙계획으로 지도되었다. 해외무역은 시장과는 별개의 관료적 네트워크를 채널로 삼는 '교역항'이라는 매개체를 통해 이루어졌다. 중앙행정은 왕권의 자의적(恣意的) 통치 가능성을 막기 위하여 전통과 자유를 담은 요람이라 할 가족적 삶 및 지역적 삶에서 생겨나는 각종 활동들과 분리되었다. 이렇게 왕의 법적 관할권에 한계를 정한 데다가 또 왕궁 내에서 벌어지는 통화, 조세, 무역, 군사안보 등의 기능을 행정적으로 서로 분리했으며, 지역의 자율성은 왕 자신도 감히 건드릴 수 없는 까마득한 과거부터 내려오는 관습에 확실하게 뿌리내리고 있었다.

근대인은 이제 경제사가의 몸을 빌려서 식민지가 되기 전의 아프리카로 다시 한 번 파고들어가본다. 18세기와 19세기 영국 탐험가들이 보았던 다호메이 왕국은 무시무시한 전사들의 나라, 헤로도토스(Herodotos)에 나오는 반쯤은 신화에 가까운 스키타이 전사들 이래 감히 아무도 상대할 수 없는 군사력을 자랑했던 여전사 군대의 나라였다. 쌓아올린 인골이 피라미드를 이루고, 조상숭배가 요구하는 의무 때문에 대규모 인신공양이 벌어졌으며, 또 종교적인 식인(食人)이 상당히 있었던 곳이기도 했다. 또 이 다호메이가 바로 브리스틀(Bristol)과 리버풀의 노예상인들이 필설로 형용하지 못할 끔찍한 조건으로 서인도제도로 끌고 가 노예로 팔기 위해 전쟁

포로들을 포획해온 그 다호메이이기도 하다. 하지만 이 책에서 제기하는 문제들은 우리 선조들이 인류에게 저지른 용서하지 못할 범죄의 문제를 다루지 않을 것이며, 마찬가지로 아프리카인들이 결국 최근에 와서 개인의 자유와 진보라는 이상을 받아들이게 되었다는 점도 다루지 않을 것이다. 우리는 어느 쪽 방향으로건 시대착오적인 기준을 들이대 판단을 내리는 오류를 범하지 않도록 조심해야 한다.

재분배, 상호성, 가정경제는 그 하나하나가 별개의 경제체제에 해당하는 것은 아니다. 따라서 고대적 경제의 상은 필연적으로 파편적이 될 수밖에 없다. 크게 보아 교환에 기초를 둔 통합된 국민경제(Volkswirtschaft)를 가진 것은 근대사회뿐이라는 카를 뷔허(Karl Bücher, 1913)의 주장이 떠오른다. 고대경제에서는 카를 로트베르투스(Karl Rodbertus, 1865)가 말한 오이코스(oikos, 고대 그리스인들이 '가정'house을 부른 이름)가 경제의 모범 형태였으며, 시장이 없었던 것은 아니지만 경제에 단일한 시장 시스템이 존재했던 것은 아니었다. 하지만 다호메이 왕국에 존재했던 교환 패턴을 소개하면서 우리는 각종 시장, 화폐, 무역 등 서구의 국민경제들을 이루는 바로 그러한 구성요소들에 대한 이야기도 풀어놓게 될 것이다. 이렇게 되면 모종의 경제체제를 구성할 요건들을 충족시키는 것이 아니냐는 생각이 들지도 모르겠다. 하지만 비록 다호메이에는 각종 시장이 있었지만, 이러한 시장들은 서로 고립되어 있었지 서로 연관되어 단일 체제를 구성하지는 않았다. 이 점이 지금까지 간과되었던 주된 이유는 시장, 화폐, 교역이 서로 불가분의 하나라는 잘못된 생각이 지배해왔기 때문이다. 하지만 18세기와 19세기를 지배했던 편견과는 반대로 교역, 화폐, 시장은 동일한 모태에서 함께 태어나지 않았으며 사실 서로 각자의 독자적 기원을 가지고 있다. 교역과 화폐의 여러 기원들은 인류의 선사시대의 어둠 속에 묻혀 있지만, 시장은 그보다 나중에 벌어진 발전의 결과물이다.

서구적 사유는 교역과 화폐가 시장이라는 제도의 기능들 이외의 무엇일 수 있다는 상상력을 거의 상실해버렸다. 이는 현대 시장경제에 대해서는 올바른 해석임이 분명하다. 이 경우에는 교역, 화폐, 시장이 시장 메커니즘의 여러 기능들로서 융합되며, 우리는 그것이 단일한 경제체제를 구성하는 것을 보고 놀라게 되니까. 그리고 이 과정을 전반적으로 통합하고 또 반복하게 해주는 힘은 시장을 통해 나타나는 수요와 공급이 제공한다는 것이 또한 서구적 사유이다. 하지만 경제사를 좀 더 넓게 살펴보면, 교역과 화폐의 여러 용법, 시장의 여러 요소들은 서로에 대해 상대적으로 독립성을 가지면서 발생했고 또 발전해왔음을 알게 된다.

교역은 본래 먼 거리를 뛰어넘어 재화를 운반하고 획득하는 행위를 말한다. 이는 오직 한 방향으로만 벌어지는 행위로서, '수입의 이해'(import interest)에 복무하는 것일 뿐이다. 쌍방향이라는 요소가 들어오게 되는 것은 주로 원정교역이나 선물교역을 통해서이다. 지불에 쓰이는 화폐는 배상이라든가 의례(儀禮)상의 벌금 등과 같은 구체적 상황에서 기원하였다. 인류학자들과 고대사가들은 최근 교역과 화폐가 자신들이 연구하는 사회에서 자주 나타나는 특징이지만 시장은 그렇지 않다는 사실을 보여주었다. 이는 시장이라는 말이 요즘 쓰이는 두 가지 의미 모두에서 그렇다는 것이다. 첫째는 구매자와 판매자가 대면하여 주로 식료품이나 조리된 음식 같은 생필품을 사고파는 **장소**로서의 의미이며, 둘째는 **수요-공급-가격 메커니즘**의 의미로서, 이는 굳이 어느 구체적 장소에 묶여 있을 필요가 없다.

다호메이 경제에서 교환이라는 패턴이 맡았던 역할을 살펴보게 되면 전혀 예상치 못했던 수많은 특징들이 드러나게 된다. 마을장터, 화폐, 해외무역 등이 널리 존재했음이 분명하지만, 전체적인 규모에서 보면 경제를 통합하는 패턴으로서의 교환은 사회적으로 거의 아무런 역할도 하지 않았다. 이유는 간단하다. 교환이라는 패턴이 경제의 일익을 담당하기 위해서는, 시장의 여러 힘들로부터 결정되는 가격을 통해서 기능해야만 한다. 그리고 이러한 조건에서 생산은 소비재 및 생산재 시장에서의 여러 가격의 함수가 된다.

다호메이에는 이 가운데 어떤 것도 적용될 수 없다. 가격은 시장이 아니라 시장 외적으로 존재하는 행위자들이나 사회체들에 의해 형성되었다. 생산은 왕궁, 씨족(sib), 길드 등의 통제 아래에 있었으며, 가격조건을 놓고 이윤을 벌어들이려 애쓰는 무수한 개인과 기업들이 벌이는 익명의 경쟁에 의해 통제되는 것이 아니었다. 따라서 교환이 경제과정 전체의 구조를 이루는 통합적 패턴으로 발전하는 일은 저지당한다. 교환을 위한 여러 제도들은 그것들이 아무리 일정한 경계선으로 제한된 고립 지역 내에서는 비록 경제적으로 대단히 중요한 것이었지만, 서로 분절된 상태를 유지했던 것이다.

교역은 주로 해외무역이었으며, 제도적으로는 시장과 구별되어 국가영역 아래에 있었다. 이웃 간의 교역은 고립된 시장이라는 물리적인 공간의 범위를 넘지 못하도록 제한되었고, 그 교역량도 대단치 않았으며, 중거리 무역으로 성장하지도 못하였다. 게다가 중앙권력이 움직이는 수출과 수입의 재분배 흐름과는 더욱더 결합되지 못한 채로 남아 있었다.

화폐는 마을장터에서 사용이 강제되기는 했지만 또한 국가의 통제 아래에 있었다. 국가는 화폐를 발행했으며, 국가가 실시하는 재분배 체제의 기능에서 화폐는 절대적인 중요성을 가지고 있었다. 또 신용이 자원 동원에서 일익을 담당하는 종류의 경제들과는 달리, 화폐의 운동이 합쳐져서 '금융'이 생겨나는 일도 없었다. 다호메이는 크게 보아 '현물'경제였으며, 심지어 주산물 재정(staple finance)[1]조차 부수적 역할밖에는 하지 못했다.

---

1 폴라니가 고대의 도시국가 미케네의 재정 구조를 논하면서 이 용어를 쓴 이래, 그 의미로 경제인류학에서 쓰이고 있다. 이는 영토 내의 복속민들이 국가에 대한 의무로서 자신들의 생계를 이루는 곡물, 가축, 의류, 과일, 어류 등의 주산물들을 현물로 지불할 때 이 현물인 주산물들로 이루어지는 재정을 말한다. 주산물 경제에서는 상대적으로 넓은 공간에서 큰 부피와 무게를 가진 물품들을 운반하고 쌓아야 하는 문제 외에도, 이 다종다기한 현물 형태들을 놓고 어떻게 계산과 계획을 행할 것인가라는 회계(accountancy)의 문제가 발생하게 된

비(非)국가영역에서 살림살이의 기초 생필품들 가운데 시장과 연계된 것은 소수에 불과했다. 주거복합체(compound)[2]의 담을 쌓거나 지붕을 짚으로 엮거나 부모에 대한 도리를 다하거나 들판을 경작하고 추수하는 등의 모든 작업에서 작동했던 것은 독프웨(dokpwe, 노동집단), 소(so, 장인 길드), 그베(gbe, 상호부조 집단) 그리고 무엇보다도 씨족(sib, 부계로 연결되는 사회) 등과 같은 상호성에 기반한 사회제도들이었다. 이러한 제도들이 작동하여 노동과 토지의 사용을 배분하고, 경제과정의 운동의 흐름을 정리하고, 생산을 조직하고, 또 주로 외부에서 충격을 주어 시장에서의 가격 또한 결정하였던 것이다. 화폐와 교역은 이러한 방식으로 국가의 재분배 영역의 일부로서 맞춰져 들어갔다. 화폐가 조세체제의 틀이 되어주었고, 해외무역이 무기 공급이나 그 밖의 정부 수입품들을 조달해주는 통로가 되었던 것이다.

비록 이렇게 다호메이의 여러 시장들로부터 경제 전체를 아우르는 교환체제가 발달하지는 못했지만, 이 세 가지 교환제도들 하나하나에서 놀

다. 따라서 이 주산물들 가운데 하나 — 1부셸의 밀, 1파운드의 옷감 등 — 를 기준으로 하여 여러 물품들 사이에 등가 관계를 설정하게 된다. 하지만 이러한 회계는 여러 문제가 있을 뿐만 아니라 일정한 범위의 공간을 넘어서게 되면 운반과 보관에 심각한 비용을 수반하게 된다. 이에 귀중품 재정(wealth finance)이라고 할 만한 것으로 넘어가게 된다. 국가는 금속 등을 재료로 한 통화나 귀중품을 발행하고 각 지역의 주산품들은 지역 단위로 운반과 보관이 이루어지다가 그 귀중품을 제시하는 이에게 내주는 형태가 된다. 이는 국가재정 창고 외에도 민간 시장 조달의 발달을 불러 시장을 활성화하기도 한다. 하지만 존재했던 대부분의 고대적 국가들은 이 주산물 재정과 귀중품 재정이 혼재하는 경우가 많았고 이때 이 두 가지 회계를 하나로 통일하는 문제가 발생하게 된다. 함무라비 법전에 나오는 바 "1세겔의 은 = 1구르의 보리"는 바로 이러한 문제를 풀기 위한 등가의 설정이다. Karl Polanyi, "On the Comparative Treatment of Economic Institutions in Antiquity with Illustrations from Athens, Mycenae, and Alalakh", in *Primitive, Archaic, and Market Economies*, ed. by G. Dalton, Boston: Beacon Press, 1971 참조. 또한 Terence N. D'Altroy and Timothy K. Earle, "Staple Finance, Wealth Finance, and Storage in the Inka Political Economy", *Current Anthropology*, vol. 26, no. 2, April 1985도 참조.

2 이에 대한 상세한 설명은 이 책의 제1장 47쪽과 제5장 142쪽 이하 참조.

라운 문화적 창조성이 표출되기도 했다. 시장에 대해서 보자면, 다호메이의 고립된 여러 시장들은 아주 독특한 발전이라 할 수 있다. 또 교역이 정점에 달했던 우이다(Whydah 또는 Ouidah)의 교역항은 대단히 정교하고 효율적인 상업행정 기관이었다. 화폐라는 영역에서 보아도 다호메이 왕국은 통화의 역사에서 좀처럼 찾기 어려운 뛰어난 위업을 달성하였다.

우이다 교역항을 중심으로 벌어졌던 노예무역은 경제사가들에게 여러 방식으로 도전을 던져주고 있다. 체계적 인류학에서는 '고대적'(archaic)이라는 용어를 단지 미학적·문화적 내포만 담은 것으로 여겨 폐기해버렸지만, 어쩌면 '원시적'(primitive)과 '근대적'(modern)의 사이에 끼어드는 사회학적 단계를 일컫는 말로서 재생해야 할 필요가 있을 수 있다. 하지만 역사가들은 순환론적인 정의에 휘말려들지 않으려면 이 용어를 조심스럽게 사용해야 한다. 국가와 경제, 제도와 사회는 비록 그 각각이 고대적이라고 불리기도 하지만 서로 연관된 현상들이므로 그중 어느 것도 이 이름을 붙일 범주가 될 만한 선차성을 갖는 것이 아니다. 여러 국가와 사회, 심지어 전체 경제도 고대적이라고 간주해서는 안 된다. 그보다 발생론적 접근을 선택하여, 원시공동체에서는 나타나지 않지만 또한 화폐를 교환수단으로 사용하는 것이 이미 일상화된 사회에서는 더 이상 발견되지 않는 그러한 **경제제도들**만을 '고대적'이라고 묘사해야 할 것이다.

고대적 경제의 구조와 기능을 분석하여 제시하는 모험은 경험적 증거의 부족 혹은 개념의 불충분함으로 인한 문제점들에 부딪히게 될 것이다. 이 책에서 개진될 사례 연구에서는 18세기 다호메이의 고대적 경제와 그 노예무역에 대하여 의미가 명확한 용어들을 사용하기 위해 노력해야 할 것이다. 우리는 교역, 화폐, 여러 시장제도의 고대적 변형태들을 확인할 수 있는가? 또 그러한 고대경제가 재분배, 상호성, 교환의 패턴에 따라 만들어진 제도들에 묻어들어가 있다고 말할 수 있는가? 낯선 문화들 사이에 무역이 벌어지고 또 촉진될 수 있도록 하기 위해 어떤 메커니즘과 장치들이 고안되었는가? 또 노예에 대한 수요의 폭발로 인해 더 많은 노예를 공급해야 할 압력에 처했던 서양인들은 서아프리카에서 시행되던 상업의 방식들에 어떻게 적응해 들어갔는가?

베냉 협로(Gap of Benin, 베냉 간극)의 변덕스러운 기후와 다호메이 지역의 지리적 구조 말고도 노예무역이라는 비극을 보면서 우리는 여러 제도 발전의 기초가 된 당시의 역사적 제약이 무엇이었는가에 또한 주의를 기울이지 않을 수 없다. 따라서 우리는 당시 아프리카의 환경에 우리의 상황을 투사하는 일도 삼가야겠지만, 또 이 인류 역사의 한 장에서 혹시라도 우리 스스로의 문제들에 대한 해답의 요소를 발견하게 된다면 이를 기꺼이 활용할 마음의 준비 또한 갖추어야 할 것이다.

제1부

역사적 틀

제1장

어느 내륙의 왕조국가와 베냉 협로

다호메이는 신생 왕국으로서, 1727년 이 왕국이 기니 해안에 모습을 드러냈을 때에는 세워진 지 한 세기도 채 되지 않았다. 이 왕국은 여러 민족이 섞여 사는 중립지대를 지방의 어느 공격적인 부족이 점령하면서 갑자기 일어난 나라였다. 하지만 뛰어난 군사적 효율성으로 곧 주변의 두려움을 불러일으키고 또 정교하게 조직된 해외무역, 안정된 통화, 모범적인 행정 등으로 경탄을 얻는 강대국의 지위를 누리게 되었다. 이렇게 어려운 환경에서 출발한 나라가 어떻게 이토록 빨리 국가경영의 극치에 도달할 수 있었는가는 역사가로서 해명해야 할 문제가 아닐 수 없다.

　　이 다호메이는 19세기 지도에 나오는 다호메이가 아니라 그보다 훨씬 더 작은 지역이다. 이 나라는 해안에서 약 60마일 떨어진 고원에서 16세기 후반 기원했는데, 그 고원은 행군을 한다면 단 하루 만에 반대쪽에 도달할 수 있을 만큼 작았다. 하지만 이 작은 나라 다호메이는 수많은 전투를 겪으면서 영토를 계속 넓혀갔고, 마침내 식민지가 되기 전인 19세기에는 그 경계선이 지도에 나오는 다호메이 지역을 모두 포괄할 만큼 확장되었다. 이 나라가 이토록 악전고투를 마다하지 않고 빠르게 성장할 수밖에 없었던 것도, 그리고 그 과정에서 숱한 부침의 역사를 겪게 된 것도 그 나

베냉 협로

범례
수단식 기후대
남(南)수단식 기후대
베냉 사바나
(베냉 협로)
삼림지대

0   50   100miles

니제르 강
지바
일로린
우요
이바단
오요
오군 강
이바
아베오쿠타
라고스
포르토노보
우이다코토누
아네초
로메
아크라
아이 강
오다
만고
쿠마시
케이프 코스트

* 다음 쪽에 나오는 〈지도 2〉의 일부분을 조금 확대한 것이다. Paul Mercier, Cartes Ethno-démographiques de L'Afrique Occidentale, Feuilles No. 5, I. F. A. N. Dakar, 1954.

라가 생겨 자라나는 과정을 규정했던 지리적 환경 때문이었다. 이 지역은 사방이 막혀 있지만 동시에 베냉 협로(Gap of Benin)로 대서양 해안과 연결되어 있기도 하기 때문에, 바다와의 관계에서도 아주 모순된 두 가지가 공존한다.

이 나라는 서쪽으로는 쿠포(Couffo) 강, 동쪽으로는 우에매(Weme) 강에 닿아 있는데, 그 평균 폭은 50마일을 넘지 않으며 전체 면적은 4,000~5,000제곱마일로서 인구는 약 20만 명이었다. 이 나라는 북동쪽으로 인접한 오요(Oyo)—요루바(Yoruba)족에서 기원한 나라—에 비하면 아주 작았다. 다호메이의 인구 및 경관은 전형적인 서아프리카의 패턴을 보여준다. 거의 끊어지지 않고 지속되는 사바나 지대에 점점이 야자나무(Elaeis guineensis) 총림지(bush)[1]가 조성되어 있으며, 여기에 다양한 문화혈통 집단들이 파편화되어 흩어져 살고 있다. 인구밀도는 낮고 정주인구의 분포상 여러 민족이 뒤섞여 있으며, 바다는 금기(禁忌)여서 접촉하는 것을 극히 두려워한다. 다호메이의 동쪽과 서쪽에 인접한 이웃들 또한 해안에 접촉하는 것을 피하려 든다. 다호메이의 수도인 아보메이(Abomey)와 마찬가지로 아샨티(Ashanti)의 수도인 쿠마시(Kumasi), 베냉 왕국의 베냉, 요루바족 왕국이었던 옛 오요의 수도 오요 등은 모두 바다에서 비슷한 거리를 두고 떨어져 있다(Forde, 1960: 135).

지리학적 단위로 보면 다호메이는 거의 아무런 특징도 없는 미개간지였다. 천연자원도 없고, 쿠포 강과 남서쪽 구석의 아테메(Atheme) 호수를 빼고는 자연적인 경계도 없다. 방어 작전을 전개할 만큼 영토가 충분히 깊지도 않으며, 부분적으로 삼림이 있기는 하지만 전술적으로 이용할 만한

---

1 중부 아프리카의 아열대성 지대로서, 강우량은 350~600밀리미터 정도이며 초원인 땅 위에 군데군데 관목과 덤불이 엉켜 있는 형태다. 이곳에 사는 사람들을 부시맨이라고 한다.

산이나 강이 있는 것도 아니다. 따라서 이러한 결함을 메우기 위해서는 우월한 무기를 갖추는 것이 실로 절박해진다. 그런데 이렇게 절대적으로 필요한 무기는 해안을 통해 얻을 수밖에 없었으므로, 다호메이는 바다와의 접촉을 완전히 회피할 수 없었다. 해안 서쪽과 동쪽에는 삼림지대가 있었고 이 사이를 연결하는 베냉 협로[2]가 있었다. 내륙에 있었던 다호메이는 이 베냉 협로를 통하여 해안의 석호(潟湖)에 닿을 수 있었다. 약 2천 마일에 걸쳐 펼쳐진 이곳의 해안선은 모두 빽빽한 삼림으로 막혀 있지만, 이 3백 마일에도 미치지 못하는 짧은 해안선만큼은 뻥 뚫려 있다. 그리고 그 가운데에서도 다시 약 30마일의 해안선에서는 우기(雨期)가 아주 온건하여 기후도 좋다. 특히 다호메이 바로 남쪽에 해당하는 짧게 펼쳐진 지역은 땅까지 비옥하다.

그래서 프랑스인들은 이 짧게 펼쳐진 지역을 '구멍'이라고 불렀거니와, 이는 실로 자연의 변덕(lusus naturae)이 아주 대규모로 나타난 것이라 할 만하다. 세네갈에서 니제르(Niger) 강에 이르는 몇천 마일에서 바다로부터 서아프리카의 오지로 들어갈 방법은 오로지 이곳의 몇 개 강어귀를 타고 들어가는 길뿐이다. 폴 메르시에(Paul Mercier)—우리의 논의는 그가 그린 민속적·인구학적 차트를 기초로 삼고 있다—는 이 서아프리카 지역을 다음과 같이 폭넓게 묘사하고 있다.

이 지역은 해안에서 시작하여 사하라 사막까지 펼쳐져 있으며 …… 그 내부는 경도상의 순서에 따라 사헬(Sahel), 수단(Sudan), 볼레(Baoulé), 베냉 등으로 불리는 기후 식생 지대를 포함하고 있다. 하지만 이러한 순서보다 훨씬 중

---

2 이 책 40쪽 지도에 베냉 협로가 그려져 있지만 조금 모호하다. 지도에 보면 대략 깔때기 모양의 굵은 선을 볼 수 있을 것이다. 아보메이보다 남쪽으로 해안에 이르는 깔때기 주둥이 모습에 해당하는 지역이 베냉 협로이다.

요한 사실이 있으니, 이는 베냉 협로의 존재이다. 이를 통하여 수단 지역의 기후가 곧바로 해안까지 이어지게 되며, 이 때문에 동쪽의 중앙아프리카 삼림지대와 서쪽의 기니 삼림지대가 서로 끊어지게 된다. 이 베냉 협로 때문에 생겨나는 단절(trouée)의 효과는, 남쪽 토고(Togo)에서 솟아올라 서쪽 니제르로 서서히 낮아지는 아타코라(Atakora) 산맥의 효과와 거의 맞먹을 정도이다. 이 베냉 협로라는 변칙적인 기후 현상이 어째서 나타나게 되었는가를 설명하는 것은 우리의 과제도 아니며 또 우리가 할 수 있는 것도 아니다. 이 문제에 대해서는 자크 리샤르-몰라르(Jacques Richard-Molard)가 남긴 몇 마디 언급을 참조하라고 말해두겠다. "삼점갑(三点岬, Cape of Three Points, Takoradi)[3]부터 시작하는 해안선은 몬순 기후이다. 한류(寒流)가 해안선을 바짝 따라서 흐른다. 토토-아타코라(Toto-Atakora) 산맥은 수단에서 흘러오는 동쪽의 기류를 빗겨가게 만들며 그 기류는 남쪽 방향으로 침투하게 된다. 겨울에는 인접한 적도아프리카 지역에 저기압 지대가 형성되어 하르마탄(harmattan)[4]을 빨아들인다." 요컨대 이 지역의 기후가 깊은 삼림지대의 기후와 전혀 다른 이유에는 네 가지 가능성이 있는 것이다.

베냉 협로에 대응하는 해안선에 대해서 메르시에는 리샤르-몰라르의 묘사를 따르고 있다.

〔아타코라 산맥을 따라서 남서쪽으로, 즉 베냉 협로 방향으로 이동하게 되면〕 두 개의 우기 리듬이 서서히 영향력을 발휘한다. 해안으로 갈수록 강우량이 줄어들어서 해안선 위에서 산맥이 시작되는 로메(Lomé)에서는 가장 적은 강우량을 보이고 있다. "계절의 리듬은 여전히 적도성 기후이지만 강우량은

---

3 가나의 주요 항구.
4 기니 북부 해안의 건조한 대륙풍.

그다지 많지 않다. 수단(Sudan)식 기후는 모든 것을 박살 낼 만큼 무섭지만 여기에서는 그러한 모습을 보이지 않는다(국지적 하르마탄은 그저 무역풍으로만 나타날 뿐이다). 이곳은 적도성 기후의 영역이므로 야자나무가 이미 나타나는 지역이지만, 또한 아직은 곡류 작물, 특히 단옥수수(maize)가 아주 잘 자라는 지역의 범위 내에 있다. 요컨대 비록 적도성 기후 지역이기는 하지만 처녀림 지대만큼 심한 정도는 아니며, 따라서 인간이 견딜 만한 한계 내에 있는 지역인 것이다(Mercier, 1954b: 4~6; Richard-Molard, 1949: 18~19, 43; 번역은 폴라니).

메르시에는 이 사실이 분명히 인간의 삶과 밀접한 관계를 가지며 사회학적으로도 중요하다는 말을 덧붙이고 있다.

북부 기니의 다른 내륙국들은 해안으로부터 스스로를 단절하는 데에 아무런 어려움이 없었다. 하지만 다호메이는 자신의 생존에 필요한 무기를 확보하기 위해서 노예무역에 의존해야 했기에, 해안과의 직접적인 접촉을 원했다. 하지만 동시에 그 결과로 복잡한 사태에 말려드는 것을 꺼리지 않을 수 없었다. 여기에다가 기후 및 식생에서 베냉 협로라는 공백지대가 펼쳐지면서 자신들이 살고 있는 내륙과 해안 사이에 달갑지 않은 연결고리가 만들어져 있었다. 이러한 조건이 다호메이의 역사를 형성했던 것이다.

갯벌과 석호 지역에 사는 부족들은 자신들의 삶의 터전이 육지의 가장자리에 있다는 것을 자신들의 안전을 도모할 수 있는 조건으로 받아들인다. 이 여러 부족들은 서로 물길로 연결되어 2백 마일 이상 늘어서 있는데, 이 물길 가에는 늪지대가 펼쳐져 있어서 북쪽으로부터 내려오는 공격을 보호해주게 되어 있다. 포르토 노보(Porto Novo), 그레이트 포포(Great Popo), 우이다(Whydah) 등의 항구는 모두 그렇게 보호받고 있다. 이 늪지대에는 숨을 수 있는 섬들, 여울들, 흐름이 바뀌는 강들, 좁은 '통로들', 그

서아프리카의 강수량

강수량
(인치)

10
20
30
40
50
60
80
100
150
그 이상

8 연평균 강수량

* *Rainfall Map of Africa* by J. B. Kincer, published with "Land Classification Map of Africa," H. L. Shantz and C. F. Marbut, American Geographical Society Research Series, No. 13, Plate II.

J. B. Kincer의 지도(일부분)

밖에 전술적으로 활용할 수 있는 병목지대 등이 있으며, 아르드라(Ardra)와 같은 내륙 왕국도 여기에서 이익을 얻고 있다. 아샨티, 베냉, 오요 등 다른 내륙국들 또한 그 지리적 조건으로부터 안보에 큰 도움을 얻고 있다고 할 수 있다. 하지만 다호메이는 그저 내륙국으로만 남아 있을 수 없었다. 처음 "거의 1세기 동안 다호메이는 이웃 나라들의 침략을 물리칠 능력이 거의 없었다"(Forbes, 1851: 87). 그래서 다호메이 사람들은 흑인을 아메리카 대륙에 노예로 파는 무역을 이용하여 총을 얻어야 했기에 결국 자신들을 해안 지역의 군사세력으로 확립하지 않을 수 없었다. 하지만 다호메이 같은 내륙국가가 석호 지역의 네트워크를 장악하는 것은 어려웠고, 백인 함대들이 지원—공공연하게 지원할 때도 있었지만 대부분 은밀히 그랬다—하는 인근 부족들, 즉 바다로 나가 물고기를 잡는 부족들과 계속 척진 상태를 유지하는 것도 마찬가지로 아주 부자연스러웠다. 다호메이는 자신이 처한 공간적 위치로 보면 참으로 운이 없는 나라였다.

다호메이는 여러 독자적 단위들로 구성된 더 큰 국가-사회의 일부가 된 적도 없었다. 또 이 나라 주민들은 민족 구성으로 볼 때 혼합되어 있었기에, 아샨티나 요루바처럼 통일된 부족 조직을 가져본 적도 없다. 그랬다면 차라리 단일 제국에 맞먹을 정도로 응집력 있는 연맹체를 만들어낼 수도 있었을 텐데 말이다. 물론 종교적 전통이 큰 결합력을 발휘하여 나라 전체의 응집력을 제공했을 뿐만 아니라 다호메이 문화에도 깊이 침투하여 있었으니, 이를 무시해서는 안 될 것이다. 풍요와 관대함의 분위기를 연출하여 장관을 이루었던 연례 제례(Annual Customs)가 성대하게 열렸고, 여기에서 조상숭배 의식도 함께 치러졌다. 이 조상숭배 의식에는 왕족에 대한 충성심 또한 포함되어 있었으며, 사람들과 군주가 공유하는 신앙이 하나의 상징이 되어 중앙에서 사방으로 휘광을 뻗치게 된다(이 연례 제례는 제3장에서 자세히 다룬다).

이보다 사람들의 일상적 삶에 더 긴밀한 것은 자신들이 토지에 뿌리박고 있다는 감정이었다. 이는 혈통집단이나 씨족 등의 세습토지와 같은 높은 수준에서뿐만 아니라 촌락 생활과 같은 보통 수준에서도 유지되고 있다. 다호메이는 한편으로는 촌락 사람들의 평등 속에서 인간 존재의 의미가 표출되는 사회이기도 했지만, 또 그만큼 그 정반대인 전제적 지배의 원리를 통해서 인간 존재의 의미가 표출되는 사회이기도 했다. 귀족들로 구성된 여전사 군대에서 발견되는 수도승 같은 기율이나 군주가 자신의 의무를 수행할 때 보여주는 엄격함과 같은 것은 후자를 나타내는 것이었다. 프랑스 역사가 에밀 펠릭스 고티에(Émile Felix Gautier)는 다호메이 왕국을 흑인 세계에서 가장 발전된 형태의 정치조직이라고 부른 바 있다(Gautier, 1935: 129~30). 물론 구역질 날 만한 잔혹행위, 종교적 집단학살, 이들의 정치문화에 고질적인 다양한 배반의 기술들이 이러한 높은 수준의 성취에 수반되었다. 그럼에도 불구하고 다호메이는 단결의 유대로 튼튼히 묶여 있는 깨뜨릴 수 없는 사회였고, 결국 순전히 폭력에 의지하는 것 외에는 이 사회를 깨뜨릴 방법이 있을 수 없었다.

역사에 존재했던 다호메이 경제를 연구한 근대의 관찰자들은 극단적 형태의 중앙집권적 관료제가 지방과 촌락 생활의 자유 및 자치와 양립할 수 있게 만들어진 방식을 보면서 경외감을 품지 않을 수 없게 된다. 대외무역은 권위적 왕정의 환경에서 이루어지지만, '총림'(叢林, bush)의 농촌 지역은 국가영역에서 거의 벗어나 있는 사회조직을 보유하고 있다. 하층계급이 거주하는 촌락, 경작지에 울타리를 쳐놓은 세습적 주거복합체(compound)들, 가문 대대로 내려오는 야자나무 숲 등은 모두 중앙행정의 범위 밖에 있었다. 사회 전체는 국가사회와 비(非)국가사회로 구성되어 있었다. 촌락은 특이할 만큼 국가의 간섭으로부터 자유로운 가정경제들의 집합체를 대표했으며, 씨족의 주거복합체는 더더욱 그러했다. 이런 식으로 흑인들의 국가경영술의 두 가지 정점, 즉 좀 더 최근에 생겨난 군주제 그리고 고대부터 내려오는 가족 형태의 정주지가 각자 극도의 안정성과 지속성을 유지한 채 하나로 합쳐져서 자발성과 강제 사이의 균형이라는 점에서 실로 보기 드물게 완벽한 단일 구조를 형성했던 것이다.

이 흑인 국가는 그 피라미드의 맨 꼭대기에 신관(神官, hieratic)왕정이라는 독특한 권력 초점을 만들어냈다. 이는 여러 왕족 가문 사이에서 주고받으며 세습되는, 거의 전문직 형태의 왕정을 대표했다. 유럽 역사를 살펴보아도 국제적 예양(禮讓)을 존중하는 나라들 사이에서 중세에는 앙주(Anjou) 가문, 근대에는 호엔촐레른(Hohenzollern) 가문이 순서대로 유럽 여러 나라의 왕좌에 오를 후보자를 공급하곤 했다. 서아프리카의 경우 북부 기니 해안에는 일레-이페(Ile-Ife) 요루바족 혈통으로 카타클레(katakle)—금으로 된 장식 없는 옥좌—를 차지하려는 자들이 우글거렸다. 케투(Ketu) 왕국(아보메이 북동쪽으로 약 50마일)에서는 실제 나라를 세운 에데(Ede) 왕을 9개 왕족 가문(나중에는 5개로 줄어든다)이 모시면서 '돌아가며' 통치하였다. 아보메이(Abomey) 서쪽에 있는 토고(Togo)의 타도(Tado)로부터 요루바족의 일파인 아자(Adja)족이 퍼져 나오면서 새로운 성도(聖都)인 알라다(Allada)가 건설되었는데, 여기에서 새로운 세대의 왕들이 나타나서 포르토 노보(Porto Novo)로 퍼졌고, 마침내 다호메이에까지 퍼지게 된 것이다.

사회 서열의 맨 아래에서 직접 땅을 경작하는 사람들은 특정한 주거 형태를 발전시켰는데, 이것이 나중에 서아프리카의 상당 부분에서 흑인 정주지에 변함없이 나타나는 형태가 되었다. 즉 한 남성과 그의 형제들, 그들의 부인들, 아들들, 결혼하지 않은 딸들이 확대가족을 이루어 여러 가옥으로 이루어진 주거복합체(compound)에 사는 것이다. 이렇게 장벽을 두른 거주지 및 주거복합체들 몇 개가 다시 합쳐져서 하나의 '집합체'(collectivity)를 이룬다(Herskovits, 1938[I]: 137). 다호메이에서는 멜빌 허스코비츠(Melville J. Herskovits)가 '씨족(sib) 집단'이라 불렀던 부계(父系)자손 집단의 대부분의 남성 성원들이 이러한 주거복합체를 거주지로 삼고 있었다. 이 남성 성원들을 중심으로 하여 확대된 가족이 일군의 오두막과 초가집에 거주한다. 이러한 패턴은 사회적 행위의 생물학적·생리적·도덕적 결정 요소들을 반영한 것이다. 이리하여 동네가 기반이 되어 그 위에서 친족(kinship), 씨족(sib), 종교 등의 관계가 서로 얽혀들면서 짜이게 된다. 그리고 이렇게 하여 만들어진 제도는 인간이 창조해낸 그 어떤 것보다 파괴하기 힘들어 필연적으로 거의 파괴 불능의 결속력을 얻게 된다.

국가 건설의 과제는 실로 힘들고도 고단한 일이었다(제11장 참조). 역사에 나오는 다호메이 지역은 일종의 버려진 지역이었다. 이곳은 사람들이 좀 더 살기 좋은 지역을 탐내 이주해버린 뒤에 남겨진 지역이었다. 별다른 쓸모가 없는 땅이었기에 스스로를 보호할 길 없는 여러 부족들이 뭉쳐 엉켜 살기도 하고(이들은 노예 사냥꾼들의 먹잇감이 되기 십상이었다), 또 인근 나라들이 필요할 경우 자체 내의 잉여인구를 내다 버리는 일종의 간극(interstice) 지역이기도 하였다.

메르시에가 표현한 것처럼, 다호메이는 사실상 여러 세력들의 한가운데에 놓인 일종의 무인지대(no-man's land)였던 것이다. 메르시에는 다호메이가 멀리 북쪽과 가까이 남쪽 사이에 놓인 권력의 진공지대의 일부라고 묘사하였다. 북쪽에는 말리(Mali), 송가이(Songhai) 등의 니제르(Niger) 제국들이 줄줄이 늘어서서 동쪽의 하우사(Hausa) 국가들까지 연결되었다. 남쪽 지역은 요루바와 베냉에서 아샨티까지 퍼져 있는 작은 해안왕국들이 대표하고 있었다. 고티에는 수직의 깔때기 모습을 하고 있는 이 지대를 다시 수평으로 가로지르는 지대가 있어, 여기에서 동쪽과 서쪽 사이에 문화적 접촉이 일어난다는 설명을 펼쳤으며, 메르시에 또한 이 설명을 기꺼이 받아들여서 다시 연구의 공간적 초점을 더욱 좁히려고 한다. 이렇게 벌어지는 이 지대의 문화적 접촉에서 동쪽 문화의 원천을 대표하는 것은 요루바족으로서, 그들 문화의 영향력은 서쪽의 황금해안 내륙에 펼쳐진 삼림지대 바로 앞까지 강하게 드리우고 있다. 메르시에는 인구학적 증거를 들어 이러한 관점이 입증된다고 보고 있다. 방금 말한 동쪽에서 서쪽으로 길게 이어진 지대에는 숱한 노예약탈로 인해 인구밀도가 낮은 띠 모양의 지대가 나타난다는 것이다. 이 띠 모양의 지대는 다호메이 서쪽에 인접한 토고의 중앙부를 관통하고, 또 다호메이의 중앙부를 거쳐서 심지어 동쪽에 인접한 요루바의 동일한 위도상의 지역에도 현저하게 나타난다는 것이다 (Mercier, 1954b: 6~9).

다호메이의 사바나 지역은 적도성 삼림지대를 여러 블록으로 나누고 있는데, 고티에는 이로 인해 이 블록들이 아주 상이한 성격을 띤다고 주장하였으며, 이는 옳은 주장이었다. 베냉 협로 동쪽으로는 요루바의 여러 국가와 민족들이 삼림을 조성하여 살고 있었다. 이들은 야자나무 아래의 땅을 경작하면서 번성하여 인구밀도도 높았고, 또 여러 성도(聖都)들로부터 뿜어져 나오는 활력과 생기로 계속 유지되고 있었다(Gautier, 1935: 121). 종교적 전통이 몇 세기에 걸쳐 이어지면서 북서쪽에 있는 옛 오요의 군사 요충지뿐만 아니라, 남서쪽에도, 베냉에도, 또 연안 지역에까지도 여러 성도들이 세워져서 작은 지역 중심지로 기능하였다. 한편 베냉 협로 서쪽으로는 황금해안과 상아해안(Ivory Coast)의 원시림이 라이베리아(Liberia)까지 펼쳐져 있다. 해변은 폭이 좁고 사람들이 오는 법이 없으며, 이 해변 바로 뒤에는 높은 산맥들이 가로막고 있고 그 너머에는 아예 사람들이 살 수 없는 오지(奧地)가 펼쳐졌다. 다호메이 자체도 대부분 관목으로 덮인 총림지대이다. 일레-이페와 오요는 자기들 종주권 아래에 있는 지역에 살고 있는 수많은 작은 민족들에 정치적 영향력을 행사했지만, 이는 어디까지나 바깥으로부터의 간섭이었을 뿐이고 그 민족들을 자기들에게 통합하려고 시도하지는 않았다.

이 지역의 인구는 이주해오면서 조각조각 나누어져 흩어진 채 살고 있는 여러 민족들로 구성되어 있었다. 이 민족들은 동쪽의 요루바에서 시작하여 베냉 협로 서쪽 끝인 모노(Mono) 강에 이르기까지 몇 세기에 걸친 이동 과정에서 이 지역에 흩어져 살게 되었던 것이다. 이러한 인구이동은 한 번이 아니라 여러 번에 걸친 물결에 따라 이루어졌다. 여러 지역에서 그 인구이동의 물결들은 서로 중첩되었다(심지어 어떤 이들은 방향을 반대로 틀어서 동쪽으로 되돌아가는 식으로 유랑하기도 했다). 그런 중첩이 일어난 곳에서는 서로 다른 물결들이 각각 어디를 거쳐서 왔는지까지 추적할 수 있는데, 그 대부분이 토착 '고(古)흑인종'[5] 종족과 피가 섞여 있었다. 이 지역에서 내부로부터 정치적 통합을 꾀하는 노력이 나타난 적은 없었다.

이러한 전반적 방향과 궤를 같이하여 지배층도 이주하였는데, 이는 비록 규모는 작아도 절대적으로 중요한 사건이었다. 왕가의 후예들이 어떤 때는 친구들과 노복들을 이끌고 혹은 자기 부족만 이끌고서 왕들의 산실(産室)인 일레-이페를 떠나오거나 자신의 조상들이 이주했던 좀 더 최근에 지어진 성도로부터 이주해왔던 것이다. 따라서 반쯤 종교적인 권위를 휘두르며, 또 진정 놀랄 정도로 왕 노릇에 훈련된 군주들이 도처에 널려 있었다. 그래서 어떤 도시의 옥좌가 빌 때마다 혈연으로 엮인 여러 집단이 서로 번갈아서 순서에 따라 그 자리를 채우곤 했다.

일레-이페가 낳은 이 지배자들의 표준적인 모습을 알기 위해서 먼저 서쪽의 요루바와 인접했던 작은 독립국가 케투(Ketu)로 가보자. 다호메이의 역사를 다룬 가장 최근의 역사가는 고(故) 에두아르 뒹글라(Édouard Dunglas)로서, 우리는 여기에서 그의 저작을 충실히 따르고 있다(Dunglas, 1957~58). 그는 이곳에 파견되어 인생의 대부분을 여기에서 보낸 프랑스 관리였으며, 인구조사를 집계해 나가는 가운데 개인적으로 원주민들 집

---

5 paleonegritic: 유럽의 정복자들이 아프리카 대륙 내부로 들어가게 되자 아무런 옷도 입지 않고 아주 작은 규모의 무리를 지어 조직 사회 이전의 원시적 단계의 생활을 하는 종족들과 마주치게 된다. 유럽의 학자들은 이들에게 '고(古)흑인종'이라는 이름을 붙였고, 정복자들은 어떤 대화나 설득, 심지어 폭력으로조차 이들을 굴종시킬 수 없는 데다 그들이 대단한 활솜씨를 가지고 있는 위험한 종족임을 알게 되어 하나씩 모조리 없애버리기로 한다.

안에 대대로 내려오는 이야기들로부터 케투의 역사를 17세기 중반경까지 거슬러 올라가 재구성해냈다. 요루바족의 지파 가운데는 오요와 베냉이 훨씬 더 중요한 나라였고, 케투는 아보메이 북동쪽에 있었던 사베(Save)와 마찬가지로 그보다 나중에 세워졌다. 전해오는 이야기에 따르면 뒹라가 살던 당시 케투의 지배자는 일레-이페 시절부터 내려온 47대 임금이라고 하지만, 그 47명 가운데 역사적으로 실재했던 것은 나중의 10명뿐이었다. 내려오는 전설에서는 일레-이페로부터 자신들이 처음으로 이주한 시점을 무려 11세기의 아득한 옛날로 설정하여 일레-이페와의 연계성을 유지하려 하고 있다. 전설과 역사를 종합하여 그 특징적인 요점들을 추리면 대략 다음과 같은 이야기가 된다(Dunglas, 1957~58: 19~21).

케투를 세운 왕인 에데(Ede)는 최초의 왕들의 뒤를 이은 여섯 번째 계승자이다. 이 최초의 왕들 중에서도 첫 번째였던 이차-익파찬(Itcha-Ikpatchan)은 자신과 자신의 부족이 살 새로운 터전을 찾아 일레-이페를 떠나 약 120마일 서쪽으로 이동하였다. 이차는 오케-오양(Oke-Oyan)에 정착지를 마련하였다. 시간이 지나면서 그의 아들들이 서로 독립해서 떠나갔다. 그중 하나인 오우에(Owe)는 서쪽으로 떠났고, 다른 한 명은 사베를 세웠으며, 셋째는 가장 멀리 떠나가서 오랫동안 요루바의 군사도시였던 오요를 건설하였다. 이차-익파찬 자신은 아들인 오우에와 함께 서쪽으로 나아가서 아로(Aro)라는 촌락을 세웠다. 이차는 아로에서 죽어 거기에 묻혔고 오우에는 오케-오양 마을로 다시 돌아와 아버지를 기념하는 묘비를 세우고 수년간 머물렀다.

일레-이페에서 오케-오양을 거쳐 아로까지 이차와 오우에를 따라서 이주했던 귀족 가문은 모두 아홉이었다. 오우에가 죽자 이 아홉 가문 가운데에서 후계자가 선발되었다. 이런 식으로 오우에로부터 시작하여 일곱 번째까지 내려온 후계자가 바로 에데 왕으로서, 그가 실제 역사적으로 케투를 세운 왕이었다. 그는 이차와 오우에의 시신이 묻혀 있는 아로에 정착하였다. 여기에서 에

데의 세 아들이 각각 다른 방향으로 이주하면서 두 번째로 가문이 분리된다. 에데 자신은 조상들을 항상 기억하겠다고 약속하여 조상들에게 용서를 빌고 난 뒤 자신의 충직한 사냥꾼이자 길잡이인 알랄루몽(Allaloumon)과 함께 다시 떠나간다. 이 길잡이꾼이 목적지의 이정표로 찾으려고 했던 것은 여러 방랑 여정 가운데에 보았던 이로코(iroko) 나무였다. 여기에서 이 전설은 역사와 합치된다. 1922년 그 큰 나무가 번개를 맞았는데, 이 나무가 실제로 서 있던 곳이 케투 왕국 자리였던 것이다. 이 지역이야말로 최초의 정착자들이자 나중에 다호메이 왕국의 귀족이 되는 퐁(Fon) 집단이 정착한 곳으로서, 이들은 이 총림지에서 요루바족의 이주 경로가 되는 공간과 나란히 인접한 채 살아가게 된다. 이야기를 다시 조금 옛날로 거슬러 올라가보자. 뒹라에 따르면 에데가 케투의 왕으로 즉위한 역사적 시점은 1748년이라고 한다. 전승에 따르면 그 즉위식은 거의 1년 동안 계속되었다. 에데 왕이 죽어 장례를 치르고 21일이 지나 재상은 의회에 해당하는 총회의를 소집하여 왕이 될 차례가 돌아온 왕실 가문 사람들 중에서 새로운 왕을 만장일치로 선출하였다. 군주를 선출할 때 케투에 계속 붙박혀 살지 않은 인물이 더욱 선호되었다.

이리하여 왕으로 선출된 이가 누구인지 인민들에게 공표되었다. 그러자 몇 시간 동안 아수라장이 벌어졌다. 이 새 군주에게 무례하고 구역질 나는 온갖 저주와 악담과 욕설이 쏟아질 차례였다. 다음날 아침이 되자 사람들을 달래기 위한 작업이 시작되었다. 왕이 한때라도 취했던 모든 여자들이 본래의 남편들에게 되돌아갔고, 왕 개인에게 빚을 지고 있던 자들의 채무도 관대하게 조정되었으며, 이에 필요할 경우에는 죽은 전왕의 재물 창고에 의지하기도 하였다. 새 왕이 왕궁으로 떠나는 여정이 시작되는 '길일'은 보통 파(fa)라고 알려진 일종의 점(占)으로 정해진다. 이 여정이 대관식의 예비 행사가 된다.

먼저 인근의 역사적 장소들을 방문한다. 이 장소들은 전승에 의해 조상들에 대한 기억과 연관된 곳들이다. 그러고 나면 마을의 야영장으로부터 새 왕이 즉위할 수도로 의식(儀式)적인 여정을 시작한다. 이 과정에서 새 왕은 선왕이었던 에데가 아로에서 케투로 밟아 나갔던 궤적을 상징적으로, 또 몸으로 직접 체현한다. 길을 가면서 그는 케투에 당도할 때까지 선왕을 기념하는 번잡하고도 난해한 수많은 행동을 취해야 한다.

여정을 모두 마치게 되면 이번에는 세 개의 서로 다른 거주지에서 의례(儀禮)적인 격리 기간을 거치게 된다. 먼저 마법의 비결을 전수받는 집에서 3개월을 머무는데, 그 첫날밤에 국가의 대신 한 사람이 왕에게 예언 능력과 관련된 비법을 전수해준다. 다음날 새벽이 되면 왕은 그 집을 떠나며, 그 국가 대신이 하루 종일 왕 대신 그 집을 지킨다. 왕은 높은 문(High Gate)을 통과하여 도시 문턱을 넘어 큰 시장(Big Market)을 향해 걸어간다. 여기서 그는 적통의 왕으로 엄숙하게 선언되며, 전령(傳令)은 이차-익파찬에게서 비롯되는 그의 가계 혈통의 모든 계보를 다시 읊어댄다. 그리고 나서 새 왕은 에데 왕의 충직한 길잡이 알랄루몽을 기념하기 위한 특별 주거지에서 다시 세 달을 보낸다. 최후에는 어느 왕궁에서 다시 세 달을 보낸다. 이 왕궁은 이페 시(市)를 상징하는 왕궁이므로 선대 왕들의 칭호를 나타내는 '아팽'(Afin)이라 불린다. 그다음에는 옛날에 철을 제련하던 요루바식 화로의 이름을 딴 어느 초가집을 방문한다. 왕을 환영하는 자리에는 왕이 이전에 머물던 거주지에 자기 대신 남겨두었던 몇 명의 국가 대신들이 다시 나타난다. 왕의 편전에서 첫 번째로 의회가 열린다. 새 왕의 즉위를 알리는 특별 사신이 오요와 일레-이페의 군주들에게 소식을 전한다.

이렇게 하여 다호메이의 동쪽 습지인 일레-이페의 여러 왕조들이 케투와 사베라는 두 개의 작은 왕국의 옥좌에 자리잡게 된다. 다호메이 북동쪽에서 항시적인 위협이었던 오요의 대군단들의 왕족 출신 장군들 또한 에데 왕의 전통과 유사한 전통을 자기들 것이라고 주장하였다.

다음으로 본래 의미에서의 다호메이라 할 알라독소뉘(Alladoxonu) 왕국으로 가보자. 이 나라는 요루바 왕조의 또 다른 지파—서쪽 지파—인 아자(Adja)족의 왕국이다. 아자라는 종족 또한 일레-이페의 자손이지만, 이차-익파찬 이전 몇 세기 동안 그보다 훨씬 더 먼 서쪽까지 나아가 북(北)토고에 있는 타도(Tado)를 본거지로 삼고 있었다.

역사적으로 알려진 시기의 대부분 동안 동쪽에 있는 두 개의 왕조 중심지인 일레-이페와 오요는 서쪽에 있는 또 다른 두 개의 중심지인 타도 및 알라다(Allada)와 함께 뚜렷한 존재감을 가지고 있었다. 말할 것도 없이 아자족이 세운 알라독소늬 왕국은 서쪽의 이 두 중심지와 더욱 긴밀하게 연계되어 있다. 하지만 권력이라는 지평에서 보면, 비록 거리는 멀어도 오요의 영향력이 더욱 두드러졌다. 오요의 군사적 영향력은 다호메이를 가로질러 그 남서쪽 끝까지 펼쳐졌다. 그곳에 자리잡은 알라다도 항상 오요를 두려워했지만, 오요와 이해관계가 일치할 때에는 오요의 보호에 의지할 수 있었다. 북쪽에 살고 있는 아자족의 수도 타도는 알라독소늬 왕국과 지리적으로 멀었고, 호의적인 중립의 입장이었다. 한편 남쪽에 인접한 알라다는 다호메이를 해안 지역과 갈라놓는 완충국가였지만, 통나무배 함대를 거느리고 바다의 얕은 갯벌 및 석호 지역에 사는 여러 부족의 지지를 받는 골칫거리 이웃이었다.

알라독소늬 왕국을 세운 부족은 다호메이의 서쪽 가장자리에서 발원했지만, 이 부족이 발흥해 나가는 이야기를 따라가보면 그 무대가 중앙의 고원 지역을 거쳐서 동쪽 끝까지 펼쳐지며, 결국 역사적으로 실재했던 다호메이의 거의 모든 지역을 아우르게 된다. 이 부족이 이동한 궤적은 초기에는 정복이라고 이름 붙이기 힘들었고 아무도 살지 않는 간극 지대에 재주 좋게 정착해 나가는 과정의 성격이 더 강했으니, 앞에서 본 케투 왕조가 에데 왕 시절에 사람이 별로 살고 있지 않았던 퐁(Fon) 지역에 조용히 침투했던 과정과 비슷했다. 훗날 이 부족이 아보메이 지역에 튼튼히 자리잡게 되는 때가 되어서야 비로소 일련의 무자비한 국지전이 벌어지면서 이들 역사에서 폭력이 역할을 부여받게 된다. 이러한 폭력의 역사가 시작되면서 이들은 나중에 다호메이 왕국의 영토가 되는 지역을 천천히 점령해 나가게 된다. 게데(Gede), 우에메누(Ouemenou), 치(Tchi), 그 밖에도 여러 '내부의 적들'에 대한 정기적인 전쟁이 치러지게 되었다.

아자족은 초기에 서쪽으로 이주했던 요루바족 집단 가운데서도 가장 큰 집단의 하나였다. 이 집단들은 모두 니제르(Niger) 강의 엄청나게 큰 삼 각주 지역 동쪽 둑을 요람으로 하여 발원하였지만, 그들 가운데 아마도 가 장 서쪽으로 멀리 이주했던 것이 아자족이었을 것이다. 아자족은 오늘날 인구가 15만 명 정도이며 옛 프랑스령 토고 지역과 서부 다호메이의 이곳 저곳에 살고 있다. 아자족의 영향력에서 중심이 되는 것은 타도 왕국이었 다. 이는 아자족의 이주에 참여했던 여러 왕실 가문이 모노 강의 어느 지 류를 넘어 그 건너편에 정착하여 세운 왕국이었다. 그 후에도 요루바족 의 이주 물결이 여러 번 이어졌고 그 규모 또한 점점 커져갔으며, 그 와중 에 다른 집단들도 거의 18세기가 끝날 때까지 계속 이 왕국으로 밀려들어 왔다. 이들의 이주는 이를테면 사람 등넘기 놀이를 슬로모션으로 보는 것 과 흡사하여, 한 세대 또는 두 세대 동안 잠깐 쉬었다가 그다음 집단이 다 시 그 앞의 집단이 도달했던 지점을 넘어서 계속 앞으로 나아가는 형국이 었다.

아테메(Atheme) 호수의 서쪽 석호 지역에는 그전부터 아르드라(Ardra) 왕국이 상당 기간 존속하고 있었는데, 타도로부터 어느 군주 부족이 남하 하여 이 왕국에 이르렀다. 이렇게 하여 쿠포 강에 타도인들이 세운 정착지 인 알라다가 점점 커져서 마침내 타도의 일레-이페[6]에 해당하는 성도로 성장했다.

---

6 일레-이페는 요루바족들이 자신들이 기원한 곳으로 믿었던 성도다. 이들의 전설에 따르면 태초에 천지를 창조한 오바탈라(Obatala)와 오두두와(Oduduwa) 두 남녀 신이 살았던 곳이 이곳이었다고 한다. 책에 실린 지도에는 표기되어 있지 않으나, 오요 근처에 있다.

전설에 따르면 13세기 무렵 타도 왕의 공주 한 사람이 숲에서 수표범을 만나 아가수(Agassou) 왕자를 낳게 되었다고 한다. 아가수 왕자의 자손들은 타도의 왕위에 오르기를 열망하고 있었다. 그런데 그 경쟁 과정에서 아자족 왕자 한 사람이 살해당했고, 그러자 아가수 부족과 그 추종자들—아가수비(Agassouvi)—은 타도를 떠나야만 했다. 이들은 자기 부족의 카타클레(황금 옥좌)뿐만 아니라 자신들이 신으로 모시는 조상 아가수 왕자의 해골과 턱뼈도 함께 가지고 갔다. 이들은 아테메 호수에 정착하였지만 결국 타도인들은 이들을 여기에서도 쫓아내버렸다. 그래서 이들은 야자나무가 자라는 북동쪽으로 이동하기로 하고 거기에 알라다를 세우며, 아가수의 뼈도 여기에 묻히게 된다.[7] 훗날 타도의 아자족 또한 자신들을 되레 타도에 사는 알라다인이라고 부르게 된다. 역사적으로 볼 때 알라다는 초기 유럽 지도에서 해안의 사비(Savi, 프랑스 명칭으로 자비에르Xavier) 그리고 제킨(Djekin, 프랑스 명칭으로 자캥Jacquin)과 나란히 그려진 아르드라와 동일한 나라이다.

17세기 초경 알라다의 아가수비족 왕 한 사람이 서거하자 세 명의 아들이 서로 왕위를 다투게 되었다고 한다. 결국 왕좌는 첫째인 콕퐁(Kokpon)에게 돌아갔다. 둘째인 테 아그방-리(Te Agban-li)는 포르토 노보—여러 요루바족의 공동 발원지—의 왕좌를 얻었고, 막내인 도-아클랭(Do-Aklin)은 알라다를 영원히 떠나서 북쪽으로 향하였다(Dunglas, 1957~58: 83~84). 그의 손자가 다호메이의 첫 번째 지배자가 된다. 그의 여행의 마지막 단계는 용기, 배반, 살인의 이야기로 그려진다. 그래서 이 이야기는

---

7 책에 실린 지도에서 쿠포 강과 알라다의 위치가 표시되어 있지 않아 혼란이 있을 수 있다. 하지만 알라다의 위치를 알아두지 않으면 이후의 내용을 지리적으로 이해하는 데 큰 혼동을 겪을 수 있다. 지도에 그려져 있는 아보메이를 중심으로 서쪽에 모노 강과 동쪽의 우에메 강이 그려져 있거니와, 그 사이에 쿠포 강이 아보메이 동쪽을 휘돌아 우이다(Whydah)항 옆의 아테메 호수로 들어간다. 알라다는 쿠포 강의 동쪽 연안에 있으며, 아보메이와 우이다항 사이에 위치하고 있다.

결국 그가 옥좌를 확실하게 거머쥘 능력을 가진 자이며 그의 옥좌는 그에게 온당히 주어진 상(賞)인 듯 보이게 만든다.

다호메이는 이렇게 하여 그곳에서 뿌리내리게 된다.

제2장

노예무역의 도전

다호메이 사회를 커다란 긴장으로 몰아넣은 역사적 사건은 경제영역에서 벌어졌으며, 또 그 시작은 외부에서 비롯되었다. 대서양 건너편에서 사탕수수 플랜테이션이 번창하기 시작하자 노예무역이 폭발적으로 증가하였는데, 이것이 다호메이에 바로 인접한 기니 해안을 강타하였던 것이다. 이 사건이 낳은 충격은 아주 독특하였다.

　역사상 존재했던 다호메이는 내부적으로는 스스로를 내륙국가로서 조직하려는 의도를 가지고 있었지만, 궁극적으로는 베냉 협로라는 지리적 현실로 인하여 좌절을 겪지 않을 수 없었다. 다호메이와 바닷가에 띠 모양으로 늘어선 작은 국가들 사이에 습지가 있어서 서로를 갈라놓고는 있었지만, 그 폭이 좁았기 때문에 해안에서 대규모의 급작스러운 사태가 터지면 그 충격은 그 좁은 분리 지대를 넘어서 밀어닥칠 것이 분명하였다. 따라서 다호메이로서는 남쪽 지역에 대해서 모종의 행동을 취하지 않을 수 없었던 것이다. 해안 지역에 노예무역이 밀어닥치면서 벌어진 사태의 일대 격변은 결국 신생 다호메이 왕국의 위기를 첨예화하였고, 왕권은 이를 관리하기 위해 비범한 능력을 요청받게 되었다.

　17세기 서인도제도에서는 획기적 대사건이 일어났으니, 이는 그로부터 130년 후에 벌어진 제임스 와트의 증기기관과 같은 종류로 분류할 만했다. 1601년 바베이도스(Barbados) 섬에 사탕수수가 재배되기 시작한 것이다. 그로부터 불과 20년도 되지 않아 사탕수수가 "담배 농사를 밀어냈고, 런던이 식민지 플랜테이션 농장들로부터 수입하는 전체 양의 절반을 차지했다"(Davies, 1957: 14~15). 곧이어 대서양 무역으로 인한 극적인 변화들이 줄줄이 나타나게 되었다. 그로부터 25년 안에 구(舊)식민체제(Old Colonial system)라고 불리는 구조 전체가 세워지게 되었다. 정부가 자금을 대고 재상인 콜베르(Colbert)가 몸소 지휘하는 프랑스의 무역회사 또한 1664년에 설립되었다.

아메리카 대륙과 아프리카 사이의 상업이라는 새로운 패턴이 그저 지리상의 발견의 여파로 생겨난 것이라는 생각이 널리 퍼져 있지만, 이는 잘못이다. 지리상의 발견 이후 설탕 플랜테이션이 확립될 때까지 1세기 반 동안 그 비슷한 것조차 찾아볼 수 없었다. 포르투갈의 해외제국 수도였던 바이아(Bahia)[1]에 아프리카 흑인들—그 가운데 3천 명은 식민지에서 사용하고자 아프리카에서 잡아온 이들이었다—이 모습을 드러내지만, 이는 1683년이 되어서야 벌어진 일이었다. 기니 해안 자체에서는 아직 큰 변화의 증거가 전혀 없었다. 베르뱅 부인(Mme. Berbain)에 따르면 1664년까지 기니 무역은 "후추, 금, 상아에 제한되었다"(Berbain, 1942: 34). 영국에서는 이 분수령에 해당하는 시점이 1660년이었으니, 이해에 "런던에서 아프리카로 떠나는 모험무역상들"의 회사가 설립되었던 것이다. "그 으뜸 목적은 황금을 찾는 것이었다"(Davies, 1957: 41). 그로부터 12년이 지나자마자 왕립 아프리카 회사(Royal African Company)가 출범하였는데, 그것을 기록한 역사가에 따르면 "이 새 회사의 주된 거래 대상은 흑인들이었다. 영국의 여러 식민지에서 흑인 노예 수요가 팽창했기 때문이다"(Ibid.: 60). 결

---

1 브라질에 있는 주 및 도시.

국 근대적 노예무역이 시작된 것은 1672년이라고 볼 수 있다.

플랜테이션 농장은 엄청난 이윤을 낳아주었고, 서인도제도는 왕실과 최고위 귀족들의 사적 재산이 되었다. 이제 이를 위해 노예를 조달하는 것은 '절대적 필요'로 인식되기에 이르렀다(Ibid.: 277). 이러한 농장주들은 자신의 이익을 실현하기 위하여 나라의 입법까지도 수단으로 이용하기에 이르렀다. 농장에서 거두어들여야 할 작물의 양은 엄청났으며, 이를 수확하기 위해서는 노예노동이 꼭 필요했다. 결국 이 풍요로운 농작물을 수확하는 데에 필요한 노예들을 조달해오는 것을 조건으로 민간 무역상들 또한 플랜테이션의 이윤을 배당받도록 허락되었다. 루이 14세 시절의 프랑스에서는 아프리카에서 아메리카로 노예 한 명이 수출될 때마다 그에 대한 보조금을 정부가 지급하였다.

다시 말하자면 국제경제에서의 변화가 큰 물결을 일으켰고, 이 물결이 대서양을 건너서 불과 20마일 길이로 펼쳐진 아프리카의 어느 해안 지역에 몰아닥친 것이다. 이는 흔한 유형의 재화의 교환도 아니었고 성격상 그 교역 관계자들을 부유하게 만들어주는 그런 교환도 아니었다. 노예무역은 아프리카 사람들을 그들이 살고 있는 촌락에서 끌어내어 1세기도 채 되기 전에 무려 수백만 명을 바다 너머의 노예로 만들어버린 아주 특별한 종류의 무역이었다. 이는 평화적인 물물교환이라기보다는 중세 유럽의 인구를 격감시켰던 흑사병(Black Death)에 더욱 가까웠다. 강대한 백인 제국들의 지배계층은 엄청난 부(富)의 가능성 앞에서 제정신이 아니었다. 사탕수수 플랜테이션은 빠르게 확산되고 있었으니, 여기에다 열대지방으로부터 노동력만 끌어내어 제공할 수 있다면 어마어마한 부를 얻게 될 것이라는 생각에 눈이 멀어버린 것이었다.

이러한 당시의 노예무역이 정말로 옛날의 노예무역과 구별될 만큼 새로웠는지를 의심할 수도 있겠다. 노예제는 대단히 오래된 제도이니, 노예무역 또한 그렇게 오래되었을 수밖에 없지 않겠는가. 하지만 이렇게 말하

는 것은 기계가 발명되어 생산에 쓰인 것이 아득한 옛일이니까 18세기에
벌어진 산업혁명도 그다지 대단하지 않다는 말이나 마찬가지이다. 모든
것을 고려해볼 때 18세기의 아프리카-아메리카 노예무역은 사회사(社會
史)의 시각에서 아주 특이한 사건이었다. 존 호킨스(John Hawkins)[2] 선장의
경우는 유명하지만, 그것은 일개 에피소드에 불과했다. 1620년까지만 해
도 영국인들은 노예무역을 본격적으로 시작하지 않았다. 감비아(Gambia)
강 상류를 탐험하던 어느 영국인은 아프리카 상인들로부터 노예들을 제
공받았지만, 그 영국인은 "우리는 우리와 똑같은 모습을 가진 것을 상품
으로 삼아 서로 사고팔거나 거래하는 민족이 아니다"라고 대답하였다
(Jobson, 1904: 112; Davies, 1957: 15에서 인용).

서양의 여러 정부들은 노예무역을 목적의식적으로 지원하였고, 이는
곧 기니 해안의 상업에 새로운 형국을 만들어내게 되었다. 1670년대 이
전에도 무역상들이 세네감비아(Senegambia)에서 황금해안에 이르는 해안
지역에 출몰하기는 했지만 그 이상 진출했던 지역은 그저 베냉, 칼라바
(Calabar), 앙골라(Angola) 정도였으며, 나중에 노예해안(Slave Coast)이 되는
곳은 항상 그냥 지나치는 지역이었다. 아르드라(Ardra)에서 칼라바에 이
르는 지역에서는 황금이 발견되지 않았고 노예는 아직 수요가 없었기 때
문이다. 초기의 어느 영국 선장이 베냉에서 귀국하는 항해에 실은 화물 목
록을 보면 아직까지 노예라는 항목이 나타나지 않는다(Dunglas, 1957~58:
111~12).

그런데 1670년 이후가 되면 '기니'(Guinea)라는 말은 무역 언어로서 완
전히 다른 의미를 가지게 된다. 그전에는 기니가 세네갈(Senegal)에서 아르
드라와 볼타(Volta) 강까지를 이르는 말이었지만, 이제는 아르드라와 볼타

---

2 John Hawkins, 1532~85: 영국 엘리자베스 여왕 시절의 선박 건조가이자 해군 지휘자로
유명하며, 노예무역을 시작한 이로 알려져 있다.

강에서 시작하는 그 너머의 지역을 일컫게 되었다. 또 동시에 그 말의 정치적·사회적 의미 또한 바뀌게 된다.

무역상들은 이미 15세기 중반부터 기니 해안의 북쪽을 방문했다. 하지만 노예무역이 정규적인 형태로 발전하지는 않았다. 범죄를 저지르고 도망다니다 길을 잃은 흑인이나 부랑자 또는 마을이나 친족 단위에서 빚을 갚지 못해 그 대표로 차꼬가 채워진 채 빚쟁이에게 넘겨진 흑인(panyarred Negro) 등이 노예로 나왔는데,[3] 그런 경우란 극히 드물었기에 백인 무역선 선장들은 다른 교역에 바빴을 뿐 노예무역 때문에 아프리카 쪽 중개인과 거래하는 일도 없었고, 또 노예로 잡을 만한 흑인을 찾아 해변을 헤매고 다니는 일은 더욱 없었다. 하지만 이렇게 드물기는 했어도 이따금씩 두세 명 정도의 노예를 얻을 수 있었으며, 해안에서 아주 가까운 곳에서 부족 간 전쟁이라도 벌어지면 많은 노예를 싼값에 얻는 횡재를 만날 수도 있었다. 아프리카의 공동체들은 본래 극히 드문 몇 가지 죽을죄를 범한 경우 말고는 그 성원을 노예로 만들어 파는 법이 없기 때문이다. 따라서 18세기에 노예무역이 시작된 이야기들을 뒤져보면 백인 무역상들이 해안가 마을에 살금살금 다가가서 기습 공격을 저지르는 일화가 나온다. 백인들은 노예로 쓸 수 없는 병자들과 노인들은 무참히 살육한다. 잠을 자다가 봉변을 당한 아프리카인들은 포로가 되어 끌려가며, 저항할 때는 노인 및 병자들과 함께 살육당했다. 상아해안에서 불과 몇 시간 떨어지지 않은 곳에서 이러한 극악무도한 사냥이 있었던 것이다(Smith, 1744). 이는 전쟁도 아니며 무역도 아니다. 무역선 선장과 선원들의 모험심이 발동되어 벌어진 사냥

---

3 일반적으로 서아프리카에서 노예가 되는 전통적인 경우는 크게 '볼모'(pawn)와 '보쌈'(panyarr)이 있다고 한다. 후자는 사실상 노예를 만들어 팔기 위해 강제로 납치하는 경우이며 정당한 행동으로 간주되지 않는다. 전자의 경우는 친족이나 마을 차원에서 일정한 양의 채무를 갚기 전까지 그 채권자 쪽으로 성원 가운데 하나를 보내어 마음대로 부릴 수 있게 하는 것이다. 지금 폴라니는 '볼모'의 경우를 이야기하는 것이 분명한데 panyarr라는 단어를 쓰고 있음에 주의할 필요가 있다.

놀이이며 사업일 뿐이다. 만약 그렇게 사냥한 흑인들의 판매를 자극할 교통수단—강 또는 대상(隊商)이 지나는 교역로처럼—까지 있는 판이라면 이런 식의 인간사냥은 전 지역으로 확장되어 큰 재앙으로 발전할 수 있으며, 해안 부근뿐만 아니라 멀리 내륙까지 그 화가 미칠 수 있었다. 이런 습격은 총림지대와 삼림지대처럼 보호받지 못하는 지역에서 벌어졌고, 이 지역은 종종 인구 감소까지 겪을 운명에 처했다. 그렇지만 바다 건너에서 정규적인 노예공급의 흐름을 필요로 하는 수요가 나타나기 전에는 노예무역을 위한 인간 약탈의 범위 또한 상당히 좁게 제한되어 있었다. 따라서 내륙 오지의 조직국가들도 근대의 노예무역이—토인비의 표현을 빌리자면 그야말로 "엄청난 규모"(enormity)였다—시작되기 전까지는 상당히 안전하게 존속할 수 있었다.

세네감비아의 해안 지대는 전통적으로 아프리카인들의 손아귀에 있었다. 해외 무역상들과 정치적 군주 사이의 영구적인 관계 따위는 필요 없었다. 해안 지대에서는 어떤 특정한 장치 없이도 질서정연하게 거래할 수 있었으며, 심지어 촌락 추장들과 백인 무역상들 사이의 협정조차 필요 없었다. 황금, 후추, 상아는 정규적으로 거래되는 품목이었지만, 특별히 노예무역이 그와 더불어 발전하지는 않았다. 이후 유럽에서 중상주의(重商主義) 관념이 발전하여 여러 국가들이 해외의 해안 지역에 일정 숫자의 자국인을 영구적으로 정주시키려 하게 되지만, 이때에도 유럽인들은 땅을 소유하기보다 그저 차지인(借地人)의 지위를 주장하는 데 그쳤다. 오지의 흑인 왕국들은 행여 백인들이 뚫고 들어올까 두려워 자기 영토를 악착같이 방어하였고, 절대로 땅을 할양해주는 법이 없었다. 나중에 다호메이가 영국에 우이다(Whydah)를 영구적으로 내놓기도 했지만, 이는 실로 막다른 골목에 처하여 나라를 살리기 위해 취한 고육지책이었을 뿐이다.

서인도제도에 사탕수수가 출현하면서 흑인 노예에 대한 수요가 폭발하였다. 상(上)기니 해안(Upper Guinea Coast)에서 최초의, 또 가장 중요한 노예무역 국가는 아르드라(Ardra)였다. 1660년대 말 이래 아르드라와 여기에 공물을 바치는 나라들인 포포(Popos), 제킨(Djekin), 랑페(Lampe), 오프라(Offra), 글레우에(Glehoue, 이는 나중의 우이다이다), 아자체(Adjache, 포르토 노보Porto Novo) 등은 내륙에서 끌려온 노예들이 정규적으로 거래되는 장소였으며, 그 노예들 대부분은 아르드라의 영토를 거쳐서 들어왔다. 프랑스인들은 이 부근에 임시 거처를 마련했다가 17세기에서 18세기로 넘어가는 무렵이 되면 우이다(Whydah, 이 지명은 우에다Houeda족이라는 말에서 나왔다)의 해변 지역에 영구 정착을 이루어내고 우이다의 노예무역에 끼어들기 시작한다. 영국의 왕립 아프리카 회사(Royal African Company) 또한 그전에는 인근의 오프라를 선호했지만 이제 주 정착지를 이곳으로 옮기게 되었으며, "한편 포르투갈인들도 점점 더 자주 이 지역을 방문하게 되었다"(Davies, 1957: 229). 1705년 카포 코르소(Capo Corso)의 영국 자치령 대표가 런던 사무실에 보낸 편지를 보면, 새로이 생겨난 프랑스 정착지의 발전을 멈추게 하지 못한다면 우이다 무역을 잃게 될 것이라는 말까지 나온다. 그다음 해 영국 왕립 아프리카 회사의 현지 노예 도매상들(factors)[4]은 런던에 "프랑스인들과 몇 가지 협정을 맺고자" 하는 자신들의 의도를 통지하였고, 2년 후 그 대리인은 그 조항들을 갱신하였으며, "네덜란드인들은 그전에 이미 그렇게 하였다"(Ibid.: 279). (그 협정의 내용은 아직도 알려져 있지 않다.) 케니스 고든 데이비스(Kenneth Gordon Davies)는 이렇게 덧붙인다. "18세기 초 노예무역에 앞서가는 4대국 모두가 우이다가 노예시장으로서 유리하다는 것을 인식하게 된다"(Ibid.: 229). 데이비스는 "회사가 무역을 수행하는 북쪽 끝에서 남쪽 끝까지" 모든 가격들을 샅샅이 훑어볼 때 실제로 "우이다에서의 가격이 가장 저렴하다"고 주장하고 있다(Ibid.: 237).

---

4 76쪽의 옮긴이 주 7 참조.

18세기의 처음 10년간 우이다는 이렇게 세계무역에서 새롭게 떠오른 사업 부문의 저명한 중심지가 되었고, 그러자 다호메이의 역사도 결정적인 전환점에 서게 된다. 자기 영토의 바로 인근에서 이러한 도전이 들이치게 되자, 이 나라의 지리적 위치에 내재하던 모순들이 전면으로 대두되었다. 이제 다호메이는 스스로가 지리적으로나 전략적으로 해안에 크게 의존하고 있다는 사실을 받아들이지 않을 수 없게 된 것이다.

   이렇게 노예무역이 전혀 예상치 못하게 자기들 바로 옆에서 벌어지게 되었고, 또 바다 건너에서 오는 노예 무역선들의 경제적 압력이 닥치면서, 내륙국가라는 다호메이의 위치가 흔들리게 된 것이다. 그전에는 어떤 서아프리카의 내륙국가도 노예무역이라는 것 때문에 자기들의 존속이 뒤흔들리는 문제에 직면한 적이 없었다. 이제 노예공급은 그 숫자에서나 사회를 파괴하는 정도에서나 내·외적으로 가히 유례를 찾을 수 없는 엄청난 사건이 되었다. 여기저기 떠돌아다니는 슬라티(slattee, 사슬로 묶인 채 시장에서 판매되는 노예집단)들 내에서 매년 새로 자라나는 노예의 수는 기껏해야 몇십 명밖에 되지 않지만, 노예들을 잡아들여서 코피알(coffial, 쇠사슬로 한 덩어리씩 묶인 노예집단coffles)로 수백 명씩 묶어놓게 되면 판매할 수 있는 노예는 수천 명씩 불어난다. 그런데 이렇게 많은 노예를 쟁여놓게 되면 토착민 약탈자들이 꾀어들게 되어 있다. 그래서 유럽인들은 이를 막기 위해 자신들이 이동하는 곳곳에 요새화된 사냥막(幕)을 세워두기도 했지만, 이러한 정착지들도 아프리카 지배자들이 힘을 합쳐 공동 행동을 취할 때는 아무 소용이 없었다(Davies, 1957: 6). 노예무역을 위해서는 한 무더기의 성인들에게 낙인을 찍고 죽지 않을 만큼 먹이고 숙소에 수용·보존하고 수송하는 등의 작업과 절차가 필요할 수밖에 없다. 따라서 노예무역상들은 덩치 큰 아프리카 국가 당국과 공존할 수 있는 양식(modus vivendi)을 찾아내야만 했으며, 결국 불가피하게 이 지역의 복잡한 정치에 이따금씩 휘말리지 않을 수 없었다(Davies, 1957: 278). 베냉, 오요, 아샨티 등의 나라들은 그나마 바다와의 사이에 작은 완충국가들이라도 있었고 또 해안으로 이르는 길을 나무가 더욱 빽빽하게 가로막고 있어서, 해안으로부터 군사적으로 거리를 유지하는 것이 가능하였다. 하지만 남쪽 방향으로 베냉 협로가 좁게 뚫려 있는 다호메이는 그러한 고립 지역을 갖지도 못했다.

따라서 다호메이가 취했던 정책의 합리적 이유는 아주 설득력이 있었다. 다호메이는 군사적 위치가 불안했기 때문에 자국의 방어와 노예무역이 불가분의 관계를 맺고 있었다. 물론 노예무역은 왕에게도 꽤나 많은 수입의 원천이었을 것이다. 하지만 군대와 관료조직의 전체 유지비는 물론이고 매년 벌어지는 군사원정의 엄청난 비용까지 모두 왕실 재정으로 감당해야 했다는 점을 감안해볼 때, 왕 개인이 사적으로 이익을 얻을 여지는 거의 없었다. 다호메이 주변을 둘러싼 나라들은 모두 군사적으로 만반의 준비를 갖추고 있었다. 따라서 힘이 약한 이웃 나라들에 대한 약탈을 강화하여 노예를 얻는 식으로는 노예무역이 가능할 수 없었다. 노예를 얻기 위해서는 대규모 전쟁을 벌일 수밖에 없었고, 이 대규모 전쟁은 다호메이가 국제정치 차원에서 과도하게 힘이 세진 이웃 나라들에 대해 벌이는 예방전쟁과 불가분으로 결합되어 있었다. 결국 국가 차원에서의 노예무역—이 지역에서 이를 시행했던 나라는 아르드라 외에는 다호메이가 유일했다—이란 곧 끊임없는 전쟁의 소용돌이로 휘말려드는 단초가 될 수밖에 없었고, 이 과정에서 다호메이의 문화는 무사도(武士道)에 대한 열광이 통상적인 기준을 완전히 넘어설 정도까지 뜨거워져갔다. 여기에다 유럽 노예상인들의 금전적 동기부여까지 더해졌다고 생각해보라. 이들은 유럽 중상주의 국가에서 쏟아졌던 보조금에다 관료기구가 듬뿍 집어주는 장려금까지 눈앞에서 어른거리는 가운데 바짝 돈독이 올라 있었다. 노예에 대한 수요는 강력했고 또 끊어지는 법이 없었다. 유럽인들은 요새와 정착지마다 노예들을 구해오고자 자기들 배를 보내왔고, 해안에 살고 있는 부족의 추장들에게 노예들을 구해오도록 부추기고 뇌물과 온갖 압박을 서슴지 않았다. 노예무역 국가였던 다호메이와 백인 노예상인들 간에는 여러 차이점이 있었지만, 이는 중요하지 않았다. 이들은 서로에게 없어서는 안 될 고객이었던 것이다.

다호메이가 휘말려들게 된 전쟁의 악순환 문제로 되돌아와보자. 여기에서는 세 가지 패턴의 군사원정이 구별될 수 있었다. 전쟁은 국가적 연례행사로서 제도화되어 있었다. 그 목적은 첫째로 대외무역에 필요한 물품을 조달하는 것이었으며, 둘째로 이보다 정도는 덜하지만 왕실 가문의 플랜테이션 농장에 인력을 충원하는 것이었고, 마지막이지만 아주 중요했던 목적으로서 전쟁에 나갈 남성 인구의 절반을 정기적으로 충원하는 것이었다. 프레더릭 포브스(Frederick E. Forbes)는 **모든** 병사들이 무역상이었다고 말한다(Forbes, 1851[II]: 90). 왜냐하면 왕이 이들로부터 최소한 한 명 이상씩 전쟁포로의 수급(首級)이나 살아 있는 인신을 사들였기 때문이다. 화약을 지급받은 병사들은 모두 이러한 요구에 부응할 것으로 기대되었고 그렇지 못할 경우에는 처벌을 받아야만 했다. 조상들의 무덤에 사람의 피로 물을 주기 위해서는 수백 명의 포로들이 죽임을 당해야만 했다. 연례 제례(Annual Customs)에서의 인신공양 외에도 포로들을 살육하는 것이 규칙이었다. 이는 '총림지'(bush)에 살고 있는 왕에 대한 두려움을 확산하는 기능이 있었고, 또 공포를 통해 기율을 유지하는 기능도 있었다.

이 전쟁들은 사소한 꼬투리를 잡아 시작되었고, 아예 불문곡직으로 시작되는 경우도 있었다. 전쟁 동원과 관련된 여러 의식들이 시작되면 이것이 곧 상황의 시작을 알리는 전조였지만, 실제의 공격 시점은 최고의 극비사항이었다. 신속한 통신수단이 없는 상황이니, 여기에서는 습격이 곧 좋은 전술일 뿐만 아니라 괜찮은 전략의 일부이기도 했던 것이다.

다호메이라는 나라가 존속했던 2세기 반이라는 기간 거의 전부에 걸쳐서 다호메이가 벌인 여러 전쟁들과 전쟁 위협에는 하나의 배경이 있었다. 이곳에서의 세력 형세가 잠재적으로 언제라도 변할 수 있다는 사실이 그

것이었다. 이러한 세력 형세의 영향력은 17세기에도 그러했지만 18세기와 19세기가 되면 완전히 힘을 발휘하게 된다. 이 세력 형세에서 핵심 지점들을 짚어보면 다음과 같다. 먼저 북동쪽의 강국으로서 오요가 있었고, 남쪽과 남서쪽에는 중규모 국가로서 아르드라가 있었고, 영토가 아주 작으면서 남쪽 바다를 향하는 항구 우이다가 있었다. 다호메이는 오요의 속국이었지만 오요에 항상 불만을 품고 있던 나라였다. 따라서 다호메이는 오요를 등에 지고 오요의 동맹국인 아르드라를 옆구리에 낀 상태에서 우이다를 어떻게 다룰 것인가의 문제를 풀어야만 했다. 1724년 다호메이는 마침내 아르드라의 핵심 도시인 알라다를 정복하지만, 그 후에도 이러한 권력 패턴이 완전히 작동을 멈춘 것은 아니었다. 아르드라에 공물을 바치던 해안 부족인 포포(Popos)와 그 밖의 동맹 부족들이 여전히 아주 현실적인 힘으로 버티고 있었기 때문이다. 따라서 우이다를 정복하기 위한 다호메이의 군사원정 또한 이러한 적대 세력들이 언제 공격해올지 모를 잠재적 가능성을 항상 염두에 두면서 이루어져야 했다. 결국 우이다 또한 다호메이에게 정복되었지만 이 항구에 대한 다호메이의 보유권은 쉽게 깨질 수 있는 취약한 것이었으며, 다호메이의 적대 세력들은 통나무배로 파도를 타고서 항상 우이다 근처에 출몰하여 위협을 가하였다. 게다가 백인들의 요새와 공장들 또한 다호메이에게 패퇴한 우에다(Houedas)족 및 포포족과 언제든 음모를 꾸밀 준비가 되어 있었다. 다호메이는 기본적으로 북쪽의 내륙국가였다. 따라서 그곳 강대국들과의 무력 경쟁에 지나치게 깊이 말려들 경우 남쪽으로의 노예공급이 원활치 못할 수 있었고, 실제 그 때문에 계속해서 간헐적으로 노예공급이 완전히 끊어지기도 했다. 그래서 네덜란드인들과 프랑스인들은 물론이고 심지어 영국의 명령권자들까지 이따금씩 해안 원주민들을 들쑤셔서 다호메이 왕국이 그들에게 씌운 멍에를 벗어던지고 함께 반란을 일으키자고 선동하기도 하였다.

다호메이의 국가적인 주적은 물론 오요였다. 이는 1708년 다호메이가

* Paul Mercier, 앞의 책에 나오는 〈지도 3〉의 일부분을 조금 확대한 것이다.

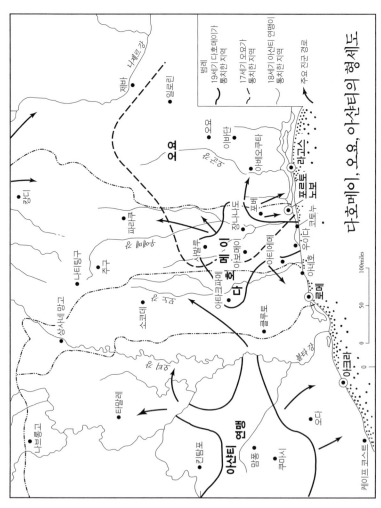

다호메이, 오요, 아산티의 형세도

23년에 걸친 노력 끝에 드디어 우에메누(Wemenou)를 파괴하는 데 성공하였을 때 공공연한 사실이 되었다. 우에메누 사람들은 주로 요루바족의 한 지파였으며, 우에메 강의 다호메이 영토 쪽에서 강둑을 따라 조밀하게 정착해 있었다. 이렇게 강가를 따라 길게 늘어서 있었던 완충국가가 사라지게 되자 그동안 이를 통해 분리되어 있던 오요의 강한 군사력과 급속히 국력을 신장해오고 있는 다호메이가 직접 부딪치게 되었고, 권력 게임이 작동하기 시작하였다. 그 시점부터 오요는 예방적 조치로서 다호메이의 수도인 아보메이를 분쇄할 준비를 항상 갖추고 있었다. 결국 오요의 강력한 무적의 기병대가 공격하자 다호메이 왕 아가자(Agadja)는 수도를 버리고 도망할 수밖에 없었으며, 1712년 다호메이는 오요가 명령을 내리면 언제든 인접국을 공격해야 하는 굴욕적인 예속국가 신세로 떨어진다. 여기에 매년 무거운 공납 부담까지 걸머지게 된다. 그렇게 바쳐야 할 물건의 항목 가운데 하나는 아주 의미심장했으니, 41정의 총을 한 묶음으로 하여 41묶음을 바치라는 것이 그것이었다(Dunglas, 1957~58: 170). 오요는 기병대에 쓸 말은 북쪽에서 조달할 수 있었지만 총기가 없었다. 그것은 남쪽의 항구로부터 막 들어오기 시작한 물건이었기 때문이다.

우리에게 알려진 대로, 다호메이가 유럽의 무역상들에게 총을 얻는 대가로 내놓을 것이라고는 노예 말고는 아무것도 없었다. 하지만 노예를 잡아오려면 인접국들과 전쟁을 치러야 했고 여기에는 다시 또 큰돈이 들어갔다. 1818년이 되어서야 오요가 쇠퇴하는 가운데 게조(Gezo) 왕이 이 두렵고도 엄혹한 주인에게서 아보메이를 해방시켜 무거운 공납 의무와 철저한 굴종 상태를 벗어던지게 된다. 오요는 무기가 우이다를 거쳐서 다호메이로 들어오는 것을 한 세기 이상 동안 면밀히 관찰하였다. 전체적으로 보았을 때, 오요에 우호적인 완충국가 아르드라는 오요에게 하나의 자산이었다. 다호메이는 노예를 내주고 총과 화약을 받아와야 했고, 그러기 위해서는 해안에 대한 안전한 접근권을 확보해야만 했다. 확인된 바 있는 어느 사례에 따르면, 우이다항을 거쳐 아보메이로 향하는 대량의 외국 무기 화물이 우이다항 당국에 위탁되었다. 우이다항 당국은 이 화물을 통과시켜주기는 했지만, 다호메이의 힘이 지나치게 강대해지는 것을 막기 위한 예방조치 차원에서 총의 공이로부터 부싯돌을 모조리 제거해버렸다 (Dunglas, 1957~58: 152). 결국 공이가 말을 듣지 않는 총을 받게 된 다호메이 병사들은 전투에 나갈 때 약실의 화약에 불을 붙일 성냥을 들고 다닐 사람을 한 명씩 따로 데리고 다녀야 했다. 따라서 우이다항을 자기 뜻대로 부릴 수 있느냐 없느냐는 다호메이에게 사활이 걸린 문제였다. 게다가 우이다항으로 들어오는 물건들에 아르드라 정부가 부과하는 통행료와 관세로 말미암아 다호메이의 수입이 막대하게 줄어드는 일은 말할 것도 없었다. 드디어 아르드라를 제거하게 되었고, 그러자 다호메이는 굳이 뱀을 모시는 해안 부족들의 종교나 백인들과의 친교로 왕의 옥체를 더럽히는 일 없이도 우이다항을 자신의 감독 아래에 두고 무역을 영위할 여러 방법을 고안할 수 있게 된다.

다호메이는 무력을 사용하여 해안 지역에 자기 세력을 확립한다든가 자신이 직접 우이다의 지배자가 되는 것에 큰 저항감을 가지고 있었다. 포르토 노보에서 황금 옥좌를 차지한 다호메이 왕의 사촌들의 경우에는 왕위 즉위 의식 속에 바다에 대한 금기(禁忌)에서 스스로를 풀어내는 부분이 들어 있지만, 우리에게 알려진 바로는 다호메이 왕의 즉위식에는 그런 부분이 전혀 포함되어 있지 않다. 이 책의 제2부인 "경제의 여러 패턴들"에서는 다호메이가 이렇게 우에다(Houeda) 왕국을 정복해놓고서도 그것을 통합할 수 없었던 저항감의 뿌리가 제도의 문제에 있었다는 증거를 내놓고자 한다. 우이다와 아르드라 두 나라 모두를 잘 알고 있었던 빌럼 보스만(Willem Bosman)과 존 바봇(John Barbot)은 그 두 왕국이 정치적으로는 서로 적대적이지만 언어와 문화는 거의 동일하다고 주장했다(Bosman, 1814; Barbot, 1732). 다호메이와 그 지배 집단인 퐁(Fon)족에 대해서는 아마 그 반대가 진실일 것이다. 하지만 그렇다고 해도 비단 이 경우에서만 언어와 종교가 정치적 통합에 대한 절대적 장벽이었다고 볼 이유가 있는가? 이 지역에서 제국의 건설 과정이 그러한 장벽들에 관계없이 진행된 사례가 종종 있지 않은가? 다호메이와 우이다의 융합을 가로막았던 것은 생활방식이며, 그 생활방식의 내면화를 반영하는 것이 바로 경제의 여러 패턴들이라는 것이 우리의 주장이다.

공격은 여러 단계에 걸쳐서 진행되었다. 먼저 1724년에는 아르드라를 점령했고, 그다음에는 우에다 왕국의 정치적 수도인 사비(Savi)에 대한 행동을 개시하였다. 우에다 왕국의 경제적 수도인 우이다 정복은 먼저 유럽의 노예 도매상들에게 중립을 지켜달라고 조언하고 요청한 뒤에 비로소 이루어졌다. 하지만 유럽인들과의 사업 자체가 포기되거나 심지어 일시적으로나마 후퇴하는 일조차 없었다. 만약 다호메이가 그렇게 했다면 이는 오요에 대한 저 굴욕적인 복속 상태에서 해방될 희망을 포기한 것이나 마찬가지였을 것이다. 또 유럽 무역상들 또한 다호메이와 유럽 사이의 무역 덕분에 하루아침에 많은 부를 얻게 된 해안의 완충국가들에게 모욕과 봉변을 감수해야 하는 상황을 더 이상 참기 힘들었다. 예를 들어 영국의 왕립 아프리카 회사의 대리인은 자신의 회사가 포르토 노보의 왕에게 빚을 진 것을 구실로 2년간 억류되어 노예노동을 강제당했다(Snelgrave, 1734: 66~68). 아르드라 및 우이다뿐만 아니라 포르토 노보 또한 다호메이가 백인 무역상들과 거래하는 가운데에서 거치지 않을 수 없는 중개자의 특권을 누렸던 것이다. 우이다도 그랬지만 포르토 노보 또한 이 과정에서 터무니없을 만큼 많은 관세를 뜯어냈을 뿐만 아니라, 이 둘 모두 '제1선매권'(the right to 'first refusal')[5]을 주장하여 유럽에서 들어온 물건들 가운데

5 우선적으로 원하는 것들을 구매할 수 있는 권리. 예를 들어 해외무역의 경우 하물(荷物)을 받아 인수하기로 되어 있는 수하자(受荷者, consignee)는 그 하물 가운데 자신이 원하는 것

위신을 높일 수 있는 재화들을 자기들 마음대로 챙겨가버림으로써 다호메이를 그런 재화들로부터 배제해버렸다.

다호메이를 둘러싼 조건은 이렇게 비참하리만큼 어려웠지만, 다호메이가 일구어낸 여러 위대한 성취는 바로 이러한 힘든 조건 때문에 나타나게 된 것이었다. 그런 면에서 다호메이가 처해 있었던 상황은 넓게 보아 도전과 응전(challenge and response)의 논리[6]를 상징적으로 담고 있다고 하겠다. 비록 우이다는 1727년 2월 마침내 다호메이에게 정복되었지만, 이는 결코 최종적인 승리가 아니었다. 우에다 왕국의 위퐁(Huffon) 왕은 자신의 잔여 병력을 이끌고 아테메(Atheme)와 그레이트 포포(Great Popo)의 얕은 여울 지역으로 도주하였는데, 바다를 금기시하는 육지의 다호메이 부족들로서는 이들을 추적할 수 없었다. 위퐁 왕의 노예조달관(caboceer)[7]이었던 아수(Assu)는 우이다로 용감하게 다시 쳐들어가서 프랑스 정착지인 생-루이(Saint-Louis)와 영국 정착지인 윌리엄스 요새(Fort Williams) 사이에 군영을 세우지만 다호메이의 반격으로 다시 쫓겨난다(Ibid.: 116). 우에다 왕은 우여곡절 끝에 자신들이 어떤 궁지에 처하게 되었는지에 관한 소식을 오요에 전달하였다. 그러자 오요의 기병대가 다호메이의 수도 아보메이를 습격하였고 아가자(Agadja) 왕은 총림지대로 도망치게 된다. 상황이 이 지경

들은 남들보다 제일 먼저 우선적으로 구입할 수 있는 권리를 가지게 되는 경우가 많다.

6 아널드 토인비(Arnold Toynbee)가 그의 저서 『역사의 연구』에서 문명의 발흥과 몰락에 대한 가설로 제시한 개념.

7 16세기에 노예무역을 처음으로 시작한 포르투갈인들의 말 carbocier에서 파생된 것이다. 서아프리카 해안의 여러 부족들과 왕국들에서 왕이나 추장은 노예무역의 구체적인 작업에 직접 관여하기보다는 직접 대리인을 지명하는데, 이 대리인이 바로 '십장, 작업반장'(headman)의 뜻을 가진 caboceer라고 한다. 이 대리인은 내륙으로 들어가 노예로 팔 흑인들을 잡아와서 백인들이 운영하는 노예 공장(barracoon)으로 넘긴다. 이 노예 공장을 운영하는 백인 상사의 도매상들(factor)은 넘겨받은 흑인들을 일종의 가축우리처럼 생긴 울타리 안에 넣어 남자들은 쇠사슬로 결박하고 아이들 및 여자들은 울타리 안에 자유롭게 풀어놓은 상태에서 이들을 데려갈 유럽의 노예선이 도착할 때까지 이들의 생존을 관리한다.

에 이르자 무역도 큰 타격을 입게 되었고, 유럽의 노예 도매상들은 이런 변화가 벌어지게 놔둔 것을 후회하게 된다. 영국의 식민지 총독이었던 저 불운한 찰스 테스트폴[8]은 우에다인들에게 포포인들과 힘을 합쳐서라도 우이다를 다호메이로부터 다시 빼앗아와야 한다고 설득하기까지 했다. 다호메이는 사비에 주둔시켰던 군대를 철수했다. 그리고 다시 노예들을 호송하여 우이다로 보냈을 때 여울 지역으로 뿔뿔이 흩어진 줄로 알았던 우에다족 군대가 1만 5천 명의 대군이 되어 우이다를 장악하고 있음을 알게 되고 경악하지 않을 수 없었다.

이러한 극한 상황에 몰리게 되자 아가자 왕은 부왕(父王)으로부터 물려받은 여자 코끼리사냥꾼 부대까지 무장시켜 전쟁에 투입하기로 결정한다. 이 여자 코끼리사냥꾼들은 지금까지는 그저 왕실 호위대였지만 이제는 하나의 독립적인 연대(聯隊)가 되어 전열의 후방에 서게 되었고, 그럼으로써―최소한 겉모습으로라도―전체 병력의 규모를 불려주는 효과를 가져왔다. 이 대담한 실험은 '여전사'라는 유명한 제도에서 절정을 이루었다. 이 제도는 실로 유명할 만했다. 그들은 성적(性的) 경험이 없는 처녀들 중에서 자원자로 구성되어 왕궁 근처에 거주하는 대규모 정예병으로서, 퇴역한 후에는 연금까지 주어졌다. 신생 왕국인 다호메이 입장에서는 그 왕좌를 차지한 알라독소뉘 왕조가 이토록 창의력이 풍부한 이들이라는 것이 큰 자산이었고, 사실상 그토록 엄혹한 상황에서도 생존 투쟁에 성공할 수 있었던 것이 바로 이 왕조의 창의력이라는 자산 덕분이었다. 하지만 그러한 성공의 진정한 원천은 또 있었다. 비록 드러나는 법은 없었지만 바로

8 Charles Testefole: 1729~30년 베냉 지역의 영국 식민지 총독이었다. 테스트폴은 다호메이가 우이다에서 철수한 뒤에도 다호메이에 대한 도발 행동을 계속하였고, 급기야 영국 요새를 방문한 다호메이 왕의 사절 한 사람을 매질하기까지 한다. 결국 요새 밖으로 부주의하게 돌아다니다가 다호메이인들에게 생포되어 사비(Savi)에 감금되었다가 심한 고문을 당하여 죽음에 이른다.

다호메이 사회의 국가와 비국가 요소들을 통합해주는 도덕적 응집력이 그 것이었다.

전반적으로 다호메이의 역사가 베냉 협로라는 도전에 대한 여러 방면에서의 응전이었다고 한다면, 이는 다호메이 치하의 우이다 경제에도 똑같이 적용된다고 할 수 있다. 지금까지 내륙에서만 살던 비(非)상업국가가 이제 엄청난 규모의 복잡한 대외무역을 수행하는 과제를 안게 되었고, 그에 맞게 이 항구를 개조하는 작업에 착수하게 된 것이다. 많은 유럽 나라들에서 노예무역을 위해 이곳에 온 유럽인들과 또 무수히 다양한 민족 출신의 아프리카 중개상들이 이곳에서 우글거리며 서로 뒤섞여 노예무역을 벌였다. 이 노예무역의 복잡다단한 구체적·기술적 사항들을 시시콜콜하게 살펴볼 필요는 없지만, 다음과 같은 과제들은 반드시 풀어야 했다. 우선 해외에서 들어온 여러 재화를 기술적·금융적으로 관리해야 했다. 또 서로 다른 도량형을 조화해야 했다. 게다가 아프리카 내부의 교역이 외부로부터 원치 않는 영향—특히 해외에서 들어온 화폐가 침투하면서 수반되는 여러 영향들—을 받는 일이 없도록 모든 경로를 차단하여 고립시키면서, 문화적 접촉 또한 일정하게 통제해야 했다. 이러한 요구사항들은 서로 분명히 상충되었지만, 앞으로 우리는 다호메이가 장악한 우이다가 교역항(the port of trade)으로서 조직된 모습을 보면서 이렇게 상충된 요구사항들이 얼마나 경탄할 만큼 훌륭하게 충족되었는지 살펴볼 것이다.

통화의 상황을 고찰해보자. 우이다는 작은 왕국으로서 다호메이 그리고 그보다 좀 더 북서쪽으로 아산티라고 하는 두 개의 내륙 지대와 인접해 있었다. 다호메이와 아산티의 국가 지도자들은 각자 자국의 정치적·문화적 통합을 유지하기 위해서는 서로 분리된 별개의 통화체제를 유지하는 것이 대단히 중요하다는 점을 잘 알고 있었다고 보아야 할 것이다. 다호메이는 해안에 있었던 우이다를 정치적으로 복속시켰지만, 그 후에도 문화적으로 항상 일정한 거리를 유지하여 우이다를 모종의 별개의 몸체(corpus separatus)[9]로 남겨놓았다. 유럽에서 온 무역회사 임원들과 다양한 혈통의 아프리카 무역상들이 이 항구에서는 자유롭게 서로 뒤섞였다. 특히 후자의 경우 다수가 아메리카 대륙 출신의 흑인—포르투갈 식민지의 흑백혼혈인(물라토mulatto)이거나 아메리카 대륙에서 노예였다가 고향으로 돌아온 흑인 등—이었다. 이곳에서는 사용되는 통화도 여러 가지였다. 그럼에도 불구하고 다호메이와 아샨티는 이와 구별되는 고유의 화폐체제를 유지할 수 있었다. 현대인들에게는 거의 극복 불능으로 보일 수밖에 없는 장애물들이 있었음에도, 이 두 나라는 이에 아랑곳하지 않고 독자적 화폐체제를 유지했던 것이다. 다호메이는 카우리조개(cowrie)만 사용하였고, 그 교환비율은 3만 2천 카우리를 1온스의 황금으로 놓았다. 이 비율은 대단히 정밀하면서도 결코 변하는 법이 없었다. 이토록 정밀한 고정환율을 이렇게 오래도록 유지했다는 것은 실로 놀라운 위업이라고 하겠다. 아샨티는 사금(砂金)을 통화로 썼으며, 덩어리 금은 모두 왕이 전유하였다. 아샨티에서는 카우리 사용이 금지되어 있었고, 다호메이에서는 마찬가지로 사금 사용이 금지되어 있었다. 그런데 다호메이 치하의 우이다에서는 둘 다 화폐로 유통되었다. 우이다에서는 주화를 주조하여 쓰지 않았기 때문에 유럽의 여러 나라에서 통화로 주조된 은은 그리 중요하지 않았고, 대개 장식품을 만들기 위해 용해되었다.

다시 강조하거니와, 알라독소뉘 왕조의 역대 왕들로 하여금 전례 없이

---

9 독자적인 주권 도시국가에 이르지는 못하지만 상당히 큰 독자성을 갖는 도시 지역을 일컫는 용어다. 그 가장 중요한 예는 오스트리아에 인접한 크로아티아의 도시 피우메(Fiume)를 들 수 있다. 이 도시는 대체로 합스부르크 왕가의 소유였지만, 마리아 테레지아(Maria Theresia)가 1776년 헝가리와의 무역을 활성화하기 위하여 헝가리와 한 나라를 이루어 오스트리아에 바로 인접해 있었던 크로아티아에 넘겨주게 된다. 하지만 이 도시는 일종의 자유무역 지대처럼 크로아티아-헝가리 왕국의 치하에서도 상당한 독립성을 유지하는 도시가 되어야 한다는 조건을 붙인다. 그리하여 아드리아해의 트리에스트(Trieste)항이 그러했듯이, 전형적인 중간 지대 상업지역(emporium)으로 번성하게 된다. 이러한 유럽 역사에서의 사례로 다호메이 왕국이 장악한 우이다항을 설명하려는 폴라니의 의도에 유의해야 할 것이다.

온갖 임기응변의 묘수를 짜내지 않을 수 없게 내몬 계기는 노예무역의 충격이라는 대외관계의 대사건이었다. 서아프리카 오지의 국가들은 절대로 유럽 강대국들에 자기 영토를 내주는 법이 없었다. 거기에는 단지 자신의 주권을 악착같이 수호하는 것 이상의 의미가 있었다. 다호메이인들의 종교에서 국토는 신들에게 봉헌된 것으로 여겨졌고, 따라서 국토의 어느 부분이든 감히 왕이 누군가에게 양도할 권리는 없었다. 알라독소뇌 왕조의 통치자들은 이러한 정책을 뒤집었으며 그 뒤집힌 방향을 굳건히 고수하였다. 전통적인 태도를 그대로 따랐더라면 다호메이 국가는 어떤 대가를 치르더라도 우이다의 점령을 유지해야 할 책임에 묶였을 것이며, 그랬다면 오요에 완전히 복속되는 파탄을 면치 못했을 것이다. 하지만 다호메이가 정말로 필요로 하는 것은 단지 무기의 자유로운 수입을 보장하는 것뿐이었다. 따라서 다호메이가 찾아낸 해결책은 세계 최강의 함대를 보유한 최고의 강대국에 긴밀한 협력을 제안하는 것이었다.

문서기록을 뒤져볼 때 아가자 왕이 심지어 우이다 공격을 개시하기 전에도 영국인들과 협력하기 위해 여러모로 노력을 기울였다는 증거를 찾을 수 있다. 그가 영국과 접촉했던 것은 다호메이의 수도 아보메이를 처음으로 방문한 유럽인이었던 불핀치 램(Bulfinch Lambe)으로부터 시작되며, 여러 문서들을 토대로 이 첫 만남을 재구성해볼 수 있다(Smith, 1744: 171~89에 실려 있는 램의 편지 참조). 윌리엄 스넬그레이브(William Snelgrave) 선장은 우이다가 약탈로 초토화된 지 불과 2주 만에 우이다에 도착하였고 곧이어 바로 인접한 도시 제킨(Djekin)에서 아가자 왕이 보낸 사절을 만나게 된다. 그 사절이 지닌 초대장에는 그에게 알라다로 와서 왕의 자문에 응해달라고 나와 있었다. 이리하여 시작된 다호메이의 친(親) 영국 정책이 종국에 이르면 아예 우이다에 대한 주권을 영국인들에게 양도하겠다는 일대 결정으로 무르익어가게 된다. 그 유일한 조건은 다호메이에 무기 공급을 보장하라는 것이었다. 램은 아가자 왕의 왕궁에 약 2

년간 강제로 억류되어 있다가 영국인들을 잔뜩 이끌고 돌아와 정착 식민지를 세우겠다고 약속하고서야 겨우 떠나도 좋다는 허락을 받을 수 있었다.[10] 왕의 선물을 잔뜩 이고 진 채로 말이다. 그 후 영국에서 왕이 바뀔 때마다 런던 정부가 우이다를 취하도록 설득하려는 많은 노력이 있었지만 별 효과를 거두지는 못했다(Burton, 1893〔II〕: 252에 나오는 월모트Wilmot 제독의 이야기 참조). 사실 당시의 정황을 보자면 이렇게 끈질긴 노력이 벌어질 법도 했지만, 영국 식민성(Colonial Office)은 아예 다호메이 왕의 제안을 고려하는 것 자체를 거부하였다.

19세기 전반이 되면 오요가 쇠퇴하기 시작한다. 그전에 이미 풀베(Fulbe)의 기병대가 여러 요루바족 왕국들의 경계선을 다시 밀어냈으며, 여기에서 떨어져 나온 에그바(Egba)족은 아베오쿠타(Abeokouta)에 요새를 건설하기도 했다. 다호메이의 게조(Gezo) 왕은 오요의 군사적 지배와 저 굴욕적인 공납의 멍에에서 자신의 나라를 해방시켰다. 다호메이는 이제 그 변방 지역에 대해서도 안심할 수 있게 되었고, 노예무역이 감소함에 따라 그 나라의 경제 또한 그 중심을 야자기름 수출로 옮기게 된다. 수도 아보메이는 한결같이 군인의 미덕을 오롯이 유지하고 있는 여전사 군단이 수호하고 있었지만, 결국에는 프랑스 포병대의 공격에 무너지게 된다. 다호메이는 제도의 발명과 발전 면에서 실로 놀라운 수준에 오를 정도로 대단한 재능을 신에게서 허락받은 나라였다. 하지만 더 우월한 기술 앞에서는 무릎을 꿇지 않을 수 없었다.

---

10 램은 전쟁 중 포로로 아보메이의 왕궁에 잡혀갔다. 유럽인을 처음 본 아가자 왕은 그와 많은 대화를 나누다가 어째서 유럽인들이 그토록 많은 노예들을 필요로 하는지를 묻는다. 램은 바다 건너편에 엄청난 규모의 농장이 있어서 노예들이 거기에서 설탕을 생산하는 데 필요하다고 대답한다. 그러자 아가자 왕은 이 경제적 논리를 금세 이해하고 자신도 설탕 농장을 세우고 싶다고 말한다. 램은 이 기회를 틈타 그렇다면 자신이 영국의 조지 1세에게 왕의 전갈을 전하여 그러한 농장 건설에 협력하도록 주선하겠다고 말한 끝에 결국 영국으로 떠나도록 허락을 받는다.

제2부

경제의 여러 패턴들

폴 메르시에(Paul Mercier)는 다호메이가 고도로 중앙집권화된 왕국이지만, 그럼에도 불구하고 사람들은 마을 단위에서 마음과 감정을 다 바쳐 정열적인 종교생활과 촌락생활을 영위한다고 묘사하였다. 경제영역에서도 마찬가지이다. 한편으로는 국가 고유의 중앙집권화된 영역을 뚜렷하게 구별할 수 있고, 또 이와 나란히 국가로부터 상당히 자유로운 사회체를 볼 수 있었다. 이 국가영역의 경제는 제3장에 제시되어 있고, 국가로부터 자유로운 경제영역은 제4장에서 제6장에 걸쳐 다루어져 있다. 국가영역에서는 재분배가 주요한 패턴이었다. 즉 재화가 중심을 향하여 이동—이 운동은 실제의 이동일 수도 있고, 단지 처분권만 이동하는 것일 수도 있다—했다가 다시 중심에서 바깥으로 이동하는 패턴이다. 비국가영역, 즉 가족생활과 마을생활의 일상에서는 상호성과 가정경제(householding)가 지배적인 패턴이었다. 시장체제가 존재하지 않았기에 교환의 중요성은 2차적이었다. 왜냐하면 교환에 노동과 토지가 포함되지도 않았으며, 여러 상품시장들도 서로 고립된 채 단일 체제를 형성하지 않았기 때문이다.

제3장

재분배: 국가영역

국가영역의 핵심 제도는 왕실이었다. 왕실은 신으로부터 나왔다고 사람들은 믿었다. 다호메이 사람들과 그들의 신격화된 조상 사이를 이어주는 연결고리가 바로 왕이었을 뿐만 아니라, 사람들의 생계를 지켜주는 수호자 또한 왕이었다. 왕은 다호메이 경제에서 그야말로 핵심적 역할을 맡았다. 해마다 경제 상황을 점검하고, 미래 계획을 수립하고, 모든 이들에게 식량을 구입할 수 있도록 최소한의 카우리를 분배하고, 여러 물건들 사이에 일정한 등가관계를 정하고, 각종 선물을 받고 또 내어주며, 통행세, 조세, 공물을 징수하는 것도 왕이었다.

연례 제례

다호메이 사람들의 생활에 군주가 중심에 나타나는 것은 연례 제례 (Annual Customs) 때 벌어지는 거대한 재분배 예식에서이다. 이때 모든 다호메이 사람들이 모인 앞에 왕이 나타나서 최고 권력자로서의 다양한 의무를 수행한다. 이 연례 제례는 경제적 주기에서 으뜸가는 행사였다. 국민총생산과 대외수입의 관점에서 보나 또 사람들의 참여로 보나 이는 실로 독특한 비중을 가진 경제제도였다. 온 나라의 모든 명사들, 행정관들, 공직자들이 모인 가운데에 주연배우 역할은 왕 자신에게 돌아갔다. 말 그대로 온 나라의 모든 가족들은 최소한 한 번에 한 명씩 돌아가면서 이 모임에 참여하였다. 온종일 계속되는 의식에서 왕은 선물, 지불, 공물 등을 받아들였고 그다음에는 그렇게 받아들인 부의 일부를 그 자리에 모인 무리들에게 선물로 분배하였다.

이러한 과정의 경제적 측면은 재화와 화폐가 중앙으로 이동했다가 다시 바깥으로 빠져나가는 것, 즉 재분배(redistribution)라고 분석할 수 있다. 이 행사는 왕실행정의 물품들을 마련할 주요한 기회일 뿐만 아니라 카우리와 그 밖의 수입품들을 사람들에게 분배할 주요한 기회이기도 했다. 모든 고위 공직자들에게는 브랜디, 담배, 비단, 의상, 카펫 등의 사치품들을 내주어 제대로 보상을 받을 수 있도록 유념하였다. 외국의 무역상과 장사꾼들은 왕실 수입으로 상당한 액수를 바쳤으며, 수지맞는 지위에 있는 다호메이의 관리들도 자기들 수입의 한몫을 떼어 왕실 수입으로 바쳤다. 이런 식의 지불 행위는 몰래 이루어질 때도 많았다. 반면 이에 대해 왕이 답례로 보내는 선물 행위는 최대한 요란하게 무대에 올려졌다.

이 연례 제례는 매년 다호메이의 군대가 귀환할 때마다 벌어지며, 이는 알라독소뉘(Alladoxonu) 왕조의 왕들 아래에서 다호메이의 여러 민족들이 종교적·정치적으로 통일되어 있음을 상징했다. 이 기회를 빌려서 사람들은 자신의 조상들에게 예를 드리고 전투에서의 승리를 감사하게 된다. 왕은 죽은 자들과 산 자들 사이의 매개자였다. 그는 다수의 포로를 인신공양으로 내몰아 그 희생자들의 피로 조상들 '무덤에 물을 주며' 이로써 온 나라를 다시금 조상신들의 가호 아래에 맡기게 된다. 특히 이러한 관례는 다호메이의 왕이 죽고 그 후계자가 왕위를 물려받은 뒤 공식적인 애도 기간에 열리는 대제례(Grand Customs) 때 더욱더 방대한 규모로 실시된다.

이러한 연례 제례에서는 다호메이 사람들 삶에 녹아 있는 핵심 가치들이 표출된다. 멜빌 허스코비츠(Melville J. Herskovits)는 이렇게 쓴 바 있다.

다호메이 사람들 누구나 자신과 신들의 사이에 조상들이 버티고 있다고 생각한다. …… 따라서 다호메이 사람들에게는 이 조상들을 모시고 숭배하는 것이야말로 인생에 의미와 논리를 제공하여 삶을 통합해주는 가장 거대한 힘들 가운데 하나라고 생각되는 것이다(Herskovits, 1938[I]: 238).

윌리엄 스넬그레이브(William Snelgrave)는 무역상이었기에 자연스럽게 다음과 같은 관점에서 다호메이의 고위 군관에게 이렇게 물었다. 그 많은 포로들을 노예로 판다면 큰 이익을 얻을 터인데 어째서 그들을 다 인신공양으로 바치느냐고. 그러자 그 군관은 이렇게 대답한다.

정복 전쟁이 끝날 때마다 신에게 일정 수의 포로를 바치는 것이 까마득한 옛날부터 이 나라의 관습이었다(Snelgrave, 1734: 46~47).

리처드 버튼(Richard F. Burton)은 이렇게 말한다.

다호메이의 인신공양의 기초는 순수하게 종교적인 것에 있다. 이는 왕 자신이 자식으로서의 도리를 다하는 감동적인 순간인 것이다. 물론 한심스럽고 잘못된 것이기는 하지만, 그 진술함만은 흠잡을 데가 없다. 다호메이의 군주라면 왕의 지위를 유지한 채 유령들로 구성된 정신(廷臣)들을 거느리고 사자(死者)의 나라로 들어 …… 가야만 한다. …… 이것이 우리가 '대제례'라고 불렀던 것의 목적이다.

그리고 버튼은 계속해서 이렇게 말한다. 군사행동이 끝날 때마다

전쟁의 첫 번째 수확으로 얻은 포로와 범죄자들은 모두 사자(死者)의 나라로 왕을 수행할 신하단의 머릿수를 불리는 데 쓰여야 한다. 그것이 예의이다

(Burton, 1893[II]: 13, 14).

백인의 예방(禮訪)이든 그저 다른 궁전으로 이사를 가는 것이든, 왕이 직접적으로 관련되는 행사가 있을 때마다 일정한 남성 혹은 여성 사자(使者)를 저세상으로 보내 조상들에게 아뢰야 한다는 것이다. 이들을 노예로 팔아 아무리 많은 이득을 얻을 수 있다고 해도, 왕은 거기에 필요한 제물의 수를 단 한 명도 줄이려 들지 않는다.

이 제례들은 대규모로 각종 재화를 모으고 또 재분배하는 기회이기도 하다. 조금이라도 비중이 있는 모든 다호메이 인사들—공직자들은 전원 포함된다—은 왕에게 바칠 선물을 들고서 이 예식에 참석해야만 한다. 우이다의 유럽인들과 다른 아프리카 군주들의 사신들도 모두 마찬가지로 선물을 들고서 왕이 계신 장소에 나타나도록 되어 있다. 축제행사는 아보메이에서 몇 주씩 계속되는데, 여기에서 왕은 신민들에게 몸소 물건을 내준다. 여기에 참여하는 인원수는 무려 4만 명에서 6만 명에 이른다. 왕이 올라서도록 무대가 만들어지고 그 위에 카우리, 럼주, 옷감, 그 밖의 상품(上品)의 재화들이 산더미처럼 쌓인다. 그러면 왕이나 왕실의 고위관리들이 이 물건들을 군중들에게 그냥 뿌려댄다. 이 행위는 예식이 진행되는 동안 매일매일 계속된다(Dalzel, 1793: xxiiiff., 121ff., 146~47). 그렇게 분배되는 품목들을 보면, 이웃 나라에서 만들어진 고운 면직물 등 수공업품뿐만 아니라 멀리 유럽과 인도에서 가져온 다양한 물건들까지 포함되어 있다. 왕에게 바치는 선물의 크기는 아주 다양하다. 해안의 무역상들은 풍성한 선물들을 가져올 것으로 기대되며, 또 그들은 실제로 그 기대를 충족시킬 수밖에 없었다(Forbes, 1851[II]: 173). 그 가운데 어느 무역상은 왕에 대한 선물로 자신의 1년치 이윤을 몽땅 가져와야 했다고 불평하기도 했다.

전투에서 잡힌 포로들도 이 행사에서 왕 앞에 끌려 나온다. 그러면 왕은 자신의 전사들과 공직자들 가운데 뛰어난 이들에게 그 포로들을 하사함으로써 그들을 공식적으로 표창한다. 이러한 형식적 선물교환으로 다호메이의 부와 권력을 경축하며, 왕과 인민들의 상호적 관계와 의무를 다시 확인하는 것이다.

군대

전쟁물자와 인력을 모으고 분배하는 것은 군주이다. 매년 수확이 끝나고 나면 왕은 군대를 이끌고 전쟁에 나선다. 이때 전장에 나가는 병력은 수행원들까지 합치면 5만 명에 달한다. 이는 전인구의 무려 4분의 1에 이르는 숫자이다. 이렇게 전시에 동원되는 군대가 아닌 왕궁 주변에 거주하는 상비군은 앞 장에서 보았듯이 전적으로 여성으로 구성되며, 이 여성들은 체격이 좋을 뿐만 아니라 전장에서의 용맹함도 지녔다. 전쟁에 나갈 파견대는 남성 인구 가운데에서 매년 지방 행정구역마다 일정 수를 징발하여 충원한다. 모든 남자 청소년들은 전장에 나가 있는 야전병들에게 수행원으로 한 사람씩 배당되어 "어린 시절부터 어려움을 참아내도록 훈련을 받는다"(Snelgrave, 1734: 79; Herkovits, 1938[II]: 80에서 인용).

군대 조직은 탈중앙화되어 있었다. 전체 지휘는 물론 왕의 관리들이 수행하지만, 군대를 실제로 전장에 이끌고 나가는 것은 다양한 도시와 지역을 관할하는 관리이거나 노예조달관(caboceer) 자신이었다. 노예조달관들은 자신이 거느린 인원을 원정에 합류시켜 군대의 지휘 아래에 두었다. 그중 어떤 이들—예를 들어 우이다에 있는 왕의 무역상들—은 수천 명의 노예를 거느리고 있었으며, 매년 벌어지는 노예사냥을 위해 아예 연대 병력 정도를 제공하기도 했다. 버튼에 따르면, "10명에서 100명 사이의 하인이나 노예들을 전장에 데리고 오는 모든 관리들"은 전쟁 지휘자를 뜻하는 아왕간(Ahwangan)의 지위를 얻게 된다고 한다(Burton, 1893[I]: 147, n. 3).

이 병사들이 사용할 물자는 그 주인들이 가져다주지만, 이를테면 꿀과 같은 특정한 식료품은 모든 군대가 사용할 수 있도록 왕실 관리가 모아서 저장해두곤 한다. 노예조달관에게는 휘하의 군대가 가져온 전리품을 모두 취할 권리가 있었다. "노예조달관들은 자기 군사들이 노예를 잡아올 때 항상 그 노예의 소유자로 간주된다"고 다호메이 왕은 던컨에게 말한다 (Duncan, 1847[II]: 264). 여성으로 구성된 군대는 왕의 사병(私兵)인바, 이들이 가져온 전리품은 왕의 소유가 되었다.

이렇게 군사권력과 민간권력이 분리되어 있거니와, 이 또한 다호메이에서 풍부하게 발견되는 제도적 분할의 한 예이다. 군대는 보통 민간권력의 지휘 아래에 있지만, 전장에서는 그렇지 않다. 이 왕국의 최고위 공직자는 밍간(Mingan)과 미우(Meu)로서, 각각 오른쪽 날개와 왼쪽 날개의 군대를 지휘한다. 밍간 아래에는 최고사령관인 가우(Gau)가 있었고 이에 해당하는 왼쪽 날개의 지위로 포-수(Po-su)가 있었다. 가우는 전장에서 지휘권을 가지며 심지어 왕보다 우선권을 쥔다. 전쟁이 아닌 상황에서는 항상 왕이 최고 자리를 차지하지만, 전장에서는 왕이 낮은 자리에 앉고 가우가 더 높은 자리에 앉게 된다.

전투에서 잡아온 포로들은 아주 세심하게 처분된다. 일단 조상들에게 인신공양으로 바칠 충분한 머릿수를 들어낸 후, 전투에서 죽은 다호메이인들과 정확하게 똑같은 수의 포로를 따로 분리한다. 이들은 결국 왕의 노예농장(plantation)으로 분배되어 상실된 노동력을 대체하게 된다. 그러고 남은 노예들은 다시 세 부분으로 나누어진다. 첫째 부분은 왕의 가정경제로 보내지고, 둘째 부분은 왕이 노예로 팔아버리며, 셋째 부분은 전사와 추장들에게 그들이 전쟁에서 보여준 용맹의 보상으로 분배된다.

왕의 노예농장으로 보내진 노예들은 다시 판매될 수 없다. 스넬그레이브는 왕으로부터 노예를 더 사들이려다가 실패한 것에 불평을 늘어놓고 있다.

나는 그 일 이후로 왕은 비록 자신의 땅을 경작하고 또한 다른 일을 하는 흑인 포로를 아주 많이 거느리고 있지만 자기 마음대로 판매할 수 있는 노예는 없다는 사실을 이해하게 되었다. 이 노예들이 일단 각자의 직무에 배당되고 나면 폐하께서도 이들이 아주 무거운 범죄를 저지르지 않는 한 이들을 절대 다시 파는 일이 없는 것이다(Snelgrave, 1734: 106~07; Herkovits, 1938[II]: 97에서 인용).

경제행정

니제르 강 북쪽에서는 파멸적인 기근이 드물지 않았지만, 다호메이 역사에서는 기근에 대한 기록을 거의 찾아볼 수 없다. 우리는 그것에서 다호메이의 농업정책이 성공적이었음을 추측할 수 있다. 이러한 사실이 특히 괄목할 만한 것으로 여겨지는 이유가 있다. 첫째, 이 나라가 매년 치르는 전쟁 때문에 엄청난 노동력을 징발해야 한다는 점이다. 둘째, 이 지역은 총림지대라서 농민이 조금만 노력을 소홀히 하면 그 즉시 관목이 경작지로 밀고 들어오기 때문에 농민들에게는 항시적인 위협이 존재하는 셈이라는 사실이다.

존 던컨(John Duncan)에 따르면, "다호메이 왕은 자신의 모든 영토가 경작되도록 법으로 강제하였다"(Duncan, 1847[II]: 310). 그리고 왕은 직접 던컨에게 이렇게 말했다. "왕 자신이 이미 오래전에 [우이다] 도시 내부와 주변의 모든 휴경지를 경작하라는 명령을 내렸다. 그 목적은 풍토병이 번질 위험을 줄이기 위해서라는 것이다"(Ibid.: 268~69).

새로운 촌락의 관리로 임관하는 자는 왕의 궁정에서 취임식을 거치게 되는데, 그때 그가 받는 명령에 농촌경제에 대한 왕의 정책이 명확하게 진술되어 있다.

왕께서는 말씀하셨다. 추장은 모든 이들이 자기 땅을 경작하면서 굳건히 뿌리내리고 살 수 있도록 각별히 살펴야 한다……

왕께서는 말씀하셨다. 다호메이는 넓은 나라이며 모든 이들은 자신이 살고 있는 곳에서 일해야 한다. 그렇기 때문에 땅을 경작하는 젊은이들은 누구든 땅에 잡초가 자라는 상태에서는 일을 쉬는 것이 금지되어 있다.

왕께서는 말씀하셨다. [사람들은] 자신이 살고 있는 땅을 사랑해야 하며 …… 그렇기 때문에 왕께서는 신민들에게 한 곳에서 다른 곳으로 이주하는 것을 금지한 것이다. 떠돌이가 자기 땅을 깊이 사랑하는 일이란 있을 수 없기 때문이다(Herskovits, 1938: 67).

농업 문제를 맡아보는 항구적인 행정기구가 있었으며, 이를 관장하는 것은 톡포(Tokpo), 즉 '농업장관'이었다. 그 아래에는 제니(Xeni)—이는 글레타뉘(gletanu), 즉 '대농(大農)들'의 수장이었다—와 그의 부관이 있었다.* 주요 관리들은 모두 플랜테이션 소유자였고, 따라서 글레타뉘 구성원이었다. 여러 농작물들이 균형 있게 생산되도록 보장하고 또 필요에 맞게끔 여러 자원을 조정하는 것이 농업관의 임무였다. 주요 작물들은 왕국의 서로 다른 지역들에서 경작되었다. 예를 들어 아보메이에서 멀지 않은 어느 구역에서는 수수만 재배되었고, 다른 지역에서는 얌(yam)이나 단옥수수(maize)만 재배되는 식이었다. 우이다와 알라다 사이의 지역에서는 단옥수수와 카사바(cassava)가 주된 작물이었다. 어떤 작물이든 너무 많이 혹은 너무 적게 생산되었을 때는 농민들이 다른 작물로 갈아타도록 배치되었다. 메르시에가 말했듯이, "경제문제에서는 엄격한 통제가 있었다. 야자기름과 같은 수입품들뿐만 아니라 식량 작물에 대해서도 마찬가지였다"(Mercier, 1954c: 210). 곡물 공급이 부족할 때는 어떤 작물의 수출도 허락되지 않았다. 육류의 주된 원천이었던 돼지는 머릿수를 센 뒤, 일정한 비

* [원주] 농업 관련 행정 부서에 대한 주된 자료 출처는 Herkovits, 1938[I]: 112~25이다.

축분을 채울 수 있도록 일정 기간 도살과 판매를 금지하는 명령이 내려지기도 했다.

아주 초기 시절부터 왕이 직접 각종 보존 조치들을 명하였다. 왕은 야자기름 생산을 보호하기 위하여 야자술은 덤불에서 야생으로 자라는 야자나무로만 제조할 수 있다는 명령을 내렸다. 야자술 제조를 허용할 경우 경작하고 있는 어린 나무들이 모두 베어질 수 있기 때문이었다(Burton, 1893[I]: 84, n. 1). 또 왕은 농작물이 성장하는 계절 동안에는 모든 동물들을 묶어놓도록 명령을 내렸다. 이것들이 마구 돌아다니면서 어린 작물을 짓밟지 못하도록 한 것이었다.

다른 생산물들도 마찬가지로 중앙행정의 통제를 받았다. 우이다에는 두 개의 막사가 소금 노동자들에게 따로 배정되어 있었고, 이들의 생산물은 우이다 총독과 왕실의 '소금 담당관'이 감독하였다. 전통에 따라서 왕은 소금 판매에서 수익을 얻기를 기대할 수 없었다. 소금은 생필품이기 때문이다. 따라서 소금 현물세는 다른 생산물들의 현물세보다 낮았다. 게다가 소금은 그것을 필요로 하는 누구에게나 판매되어야 했다. **심지어 그 사람이 1카우리만큼밖에 살 수 없다고 해도 말이다.**

생산된 꿀은 모두 군에서 사용하도록 배정되었고, 민간에서는 이를 생산하지도 판매하지도 못하게 금지되었다. 생강도 약품의 하나로 간주되었으므로 꿀과 마찬가지로 민간 생산과 판매가 금지되었고, 왕실 관리가 오로지 치료 목적으로만 분배하였다. 사인(私人)들은 일정 할당량에 맞추어 후추를 기를 수 있었다. 땅주인은 누구나 자가소비용으로 라피아 야자 섬유로 만든 자루 하나 정도의 후추는 기를 수 있도록 허가받았다. 시장에 내다가 팔 후추를 생산하기 위해서는 일정 구역을 따로 지정하였고, 이 구역에서 운송되어 나가는 후추에는 카우리 단위로 일정한 세금을 징수하였다. 땅콩은 사적인 용도에 필요한 만큼만 기를 수 있었다. 버튼에 따르면 커피, 사탕수수, 쌀, 담배의 경작이 우이다 주변에서는 금지되어 있었다.

그 이유는 알려져 있지 않으나, 아마도 이것들이 바람직하지 않은 사치품으로 간주되었기 때문일 것이다.

왕국 전체의 식량공급을 왕이 책임지고 있다는 것은 왕실과 마을장터의 관계에서 명백히 드러난다. 장터가 열리는 장소는 성스러운 곳으로 봉헌되어야 했으며, 이를 위해서는 인신공양이 필요했다. 그런데 인명(人命)을 취할 수 있는 것은 오로지 왕뿐이었으므로, 장터는 왕실에 의해 직접적으로 제도화된 셈이다. 모든 시장은 왕의 인가를 얻어 설립될 뿐만 아니라 장터에서는 관리들이 지키고 서서 질서를 유지하고 또 여러 규제사항이 잘 준수되고 있는지 감시하였다. 앞에서 보았듯이, 시장에서 곡식을 사는 것은 카우리 화폐로만 가능했다. 연례 제례 때마다 왕이 손수 카우리를 뿌려 분배하도록 되어 있는 의식은, 일반 인민들에게 식량을 살 화폐를 나누어주는 수단이었던 것이다. 마찬가지로 왕실을 방문하는 모든 이들이 만약 왕이 호의로 제공하는 것 이상의 식량을 시장에서 사고자 한다면 왕은 카우리를 선물로 내주었다. 또 이들이 여행을 마치고 돌아가는 길에는 시장에서 그 카우리로 식량을 살 수 있을 뿐만 아니라 카우리만 내보이면 이것이 출항 허가증과 같은 기능을 하여 무사히 '통과'할 수 있었던 것이다.

인구 및 국세 조사

궁정경제의 이러한 재분배체제는 광범위한 경제계획 및 행정기구와 연결되어 있었다.[*] 경제문제의 다수는 연례 제례 때 회의 의제로 올라오며, 1년 내내 왕의 행정부가 그 문제에 관심을 두었다. 인민들의 살림살이는 군주가 책임을 지는 문제였다. 사실상 왕의 책임은 경제의 모든 국면에 펼쳐져 있었기에, 해마다 제례가 돌아올 때 이를 준비하는 과정에서 그 행정

---

[*] [원주] 이 부분과 다음 부분에 걸친 우리의 조세 논의의 주된 근거의 출처는 Herskovits, 1938[I]: 107~34; [II]: 72~79. Le Herissé, 1911: 84에도 인구조사에 대한 언급이 나온다.

업무의 대부분이 수행되었다.

대우기(大雨期)가 끝나고 수확이 완료되면 그 즉시 왕은 연례적인 군사원정 준비를 시작한다. 이것이 인구 및 국세 조사가 착수되는 시점이며, 그럼으로써 조세를 부과하고 징수할 데이터를 얻게 된다. 인구 및 국세 조사에는 인구수, 농업생산 및 공업생산, 가축, 그 밖에 왕국 내 대부분의 생산물과 자원들이 들어간다.

특히 인력자원은 세밀하게 다루어졌다. 인구 전체의 숫자와 각각의 직업 범주에서 일하는 노동자의 숫자가 세어졌다. 농민, 직공(織工), 도공, 사냥꾼, 소금 노동자, 짐꾼, 대장장이 그리고 노예 또한 세어졌다. 농민의 수를 모두 세고 나면 이번에는 창고에 저장된 농작물에 대한 조사가 시작된다. 왕국 전체의 야자나무, 소, 양, 닭 등의 가축, 다양한 수공업 생산물 등을 말이다. 이러한 데이터들이 수집되고 나면 곡식, 야자기름, 소금, 수공업품 등 왕국 전체의 생산물에 대한 조세액을 평가하며, 앞으로 벌어질 군사원정에 필요한 물품을 이 조세로써 조달한다. 추장들 한 사람 한 사람이 왕에게 자기 마을의 인구수를 보고하면 이것을 기초로 남자들을 군대 내 여러 부서에 어떻게 배치할지가 결정된다. 인구조사에 사용된 장치는 실로 천재적인 행정적 고안물로서, 문자가 없었던 다호메이 사람들에게 문서기록을 대체해줄 수 있는 것이었다. 하지만 이렇게 전국에 걸친 인구 및 국세 조사를 벌이면서도 관료적인 행패와 낭비가 그토록 적었던 것은 전 인구가 기꺼이 법을 지키고 규칙에 자발적으로 호응하여 참여했기 때문이었다. 인구 및 국세 조사 데이터가 그래서 현물과 카우리로 세금을 부과하는 기초를 제공했으며, 이 현물세와 카우리세야말로 재분배 패턴 아래에서 국가로 재화와 서비스가 흘러들어가는 흐름의 실체였던 것이다.

조사 기간에 수집된 인구 데이터는 국가기밀로서 오로지 왕만이 알고 있었다. 만약 어느 지역이나 촌락의 추장이 자기 집단에 관련된 수치를 누설할 때 그는 교살(絞殺)당했다.

인구조사는 다음과 같이 이루어졌다(Herskovits, 1938〔II〕: 72ff. 참조. 우리는 이 저작을 충실히 따른다). 궁정에는 어느 여성 관리가 맡아보는 13개의 상자가 있다. 이 각각은 두 부분으로 나누어져 있는데, 한 부분은 남성, 다른 부분은 여성을 나타낸다. 새로운 아이가 태어날 때마다 촌락이나 구역의 추장은 왕에게 이를 보고하며, 그러면 아이의 성별에 따라 상자 하나의 해당 부분에 조약돌 하나를 집어넣는다. 해마다 연말이 되면 그 상자의 모든 조약돌을 들어내어 다음 상자로 옮긴다. 이렇게 하여 처음 상자가 비게 되면 다음 해에 태어난 아이들의 수대로 똑같이 조약돌을 또 그 상자에 넣는다. 연말이 되면 똑같이 돌들을 다음 상자로 옮긴다. 그리고 13번째 상자에 있는 돌들은 그냥 내버린다. 왜냐하면 14세가 된 아이들은 이미 성인으로 간주되어 연례적인 성인 인구조사에 포착되기 때문이다. 왕궁의 다른 방에 가보면 사망자 수를 기록한 상자들이 있으며, 여기에서도 비슷한 방식으로 계산이 벌어진다. 모든 구역마다 사망자가 있으면 이는 왕궁으로 보고되며, 전투에서 죽은 남성의 수를 보고하는 임무를 맡은 두 사람의 군 간부가 따로 있었다. 노예와 포로의 계산은 다른 두 관리들에게 맡겨져 있었다. 이들이 보고하고 나면 전체 인구총계를 얻을 수 있게 된다.

인구수를 나타내는 셈돌을 담은 자루는 마을마다 남성, 여성, 사내아이, 여자아이 각각에 해당하는 4개의 커다란 가방 안으로 들어갔고, 가방마다 거기에 해당하는 상징이 꿰매져 있었다. 남성은 반바지, 여성은 목걸이, 사내아이는 남자 성기, 여자아이는 여자 성기를 가진 작은 체격의 사람 문양이었다. 여기에 덧붙여 세 가지 자루가 더 있었다. 하나는 검은색으로서 전쟁에서 살해당한 인구를 나타내고, 다른 하나는 붉은색으로 병으로 죽은 인구를 나타내며, 마지막 하나는 하얀색으로 전쟁포로를 나타냈다.

성인들을 셀 때는 남성부터 셌다. 동원보다 열흘이나 열이틀 정도 앞서서 모든 가족집단의 수장들은 자기 집단의 13세 이상 남성의 수를 보고하도록 되어 있었다. 마을의 추장은 보고되는 명수에 따라 돌을 자루에 넣음으로써 숫자를 계산한다. 그 자루의 겉에는 그 마을을 나타내는 상징물이 꿰매어져 있다. 예를 들어 바구니 만드는 마을은 바구니를 상징으로 사용하는 식이었다. 이 자루들을 마을 추장들이 직접 아보메이로 가져오든가 아니면 지역 중심지에 가서 자루의 돌들을 털어놓으면 이를 지역 단위의 추장이 다시 모아서 아보메이로 가져갔다. 이 추장들이 왕 앞에 나와 부복(俯伏)하게 되면 그들은 자기 마을의 남성들이 어떤 부대로 입대하는지 듣게 된다.

이렇게 군대가 조직되고 나면 그다음에는 여성의 수를 세기 시작한다. 모든 군부대의 지휘관은 자기 병사들 각각에게 그들 가족 내의 여성 숫자를 묻도록 명령받으며, 이 숫자도 마찬가지로 돌멩이를 통해 기록되어 마을마다 모아져서 왕궁으로 보내진다. 그중에는 그해에 어떤 남성도 전쟁에 징집되지 않은 가족들이 있을 것이니, 이런 방법으로는 그런 가족들에 속하는 여성 인구가 포착되지 않을 것이다. 이 여성들을 세는 일은 나중에 전쟁 지휘관들의 위원회가 각 촌락으로부터 출정에 나가지 않는 남성 숫자를 보고받을 때로 미루어진다. 또 이때 각 마을마다 전쟁에 남성들을 보내라는 명령에 얼마나 잘 따랐는지도 점검하게 된다. 각 마을마다 몇 명씩이라는 식으로 징집 남성의 명수가 할당되지는 않았다. 하지만 전쟁이 끝나고 군 지휘관들 모두로부터 마을마다 몇 명씩 징집에 응했는지 보고가 올라오게 되면 그 숫자를 마을마다 전체 남성 인구수를 기록한 조약돌과 비교한다. 여기에서 만약 전쟁에 나온 병사 수가 그 마을 전체 남성 인구의 절반에 미치지 못하면 마을의 추장은 교살당하게 된다.

경제 관련 조사와 가축에 대한 징세 절차는 다음과 같다(Herskovits, 1938〔I〕: 116ff. 참조). 우선 왕은 가축 도살인들의 우두머리 세 명—이 지위는 세습된다—을 불러서 그들이 어느 마을에서 돼지를 사왔는지를 보고하도록 명령한다. 이것이 돼지에 대한 연례조사의 시작이다. 그러면 그 즉시 거명된 마을로 전갈이 당도하여 그 마을의 추장들 그리고 내다 팔 돼지를 가진 모든 이들을 왕의 궁정으로 불러들인다. 왕이 돼지에 새 가격을 매긴다는 명목이다. 마을의 추장은 왕 앞으로 나오기 전에 자기 마을에 있는 전체 돼지의 머릿수를 파악하여 이를 왕에게 보고한다. 그래서 그 마을의 돼지 소유자들 각각이 자신이 가진 돼지 머릿수를 보고한 숫자와 그 마을 추장이 보고한 그 마을 전체 돼지 머릿수를 비교하여 그 마을의 돼지 소유자들 각각이 자기가 소유한 돼지의 머릿수를 정확하게 보고했는지 점검한다. 그다음에는 모종의 복잡한 통제 체제가 가동된다. 먼저 마을 돼지 소유자들에게 향후 6개월간 씨암돼지 도살을 전면 금지한다는 명령이 내려진다. 이렇게 하여 씨암돼지 숫자를 그 순간의 수준으로 고정해서 나중에 전체 돼지 숫자를 계산할 적에 상수(常數)로 삼게 만드는 것이다. 두 번째로 왕국 내 도로의 모든 통행료 징수 검문소에 명령을 내려 돼지는 한 마리도 검문소를 통과하지 못하게 만든다. 그리고 마지막으로 시장에 주재하고 있는 모든 공무원들에게 향후 6개월간 시장에서 판매된 모든 돼지의 머리를 궁전으로 가져오도록 한다. 이 6개월의 기한이 끝날 때가 되면 마을의 추장들은 자기 마을의 수돼지 수를 보고한다. 여기에다 지난 6개월간 궁정으로 보내진 돼지 머리의 수를 더하면 6개월 전에 보고된 전체 돼지 수만큼은 되어야 할 것이다. 만약 여기에서 6개월간 도살 판매된 돼지가 너무 많다고 판명되면 다음 1년 동안 돼지고기 판매가 중단된다. 가축세 또한 이렇게 수집된 데이터에 근거하여 산정된다. 도살인들에게는 자신이 도살한 수에 따라서 세금이 부과되며, 여기에 덧붙여서 돼지를 키우는 이들은 모두 연간 한 마리의 돼지를 기본세로 납부하도록 되었다.

소, 양, 염소 등 다른 가축에 대해서는 통제가 이렇게까지 체계적이지 않았다. 이 동물들에 대한 조사는 그저 3년에 한 번 정도만 실시되었다. 이 조사가 벌어질 때가 되면 장터에 관리가 돌아다니면서 모종의 '파국'이 임박했음을 알리고 다녔다. 이 재난은 가축 떼의 돌림병일 수도 있고 가뭄일 수도 있으니, 여하간 조사를 수월하게 만들기 위해 무언가 꾸며낸 재난인 것이다. 그러면 모든 가축 소유자들은 신의 진노를 달래는 데 바칠 용도로 가축 한 마리당 한 개씩 카우리를 내놓으라는 훈령을 받게 되며, 왕국 전역에 걸쳐서 이 카우리들이 수집된다. 이 조개껍데기들이 왕궁에 당도하면 여성 관리 한 사람이 각각의 카우리마다 하나씩 조약돌을 챙겨두며, 가축의 종류에 따라서 조약돌 무더기들이 서로 뒤섞이지 않도록 따로 쌓아두고, 그다음엔 이 각각의 무더기들을 따로따로 자루에 넣어두며, 그다음에 비로소 카우리들을 신전으로 보낸다. 그 각각의 자루들에는 그 안의 조약돌로 숫자가 표현된 동물들의 상징이 꿰매져 있다. 소라면 뿔, 염소라면 수염, 양이라면 잡초와 혀 같은 식이다. 만약 그 조사에 돼지도 포함되어 있으면 도살인의 칼 모양 상징이 자루에 꿰매졌다. 이렇게 가축의 수를 세고 나면 여기에 기초하여 세금이 매겨졌고, 각 마을은 이에 따라 그 가축의 일정한 비율을 왕궁에 바쳐야 했는데, 그 비율은 염소의 경우 12.5퍼센트였다. 40마리마다 다섯 마리의 동물을 들어내든가 숫자를 세어 여덟 번째에 해당하는 동물들을 떼어내든가 하는 방식으로 계산되었다.

조세

왕실에는 궁정과 그에 딸린 플랜테이션 농장 외에도 여러 수입원이 있어서 이것이 조세, 징세, 공납의 포괄적인 단일 체제를 이루고 있었다. 다호메이의 조세는 보편적 조세였으며 징수, 회계, 통제 모두가 하나의 효율적인 체제로 연결되어 있었다. 탈세를 막기 위한 이중 확인의 여러 가지 간접 기법들도 종종 활용되었다(Herskovits, 1938[I]: 107ff. 참조). 국내의 교역뿐만 아니라 왕국의 모든 생산물도 징세 대상이었으며, 조세체제는 또한 다양한 경제계획 및 통제 조치들과 연계되어 있었다(Le Herissé, 1911: 82~91; 또한 Foà, 1895: 274ff. 도 참조).

다양한 사냥꾼 집단이 궁정에 육류를 공급하였다. 또 인구 전체에게도 수렵은 육류 공급의 중요한 원천이었다. 아마도 가축 고기의 섭취보다 야생동물 고기 소비가 더 많았을 것이며, 오늘날에도 매년 사냥이 벌어지는 것이 다호메이인들의 생활에 하나의 특징이 되고 있다. 궁정에는 수렵과 어로를 이끄는 두 사람의 우두머리가 있어서, 한 사람은 사냥꾼들을, 다른 사람은 어민들을 이끌며, 마을마다 한 사람씩 사냥 우두머리(데가dega)가 있다. 수도인 아보메이 근처에는 사냥의 신을 모신 성전이 있고 여기에서 매년 제전이 거행되는데, 이때 사냥꾼의 총수가 세어진다. 이 숫자에 기초하여 데가(dega)는 13개 집단으로 나누어지며 다호메이 달력의 한 달마다 4명씩 데가가 배당되어 13개 집단의 한 집단마다 돌아가면서 한 달씩 궁정에서 필요로 하는 육류를 공급하게 된다. 여기에 덧붙여서 모든 도살된 동물의 머리는 궁정으로 보내져서 그 입구를 장식하는 데 쓰인다. 어민들은 말린 생선으로 조세를 내야 하며, 이들에게 조세를 징수하는 과정도 사냥꾼의 경우와 비슷했을 것으로 추정된다.

가축의 경우에는 앞에서 보았듯이 돼지를 기르는 모든 이들에게는 1년에 한 마리씩이 조세로 부과되었다. 도살인들에게는 자신이 도살한 동물 수를 기초로 조세가 부과되었다. 소, 양, 염소는 3년에 한 번씩 조세가 부과되어 동물들의 정해진 비율—염소의 경우에는 여덟 마리 중 한 마리—을 세금으로 거두어갔다. 말은 정해진 고위층만이 가질 수 있었다. 말 한 마리마다 1년에 4천 카우리가 조세로 징수되었다.

아보메이 근처에 있는 두 군데 지역은 오직 꿀, 후추, 생강만 경작하여 이것을 공납으로 바쳤다. 이 품목들은 군수물자로 여겨졌으며, 그 생산과정은 철저하게 감독되었다.

소금세 또한 소금의 생산과정을 철저하게 감독하여 이에 기초하여 징수되었다. 소금은 바닷물을 증발시켜 얻었기에 그 생산은 해안 도시인 우이다로 제한되어 있었다. 염전 노동자들은 우이다의 두 구역에 거주하면서 바닷물 증발 과정이 진행되는 표층을 파내는 일을 했는데, 그러한 파내기 작업을 위해서는 왕의 대리인에게서 허가를 받아야 했다. 왕은 염전 노동자 한 사람당 매년 10자루의 세금―8킬로그램 정도―을 부과하였다. 세금으로 납부된 소금자루들은 우이다의 총독 관저 앞에 쌓이며, 그러면 우이다 총독은 소금 한 자루를 받을 때마다 조약돌 하나씩을 챙겨두었다가 정해진 시점에 수도 아보메이로 이 '소금 조약돌들'을 보낸다. 아보메이에서는 이 조약돌들을 10개 단위로 셈으로써 세금을 낸 염전 노동자의 수를 파악한다. 그리고 우이다 총독이 과연 정직하게 보고했는지 점검하기 위해 이와는 별도로 또 한 사람의 궁정 관리를 우이다의 염전 노동자 거주구역으로 파견하고, 이 관리는 일구어진 염전의 수를 센다. 이 숫자를 총독이 제출한 숫자와 대조하는 것이다. 조금이라도 차이가 나면 이는 심각한 죄가 되어 총독은 1년간 봉급을 몰수당하는 처벌을 받을 수도 있었다. 이러한 조세를 통하여 왕은 자신의 가정경제는 물론이고 아마도 군대 또한 먹여 살렸을 것이다.

철(鐵)과 관련된 회계, 조세, 그 밖의 행정 조치들이 이루어지는 단위는 용광로였다. 나라 전체에 12개의 용광로에서 땅을 고르는 괭이를 만들고 있었다. 괭이 생산이 이 12개 용광로에만 제한되어 있었기 때문에, 그 각각은 생산 감독의 책임을 맡은 관리의 면밀한 감시 아래 놓여 있었다. 용광로에서 생산된 괭이가 곧바로 판매될 수 없었기에 모든 판매는 시장에서 이루어져야 했으며, 이는 다시 시장을 감독하는 관리들의 감독 아래에 놓여 있었다. 시장을 총괄하는 우두머리 혹은 그 대리인은 판매를 기록하기 위해 괭이가 판매될 때마다 직접 입회하여 그 괭이가 만들어진 용광로의 문장(紋章) 표시가 있는 상자에 조약돌 하나씩을 넣어두었다. 모든 용광로들에는 이렇게 각자의 문장 표시가 지정되어 있었고, 그래서 각 용광로에서 만들어진 생산물에는 모두 그 표시가 찍혀 있었으며, 또 그 표시의 사본은 궁정에 등록되었을 뿐만 아니라 모든 시장 감독관들에게도 배포되었다. 각 시장을 총괄하는 우두머리마다 12개 용광로에 대응되는 12개 상자를 보관하고 있다가, 먼저 꽉 찬 상자가 있으면 이를 수도 아보메이로 보낸 뒤 수도로부터 다시 돌려받았다. 괭이 생산량을 세기 위한 보조적인 수법으로 전국의 대장장이들을 모두 궁정으로 불러들여서 각자의 용광로에서 만든 괭이의 수를 밝히기도 했다. 여기에서 보고된 괭이 총수에서 시장에서 판매된 괭이 수를 빼면 각자가 여전히 가지고 있는 괭이 수가 나오게 된다. 이를 기초로 하여 세금이 산정되었다. 왕이 이 대장장이들 각자에게 증표 삼아 철괴를 하나씩 나누어주고서 각자의 용광로에 아직 팔리지 않고 남아 있는 괭이의 수와 대략 비슷한 개수의 탄약통을 만들어오라고 시키는 것이다.

괭이를 만드는 데 종사하지 않는 다른 대장장이들의 수는 철의 신(神)인 구(Gu)를 섬기는 신관들이 센다. 각각의 용광로마다 이 구 신을 모시는 성소(聖所)가 있는데, 정해진 날짜가 되면 각 성소에서 일하고 있는 신관들을 모두 궁정으로 소집하여 신에게 바치는 연례 제례에 제물로 쓸 수탉을 왕이 나누어준다. 이렇게 신관들에게 나누어주기 전에 모든 수탉의 수를 세어두었다가 나누어준 수탉의 수를 거기서 빼 왕국에 있는 모든 용광로 수를 세는 것이다. 여기에 또 추가로, 그 신관들 각자가 몸담은 용광로에서 일하고 있는 인원수가 얼마나 되는지 물어서 전국의 대장장이 숫자도 파악한다.

직공들과 나무꾼들도 이와 비슷한 방식으로 자기들 생산물의 일정 부분을 세금으로 내도록 할당받는다.

국내 교역에도 또한 세금이 부과되었다. 통행세 검문소를 통과하여 재화를 운반하는 운송업자들의 수를 세기 위해서, 또 그렇게 이루어지는 교역에 세금을 부과하기 위해서 모종의 '여권'(passport) 체제가 운영되었다. 모든 도시의 성문 앞에, 또 석호 지역의 일정한 장소들에 그리고 유럽인들의 무역 시설 입구에 통행세 검문소가 설치되어 있었다. 그리하여 연례 제례 기간에는,

모든 시장에 왕의 전령이 파견되어 모든 운송업자들은 정해진 관리 한 사람에게 신고해야 한다는 명령이 선포된다. …… 모든 운송업자들은 자기 이름을 댄 뒤 모종의 암호 같은 것을 비밀리에 제시하며 이것으로 그의 여권이 만들어진다. 그리하여 어떤 이는 작은 쇠사슬을 사용하기도 하는데, 그 사슬의 고리 숫자를 그가 통과해야 할 검문소 숫자와 같아지게 한 뒤 나머지 고리들을 검문소 수문장들에게 나누어주게 된다. 다른 이는 작은 라피아(raffia) 옷감을 내놓으며 …… 이 옷감의 사본들 또한 모든 검문소의 관리들에게 나누어진다. 이 운송업자가 …… 검문소에 도착하게 되면 …… 그는 자신의 '여권'을 내놓으라는 명령을 받게 되고 이에 그 옷감을 제시한다. 그러면 이 옷감은 그전에 이미 검문소 수문장들이 받은 바 있는 옷감과 비교되며, 여기에서 이 둘 사이에 아주 작은 차이점이라도 있게 되면 그 운송업자는 포박당해 감옥으로 보내진다(Herskovits, 1938(I): 130~31).

여기에서 조세를 부과하는 방법은 다음과 같다.

어떤 운송업자가 각 검문소를 지날 때마다 작은 조약돌 하나씩을 내놓으며, 연말이 되면 그 운송업자에게는 그가 몇 번이나 왔다 갔다 했는지를 근거로 세금이 산출된다(Ibid.: 131).

다른 품목들도 운송을 법으로 강제하여 과세를 더 쉽게 만든다. 예를 들어 후추의 경우 시장에서 멀리 떨어진 곳에 위치한 특정 지역들에서만 생산될 수 있었고 시장 근처에서 재배될 수 있는 양은 제한되어 있었다. 이렇게 되면 재화를 운송하는 것이 불가피해지고, 여기에서 카우리로 세금을 거두어들일 수 있게 된다.

마을장터에서의 현물 조세는, 시장에서 판매되는 품목마다 그 '견본'을 내놓는 형식을 취한다(Ibid.: 127~28). 하지만 포브스는 또 이렇게 말한다. "모든 시장마다 징세관의 주재 아래, 판매용으로 운반되는 제품의 가치에 상응하는 만큼 카우리를 받아들인다"(Forbes, 1851[I]: 35).

던컨은 다호메이의 모든 거주자들이 인두세(人頭稅)를 내야 한다고 언급한 바 있다. 어떤 개인들에게 이것은 아주 무거운 세금일 수도 있다. 예를 들어 우이다 총독의 노예 두 사람은 매년 1,500달러와 2,500달러에 해당하는 인두세를 카우리로 지불했다고 보고되어 있다(Duncan, 1847[I]: 122~23).

관리 한 사람이 죽게 되면 그 상속세는 다음과 같이 징수된다. 첫째, 고인의 모든 소유물을 아보메이에 있는 왕궁으로 가져온다. 그러면 왕은 고인의 아들이 아버지의 관직을 물려받을지 아니면 그 자리를 다른 이, 예를 들어 전투에서 두각을 나타낸 병사 등에게 포상으로 하사할지 결정한다. 오직 그 아들이 그 자리에 다시 임명될 때만 아버지의 부를 상속할 수 있게 된다. 다호메이의 모든 토지와 재산에 대한 권리는 왕에게 귀속되는 고로, 그 아버지의 재산을 돌려주는 것은 지위상으로 선물에 해당한다. 동시에 그 상속물의 일부는 왕이 계속 보유하게 된다(Herskovits, 1938[II]: 6).

모든 농산물에도 세금이 매겨졌으니, 이것이 기본세였다. 매년 수확이 끝나고 나면 '농업장관'에 해당하는 톡포(Tokpo)와 그의 부관들이 곡식을 쌓아놓은 왕국의 여러 창고들에서 재물조사를 실시하며, 여기에서 좁쌀, 기장, 땅콩, 콩, 얌 등을 모두 따로 기록해둔다. 이 기록에서 누락되는 창고가 없도록 인구조사에서 파악된 농업 노동자 숫자와 재물조사를 거친 창고의 숫자를 맞추어보기도 한다. 모든 보고가 끝나면 왕이 농산물 조세의 총량을 결정하며, 이에 모든 마을들이 그 몫에 근거하여 징세량을 산정받게 된다.

장례식이 치러진 횟수와 관련된 조세도 있으며, 이는 무덤을 파는 업자에게서 거두어들인다. 또한 가족 중에 죽은 이가 있으면 왕궁에도 공납을 바친다. 이렇게 들어온 조세는 1년 뒤 따로 표시해두어 다호메이 전체에서 남겨진 가족 없이 자연사한 귀족, 추장, 외국인 인질의 장례 비용으로 쓴다. 노예 한 사람의 자연사 확인에 필요한 수수료는 3천 카우리였다(Burton, 1893[II]: 107). 죄수들에게 요구된 몸값에 대한 언급이 이따금씩 발견되며, 처벌 혹은 벌금으로 몰수가 이루어지기도 했고 여기에서 일정한 국가 수입이 들어오기도 했다. 국가 수입의 다른 원천으로는 복속시킨 도시로부터 들어오는 조세와 공물, 대외무역으로부터의 수입 등이 있었다.

왕이 정하는 등가의 종류

왕의 임무 가운데 하나는 자신의 치세 기간에 일정한 몇 가지 등가(等價)관계를 선포하여 이것이 지켜지게 만드는 일이었다. 다호메이인들의 생활에는 관습적 성격의 등가관계가 다수 있었다. 결혼할 때 신부의 부모에게 지불해야 하는 것, 의식이 벌어질 적에 신관들과 다양한 관리들에게 내야 하는 수수료, 장례식 때마다 친족집단들 사이에 정확하게 계산된 선물 교환 등과 같은 것들이었다. 이런 것들에는 관습적으로 등가관계가 매겨져 있었으며, 왕이 바뀔 때마다 변했다는 것을 시사하는 증거는 전혀 없다.

하지만 수입된 재화들에 대한 여러 등가관계는 왕이 선포했다. 아치볼드 달젤(Archibald Dalzel)에 따르면 아다훈주(Adahoonzou) 왕은 "어떤 시장의 어떤 교역자도 남자 노예에 대해서는 32카베스(cabess)의 카우리, 여자 노예에 대해서는 26카베스의 카우리 이상을 지불해서는 안 된다는 포고령을 발표……"했으며, 왕 스스로도 그 가격으로 노예를 구매하였다. "왕 스스로가 궁정의 대문 앞에서 줄에 꿴 카우리로 자신이 정한 가격을 지불하였다"(Dalzel, 1793: 213~15). 아다훈주 왕이 윌모트(Wilmot) 사령관에게 제시한 가격은 노예 한 사람당 "80달러이며, 노예 한 사람당 관세로 4달러가 더 붙는다"고 말한 바 있다(Burton, 1893[II]: 249). 항구세(port dues) 또한 "왕의 치세가 바뀔 때마다 다양하게 변하였다"(Ibid.: 94, n. 1).

시장의 여러 가격들에 대해서는 상황이 상당히 달랐다. 제5장에서 보겠지만 이 시장가격들은 보통 해당 지역의 지방관청에서 결정하였지만, 자신의 치세 동안 전반적인 가격수준을 결정하고 유지하는 일 그리고 재고 부족이나 과잉에 맞춰 가격을 바꾸는 일은 왕의 책임이었다. 그리하여 겔렐레(Gelele) 왕의 치세처럼 경제적으로 어려웠던 시기에는 모든 등가관계가 인상되었다. 사실상 겔렐레 왕은 일종의 10개년 계획을 제도화했던 것으로 보인다. 버튼에 따르면, "겔렐레 왕은 10년 동안 신민들의 얼굴에 맷돌질을 하기로 결심하였고,[1] 이제 그 가운데 6년이 지났다. 10년이라는 기간이 끝나면 신민들 모두가 노동에 대해 제대로 된 보수를 받게 될 것이며, 모든 물품 가격이 아주 저렴하여 한 사람이 카우리 하나면 하루를 살수 있게 될 것이다"(Burton, 1893〔II〕: 57, n. 1). 그런데 그 6년 동안 등가관계는 4배로 인상되었다. "지난 6년간 물가는 4배로 올랐다"고 버튼은 말하며, 또 "캥키볼(Cankey-ball, 다호메이의 4분의 1파운드짜리 빵덩어리) 하나가 그 전왕의 치세에는 3카우리였지만 이제는 12카우리가 되었다"(Ibid.: 162~63).

다호메이의 등가관계들은 모두 화폐로, 즉 카우리로 표현되었다. 하지만 그 등가관계의 성격이 포고(布告)에 의해 결정되었다는 점에는 의문의 여지가 없다. 이 등가관계들은 국가기관에 의해 관리되었을 뿐만 아니라 비교적 그 변화 빈도가 적어서 일종의 관습적 성격을 띠고 있었다. 예를 들어 이는 포브스(Forbes)와 다른 이들이 보고한 바 있는 여러 시장가격 목록에서 뚜렷이 드러난다. 이 목록에 나오는 각 항목의 가격은 주어진 시간과 장소에서 지배적인 가격을 나타내고 있다. 심지어 화폐단위의 표시조차 이 관습적 등가관계를 반영하고 있다. 잘 알려진 예로, 카우리 5줄은

---

1 "얼굴에 맷돌질을 가한다"라는 표현은 『구약성서』의 「이사야」 제3장 15절에 나오는 것으로, 압제와 학대로 가난한 이들을 쥐어짠다는 뜻이다.

1 '갈리나'(galinha)[2]라고 불리는데, "이것이 닭 한 마리의 가격이기 때문"이라는 것이다(Burton, 1893[I]: 107, n. 1).

조직된 노동시장과 같은 성격을 띤 것은 존재하지 않았다. "지난 세기에 멍고 파크(Mungo Park)가 말했듯이, 이 흑인들에게는 돈을 받고 일을 해준다는 관념이 전혀 없다. 사실상 아프리카의 여러 언어들에는 여기에 해당하는 단어가 없다"(Burton, 1893[II]: 132~33, n. 2). 포브스가 있었던 당시의 우이다에서는 카누꾼과 짐꾼들, 주되게는 황금해안의 다른 곳에서 온 이방인들을 패거리 단위로 묶어서 그 우두머리가 '고용 임대해'(hired out)주었다. "짐꾼들과 해먹꾼들(hammockmen)의 생계비는 남성일 경우 하루 카우리 3줄이며 여성일 경우에는 2줄이다"(Forbes, 1851[II]: 81). 비록 계산은 카우리로 하지만, 지불은 적어도 부분적으로는 옷감, 담배, 럼주 같은 재화로 치른다(Forbes, 1851[I]: 122). 짐꾼들이 짊어져야 하는 '부하' (負荷) 또한 마찬가지로 고정되어 있다. 던컨이 아보메이에서 우이다로 여행하던 도중에 그 짐꾼 하나가 뒤처지자 아보메이에 있는 재상에게 전령을 보내었더니 재상은 "그 즉시 새로운 짐꾼들을 보냈을 뿐만 아니라 대열을 뒤처지게 만든 원흉들을 처벌하라는 명령을 전해왔다. 이미 길을 떠나기 전에 재상 자신이 짐꾼 한 사람 한 사람의 짐의 무게를 조사하였던 바, 모두 규정에 나와 있는 부하보다 상당히 가벼웠음을 확인했다는 것이었다"(Duncan, 1847[II]: 291).

여러 증거들로 볼 때 지불—예를 들어 조세 지불—에서 치르게 되어 있는 재화를 대신할 수 있는 등가물은 존재하지 않았던 것으로 보인다. 농작물에 대한 여러 조세들은 모두 그에 해당하는 현물로 징수되었으며, 이를 다른 것으로 대체할 수 있다는 규정은 어디에도 보고되어 있지 않다.

공공근로 또한 왕이 신경을 써야 하는 일이었다. 달젤에 따르면 "왕은

---

2 포르투갈어로 '닭'이라는 뜻.

노예조달관들(Caboceers)을 소환하여 그들에게 일을 분배하고, 또 그들의 수하들에게 그 노고에 상응하는 값을 지불한다"(Dalzel, 1793: xii). 앞에서 보았듯이, 다호메이의 도로 상태는 연례 제례 때 검토된다. 달젤은 또한 "왕이 노예조달관들에게 아보메이에서 우이다에 이르는 도로를 닦으라고 훈령을 내리고 그 도로의 폭을 나타내는 줄을 각각에게 나누어준 것에 대해 이야기하고 있다"(Ibid.: 170~71).

왕은 또 '공창'(公娼)이 될 여성들을 임명하여 가정생활에 대한 자신의 염려를 표현한다. 다호메이에는 공창제가 있었다고 버튼은 말한다.

공창은 왕실에서 운영하는 조직적인 제도로서, 궁정으로부터 임명된다. …… 현재 재위에 있는 왕은 새로운 일군의 창녀들을 임명하였지만, 이들은 아직 업무에 들어갈 허가를 받지 못한 상태이다(Burton, 1893(II): 148).

이때도 그 등가관계에서 명칭이 파생되어 나온다.

최초에는 화대(花代)가 20카우리였는데, 여기에서 이들을 일컫는 흔한 명칭 '코-시'(Ko-si), 즉 스물-처(妻)라는 말이 나왔다. 장관들의 진정으로 화대가 카우리 두 줄, 즉 4배로 늘어났다(Ibid. : 148).

왕은 이 여인들을 임명하여 왕국 전체에 퍼져 거처를 잡도록 명령하였다. "여염집 가정의 평화를 수호"하는 것이 목적이었다(Dalzel, 1793: 129에 나오는 노리스Norris의 말). 노리스는 그러한 사전 예방이 필요한 이유는 상위계층의 남성들이 여성들 다수를 독점해버린 데에다가 간통행위는 가혹한 처벌을 받게 되어 있었기 때문이라고 설명하였다. 게다가 다호메이의 남성들은 아내가 아이를 낳으면 무려 3년 동안이나 성적인 접촉을 삼가야 했다. 그러지 않으면 그다음에 나오는 아이가 허약해진다고 믿었기 때문이다(Herskovits, 1938〔I〕: 268).

왕궁

다호메이의 국가영역은 왕실 및 궁정경제와 긴밀하게 연결되어 있었다. 수입이나 기능이 왕궁에 귀속되는 것과 국가에 귀속되는 것 사이에 선명하게 구별되지도 않았고, 또 그런 것을 도입하는 것 자체가 불가능하기도 하였다. 양쪽의 역할은 서로 밀접하게 연계되어 있었다. 이러한 이유로 우리는 궁정경제라는 제목 아래 이 둘을 결합하여 다루기로 한다.

한 예로, 왕이 거느린 부인의 수는 어느 추산에 따르면 약 2천 명에 달한다. 이들 가운데 다수는 국가행정에서 요직을 맡는다. 다른 이들은 다양한 직업에 종사한다. 모두 아보메이의 악푸에호(Akpueho)에 위치한 왕의 궁전에 살고 있었다. 또한 아보메이의 궁전에는 여전사 군단의 여러 전사들도 일부 살고 있었다. 여전사 군단은 여성으로 이루어진 다호메이의 상비군으로서 그 수는 5천 명에 육박하는 것으로 추산되었다(Herkovits, 1938〔II〕: ii, n. 3). 궁정의 다른 여성 거주자들로는 후궁을 돌보는 여자 노예들과 왕실을 돌보는 일종의 상궁들이 있었고, 후자는 죽은 왕들의 무덤을 관리하는 책임도 맡고 있었다. 여전사들까지 포함하여 아보메이 궁정에 살고 있는 여성의 총수에 대한 추산은 여러 가지가 있지만, 그 가운데 하나는 3천~4천 명으로 보고 있다(Dunglas, 1957: 92).

왕의 자식들 가운데 일부는 특별 사신의 역할을 맡거나 왕을 위하여 그 밖의 다른 임무를 맡게 된다. 버튼은 왕실의 자손들 숫자가 약 2천 명이 된다고 추산하고 있다. 르 헤리세는 이보다 훨씬 많은 1만 2천 명이라는 숫자를 대고 있다(Le Herissé, 1911: 35).

다호메이는 장관, 행정관, 감독관, 징세관, 경찰 등 광범위한 국가 관료 기구를 거느리고 있었다. 아보메이의 상층 공무원들은 비록 자택에서 살았지만 궁정으로부터 식량을 제공받았다(Duncan, 1847〔I〕: 257~58).

궁정 건물 자체는 사람을 압도할 만한 구조물이었다. 왕이 바뀔 때마다 새 왕은 궁정 벽에 울퉁불퉁한 나무문을 달아 전용 출입문을 세웠다. 이 문 앞에는 길다란 오두막 하나가 벽을 따라서 세워져 있었는데, 경사진 초가지붕의 이 오두막은 넓이 20피트 높이 60피트쯤 되었다. 여기에서 군주는 돗자리에 기대고 앉아 재판과 그 밖의 정사(政事)를 보며 정신(廷臣)들은 군주 주변에 둘러서 앉는다. 왕은 여러 개의 플랜테이션 농장을 가지고 있으며 이것이 왕실 수입의 원천 가운데 하나이다. 여기에서는 야자기름과 각종 농산물이 나온다. 악푸에호의 왕궁에서 나온 기름과 야자 심줄은 우이다항을 통해 수출되었다. 왕의 플랜테이션 농장을 돌보는 것은 가내 노예들로서, 이들은 특별한 지위를 가지고 있었고 판매될 수 없었다.

악푸에호의 궁정에는 또한 옷감 작업장, 파이프 작업장 등이 있었다. 왕과 다른 왕실 구성원들이 입을 섬유류도 여기서 만들어진다. 길다란 보관 창고에는 좁쌀과 각종 보급품들이 있었다. 염색 작업장도 있었고 도자기 작업장도 있었으며, 이 모든 일들에 왕의 부인들도 참여하였다. 여전사들의 코끼리 사냥도 소소한 수입원이었다. 코끼리 사냥으로 향연에 필요한 음식뿐만 아니라 신물(神物, fetish)[3]을 모셔놓는 건물에 필요한 코끼리뼈와 두개골도 공급하였고, 나중에는 우이다를 통해서 상아와 이빨을 수출하게 된다.

행정과 쌍대성

다호메이의 행정은 정직성, 정밀성, 신뢰성이라는 면에서 높은 수준을 달성하였다. 에밀 펠릭스 고티에(Émile Felix Gautier)는 아프리카 국가들 가운데 다호메이 행정이 이룬 성과를 뛰어넘을 나라는 없다고 평가하였다 (Gautier, 1935). 견제와 통제의 수단들이 거의 자동적으로 작동하여 조화

---

3 305쪽의 옮긴이 주 11 참조.

를 이루었다. 실제 행정 작업에 들어가는 여러 발명과 고안물들이 사용되어 기억술의 차원에서도 숫자 계산의 차원에서도 행정상의 세부사항까지 완전히 통제할 수 있을 만한 장치들을 제공했던 것이다. 앞으로 보겠으나, 제도상으로도 견제의 틀이 갖추어져 실로 보기 드물 만큼 효율성을 발휘했다. 남녀의 성차(性差)를 이용한 독창적인 방법이 도입되어, 모든 등급의 관리들은 남녀 두 명씩 짝을 지어 남성 관리는 실행을 맡아보고 여성 관리는 이를 통제하는 식으로 결합되었다. 버튼은 이렇게 얘기한다. "다호메이의 관리들은 여성과 남성, 고위관리와 하급관리 등으로 항상 짝을 이루고 있다"(Burton, 1893[I]: 33). 여기에서 솔선하여 방향을 지도하는 것은 위에서 내려오며 국가영역에 속하는 일이다.

하지만 비국가영역에서도 더 깊고 더 폭넓은 솔선의 주도권이 또 한 줄기 솟아나게 되며, 이것이 비국가영역의 자율성에 대한 자생적인 보호장치로 기능하게 된다. 모든 씨족 주거복합체(compound) 내부를 보면 조상 숭배에 관련된 성소(聖所)가 모든 가옥에 있으며, 신물(神物)을 모셔놓은 건물에는 항상 사람들이 우글거리는 데다가 예배의식이 거행되는 신당(神堂, cult house) 근처에는 그보다 더욱 많은 사람이 몰리게 마련이어서, 이것들이 풍겨내는 종교적 분위기가 관료제에 맞서는 압력을 행사하게 된다. 이를 통하여 법의 통치를 받아들이는 정서적인 기초가 사람들의 마음속에 내면화되며, 인민대중에게 법의 통치를 관철하기 위한 억압적인 정부 기구가 불필요해지게 되는 것이다.

남녀의 성적 쌍대성에 의존하는 발명도 놀랄 만한 것이지만, 그 추구 또한 철저했다. 왕실행정 체제에서는 모든 것이 쌍을 이루어, 심지어 여러 개의 쌍을 이루어 진행된다. 무엇보다도 왕국 내 모든 관리들은 자신에 대응하는 여성, 즉 '어머니'를 갖게 되어 있고, 이 여인들은 왕이 거주하는 주거복합체 내부에 산다. 그리하여 왕은 궁전 내부에 왕국 전체의 행정기구의 모든 인력에 대응하는 사람들을 거느리게 되는 것이다. 이 여성 관리들은 나예(naye)라고 불린다. 모든 여인들은 자신에 대응되는 남성 관리의 행정 일을 낱낱이 파악하여 그의 행동을 시종일관 견제하게 된다. 허스코비츠는 이것이 작동하는 예를 보여준다.

예를 들어 해안 지역의 명령권을 쥐고서 소금 생산자들을 통제하는 요보가(Yovoga)의 여러 보고들을 기억하는 임무가 이 나예들 가운데 한 명에게 주어질 수 있다. 그 요보가가 보고를 올리게 된 그 나예는 그때부터 요보가노(Yovogano), 즉 '요보가의 어머니'라고 불리며, 소금 생산과 관련된 문제가 궁정에서 논의될 때에는 그 요보가노가 항상 그 자리에 출석하게 된다. 또한 그녀는 왕이 소금 산업을 조사하기 위해 독자적으로 파견한 관리들의 보고도 받게 되며, 이 독자적으로 파견된 관리의 회계 조사와 그 요보가의 현황 보고가 일치하는지 살피는 것도 그녀의 임무가 된다. …… 왕은 이 우두머리 관리의 '어머니'인 나예를 먼저 불러 이야기를 듣기 전에는 그 어떤 관리의 말도 듣지 않는 것이 명시된 정책이었다(Herskovits, 1938[I]: 111).

이 나예들을 지휘하는 것은 또 다른 여성 집단인 크포시(kposi)로서, 이는 '표범의 부인들'이라는 뜻이다. 이 크포시 또한 다시 두 집단으로 갈라진다. 첫 번째 집단은 8명의 여성으로 구성되어 왕이 고문들을 접견할 때 항상 임석하게 되어 있다. 두 번째 집단 또한 8명으로 구성되어 장관들과 사제들이 보고를 올릴 때 그 상석에 앉아 이를 경청한다. 이런 방식으로 주요 관리 한 사람이 진술할 때마다 세 집단의 증인들—그 관리의 '어머니', 항상 왕 옆을 떠나지 않는 8명의 크포시 그리고 특정 부문의 장관이 보고를 올릴 때마다 불러들이게 되는 또 다른 8명의 전문 증인들—이 입회하게 되는 것이다.

군대 전체에 걸쳐서도 쌍대적 조직화의 원리가 작동한다. 군대는 왼쪽과 오른쪽 두 개의 날개로 나뉘며, 각각의 날개는 또 다시 남성 부분과 여성 부분으로 나뉜다. 남성 부분의 최고위 장교로부터 최하급 병사에 이르기까지 모든 이들에게 짝이 되는 여성이 있으며, 이 여성들은 궁정 안에 거주한다. 예를 들어 오른쪽 날개는 다호메이의 재상인 밍간(Mingan)이 지휘하는데, 이에 해당하는 "여성-밍간은 궁정 안에 있기 때문에 밍간보다 더 상석을 차지하게 된다"(Burton, 1893[I]: 146).

포브스도 군대에 대해 다음과 같이 말하고 있다.

전체 군대로 보자면 미간(miegan)의 오른쪽 날개와 마요(mayo)의 왼쪽 날개, 두 개의 군단으로 편성되어 있다. 오른쪽 날개에는 두 명의 미간이 있고 두 명의 아가우스(agaous)가 있는데, 한 명은 남성이고 한 명은 여전사이다. 이렇게 모든 군단의 사병에 이르기까지 똑같은 직위를 남성과 여성 두 명이 짝을 이루어 맡으며 …… 남성 병사는 혹시 피소라도 당하게 되면 자신의 '어머니'에게 자신을 변호해달라고 호소한다(Herskovits, 1938[II]: 84 참조).

아보메이의 궁정을 방문하는 모든 여행자들은 한 명씩 '어머니'를 할당받는다. 이 '어머니'는 여행자들이 머무는 동안 필요한 것들을 돌보아주며, 왕을 배알할 때마다 반드시 그 자리에 임석하게 된다.

새롭게 옥좌에 오른 왕위계승자는 자신의 부왕(父王)을 섬겼던 장관들을 그대로 두지만 상층계급의 젊은이들을 자신의 대표로서 또한 그 자리에 임명한다. 이는 이 젊은이들을 훈련하는 동시에 노회한 대신들을 견제할 수 있는 수단을 제공하는 두 가지 목적 모두를 위한 것이다.

다호메이에 통합된 지역들은 만약 자발적으로 복종한 경우에는 자체 행정조직을 그대로 유지하도록 허용되지만, 왕궁으로부터 '왕의 부인'이라 불리는 이—실은 남성이다—가 파견되어 그 지역의 노예조달관(caboceer)과 함께 살면서 그가 제대로 일을 하는지를 왕을 대리하여 감시한다.

장관마다 집에 왕의 딸 한 사람과 두 명의 관리가 함께 살면서 그 장관이 제대로 교역을 하고 있나 감독하며, 장관은 이들의 보고에 맞추어 왕에게 공물을 바쳐야 한다. 만약 왕의 이해가 걸려 있는 분쟁이 벌어지면 이 관리들이 왕에게 직접 보고하게 된다. 그리고 그 분쟁이 심각한 것일 때 그 장관은 체포되거나 벌금을 부과받게 된다(Forbes, 1851[I]: 34~35).

물론 이런 유형의 쌍대성을 조직 원리로 도입하면 관리 수가 두 배, 네 배로 불어나게 되므로 관료주의를 어떻게 줄일 것인가의 문제가 다시 나오게 되는 역설이 있다. 하지만 다호메이를 관찰한 이들은 친구이건 적이건 믿을 만한 이들이라면 누구나 다호메이인들이 공공행정과 군사업무에서 특출할 정도의 효율성을 보여주었음을 인정하고 있다는 사실은 부인할 길이 없다.

여기서 우리는 여성성(女性性)의 지배라는 모종의 사회학적 요소가 작동하고 있을 가능성을 무시할 수 없다. 우리는 여기에서 자연적 요소들과 문화적 요소들 가운데 어느 쪽이 더 크게 작용하고 있는가를 평가하지는 않을 것이다. 나라 전체의 작동에 절대적으로 중요한 서비스들에서 여성에게 이렇게 큰 임무를, 그것도 국가 수준에서 맡겼던 공동체가 대단히 드문 것은 분명한 사실이다. 세부사항들을 꼼꼼히 소화할 뿐만 아니라 상식의 기초가 되는 일상생활의 여러 사실들에 대한 정보를 기억하는 데 여성의 재능이 풍부하다는 것은 이미 검증된 바 있다.

하지만 다호메이의 여성들이 공적 생활로 진출한 범위가 워낙 넓고 또 최고의 자리에까지 뻗어 있기에, 이를 다호메이 행정에 여성적 요소의 탁월성이 널리 인정받았다는 것만으로 모두 설명할 수는 없어 보인다. 여기에서 암시되고 있는 바가 있다. 이 쌍대성의 발명품 자체의 배후에는 실용적 효율성에 대한 고려를 뛰어넘는, 모종의 정신적 태도에서 기원하는 어떤 능동적인 동기부여가 작동하고 있는 것이 아니냐는 것이다.

쌍대성은 실로 다호메이 문화 전체에 배어들어 있는 특징이다. 관료 체계의 조직이 그저 위계 서열을 통하여 수직적으로 확장된 것이 아니라 똑같은 서열 내에서 계속 추가되어 수평적으로도 확장되었다. 대칭성의 원리가 전장에 나간 군대에서 시작하여 가장 작은 단위까지 국가의 모든 기관들을 포괄하고 있거니와, 만약 그 대칭성의 원리가 다호메이 사람들의 심성에 깊숙이 뿌리박은 문화적 특징에 기인하지 않았다면 이런 것은 존재할 수조차 없었을 것이다. 만물을 둘로 나누어보는 성향은 친족체계를 구성하는 의미론, 여러 신(神)들을 조직하는 체계, 일상적으로 행해지는 예언의 이치 등에 모두 흔적을 남기고 있다. 이렇게 만물을 쌍대성의 원리로 개념화하고야 마는 노력은 저 대우주에서 시작하여 공동체라는 소우주에까지 이어지고 있거니와, 심지어 군주의 인신(人身) 앞에서조차 멈추는 법이 없다. 왕의 지위 자체 또한 '쌍둥이'이다. 왕은 총림지대의 왕으로서 그리고 도시지역의 왕으로서 이중적 역할을 맡고 있는 것이다. 버튼은 이 사실을 다음과 같이 표현한다.

다호메이 군주의 고유한 특징 가운데 하나는 군주가 이중인격적 존재라는 것이다. …… 두 개의 인격이 하나의 인신에 깃들어 있다는 것이다. 예를 들어 겔렐레 왕은 도시의 왕이며, 아데-크퐁(Adde-kpon)은 '총림지대'의 왕, 즉 도시에 반대되는 의미에서 들판 농부들의 왕인 것이다(Burton, 1893〔Ⅱ〕: 58).

총림지대의 왕은 도시지역의 왕이 가진 환경을 똑같이 복제한 환경을 따로 갖추어놓는다. 아보메이에서 남서쪽으로 불과 6마일 떨어진 곳에 총림지대의 왕을 위한 궁전이 따로 마련되어 있고, 도시지역의 왕이 거느리고 있는 관리들의 관직을 그대로 복제해놓은 한 무리의 관리들이 거기에 있다. 군대조직에서도 총림지대의 왕은 부관을 남성과 여성으로 갖추어놓고 있다. 연례 제례 또한 도시지역의 왕으로서 한 번 수행한 다음 총림지대의 왕으로서 똑같이 연례 제례를 또 한 번 반복하게 된다. 그리고 도시 지역의 왕에게도 또 총림지대의 왕에게도 '어머니'가 따로 있다. 스커츨리 (J. A. Skerchly)는 이렇게 얘기한다. "(겔렐레) 왕에게 공식적으로 행해지는 모든 것은 세 번 반복된다. 첫 번째는 여전사들에게, 두 번째는 아데-크퐁 에게, 세 번째는 아데-크퐁의 여전사들에게"(Skerchly, 1874: 271).

실제로 쌍대성의 질서를 완벽하게 구현하는 것에 진실로 집착하는 태도는 형이상학적 질서에 대한 가장 오래된 신화적 관념으로부터 내려온 것으로서, 아예 가정에서 애를 낳을 때도 쌍둥이를 선호하는 성향으로까지 이어진다. 자손이 많아지기를 바라는 마음이 이러한 경향을 낳은 것일 수도 있다. 쌍둥이 출산에 거의 가까운 아기들—쌍둥이 출산 이전과 이후 혹은 쌍둥이 출산과 출산 사이—을 더욱 반기는 인습이 있다는 것은 아마도 쌍둥이 출산의 통계적 빈도가 잦다는 것으로 설명할 수 있을지 모르겠다.

다호메이의 여러 신들의 체계에서 수좌를 차지하는 것도 마우-리사 (Mawu-Lisa)라는 이중신격이다. 메르시에는 "신들의 세계에서 모든 집단의 이념형은 남녀 쌍둥이 혹은 이보다는 드물지만 동성 쌍둥이이다" (Mercier, 1954c: 231). 그는 쌍둥이 숭배에 나타나는 이 양성적 요소에 대해 문화적 해석을 따르기를 거부하고 대신 정치조직의 영역을 살피는 쪽을 선호한다. "거기에 쌍대성이 확연하게 드러나 있는 것이다"(Ibid.: 232). 메르시에는 여기에서 저 총림지대의 왕이라는 제도를 염두에 두고 있음이 분명하며, 이 제도의 **경제적** 중요성을 처음으로 인식한 것도 그였다. 그는 이렇게 말한다. "이 이중왕정이 영구적으로 자리잡게 된 것은, 게조 (Gezo) 왕에게 다호메이의 번영은 그 제도의 재생에 달려 있다는 계시가 내려진 후였다. 이에 게조 왕은 갑케(Gapke)와 겔렐레를 임명하고, 아도크 퐁(addokpon)은 물론 한쪽에게 행해진 모든 것은 다른 쪽에게도 행해지도록 하였다"(Ibid.: 232). 이렇게 하여 19세기에 들어오자 저 옛날의 아카바

(Akaba) 왕과 그의 쌍둥이 여동생 장그바(Xãgba)의 이야기가 다시 구현되었다. "옛날 이 둘은 쌍둥이는 같은 대접을 받아야 한다는 원칙에 맞도록 함께 나라를 다스렸던 것이다"(Ibid.: 232).

이제 카나(Kana)에 궁전을 둔 총림지대 왕의 경제적 기능으로 주제를 옮겨보자. 카나는 아보메이에서 8마일 정도 떨어진 도시로서, 달젤 시대에는 약 1만 5천 명이 거주하는 대도시였다. 달젤은 노리스(Norris)의 말을 인용하여 다음과 같이 말하고 있다. "왕은 이곳에 자주 기거하며, 거의 성 제임스 공원(St. James's Park)만 한 마당에 여러 부속 건물들이 딸린 대저택을 가지고 있다. 이는 정사각형꼴의 높은 흙벽으로 둘러싸여 있다"(Dalzel, 1793: 118~19). 노리스는 그 한 변을 측량하여 길이가 1,700페이스(pace)에 달한다고 하였다(이는 약 1영국마일이라고 노리스의 편집자는 각주에서 말하고 있다). "카나와 아보메이 중간쯤에 다우에(Dawhee)라고 불리우는 왕의 시골집이 있다. 이는 왕의 가문이 아직 몸을 일으키기 전인 옛날에 살던 거주지이며 그들이 다스리던 작은 지역의 수도였다"(Dalzel, 1793: 120). 칼미나(Calmina)─카나의 옛 이름─의 시골은 아주 비옥하여 그 작물로 인근 도시들도 먹여 살렸다.

카나에는 왕가의 매장지도 있었고, 그 나라의 가장 크고 오래된 시장터들 가운데 하나도 있었다. 본래 왕가에서 아끼는 휴양지요 매장지에 불과했던 곳이 이제는 수도의 정부와 동일한 그림자 정부와 궁정이 깃드는 곳이자 별개의 경제적 수도로 발전한 것이다. 다호메이의 재분배 경제에서는 현물 형태로 거래가 이루어졌으므로, 총림지대 왕의 궁전은 중요한 독자적 기능을 가지고 있었다. 그곳은 조세로 거두어들인 막대한 양의 곡식을 쌓아두었다가 제조업 품목들과 함께 분배하는 저장소이면서 또 산업중심지이기도 했다.

이렇게 생산과 분배의 여러 경제활동이 아보메이의 왕정에서 분리되어 카나에 집중되었던 것은, 행정, 군사, 기술의 시각에서 보면 편리를 도모할 수 있는 절차였으며, 심지어 필수적이라고까지 할 수 있다.

왕은 아보메이와 카나 중간의 다우에 궁전에 거하면서 정치적 수도와 경제적 수도 모두로부터 불과 한 시간 정도의 거리에 있을 수 있으며, 양쪽 모두로 훌륭한 조경과 함께 완벽하게 닦인 도로를 갖추고 있는 것이다. 보물급 재화들은 아보메이에 있는 심보니(Symbony) 궁전—거대한 집이라는 뜻—에 보관했다. 여기에는 카우리, 철괴, 옷감, 무기, 탄약, 일정량의 유럽 가구들이 포함되었다. 왕의 무수한 가족들이 먹을 식량 또한 여기에 보관되어 있었다. 재산이 많은 젊은 남성들은 2만 카우리나 지불하고서 부인을 사오기도 했는데, 그 부인이 인도(引渡)되는 곳도 이 정치적 수도의 보물 보관소 대문 앞이었다. 무기와 연장을 만드는 대장장이들에게 각종 원자재가 분배되는 곳도, 다종다기한 직공들에게 현물 지불이 이루어지는 곳도, 요새, 성문, 성벽, 교량, 전략도로 등을 세울 각종 자재들이 분배되는 곳도 바로 여기였다.

항시적인 위협은 오요(Oyo)였다. 1712년 이후 다호메이는 오요에 아그방(agban)이라는 이름의 무거운 공납을 바쳐야 했으며, 게다가 종종 공납 시기 바로 직전 기병대를 몰고 들이닥쳐 초토화할 것이라는 협박 아래 더 많은 양을 바치라고 통보받기도 했으니 이는 다호메이에 큰 골칫거리가 아닐 수 없었다. 아그방은 매년 카나에서 오요 사절단에게 넘겨주도록 되어 있었다. 여기는 수도에서 가까웠음에도 불구하고 인근 여러 부족들은 그다지 믿을 수 없었으며 이를 보여주는 몇 가지 사건들이 있었다. 다호메이 왕이 카나의 왕실 매장지와 시장의 평화를 유지하기 위해 이 지역을 군사적으로 평정할 수밖에 없는 경우가 몇 번이나 있었던 것이다. 카나 근처에는 아득한 옛날부터 요루바족의 정착지 하나가 존재했는데, 같은 요루바족인 오요가 다호메이에 파멸적인 패배를 안겨준 후 다호메이와 오요 정복자들이 공납 협상을 벌였을 때 이곳의 요루바족이 중개자 역할을 했다. 아그방에는 41정의 총을 담은 상자 41개가 포함되어 있었다. 적어도 탄약이나마 멀리 치워놓아야 했다는 것도 이러한 정황을 볼 때 충분히 이해할 만했다.

제4장

상호성: 상호부조와 협동

앞에서 우리는 국가영역의 경제에서 보이는 재분배 패턴이 여러 함의들을 가지고 있음을 보았다. 하지만 다호메이 사람들의 살림살이는 그 일상적 측면으로 보자면 이웃, 친족, 종교 등과 같이 국가의 개입이 없는 해당 지역의 제도들에 묻어들어 있었다.

사회의 생산적 자원들은 가족과 씨족(sib)의 외부로부터 정기적으로 가져와야만 했다. 땅주인이 몸이 아플 때는 그 땅을 대신 경작할 수 있는 생산적 자원들이 필요했으며, 흙벽을 세우고, 초가지붕을 꼬아 이고, 제물로 쓸 송아지를 대고, 각종 의식이 있을 때마다 그 음식을 준비하고, 결혼식, 장례식, 애도(哀悼) 의식 등에 음식을 대기 위해서도 그러했다. 이런 정도의 과업이 종종 개별 가장의 힘을 훨씬 뛰어넘는 것은 분명하다. 그렇다면 필요할 때마다 일손으로 고용할 수 있는 노동력 풀(pool)이 있지도 않은 상황에서 이러한 필요들을 충족할 노동을 조달할 수 있었을까? 비국가영역에서 이 과제를 해결해주는 이 나라의 가장 주된 제도가 하나 있었으니, 이것이 바로 독프웨(dokpwe), 즉 노동단(勞動團)이다. 심지어 본래 재분배 체제를 갖춘 국가영역의 소관인 도로 건설이나 궁전 성벽 보수 같은 공공 근로조차 종종 독프웨가 수행했다. 이는 긴급 상황에 처하여 왕이 자신의 노예조달관 혹은 독프웨가(dokpwega)—독프웨의 수장—를 직접 호출하여 사람들을 모아와서 일을 맡아달라고 청하는 경우이다. 일을 맡기는 다른 집주인들과 마찬가지로 이때 왕은 또한 일이 끝나면 뒷풀이로 성대한 잔치를 베풀고 그 우두머리들에게는 선물을 하사할 것으로 기대되었다.

독프웨 말고도 이렇게 필요한 곳 어디에나 일손을 공급해주는 협동체가 없지 않았지만, 독프웨는 분명히 그 가운데 가장 주요한 협동체였다. 이러한 관행을 떠받쳐주는 기초 원리인 상호성(reciprocity)은 국가경제에서 재분배가 그랬던 것과 마찬가지로 비국가영역의 경제생활에서 필수불가결한 특징이었다. 상호성은 가정경제(householding)와 더불어서 비국가영역의 주된 경제적 패턴이었던 것이다.

쌍방이 서로에게 선의를 베푸는 태도를 취하게 되면 종종 상호성이 따라온다. 하지만 협동이 되었든 경쟁이 되었든 사람들이 어떤 태도를 가지고 있다는 것만으로 경제가 조직될 수는 없다. 여기에서 반드시 있어야 할 것은 그러한 사람들의 태도를 떠받쳐주고 또 그것이 발현될 수 있는 과정을 마련해주는 여러 제도들로서, 시장도 그러한 제도의 하나라고 할 수 있다. 이는 원시적인 상호성 행위의 잘 알려진 유형들 몇 가지에서 분명하게 나타나고 있다. 단일 가족집단 내의 여러 대칭적 부분들 사이에 상호 관계에 근거한 행동 실천이 이루어지는 경우는 트로브리안드(Trobriand) 제도 사람들이 생계를 조직하는 모습에서도(Malinowski, 1922), 뉴기니의 바나로(Banaro)족의 중혼(重婚) 제도에서도(Thurnwald, 1916), 서아프리카의 티브(Tiv)족의 단순교환 혼인제(P. Bohanan, 1954: 69~75; L. and P. Bohanan, 1957: 72ff.)에서도 나타나고 있다.

이렇게 사회구조에서 대칭적 특징이 나타나는 곳에서는 상호 관계적 행동이 쉽게 취해진다. 그 밖에도 아리스토텔레스는 이와 다른 상호 관계의 원천 하나를 밝혀낸 바 있으니, 어떤 공동체에도 본질적으로 내재하게 마련인 호의(good will)가 그것이다. 이것이 있어야만 비로소 공동체가 이루어졌다고 할 것이며, 공동체 성원들이 공동체 전체의 이런저런 부담을 기꺼이 나누려고 하는 가운데 비로소 공동체가 발현되고 있다고 할 수 있다. 양쪽 모두에 지지구조(supporting structure)적인 요소가 있으니, 전자에서는 대칭성이요 후자에서는 어떤 구체적 공동체 성원들 사이의 능동적인 호의이다. 하지만 아리스토텔레스가 말하는 공동체, 즉 코이노니아(koinonia)에는 대칭 구조를 이루는 집단들 사이의 대응관계 수준보다 훨씬 더 넓은 범위의 상호 관계가 암시되어 있다. 코이노니아는 작은 집단 안에서 통용될 수도 있고 또 사회 전체에 걸쳐서 지배적인 원리가 될 수도 있다. 크건 작건 이 코이노니아가 존재하는 공동체라면 그 성원들 사이에 재화를 재분배하는 것과 '돌아가면서' 노동 부담을 나누는 것을 결합할 수 있게 된다. 이것을 떠받치는 원리를 아리스토텔레스는 상호성(antipeponthos)이라고 불렀다.

다호메이에서 노동을 배분하는 주된 제도는 독프웨였다. 독프웨는 노동단을 서로 주고받는 패턴으로 조직되며, 소(so, 장인 길드)와 그베(gbe, 상호부조 집단)를 비롯한 여러 제도들을 포함하는 강력한 부조(扶助) 구조의 일부를 이루었다. 여기서 그베 제도는 재화와 관련된 상호부조를 조직하였고, 소는 주로 노동과 관련된 제도였다.

노동단

"다호메이 사람은 누구나 세 가지를 잘한다. 풀베기, 벽 쌓기, 지붕 올리기가 그것이다"(Herskovits, 1938[I]: 30). 이 널리 알려진 속담을 잘 음미해 보면, 다호메이 사람이라면 누구든 상호성의 원리로 인해 나가서 기꺼이 도와주어야 할 세 가지 임무가 무엇인지 알 수 있다.

다호메이에는 노동시장이 없었고 임노동 제도가 알려져 있지 않았다. 그렇다면 어떻게 현실에서 노동을 모으고 또 배분했던 것일까? 독프웨, 즉 노동단은 다호메이에서 아주 보편적인 제도였다.* 독프웨는 그 목적에서나 작동에서나 서구 사회의 노동시장과는 극명하게 대조되었다. 이것이 전력을 쏟은 목표는 공동체의 여러 과제를 완수하는 것으로서, 예를 들면 밭의 경작을 확실하게 매듭짓는다든가 사람들이 결혼에 따르는 혼수품 준비 의무와 부모에 대한 의무를 다할 수 있도록 돕는다든가 하는 일이었다. 이러한 방식을 통하여 노동은 상호성 혹은 의무적인 상호부조의 패턴을 따라서 조직되었던 것이다.

어느 마을이건 다호메이의 성인에게는 누구나 소속된 독프웨가 있었다. 이 제도가 공동체 전체를 아우르는 성격을 띤다는 점은 다음과 같은 어느 다호메이 추장의 언급에 표출되어 있다.

> 이는 만인을 위한 것이요. 추장이든 보통 사람이든 독프웨는 도와주도록 되어 있소. 집이 필요하면 집을 지어주고, 밭을 갈 일이 있으면 밭을 갈아주고, 돌멩이가 많은 땅을 고를 필요가 있으면 땅을 골라준다오. 아플 때는 돌보아주고, 죽으면 땅에 묻어준다오. 모든 이들은 독프웨의 우두머리에게 존경을 보여야만 한다오. 나는 그가 나타나면 그를 향해서 추장 모자를 벗어든다오 (Herskovits, 1938[I]: 64).

심지어 어떤 가난한 사람과 어떤 추장이 다 독프웨의 도움을 요청해도 도움이 주어지는 것은 철저하게 도움을 요청한 순서대로라고 전해진다.

독프웨의 우두머리인 독프웨가(dokpwega)는 마을에서 추장과 부추장에 이어 세 번째 위치에 있는 공직이다. 큰 마을에서는 구역마다 별개의 우두머리가 이끄는 독프웨가 따로따로 있으며, 그보다 작은 마을에서는 하나의 독프웨가 마을 전체를 담당하게 된다. 또 독프웨가는 자신의 임무 수행

---

* [원주] 이 제도의 경제적 중요성을 깨달았던 저서는 Herskovits(1938)였다. 우리는 이 장에서 그의 저서에 제시된 바를 따른다.

을 도와주는 세 명의 부관을 거느린다. 다호메이 사람들의 생활에서 정치 외의 모든 측면에서는 누구나 독프웨가의 부름에 두말없이 복종해야만 하며, 이를 어겼을 때에는 엄혹한 징벌이 집행된다.

그 누구도 중대한 사정이 없는 한 독프웨가의 부름에 순종하기를 거부해서는 안 된다. 만약 누군가가 허락도 없이 순종을 거부한다면, 마을 사람들이 나서서 그를 마을에서 추방해버리고, 그의 부인들도 그를 떠나게 되며, 그의 가족들은 그의 잘못으로 인해 알거지가 되어버린다. 그는 물론 그의 친척들조차 땅에 묻히지도 못하게 된다……(Ibid.: 70).

전승(傳承)에 따르면, 심지어 왕조차 독프웨의 부름에 복종해야 한다. 겔렐레 왕의 치세 기간에 다음과 같은 사건이 있었다.

권세가 하늘을 찌르던 겔렐레 왕은 고수(鼓手)들과 해먹꾼들과 수많은 종자들을 거느리고 행차에 나섰다. 그러다가 한창 작업 중인 어느 독프웨를 지나치게 되었지만 왕은 행렬을 멈추고 독프웨가에게 인사를 올리지 않았다. 그러자 독프웨가는 즉시 지휘봉을 들어올려 왕의 행렬을 멈추고 겔렐레 왕에게 어째서 독프웨의 규칙을 어겼는지 따져 물은 뒤 왕에게 밭으로 내려와 일을 하라고 명령하였다. 이야기에 따르면, 겔렐레 왕은 심심한 사과와 함께 자신은 독프웨가 일하고 있는 것을 보지 못했다고 해명했으며 속죄로 50명의 노예들을 보내 일을 시키겠다고 제안했다고 한다. 하지만 독프웨가는 만족하지 않았고, 그 밤으로 겔렐레 왕에게 여러 상자의 럼주와 무수한 비단 꾸러미를 벌금으로 부과했다고 한다(Ibid.: 70~71).

이 사건은 반쯤은 전설에 가깝지만, 다호메이 사람들의 마음속에 이 독프웨라는 제도가 어느 정도의 범위와 성격인지를 반영하고 있다. 허스코비츠는 왕과 독프웨의 관계를 잘 보여주는 사례를 더 이야기하고 있다. 왕의 거처가 있던 지역의 독프웨가는 왕으로부터 도로를 건설하라는 명령을 받자 왕에게, 당신도 이 지역에 살고 있으니 자기 독프웨의 일원이며 따라서 당연히 나와서 일에 참여하라고 명령하였다고 한다. 왕은 이 전갈을 받자 독프웨의 사람들이 먹고 마실 식량과 술을 보냈을 뿐만 아니라 자신의 군대를 동원하여 도로 공사를 완성하는 데 충분한 인력을 제공하였다는 것이다.

독프웨는 모든 다호메이 사람들에게 도움을 제공하여 그들 개개인이 각자에게 부과된 일정한 의무들을 이행하고 또 구체적으로 명시된 몇 가지 위급 상황에 대처할 수 있게 해주었다. 독프웨가 일에 떨쳐나서게 되는 다섯 가지 경우들이 있었다. 우선 어느 마을의 성원 하나가 일을 하지 못하게 되었을 경우 독프웨는 그 사람의 땅이 경작되도록 보장하였다. 그가 아픈 경우, 또 너무 늙어서 들판의 돌멩이를 깨어 땅을 개간하는 고된 노동을 할 수 없는 경우 그리고 아무도 도와줄 사람이 없는 경우에는 독프웨가 나서서 그를 도와주었다. 만약 그가 가난하다면 그는 일꾼들을 먹일 필요도 없고 또 독프웨가에게 수수료를 지불할 필요도 없었다. 그가 노인이라면 자신이 예전 젊었을 때 남을 도와 일을 해주었던 것으로 혹은 그가 젊은이이라면 앞으로 남을 위해 하게 될 노동으로 상호성의 의무가 충족되었다.

두 번째 유형으로, 어떤 사람이 가진 밭이 너무 넓어서 자신의 노동과 그가 부릴 수 있는 일꾼만으로는 도저히 밭을 갈 수 없는 경우에도 도움이 주어졌다. 이때 그는 추장에게 가서 기존에 명시된 물품(현대에는 독주 한 병, 옷감 4야드, 2프랑 50상팀)을 지불하며, 또 힘닿는 대로 최대한 성대하게 일꾼들에게 잔치를 베풀어서 독프웨를 불러오게 된다.

또 어떤 남자가 자신의 장인·장모에 대한 전통적 의무인 아시토글(asitogle)을 이행하도록 도울 목적으로 독프웨를 불러들이기도 한다. 이에 따르면 사위는 매년 한 번 정도 장인에게 중요한 일 하나를 끝내주어야 하며, 또 장모의 집이 잘 보수된 상태로 유지되도록 돌보아야 한다. 그래서 다호메이인들은 "딸을 많이 낳은 아버지는 부자다"라고 말한다(Ibid.: 73). 혹시 이를 소홀히 하는 사위가 있으면 결국에는 그 아내를 빼앗아 친정 부모가 살고 있는 가정경제로 데려가게 된다. 만약 어떤 남자가 여러 명의 아내를 거느리고 있다면 그가 감당해야 할 의무가 불가능까지는 아니어도 아주 부담스러워지는데, 이때 독프웨가 도움을 주기 위해 나타나는 것이다. 어떤 경우에는 사위가 살고 있는 마을의 독프웨가 그 마을에서 45킬로미터나 떨어진 아보메이까지 출장을 나가서 그곳에 살고 있는 장인의 주거복합체 벽을 세워주기까지 했다고 보고된 바 있다.

마찬가지로 독프웨는 어떤 남자가 그 부친에게 해야 할 의무를 수행하도록 돕기 위해 소집되기도 한다. 아들은 설령 자신의 밭을 획득했다고 해도 자신의 가정경제를 일구어 꾸리기 전에는 20세나 25세가 될 때까지 여전히 아버지 밭에 가서 일해야 할 의무가 있으며, 그 후에도 아버지를 계속 돕는 것이 예의이다. 이때도 만약 그 아들이 충분한 재산이 있다면 관습에 따라 정해진 물품을 수수료로 지불하게 된다. 하지만 그러지 못하면 그의 동네 사람들이 그를 위해 일해주고도 대가로 아무것도 받지 않는다. 그는 단지 자신의 차례가 되면 독프웨의 일원으로서 참가하여 일할 의무를 질 뿐이다.

마지막으로, 다호메이 사람 누가 죽든 그 시신을 염하고 수의를 입히고 복잡한 화장 의례를 진행하기 위해 독프웨가 소집된다.

일이 끝난 뒤의 뒷풀이는 축제 같은 행사이다. 사람들은 노동요(勞動謠)를 부르기도 하고, 또 일이 완수되고 나면 성대한 잔치를 연다. 초가지붕을 올리는 등의 몇몇 작업은 남자들이 짝을 이루어 일하게 된다. 만약 소집된 독프웨가 단 한 집단일 때는 다시 두 집단으로 나누어 서로 경쟁을 붙인다.

독프웨가 직은 사람들의 신뢰를 한 몸에 얻는 자리이며 또 독프웨가에게 높은 지위를 가져다주기도 한다. 이는 대대손손 세습되는 직책이며, 모든 독프웨가는 왕 혹은 왕실 혈통의 추장이 보는 앞에서 자신의 아들을 후계자로 임명한다. 새로운 독프웨가의 취임식은 항상 왕궁에서 새 독프웨가의 가족과 왕정의 모든 성원들이 임석한 가운데 왕의 면전에서 치러지게 된다.

장인 길드

장인들의 여러 결사체들을 보게 되면 노동 조정에서 상호성이 작동하는 무수한 예들을 찾을 수 있다. '돌아가면서' 일을 하는 것이 대개 대장장이들, 직공(織工)들 그리고 간혹 옹기장이들 사이의 관례였다. 철, 직물, 도기 등을 만드는 이들은 소(so)라고 불리는 협동결사체로 조직되었고, 이는 소가(soga)라고 불리는 우두머리의 지휘 아래에 있었다. (대장장이들과 직인들은 모두 가족집단으로 귀속되었다.) 소의 구성원들은 돌아가면서 자신이 가진 원자재를 내놓는다. 그러면 이 재료를 놓고 모든 구성원들이 일을 한다. 대장장이는 팽이와 도끼를 만들고, 직공들은 직물을 짠다. 그러면 이 생산물들은 처음에 그 재료를 내놓았던 개인이 가져가서 판매한다. 도기는 모두 함께 굽는다. 집단이 부과한 의무를 제대로 준수하지 못한 사람은 구성원들에게 처벌을 받고 훈육당하게 되어 있었다.

구성원들이 밭을 경작하는 것에 도움을 주는 협동결사체들 또한 소(so)라고 알려져 있었다. 이 결사체가 독프웨와 상충되지는 않았다. 누구든 다섯 명 이상이 독프웨가의 허락을 받기만 하면 그런 목적으로 결사체를 만들 수 있었다. 하지만 소와 독프웨의 구별은 유지되었다.

[소의] 어느 구성원들이 그 가운데 한 사람이 밭을 가는 것을 돕고자 하면 먼저 독프웨가를 찾아가서 그 일을 주관해달라고 요청한다. 하지만 설령 독프

웨가가 그 일을 지휘한다고 해도 실제로 일을 수행하는 것은 독프웨가 아니라 소라는 점은 모두 이해하고 있었다(Ibid.: 253).

이렇게 소와 (나중에 이야기할) 그베가 그 구성원들이 필요로 할 때 도움을 제공하였다. 혹시 누군가가 병에 걸리게 되면 그 동료들이 찾아와서 일을 대신 해준다. 구성원들은 조합비에 해당하는 것을 지불하며, 친척들이 상(喪)을 당하면 미리 정해진 양의 부조를 냈다. 소는 성원들의 장례식에 참여했으며, 유족들이 어려운 처지이면 사정을 참작해 성원들에게서 갹출하여 고인의 유족들에게 생계품을 전달하였다.

시장에서 식료품을 판매하는 여인들 또한 소두도(sodudo)라고 불리는 비슷한 결사체들에 속하였다. 이런 결사체들은 노동조직을 통제하지 않았다는 점에서는 길드와 다르지만, 소나 그베와 비슷한 상호부조 기능을 가지고 있었다.

가족적 부조

다호메이에서 가장 광범위하게 퍼져 있는 제도의 하나가 그베(gbe)라고 불리는 상호부조 결사체였다. 확대가족 또한 같은 이름으로 불렸다. 이것은 자생적인 조직으로서, 그 성원들은 혈연적 형제애로 결속되어 각자가 지고 있는 일정한 의무를 이행하도록, 그리고 각자가 치러야 하는 다양한 사회적 행사를 잘 치를 수 있도록 서로 돕는 조직이었다. 개별 성원들이 져야 하는 여러 의무와 바쳐야 하는 기부의 양은 결사체가 만들어질 때부터 미리 명시적으로 정해져 있다. 성원 한 사람이 병에 걸리거나 상당한 금전적 손실을 당했을 때에는 부조가 주어지며, 장인의 장례식을 치러야 하는 등 성원 한 명이 선물로 많은 경비를 지출해야 하는 의식 행사를 치를 때에도 부조가 주어졌다. 허스코비츠는 그러한 의식 행사 하나를 서술하고 있다.

시신을 실제로 매장한 다음 날 아침, 고인의 딸과 결혼하거나 약혼한 자들은 이 상황에서 그에게 요구되는 선물들을 내놓는 데 도움을 받기 위하여 자신의 그베를 데리고 온다(Ibid.: 251).

그는 '비단 혹은 벨벳'으로 된 검은 천 조각을 돈과 함께 고인의 딸인 아내나 약혼녀에게 선물한다.

그가 이 두 천을 바친 후에는 자기 뒤에 무리지어 서 있는 결사체 성원들 쪽으로 돌아서서 이렇게 말한다. "이제 길을 떠난다. 나를 밀어라!" 이것이 그 결사체 동료들이 결사체 결성 당시 동의된 양의 부조를 내놓아야 하는 시점이다(Ibid.: 25).

의식에서 벌어지는 선물교환은 경쟁적 성격을 띠고 있다. 여기서 서로가 아낌없이 선물을 내놓으면서 과시하지만, 소속된 그베가 없는 이는 여기에서 그러한 큰 선물에 따르는 명예를 얻을 수 없다. 그의 아내 혹은 약혼녀 또한 자신의 그베를 데리고 온다. 그리하여 고인의 사위들과 딸들이 서로 남자 쪽과 여자 쪽으로 편을 지어 돌아가면서 선물과 답례를 쏟아놓는 선물교환에 몰두하는 가운데 선물 공세의 경쟁은 점점 더 뜨거워진다. 그 와중에 호명되었지만 자신의 몫을 제대로 낼 수 없는 성원에게는 사회의 공동 금고로부터 필요한 만큼 대출이 주어진다. 그 사람은 나중에 갚을 수 있을 때 대출받은 만큼 갚아야 한다.

어떤 성원이 죽으면 그베는 장례식에서 그를 도우며, 성원 모두가 내놓은 천 조각들을 서로 꿰매어 수의(壽衣)를 만들어 내놓는다.

그베는 네 명의 상근자와 북과 깃발을 갖추고 있어서 대중 앞에 나타날 때에는 이 깃발을 드리운다. 여성들의 결사체들이 남성들의 결사체보다 더 부유할 때가 있다.

가장 절친한 친구

'가장 절친한 친구'(이하 절친)란 단지 신뢰만이 아니라 일생에 걸쳐서 이행해야 할 여러 의무들이 따르는 그런 관계였다. 어떤 사람이 죽을 때 그의 마지막 유지(遺志)를 전달받고 그 유산의 처리를 맡아보는 역할을 하는 것이 바로 이 절친이었다. 이 관계를 잘 보여주는 사례가 있다. 어떤 사람이 결혼하려고 애쓰는 가운데 그의 절친에게 도움을 청하지 않을 수 없게 되었다. 여자 쪽 가족이

> 딸의 약혼자이자 나중에 사위가 될 청년에게 도움을 청하자, 그 청년은 자신의 절친을 찾아갔고 그 친구는 그가 필요로 하는 것은 무엇이든 내주었다. …… 그 여자가 마침내 남편의 주거복합체로 오게 되자 남편의 절친은 그녀에게 땔 감을 가져다주었고, 밭에서 돌아올 때는 옥수수와 기장을 가져다주었다. 그녀가 병이라도 걸리면 남편이 아니라 남편의 절친이 그녀를 돌본다(Ibid.: 313).

심지어 절친의 가족들까지 여기에 관련되었다. 만약 이 결혼에서 딸이 태어나면 그 절친의 아내로 줄 것을 서약하였다. 어떤 이유에서든 그 의무를 이행하지 못하게 되면 그의 아들이 자기 가족 중에서 여자를 내어 아버지의 절친의 아들에게 아내로 보낼 의무를 물려받았다. 이러한 두 번째 세대에서의 의무가 아주 구속력이 강했기에 만에 하나 미래의 신부가 되어야 할 딸이 결혼 전에 다른 남자와 눈이 맞아 도망이라도 가는 날에는 심각한 위기가 야기되었다. 그 딸이 본래 시집갔어야 할 남자는 자신의 씨족장을 찾아가며, 씨족장은 자기 쪽 씨족 여자와 도망간 여자의 씨족 쪽 남자 간의 결혼이 집단적으로 무효임을 선언한다. 그러면 그날 밤으로 자기 씨족 여자들이 살고 있는 곳 어디에건 사람이 가서 그들을 데리고 온다. 이 조치는 온 나라 전체에 심각한 여파를 미치게 된다. 이 두 씨족의 확대 가족들이 다호메이 곳곳에 살고 있기 때문이다. 이렇게 해서 아내를 빼앗

긴 남자들은 그 문제의 도망간 여자를 찾기 위해 수색을 시작하며, 결국 그녀를 그녀의 부모와 함께 씨족 우두머리 앞으로 데리고 온다. 그녀가 강압을 이기지 못해 자신을 유혹한 자의 이름을 말하게 되면 씨족장은 다시한 번 혼인의 집단 무효를 선포하게 되는데, 이번엔 유혹한 남자가 속한 씨족의 남자와 결혼한 자기 씨족의 모든 여자들에게 그리한다. 이런 문제에 휘말리게 된 씨족들 사이의 협상은 여러 달을 끌기도 하고, 왕에게 몸소 이 분쟁을 중재해달라고 요청하기도 한다.

하지만 그 분쟁의 협상이 어떻게 결론지어지건 그 소녀는 애초에 결혼하기로 서약되었던 남자에게 주어지지 않는다. 그 대신 그녀는 이 문제에 연루된 씨족과 아무런 연고가 없는 남자에게 주어지는데 이는 평화를 계속 지키기 위해서임이 분명하다. 그리고 시집오기로 한 여자를 잃은 남자는 그 여자의 씨족에서 신붓감으로 최고의 조건을 갖춘 어린 소녀를 아내로 받게 된다. 이 소녀와 관련해서 기존의 약속들이 있다면 이는 모두 무효가 된다. 이 소녀와 관련된 의무를 정리하는 것이 가장 중요한 일인 것이다. 이런 식으로 정리된 뒤에 비로소 그 씨족장들은 관련된 모든 씨족 성원들 사이에 있었던 집단적 이혼 명령을 철회한다.

볼모

이러한 상호부조의 여러 관계들은 다호메이인들이 모종의 의존 상태로 전락하지 않도록 보장해준다. 하지만 이따금씩 이런 절차들로 충분하지 않으면 또 다른 형태의 상호성이 발동되기도 한다. 볼모들을 넘겨주는 것이 바로 그것이다. 만약 어떤 사람이 불행하게도 자신의 재산으로는 도저히 갚을 수 없는 막대한 액수의 벌금을 부과받을 경우 그는 필요한 자금을 다른 이에게서 얻으면서 자식 한 명을 대신 볼모로 넘겨줄 수 있다. 이것이 명예로운 성격의 관계였음은 노예는 볼모가 될 수 없다는 사실에서 암시되고 있다.

이 제도는 아주 세심한 안전장치들로 둘러싸여 있었다. 그 촌락의 추장이 임석한 가운데 협약이 맺어지며, 여기에서 넘겨줄 돈의 액수와 그것을 되돌려줄 날짜 등이 결정된다. 이자는 따로 없으며, 볼모는 그 기간 동안 돈을 빌려준 사람을 위해 일하게 되어 있었다. 나이가 너무 어려서 일을 할 수 없는 아이들은 볼모로 받아들여지지 않았다. 정해진 기간이 지나면 양쪽이 모두 다시 예의 그 추장 앞에 나타나며, 이때 볼모와 돈이 서로에게 되돌아간다.

만약 빚을 진 이에게 그 정해진 기간에 볼모를 다시 찾아올 돈이 없을 때에는 기간을 연장하는 것이 허락된다. 그 연체가 너무 심하고 볼모가 소녀일 경우에는 돈을 빌려준 사람이 그녀를 아내로 취해버릴 수도 있다. 이때 옛날에 꿰주었던 돈은 몇 가지 일정한 유형의 혼인에서 사위가 될 사람이 원래 이행해야 하는 통상의 금전적 의무와 등가물로 여겨지게 된다. 돈을 빌려준 사람은 그 볼모를 데리고 자기 마을의 추장과 돈을 꾼 사람 마을의 추장 앞에 나타나게 되며, 이들은 그 결혼을 정당한 것으로 확증한다. 하지만 그 볼모가 아들일 때는 세 가지 선택이 존재했다. 첫째, 돈을 꾼 사람은 자신이 갚아야 할 금액을 두 배로 늘리면서 다시 두 번째 아들을 돈을 빌려준 사람에게 넘겨주고 갚기로 할 날짜도 새로 합의할 수 있다. 둘째, 두 번째 아들을 넘겨주되 돈을 빌려준 사람은 빚을 청산하기 위해 그 아들이 해야 할 일의 종류를 구체적으로 제시해야 한다. 예를 들어 그의 밭에 괭이질을 해야 할 이랑의 숫자 같은 것이 그 예이다. 이때 돈을 빌려간 사람은 자신이 이 부채를 갚기 위해 해야 할 노동을 돕도록 자신의 독프웨를 소집할 수도 있다. 세 번째 방법으로, 관련된 두 마을의 추장이 만나서 빚을 청산하기 위해 볼모가 완수해야 할 일의 양과 그 일에 필요한 시간 등을 결정할 수도 있다. 그리고 그만큼의 기간이 경과하면 그 볼모가 실제로 어느 만큼이나 일을 했는가와는 무관하게 빚을 갚은 것으로 간주하게 된다.

볼모를 잡았다고 그를 마구 부리는 사람은 세간의 평판을 잃게 된다. 왜 냐하면 볼모 제도는 언젠가 누구든 의지하게 될지도 모를 제도였기 때문 이다. 볼모를 찾아오기 전에 빚을 준 사람이나 받은 사람이 죽으면 그 각 각의 경우에 해당하는 여러 다른 절차들이 있었다.

제5장

가정경제: 토지와 종교

플랜테이션 농장과 농민들의 땅뙈기

비(非)농업사회의 경제적 기초는 특히 생태적 균형에서 찾아야 한다. 그러다가 농업이 시작되면 토지가 중심적 위치에 올라서게 된다. 부족경제이건 가족경제이건 살림살이와 사회조직은 농업 환경 및 배경과 연결된다. 이러한 사회에서의 경제적 패턴이 가정경제이다. 재화의 운동은 가장이 지휘한다. 가장은 가구(家口)의 노동을 배분하고 식량소비를 분배한다. 그리하여 하늘에서 내리는 비에 의존하여 경작하는 지역[1]에서는 그리스인들이 '집'이라는 뜻으로 부른 말인 오이코스(oikos)가 영구적이고도 고정적인 사회제도가 된다. 아리스토텔레스는 오이코스가 가족과 노예들로 이루어진다고 말했다. 그보다 약 5세기 전에 헤시오도스(Hesiodos)도 이와 비슷한 방식으로 오이코스를 묘사하였고, 겨울에 대비하여 식량을 저장해

---

1 이는 대규모 댐이나 저수지와 같은 관개(灌漑)시설에 근거하여 경작을 이루는 사회의 내부 조직과 대비된다는 뜻을 담고 있다. 대규모 관개시설의 건설과 그에 맞춘 경작 형태는 가족보다 훨씬 더 큰 단위에서의 사회조직과 명령 통제를 필연적으로 요청하게 되기 때문이다. 예를 들어 카를 비트포겔(Karl Wittfogel)이 말하는 바 아시아적 생산양식과 같은 것을 상기하라.

놓지 않으면 가족 전체가 굶주림에 직면할 수 있다고 덧붙인 바 있다.

다호메이의 토지 보유 형태 가운데 으뜸가는 것으로 왕이 소유하는 영토가 있으니, 이는 전쟁포로들이 경작한다. 여기에 여러 왕자 및 제후들이 보유한 지역을 더할 수 있다. 이 대토지들(글레타뉘gletanu)은 주식이 되는 곡물의 도매생산에 몰두하며, 시장의 여인들이 소매상으로서 이를 판매한다. 그 반대쪽 끝에는 마을 사람들의 작은 땅뙈기가 있으니, 이는 정복당한 원주민들의 소유이다. 이들은 본래 노예였던 이들로서, 여전히 마을 추장이 명령만 하면 지역행정에 대한 공적 의무로 떨어진 과제에 자기 노동일의 절반을 바쳐야 했다.

씨족과 주거복합체

다호메이의 전통적인 토지 보유 형태는 주거복합체(compound)를 중심으로 한다. 이는 확대가족(그베gbe)이 살고 있는 여러 오두막과 건물의 집적체로서, 이 확대가족 자체도 부계 쪽으로 혈통을 같이하는 가까운 친족 혹은 씨족(제뉘xenu) 관계의 친가 쪽 남자 친척들을 기초로 하고 있다. 이 장에서 우리의 논의에 기초가 되는 데이터는 허스코비츠에게서 가져오고 있거니와, 그는 이러한 주거 형태가 씨족과 맞물려 연동되는 방식, 특히 그 종교조직과 맞물려 연동되는 방식에 주의를 환기하고 있다(Herskovits 1938[I]: 137ff.).

50개 씨족의 성원들이 보유한 토지는 여러 개의 주거복합체 및 그에 딸린 밭으로 나누어지며, 각각의 크기는 왕의 대토지인 글레타뉘와 마을 사람들의 땅뙈기의 중간 정도가 된다. 이러한 의미에서라면 '씨족 주거복합체들'을 '중산층'의 소유 형태라고 할 수도 있겠지만, 이 땅은 지위의 세습과 한사(限嗣)상속(entail)[2]에 묶여 있으므로 그러한 근대적 개념을 다른 의

---

2 재산상속에서 상속자의 순서가 미리 정해져 있는 상속 제도.

미로까지 마구 확장하는 것은 피해야 한다.

두 개에서 다섯 개의 주거복합체가 모여서 하나의 집합체(collectivity)를 형성하게 되는데, 이는 단순한 개개인들의 결사체라고 할 수도 없고, 또 친족과 종교처럼 해체 불능의 관계로 결속된 공동 소유를 나타낸다고 할 수도 없다. 몇 세대 동안 장례 풍습과 지위 승계의 성스러운 규칙들을 공유하는 씨족이 조상 대대로 살아온 본향은 이러한 주거집단으로 이루어져 있다. 완성된 주거 지역에는 동일한 조상을 모시는 씨족의 한 지파와 결부된 하나의 가족이 들어앉아 살게 된다. 그 구성원들은 씨족을 만든 시조가 묻혀 있는 그 주거복합체를 자신들의 조상을 모신 성소(聖所)로 여긴다. 농촌이 이런 식으로 발전하기 위한 외적 요건은 새로운 주거복합체가 하나 더 생겨날 때마다 계속 확장해 나갈 토지가 있는가 여부다. 그 내적 요건은, 시조의 무덤은 항상 남자 자손 한 명이 그 주거복합체에 살면서 돌보아야 한다는 종교적 계율의 제약을 모든 씨족 구성원들이 받아들이는 것이다. 그렇게 무덤을 돌보던 남자 자손이 죽으면 그의 가족은 다음 계승자에게 그 지위를 넘겨주기 위해 자신들이 살던 그 조상 대대로 내려온 주거복합체를 떠나야만 한다. 씨족에서의 지위 승계는 무엇보다도 형제승계(ramification), 즉 형제들이 나이순으로 지위를 이어받다가 세대가 바뀌면 이번에는 장자승계의 원칙을 따라 다음 세대로 넘겨주는 형태를 취한다. 즉 다음 세대에서는 가장 나이 많은 형의 가장 나이 많은 아들이 최초로 지위를 물려받는 것이다. 이러한 원칙은 또 주거복합체들을 더 세우는 데 필요한 물자와 시조 이래로 대대손손 내려온 조상들을 모두 각자의 가족 주거복합체에 다시 매장하고 성체로서 모시는 데 필요한 물자를 마련하는 것과 관련된 규칙들로 보완된다.

아프리카 세계라는 틀의 맥락에서 보자면 이 주거복합체라는 것이 비단 다호메이뿐만 아니라 서아프리카와 수단 아프리카의 여러 부분들에서 경관(景觀)의 한 특징을 이루는 주거 패턴이라는 점을 유념해야 한다. 하지만 한 씨족의 시조를 모시는 집이자 그 씨족의 정교한 종교 관행들이 펼쳐지는 장이라는 점을 생각해본다면, 아마도 다호메이의 주거복합체야말로 그 어느 곳보다도 생생하게 그 경관의 특징이 드러나는 곳일 것이다.

따라서 여기에서는 세 가지 특징들이 하나로 융합되어 있다. 물리적으로 그리고 시각적으로 보자면, 이 주거복합체란 일군의 가옥과 오두막이 동일한 벽 또는 아주 튼튼한 장벽으로 둘러싸여 있는 것을 말한다. 이 주거복합체에 경작지와 야자나무 숲을 더하면 다호메이 농촌의 전형적인 모습이 된다. 둘째, 주거복합체는 확대가족인 그베(gbe)의 거처가 된다. 그베의 남자 성원들은 모두 가까운 친척들로서, 보통은 부계 쪽의 조부나 증조부가 같다. 이 동일한 남자 성원들이 또 동일한 씨족으로 연결되어 있는데, 기록에 남아 있는 씨족은 50개 정도다. 이 씨족들은 한 지역에 몰려서 살지는 않지만, 어느 씨족이든 그 시조로부터 대대로 내려온 주거복합체를 포함하는 최초의 집합체를 마찬가지로 구심점으로 삼고 있다. 그리고 세 번째 기본적인 사실로서, 이 씨족—확대가족들과 가구들이 방금 말한 방식으로 씨족에 소속되어 있다—을 생산하고 또 유지하는 것은 사람들 내면에 깃든 종교적 힘으로서, 다호메이 사람들의 종교적 열성은 다른 어느 곳보다 풍부하고 강력하다. 사람들이 거주하고 있는 주거복합체라는 단위를 친족 단위와 하나로 합쳐서 절대 깨지지 않는 단단한 사회적 실체로 만들어내는 것이 바로 이 특정한 형태의 조상숭배인 것이다.

이 대목에서 경제사가들은 장원(manor) 혹은 영지(seigniory)로 지칭되는 비(非)아프리카적 농촌 구성체 유형들을 떠올리지 않을 수 없다. 튼튼한 벽으로 둘러싸인 거주지들이라든가 가족 서열이 세습적으로 정해진다든가 전통적인 종교 이데올로기가 지배한다든가 하는 점에서 아프리카와 서유럽의 농촌 구성체들은 연관성과 공통점을 지닌다. 이것은 '봉건적'(feudal)이라는 말로 묘사되고 있는 정치경제적 패턴이다. 하지만 이 말의 외연은 상당히 모호해서, 부족 문명과 기사(騎士) 문명의 문화적 격차를 메우는 데 간혹 사용되기도 한다. 농민들의 가정경제와 장원경제의 차이점은 주로 그 크기에 있다. 하지만 아프리카의 주거복합체는 요새화된 것도 아니며 군사적 성격은 전무하다. 주거복합체의 담은 내부 주민들이 호젓하게 생활하기 위한 것일 뿐 방어를 위한 것은 아니다. 또 기병대, 전차, 그 밖에도 기사의 무기들은 씨족사회와 전혀 친화성이 없다. 이러한 무기를 다루기 위해서는 전문적 훈련을 받을 만큼 여가가 있는 계급이 존재해야 하며, 이는 지배 엘리트가 존재한다는 것을 함축하고 있다. 또 이 주거복합체에는 종속민들의 노동에 대한 처분권을 포함하는 사회경제적 지배계급의 특권 따위도 존재하지 않는다. 이렇게 볼 때 서유럽 봉건주의의 사회적 기준은 여기에서 놀랄 만큼 나타나지 않는다. 결국 유럽의 장원 및 봉건체제와 아프리카의 씨족 주거복합체 사이에는 공통된 특징이 몇 가지 나타나기는 하지만 극명하게 대조된다고 하겠다.

다호메이의 군주제 또한 조상숭배에서 기원한다는 점에서는 씨족 주거복합체와 동일하지만, 크게 다른 방향으로 진화해온 제도이다. 다호메이의 국가영역은 국가 바깥에 존재하는 지방제도들—여러 씨족들과 그들의 주거복합체들은 여기에 속한다—의 조직으로부터 일관되게 분리되어 있으며, 군주제는 그 국가 영역의 정점(頂點)에 해당한다.

지방에 소규모로 정착한 씨족들이나 군주제 자체가 수많은 공통점들을 지니고 있으며, 이는 아주 두드러지므로 누구든 알아차리지 못할 수 없을 정도이다. 씨족 또한 왕정과 마찬가지로 조상숭배에 정열적으로 헌신하는 친족체이며, 이는 홀대받은 귀신들과 유령들을 돌보는 것부터 전국적으로 행해지는 종교적 관행의 기율에까지 어디에나 명확하게 나타나고 있다. 하지만 이러한 씨족의 조상숭배와 왕정의 조상숭배 사이에는 이 세상 그 어떤 것보다도 큰 차이가 있다. 씨족들의 조상숭배에는 가정적이고도 따뜻한 인간적 분위기가 흐르고 있는 반면, 군주들은 끔찍한 고문을 실로 가공할 만한 규모로 마음껏 저지르면서 조상숭배의 여러 규칙들의 엄격한 준수와 국가 차원의 여러 이유들을 결합하여 이에 대한 정당화 논리로 삼는다. 씨족 주거복합체에서 왕성하게 자라나는 여러 미덕과 가치들이 국가라는 범위에서는 모종의 도덕적 소외를 겪게 되었다. 지배 왕조 또한 스스로가 하나의 씨족, 그것도 알라다(Allada)—이곳에서 왕의 즉위식이 열린다—를 선조들의 도시라고 주장하는 초(超)씨족(supersib)임을 강조하고 있었다. 하지만 일반 씨족들은 평범한 마을 사람들에 대해 아무런 관습적 특권이 부여되어 있지 않았던 것에 반해, 군주는 조상의 후손이라는 것으로부터 무제한의 사회적·정치적 권위를 도출하였다.

승계와 상속

주거복합체라는 제도는 정교하고도 대단한 것으로 보일 수밖에 없다. 승계에 관련된 불과 몇 되지 않는 단순한 규칙들에 근거하여 지극히 내구성이 강한 구조가 진화해 나온 것이다. 일단 새로운 주거복합체가 설립되면(이는 한 개인의 행동이다), 익숙한 거주지를 떠나지 않으려는 고집이나 개인적인 선호 및 습관 등 그 규칙들에 저항하려는 뿌리 깊은 힘들을 모두 극복할 만큼 강력한 결과들을 낳게 된다. 이 주거복합체라는 제도가 존속되기 위해서는 일정한 도덕률이 반드시 준수되어야 하며, 그 앞에서 개인들의 허영심이나 욕망 등은 모두 무릎을 꿇어야만 한다. 승계가 전통의 재가(裁可)를 통해서 이루어질 수 있으려면 사회가 모든 면에서 전반적으로 성숙해 있어야만 한다.

새로운 주거복합체를 설립하는 이는 보통 젊은이로서, 자신의 조상이 살던 주거복합체를 떠나온 사람이다. 그는 일정한 크기의 땅을 경작하고, 약간의 야자나무를 심으며, 또 자신과 자기 부인 혹은 부인들이 살 집을 짓는다. 시간이 지나게 되면 자신의 아들들—두 명이라고 가정하자—을 위한 집 한 채를 추가하며, 딸들은 각자의 어머니 집에 기거한다. 아들들이 성장하여 혼인하게 되면 각자 분리된 마당에 자기 집을 짓게 된다. 나중에 가면 결국 이렇게 하나둘씩 늘어난 집들을 둘러싸고 약 12피트 높이에 해당하는 장벽이 세워진다. 이리하여 설립자의 주거복합체는 이제 완성된 모습을 갖추게 된다. 설립자가 살아 있는 동안은 이러한 상태가 바뀌지 않고 계속된다. 그러다 그가 죽으면 변화가 시작되며, 이 변화는 이 주거복합체에서 대대로 수장 노릇을 하는 이가 죽을 때마다 계속 재현된다. 설립자가 살던 집에는 항상 그 자리를 승계한 남성이 들어와 살면서 그 집 바로 옆에 모셔진 그 설립자의 무덤을 돌보아야 하기 때문이다. 설립자가 죽은 후에는 그의 맏아들이 그 자리를 이어받아 가족을 데리고 설립자의 집에 들어와 살게 된다. 그러다가 다시 또 그가 죽으면 그 동생이 그 자리를 이어받아 자신의 가족을 데리고 설립자의 집에 들어앉아 산다. 죽은 형의 미망인들과 아이들은 이 대대손손 내려갈 주거복합체를 떠나서 새로운, 하지만 아직 존재하지 않는 주거복합체로 옮겨가야 하며, 이것을 세우는 책임은 가족의 새로운 수장이 된 동생에게 주어진다. 그 전까지 이 주거복합체의 수장 노릇을 하다가 이제 저세상 사람이 된 형의 시신은 이 새로 지어진 주거복합체에 다시 매장되며, 여기에서 이제 그의 아들들 가운데 한 사람에 의해 돌보아지게 된다. 그다음 세대에서는 다시 장자상속으로 넘어간다. 형의 맏아들이 이제 그 숙부가 자신에게 해주었던 것처럼 그 유족들에게 또 새로운 주거복합체를 설립해줄 의무를 지게 되며, 이리하여 세 번째 주거복합체가 생겨나게 된다. 만약 설립자의 아들이 둘뿐이었다면 이런 가능성은 더 이상 반복되지 않는다. 왜냐하면 이제부터는 승계를 이어받은 이가 죽을 때 자신의 아버지가 묻혀 있는 자신의 주거복합체에 가서 함께 묻히면 되기 때문이다.

이 최초의 조상이 살던 주거복합체는 물론 더 이상 커지지는 않는다. 하지만 그다음 두 번째, 세 번째로 지어진 주거복합체는 계속 커지면서 결국은 두 부분으로 갈라지게 된다. 이 시점에서는 승계의 원칙이 근본적으로 변하게 되어, 전체 집합체의 최연장자가 승계받게 된다.[3]

이리하여 승계가 계속되는 가운데 친족 구조의 가장 중요한 단위라 할 주거복합체가 진화되어 나온다. 이렇게 상속—주거복합체의 소소한 특징이다—을 무시한다는 점에서 씨족 보유라는 특징이 가장 명확하게 드러난다. 앞에서 말했듯이, 씨족 보유는 개인의 사적 소유와도 다르며, 공동체적 소유와도 다르다. 토지는 자유롭게 양도할 수도 없으며, 또 그것의 용도가 집단적으로 결정되지도 않는다. 승계 때문에 벌어지는 씨족 성원들 사이의 소유권 갈등은 별개의 주거복합체의 존재로 대부분 해결된다. 그래도 씨족 내에서 누가 죽었을 때 이전 원리가 되는 승계와 상속이라는 두 가지가 교차하는 지점에서 여러 가지 어려움이 생겨날 수 있다. 승계란 지위와 직책에 관한 문제이고, 상속은 승계에 종속되는 원리로서 재산의 소유권에 관한 문제이다. 상속의 원리가 승계의 원리에 종속되는 것은 상속된 재산들을 사용하는 목적 때문이다. 그 재산들은 씨족의 신당과 그 밖의 지출에 필요한 것을 내는 비용으로 들어가는데, 이런 지출들은 궁극적으로 그 씨족의 지위를 높여주는 이점이 있다.

---

3 이 부분에서 폴라니의 설명이 조금 난삽하여 잘 이해가 가지 않을 수 있을 듯하다. 그래서 폴라니가 데이터를 취해온 허스코비츠의 저서 *Dahomey: An Ancient West African Kingdom* (Evanston, Ill.: Northwestern University Press, 1967)의 제8장에 나오는 설명에서 필요한 부분을 간단히 요약·제시한다. 다호메이 사회의 기본 집단은 가족(ho), 확대가족(gbe), 씨족 (xenu) 세 가지다. 가족은 남자, 부인, 자식들로 구성되어 있고, 확대가족이란 이러한 가족들 여러 개가 같은 곳에 모여 사는 경우다. 씨족은 부계 쪽 조상을 공유하는 집단으로서, 한군데 모여 살지 않고 다호메이 왕국 전역에 그 성원들이 흩어져 있다. 여기에서 확대가족이 이루어지는 순서는 이러하다. 먼저 A라는 남성이 새로운 터전에 집을 세웠다고 하고, 또 그에게 두 명의 아내가 있어서 각각 두 명의 아들 B와 C를 포함하는 여러 딸들이 태어났다고 하자. 두 명의 아내는 각각 자신의 딸들과 함께 하나씩의 집을 이루어 살고 있으며, B와 C는 일정한 나이가 되면 아버지 A와 같은 집에서 살게 된다. 이렇게 거주 목적의 집이 세 개가 있으며 그 밖에 여러 다른 목적의 집들이 세워져서 같은 담장 안에 있는 주거복합체 (compound)를 이룬다. 나중에 B와 C가 장성하여 각각 혼인을 하게 되면 또 독자적인 가족을 이루고서 새로운 집을 짓게 되니, 이제 주거복합체 내 거주 목적의 집은 다섯으로 늘어나는 셈이 된다. 이때 아버지 A가 죽으면 먼저 A의 시신은 A 자신이 애초에 세운 집 옆에 매장되고, 아들 가운데 나이가 많은 B가 그 뒤를 이어 자신의 가족을 이끌고서 A의 집에 들어와 살면서 A의 무덤을 돌보게 된다. 이때 C는 살던 곳에서 계속 똑같이 살게 된다. 그러

그래서 대개 승계와 상속을 구별해주는 경계선이 씨족 주거복합체에서는 두 가지를 모두 포괄하는 더 상위의 원리들로 인하여 애매해진다. 그러한 상위의 원리들로는 다음과 같은 것들이 있다. 씨족 설립자의 이름이 동일하게 유지되어야 하고, 연장자가 연소자로부터 상속받을 수는 없으며, 여성은 부친으로부터 상속받을 수 없다는 것 등이다. 앞에서도 말했지만 그 밖의 유효한 원리들로는 형제승계와 장자승계—후자는 전자에 종속—가 있으며, 야자나무는 씨족에 이익이 돌아가도록 위탁할 것, 아들들이 죽어서 아버지 곁에서 쉴 수 있도록 죽은 사람들을 체계적으로 다시 매장할 것, 집합체 내에 모두의 공동 소유인 신당을 세울 것 등이다.

다가 B가 죽으면 그다음에는 동생인 C가 형 B가 이어서 살던 A의 집에 가족을 이끌고 들어와 살면서 또 A의 무덤을 돌보게 되며, 이때 B의 유족들은 이제 이 주거복합체를 떠나야 한다. B에게 D라는 아들 한 명이 있고 C에게도 E라는 아들 한 명이 있다고 하자. C가 승계를 받게 되면 B가 남긴 유족은 새로운 주거복합체로 이주하여 살아야 하고, 이를 짓는 일은 새로 승계를 받은 C의 책임이 되며 그 물적 자원은 A가 조성한 재산에서 나오게 된다. 그렇게 하여 새로운 주거복합체가 마련되면 D는 B의 유족을 이끌고 여기로 이주한 뒤, 다시 본래의 주거복합체에 매장되어 있는 아버지 B의 시신을 가져와 이 새로운 주거복합체에 매장한다. 이때 주의할 점은, 본래의 주거복합체에서 A가 살아생전에 조성한 야자나무 숲과 농토 외에 그 아들 B가 살아 있을 적에 조성했던 것들과 재산들은 새로운 주거복합체로 이주한 D의 소유가 된다는 점이다. 이리하여 주거복합체가 두 개로 늘어나게 되면서 확대가족이 형성되기 시작한다. 그 후 C가 죽으면 D는 자신이 살던 새로운 주거복합체를 떠나 가족을 이끌고 본래 주거복합체의 A가 애초에 세운 집으로 이주하여 계속 A의 무덤을 돌보게 되며, 이때 C가 남긴 유족들은 예전에 B가 남긴 유족들이 그랬던 것처럼 새로운 주거복합체로 떠나야 하며, 이것을 세울 책임은 다시 D에게 주어지게 되고 또 그 자원은 본래 A가 조성한 재산에서 나오게 된다. 이리하여 세 번째 주거복합체가 만들어지고 C의 시신은 거기에 묻혀서 E의 돌봄을 받게 된다. 이렇게 세 개의 주거복합체로 이루어진 확대가족이 살아가는 단위가 집합체(collectivity)라고 불리는 단위다. 만약 계승할 다음 남성이 없거나 애매할 때는 확대가족 회의가 열려서 능력과 자질을 무시하고서 무조건 가장 나이가 많은 남성을 추대하기도 하며, 그조차 마땅치 않으면 점쟁이에게 맡겨서 '운명으로 선택된' 이가 가장의 역할을 맡게 된다. 이렇게 본래의 창설자의 주거복합체는 계속 주인만 바뀔 뿐 확장되지는 않지만, 새로이 생겨난 주거복합체에서는 또 세대가 흐르면서 계속 확장이 일어나게 되며, 이에 따라 더 이상 승계 가능성이 없는 남성들이 생겨나게 된다. 이들은 본래의 집합체를 벗어나 먼 곳으로 가서 새로운 주거복합체를 건설하게 되며, 이를 통해 같은 부계 쪽 조상을 공유하는 이들이 넓은 지역 전역으로 퍼져 나가면서 같은 씨족이 된다.

주거복합체에서 재산이 다시 구획되고 축적되는 것을 규제하는 규칙들은 그 과정에서 재산이 파편화되지도, 또 누군가에게 독점되지도 않도록 보장하는 규칙이기도 하다. 그리하여 가족 소유는 놀라울 정도로 항상 똑같이 유지되며, 신분 또한 반석같이 견고하게 유지된다. 승계와 상속의 여러 규칙들로 이루어지는 행동들은 하나의 체계로 얽혀 있는 데에다 이러한 행동은 재산뿐만 아니라 심지어 신분 수준까지 동일하게 유지하기 때문이다. 여기에서 열쇠가 되는 것은 주거복합체들로 이루어진 집합체에서 시행되는 재산의 양도 불가능성과 재산 수탁이라는 원리들이 가져오는 효과이다.

토지에 대해 보자면, 상속은 단지 사용을 넘겨주는 것일 뿐 소유를 넘겨주는 것이 아니다. 본래 다호메이에서는 토지에 대해서이건 사람에 대해서이건 온전한 소유권을 보유한 이는 왕 한 사람뿐이라는 원리가 있으며, 방금 말한 원칙도 이 원리의 연장이다. 그래서 토지 '소유자들'은 그것을 팔 자격이 없으며, 노예 '소유자들'도 왕의 허락 없이는 노예를 판매할 자격이 없다. 이렇게 양도 불가능성의 원리가 보편적으로 적용되는 한편, 위탁이라는 제도가 광범위하게 존재하여 토지에서 나오는 수입을 구체적인 가족적 목적에 쓰도록 보장해준다. 그 가족적 목적이란 주로 주거복합체 수장의 명예를 대변하는 것 그리고 벌금, 몸값, 지참금, 그 밖에 불행한 일에 닥쳐서 내지 않으면 안 될 돈 등 씨족 전체를 대표하여 써야 할 긴급한 지출사항 등이다.

조상숭배와 신당

"조상들의 영령을 모시는 의식이야말로 다호메이의 사회조직이 집약되는 초점으로 보아야 한다. 어떤 씨족과 그 구성 부분들이 영원토록 존속을 이어갈 수 있기 위해서는 그 조상들에 대한 숭배가 빈틈없이 수행되어야 한다"(Herskovits, 1938[I]: 194). 씨족 주거복합체가 주거지와 정착지로서 갖는 의미와 하나의 국가적 종교를 현현하는 것으로서 갖는 의미 사이에 어떤 관련이 있는지는 허스코비츠의 이 말에 가장 잘 표출되어 있다.

문제의 핵심으로 들어가기 위해서 조상숭배 의식의 두 가지 기능적 특징을 상기해보자. 첫 번째는 아버지 무덤의 물리적 장소에 강렬한 관심을 둔다는 것, 두 번째는 죽은 지 몇 년 되지 않은 친족을 신격화한다는 것이다. 다호메이의 씨족은 산 자와 죽은 자를 통합하는 두 가지 방법을 가지고 있다. 첫째는 산 자 사이에 죽은 자를 육체적으로 보존하는 것, 둘째는 일상생활에서 죽은 자를 신으로 모시는 것이다.

농부는 새로운 밭을 개간하는 노동에 착수하기 전에 반드시 그 새로운 땅을 지켜주는 초자연적 존재들을 먼저 알아내야만 한다(여기서도 우리는 허스코비츠의 저서를 따른다). 그 농부는

그 땅의 흙 표본을 점술사에게 가져간다. 그러면 점술사는 먼저 첫 번째 형식상의 절차로 야자 줄기를 던져 그 새 땅을 개간해도 좋을지를 '행운의 신'(Fate)에게 묻는다. 만약 우호적인 대답이 나오면 그다음에는 대지에 제물을 바치게 되는데, 이때 그 농부는 그 땅에서 흙을 가져와 그것으로 사람 모양을 만들고 카우리로 눈을 만들어 붙인 뒤 이 흙으로 만든 머리를 그 땅에 놓고 야자기름, 닭피, 마지막으로 밀가루 및 물과 섞은 옥수수를 바친다. 이 의식은 농부 혼자 그 땅에 나가서 치르며 그다음에는 이 흙으로 만든 머리가 저절로 부스러질 때까지 그 땅에 놓아둔다. …… 점술사는 따로 여러 다양한 신들을 불러들이며 마침내 그중 한 신이 '예정된 운명'(Destiny)에 따라 그 땅의 수호령으로 지명될 때까지 이 일을 계속한다(Ibid.: 31).

이때 그 수호령은

조상숭배의 강력한 신격체로서 큰 나무들에 깃들어 있다고 믿어진다. 그 땅을

개간하려는 이는 점술사에게 그 땅에서 발견된 큰 나무들을 하나하나 이름을 정하여 가르쳐주며, 점술사는 그 이름 하나하나를 들으면서 수호령이 살고 있는 나무를 찾아낸다. 이 나무가 찾아지면 이것이 그 수호령의 성소가 되는 것이다(Ibid.: 21).

그 땅의 소유자는 이제 그 나무 밑둥에다 헌주(獻酒)로서 야자기름을 부으며, 이를 나흘에 한 번씩 반복한다. 이따금씩 여기에 닭도 한 마리 추가한다. 그는 이제

땅을 개간할 준비를 시작하여 좀 지난 뒤 실제 개간에 착수한다. 하지만 이 기간은 물론 나중에도 작물이 수확될 때까지 일주일마다 계속 야자기름을 바치면서 그 땅의 수호령이 선의를 가지고 있는 귀신인지를 보여주는 징표가 나타나기를 기다린다(Ibid.: 32).

만약 이렇게 계속 갖다 바쳤는데도 가족에게 나쁜 일이 일어난다든가, 또 가장 중요한 징표로서 땅의 수확이 나쁘다든가 하면

그는 이를 그 귀신이 우호적이지 않다는 증명으로 받아들이며, 점술사와 상의한 뒤 그 밭을 내버린다.
5년이나 6년 동안 수확이 좋고 또 그 소유자가 부유해진다면, 그는 이 땅의 수호령을 모시는 신관을 찾아가서 이 귀신을 이제 이익을 가져다주는 '공적인'(public) 신격체로서 '확립'하는 데 어떤 종류의 의식이 필요한지에 대해 확실히 대답해줄 것을 요청할 의무가 있다(Ibid.: 32).

땅주인은 이제 그 나무의 밑둥에 움막을 지어 그 귀신을 모시게 되며, 그 후로 그가 그 귀신을 모시는 신관이 아닌 한

자신이 직접 그 귀신에게 제물을 바치지 않아도 된다. 하지만 그 귀신을 모시는 신관을 불러 그가 대신 제물을 바치게 해야 한다. 그 나무 자체는 공동체의 재산이 되어 누구든 그 밑둥 근처에 세워진 성소에서 그 귀신에 대한 숭배의식을 치르는 것이 허용된다(Ibid.: 32).

이렇게 한 주거복합체에서 새로 개간된 땅의 나무 하나가 전체의 공적인 성소로 발전하는 과정을 분석해보면, 다호메이에서의 조직적 숭배의식과 씨족이 하나로 융합되는 의미심장한 과정이 확연하게 드러난다. 종국에 가면 씨족 차원에서 숭배와 훈련의 장소인 신당을 세우고 그 성원 가운데 한 명을 대대로 신관으로 임명하여 오랜 세월에 걸쳐 숭배의식에 입문하는 새로운 신참들을 먹여 살린다. 씨족의 보호라는 과업을 이 신이 떠맡게 되며, 그 씨족의 여러 집합체들은 그 신격체의 정령으로 속속들이 물들게 된다.

다호메이의 종교에 나오는 신들은 크게 보아 세 개의 만신전(pantheon)을 이루고 있으며, 이 셋 모두 동일한 신화적 배경을 공유한다. 신들은 그 세 개의 집합 가운데 하나에 속해 있으며, 각각의 신들을 숭배하는 신당 내부에서는 신관들 사이에 위계가 그대로 살아 있다. 공식적인 신관 계급 외에 수많은 점술사들이 예언을 업으로 살아간다. 이들이 점을 보는 일반적 방식은 파(fa)라고 불리는 체계로서, 이들은 이를 수단으로 신자들에게 항상 '예정된 운명'(Destiny)을 참조시켜준다. 이 점술사들에 의해 사람들은 평범한 일상생활에서도 예언의 마법을 가장 일반적인 조언의 수단으로 삼게 되는 것이다. 이 '파'라는 것은 사실상 종교생활에서 보자면 가정의학이나 매한가지이다. '예정된 운명'이란 숙명(Fate)의 한 가지이자 보통 사람도 어느 정도 접근할 수 있는 것으로서, 사람들은 이 '파'를 통해서 항상 자신의 '예정된 운명'을 참조할 수 있게 되는 것이다. 심지어 보통 사람들도 '파'에 대한 일정한 지식을 얻어서 직접 자신의 '예정된 운명'을 탐

구할 수 있다. 하지만 종교에 귀의하기를 열망하는 자들이 안정된 충을 이루고 있으며 이들은 신관들에게 자기를 종교의식에 입문시켜달라고 호소한다. 입문하기 위해서는 수개월에 걸친 훈련을 거쳐야 하고, 공식 안무를 완전히 익혀야 하고, 한두 개 정도의 예식 언어를 익혀야 하고, 입문자들 모두가 알아야 할 비전(秘傳)의 지식도 익혀야 한다. 신관 계급은 그 신당을 세운 씨족에 부속되어 있으며, 이 열성적 신도들의 입문의식을 집전할 신관을 임명하는 것도 그 씨족이다. 신당은 그 씨족의 시조를 모신 주거복합체 근처에 세워지며 그 주거복합체로부터 항상 물자를 공급받는다.

입문자들 다수는 또한 이 신당을 후원하는 씨족이 돌본다. 입문의식은 수개월 동안 신당 안에 격리된 후 무아지경 속에서 벌어지는 '탈출', 상징화된 '죽음', 자신의 내면을 밝히고 새로운 이름을 얻게 되는 기간, 상처의 치유, 온몸의 근육이 경직되어버릴 만큼의 육체적 긴장상태로부터의 '부활' 등 정교한 의식을 통해서 여러 단계로 나누어지며, 이 의식들은 모두 정교한 무용 시연과 함께 며칠씩이나 계속된다. 새 입문자들은 그다음에 자기 집으로 돌아가며 여기에서 이들은 좀 더 높은 지위로 올라가게 된다. 남성들과 여성들은 모두 가지가지의 이력을 거치게 되며, 독특한 식이요법과 여러 차례에 걸친 금욕을 견디게 된다. 이러한 열성적인 귀의자들을 중심으로 수천 명의 신자들이 또한 육축의 희생 공양, 음식 및 돈 시주를 포함하는 규율 잡힌 생활을 받아들이며, 의식을 집전하는 신관이 개인적으로 귀속되어 있는 집합의 여러 신들 가운데 하나에게 신관 위계 조직의 통제 아래 계속해서 예배를 드린다.

종교의 경제적 균형

다호메이 사회를 연구하는 이들이라면 이 지점에서 경제라는 시각에서의 균형을 분명히 그려낼 수 있을 것이다. 문제는 씨족 주거복합체와 조상숭배가 각각 다호메이의 농촌경제에 가져오는 사회경제적 기여를 어떻게 평가할 것인가이다.

전국적 규모에서 주신(主神)들의 예배에 종사하는 인구—신관으로서, 점술사로서, 갓 입문한 신참으로서—가 어느 정도나 되는지에 대해서는 아주 모호한 숫자들밖에 내놓을 수 없겠다. 리처드 버튼은 여성 인구의 4분의 1 정도는 자신의 주거복합체 조직에서 빠져나와 그것으로 삶을 영위한다고 생각하였다. 다른 자료에 따르면, 제도화된 예배에 관련된 사람들의 숫자는 인구의 절반을 넘는다고 평가하고 있다. 모든 씨족의 집합체들은 확립된 신당을 가지고 있었고, 모든 주거복합체에는 조촐한 사당들이 존재하였다. 신당에 있는 사람들을 먹여 살려야 한다는 점에서 모든 씨족들은 아주 큰 물질적 부담을 안고 있었던 데에다가, 일주일에도 몇 번씩 이 씨족들이 신들에게 바쳐야 하는 각종 제물, 수수료, 선물, 향응 등은 이를 능가할 지경이었다. 다호메이 사람들의 삶을 다룬 여러 묘사들을 보면, 이렇게 하여 인간들의 소비로부터 빠져나온 물품의 총액이 어마어마한 것으로 간주하고 있다. 허스코비츠는 이 씨족들이 이런 식으로 드러내놓고 보여주는 '과시적 소비'(conspicuous consumption)[4]야말로 다호메이의 중간계급이 수행하는 여러 가지 치부(致富) 활동과 이득을 노린 영리사업이라고 그가 간주했던 활동의 배후에 있는 주된 동기였을 것으로 보고 있다.

여기서 우리는 연간 수확되는 곡물 그리고 그보다 더 중요한 것으로서 대대로 씨족 소유인 야자나무 숲에서 기름을 짜내어 얻는 연간 수입의 어느 정도가 종교적 소비에 바쳐졌는지를 대략이라도 계산해보고 싶은 마음이 들 수 있다. 주거복합체들에는 한사상속이 시행되고 있어서 엄청난 양

---

4 소스타인 베블런(Thorstein Veblen)이 20세기 초 미국 거부(巨富)들의 사치적 소비 행태를 묘사하여 쓴 말로, 소비의 목적이 실제 생활이 아니라 자신의 지위를 과시하여 권력과 명예를 높이는 데 있어 일부러 쓸모없는 것들을 엄청난 고액으로 구매하는 종류의 소비를 말한다. 베블런이 이 개념을 창안한 영감 자체도 각종 원시사회의 사치적 소비에 대한 그의 인류학 지식에서 왔으며, 현대사회의 부자들도 원시사회의 토인들과 다를 바 없다고 보는 것이다.

의 위탁 재산이 함부로 지출되어 소진되는 것을 예방하고 있었거니와, 이 것이 없었다면 수많은 주거복합체들이 예배의식의 비용을 대다가 파산해 버리고 말았을 것이다. 부를 투자하는 관행이 있었다는 명확한 증거가 없 기 때문에 과연 정복 이전 시대의 씨족이 영리활동을 했을지는 의심스러 워 보인다. 20세기가 되면 종교적 지출을 상업적 투자로 돌렸던 듯하다. 하지만 18세기와 19세기에는 여러 증거로 짐작해볼 때 경제 전체가 종교 로 인해 등가죽이 벗겨질 정도로 부담을 지고 있었을 가능성이 크고, 이로 인해 상업적 영업행위를 할 여력이 거의 남아 있지 않았을 것이다. 예배의 식에 필요한 것들을 바칠 책임이 거의 무제한이었다는 점을 볼 때, 고위 공직자들의 토지 재산은 도매시장 판매를 위한 플랜테이션 농장으로 지정 된 경우가 아니라면 거액의 자유로운 소득이 존재했다는 증거로 삼을 수 없다. 혁명 이전의 멕시코, 헝가리, 티베트 등도 사회의 시설 및 조직은 물 론 가족 단위의 예배행위도 비대해지면서 다호메이와 비슷한 정도로 경제 에 부담을 주게 되었지만, 그래도 이 나라들의 사원 조직들은 풍부한 부를 누리고 있었고 또 소유한 토지도 광대했다. 하지만 다호메이의 씨족 주거 복합체의 경우에는 종교 조직에 의한 부의 유출이 영구적이고도 지속적이 었기에 자본을 형성할 수 없었던 것이다.

제6장

교환: 고립된 시장들

앞의 여러 장들에서 우리는 경제과정이 다호메이 사회의 여러 주요 제도들에 어떻게 묻어들어 있는지 살펴보았다. 경제과정의 연원은 국가영역에 있는 궁정과 연례 제례, 비국가영역에서의 자발적 노동단과 상호부조 연합 그리고 씨족 주거복합체와 씨족 조상숭배 등으로 추적할 수 있었다.

가격 형성 시장은 없었다

다호메이의 시장들은 가격 형성 시장으로서 기능하지 않았다. 이 시장들에서는 정해진 가격으로 식량(그 다수는 조리된 상태로)을 판매하였고, 일정 정도로 수공업품도 판매하였다. 이 시장은 엄격하게 화폐화되어 화폐 사용이 강제되었다. 물물교환은 허용되지 않았다. 사람들은 일단 재화를 화폐를 받고 팔아야 했으며 그다음에 그 화폐를 사용하여 구매하도록 되어 있었다. 구매는 현금으로만 가능했다. 신용판매도 도매판매도 존재하지 않았지만, 판매자는 정해진 가격으로 납득할 만큼 안정된 보상을 받도록 보장받았다. 여러 생산자 조직이 정해진 가격표를 이따금씩 바꾸는 등 다양한 방법으로 이를 보장하였다. 마을장터마다 가격이 차이가 났지만, 이로 인해서 시장들 사이에 재화의 운동이 야기되지는 않았고, 따라서 다른 시장으로 가져갈 수 있는 신용이나 부채도 존재하지 않았으며, 서로 다른 시장들 사이에서 투기를 통해 이윤을 실현하는 일도 없었다. 그리하여 단일 시장체제 같은 것은 전혀 나타날 수 없었다.

조리된 식품을 분배하는 데 시장이 절대적인 역할을 했다는 사실은 곧 그 시장이 모든 농민사회 경제통합의 고대적 형태인 가정경제와 가까움을 입증한다. 여기에서 시장과 가정경제는 식량 분배를 조직하는 두 가지 방식으로 생각할 수 있다. 상황이 허락하는 대로 이 두 가지 방식 가운데 하나를 활용할 수 있게 되는 것이다. 수도에 있는 왕의 궁정에 머무는 손님들은 매일 궁정 내 한 건물에서 다른 건물로 조리된 식량을 운반하는 궁정 여인들로부터 식량을 공급받았다. 정복 이전의 우이다 왕국(Whydah Kingdom)에서도 비슷한 관행을 볼 수 있다. 우이다의 왕은 우이다에 거주하는 유럽 총독들이 살고 있는 건물뿐만 아니라 약 4천 명에 이르는 식객들의 식탁을 매일 차려주었다(Burton, 1893[II]: 43). 다호메이 왕의 손님들은 수도인 아보메이나 그보다 더 내륙으로 오가는 여행길을 떠나면 '왕의 행궁'(King's Houses)—여로(旅路)에 있는 도시의 특별 역사(驛舍) 같은 것으로, 현지에 거주하는 공직자 혹은 왕가의 여성들이 여기에서 일하고 있었다—에서 식량을 대접받거나 왕의 명령으로 마을의 추장들로부터 식량을 대접받았다. 그런데 그러한 장치가 없는 곳에서는 여행객들이 노변 혹은 마을의 시장에서 식료품을 구했다. 아보메이로 오는 모든 방문자들은 수도를 떠날 때 여행길에서 자기 일행이 쓸 비용을 치를 카우리 화폐를 들고 다녔으며, 이 화폐를 내보여야 '통행허가'를 받을 수 있었다(Dalzel, 1793: 146; Burton, 1893[II]: 178, n. 1).

가정경제의 저장소로부터 식량을 제공하는 일은 이렇게 그 지리적 한계가 좁았다. 어떤 반(半)공무원들은 그래서 그 생활물자를 부분적으로는 배급으로, 또 부분적으로는 시장을 통해 조달받았다. 아보메이에는 '공창'(公娼)이 있었다고 버튼(Burton, 1893)과 노리스(Norris)가 언급한 바 있거니와(Dalzel, 1793), 이들을 비롯한 여인들은 노동의 대가로 고정급 외에도 왕실 가정경제의 구성원으로서 생활물자를 공급받았던 한편, 왕국 전역의 시골 마을에 주둔하거나 근무하는 이들은 시장에 내다 팔 식량과 맥주 등을 준비하여 봉급을 보충하였다.

국내적인 인구 및 물자의 이동에 시장이 도움이 되었던 것은 분명하다. 도로변의 시장은 무역상들이나 농촌 내륙으로 들어가는 다른 여행자들이 의지하는 시장이었던 반면, 도시의 시장은 고용된 노동자들이 일상적으로 먹을 양식을 제공하는 곳이었다(이는 아마도 내륙의 도시들에는 적용되지 않는 이야기였겠으나 최소한 우이다와 그 밖의 해변도시들에서는 그러하였다). 짐꾼들, 해먹꾼들, 카누꾼들 등은 대다수가 타지에서 온 까닭에 현지에 몸을 의탁할 만한 가정경제가 있을 수 없었으니, '생계비'라 불리는 임금을 카우리 화폐로 받아 그것으로 시장에서 식량을 구매하였다. 버튼은 "이 '노동자'들 다수가 아침밥도 저녁밥도 골목길에서 먹는다"고 말한 바 있다(Burton, 1893[I]: 48). 이 '골목길'이란 우이다에 있는 조베메(Zobeme) 시장을 지칭하는 그의 용어이다.

던컨의 묘사는 항상 그렇듯이 자세하고도 사실적이다(Duncan, 1847[I]: 289). 도로를 따라 시장이 늘어서 있어 여행자들은 멈춰서서 요기할 수 있다. 이 시장의 물품은 여행에 필요한 식료품과 생활물자로서, 옥수수와 야자기름으로 만든 그 지역 빵인 캉키(kankie), 구운 소고기, 코끼리고기 등은 물론 삶은 돼지고기와 염소고기 등이 있었다고 한다. 미리 익힌 얌과 카사바 열매 그리고 이따금씩은 고구마도 팔았다. 물이나 그 지역 음료수인 페토(peto)는 고가에 팔렸다. 스커츨리 또한 카나(Kana)와 아보메이 사이의 유명한 도로에는 왕실에서 자랑거리로 펼쳐놓은 길거리 시장이 있어서 여행자들이 멈추어 요기할 수 있었다고 언급하고 있다(Skertchly, 1874: 153). 이 길거리 시장은 또한 지역의 식량 시장으로도 기능하였으니, 이는 어쩌다가 열리는 '덤불 시장'(bush markets)과 마찬가지였다고 한다.

이 덤불 시장은 노점 행상인들을 통해서 촌락이나 도시에 물자를 공급했는데, 노점 행상인은 주로 인근 마을의 여성들이었다. 이러한 소매시장들에서는 가격이 정해져 있었고, 가격을 변동시키는 수요와 공급의 힘들이 제도적으로 표출되는 장치는 전혀 없었다.

유럽인들은 시장의 떠들썩함을 항상 가격을 놓고 벌어지는 악다구니와 연관짓는 것에 익숙한지라, 유럽에서 온 관찰자들은 이렇게 가격이 정해진 시장이라는 것을 도저히 이해하기 힘든 특징이라고 여길 수 있다. 버튼의 논평을 인용해보는 게 좋을 것이다.

참으로 흥미로운 대조이다. 물건을 파는 여인은 느긋하고 무표정한 모습으로 입에 문 파이프도 빼기 귀찮아하며 한 짝에 두 카우리라고 가격을 내뱉듯이 부른다. 한편 물건을 사는 쪽은 반대쪽에서 부르는 가격을 그대로 지불하고서 물건을 구매해야 한다는 것을 알면서도 야단법석을 떤다(Burton, 1893 〔I〕: 49).

스커틀리가 말하듯이, 물건을 사는 쪽은 가격을 흥정할 수 없다. "사는 쪽에서 제아무리 야단법석을 떨어봐야 물건 가격은 단 1카우리도 거의 떨어지지 않는다"(Skertchly, 1874: 28). 그러면 도대체 사는 쪽은 왜 야단법석을 떠는 것일까. 이 수수께끼에 대한 해답은, 그 요란한 흥정이라는 것이 물건 가격을 놓고 벌어지는 것이 아니라 거래의 다음 몇 가지 측면을 놓고 벌어지는 것이라는 데에 있다. 첫째, 그 물건이 정해진 가격에 팔릴 만한 품질인가, 둘째, 행상인이 사용하는 저울이나 자 등이 공정한가, 셋째, 다른 통화로 지불할 때 그 정해진 가격을 공정하게 다른 통화로 환산하는가. 게다가 만약 행상인이 자신의 권리를 요구해야겠다고 나서기라도 할라치면 이 그림이 급작스레 변하기 십상이다. 허스코비츠는 시장의 여자 행상인들이 어떻게 행동하는지에 대해 여러 이야기를 기록하고 있다.

만약 시장에 와 물건을 가져가면서 정해진 표준가격을 지불하지 않겠다는 개인들이 나타나면 물건을 두드려 요란한 소리를 냄으로써 그자에게 한 방 먹여서 스스로를 보호하며, 이때 주변 행상인 집단의 여성들 모두가 흥분하여 함께 이 소란에 참여한다(Herkovits, 1938[I]: 61).

화폐 사용의 강제

다호메이 시장들에서 이러한 가격의 고정과 불가분으로 엮여 있는 특징이 있으니, 이는 판매-구매의 화폐화를 강제한다는 것이다. 이미 1694년에 토머스 필립스(Thomas Phillips) 선장은 우이다에서 카우리가 화폐로 사용되고 있음을 보고하고 있으며, "이 카우리 껍데기가 없으면 이들은 아무것도 사지 못한다"고 말하고 있다(Phillips, 1746: 244). 해안 지역부터 니제르 강 중류 지역까지도 이 놀라운 시장의 특징이 광범위하게 지배하고 있다. 이는 이 경제들 대부분이 '현물'경제이며 정부에 의한 중앙경제의 정교한 주산물 재정(staple finances)까지도 그렇다는 점을 생각하면 놀라운 사실이 아닐 수 없다. 하지만 루이 뱅제(Louis G. Binger)는 19세기 말 서부 수단에 대해 다음과 같은 기록을 남겼다.

일반적으로 이 나라들에서는 직접 교환이 존재하지 않는다. 무언가 구매하기 위해서는 먼저 자신의 재화를 그 나라의 통화로 바꾸어야 한다(Binger, 1892[I]: 2).

또 현대에 와서도 조지 배스든(George Basden)은 이보(Ibo)에 있는 시장들에 대해 다음과 같이 말한다.

모든 재화는 그 지역의 통화로 판매된다. 상품을 다른 상품과 물물교환하는 일은 존재하지 않는다(Basden, 1921: 196~97).

스커츨리 또한 앞에서 말한 아보메이와 카나 사이의 축제길에 늘어서 있는 음식점들에 대해 언급하는 가운데 사람들이 관용구로 사용하는 표현을 들어 화폐 사용이라는 특징이 얼마나 강고하게 뿌리박고 있는지 입증하고 있다. 그가 말하는 덤불 시장은 그 이름부터 농담처럼 "현금만 받음"이라는 경고를 담고 있다는 것이다. 그 시장은

아크웨-자나한(akwe-janahan)이라고 불린다. 아크웨는 '카우리'를 뜻하며 자나한이란 '만약 갖고 있지 않다면'이라는 말이다. 결국 이 말은 "여기 시장이 있기는 하지만 카우리를 가져오지 않으면 전혀 쓸모가 없다"는 뜻이다 (Skertchly, 1874: 153).

이렇게 시장들을 그 지역만의 통화로 화폐화하여 서로 고립시켜놓지 않는다면, 식량가격을 고정하는 관행도 현실에서 작동할 수 없었을 것이다. 나중에 보겠거니와, 다호메이 국가의 지도 역량이 이룬 가장 놀라운 성과인 카우리와 황금 사이의 안정된 교환비율 또한 이 마을장터라는 소우주에서 식량가격을 고정해놓은 것이 기초가 된 것이다.

신용거래 불가, 현금만 가능

이렇게 시장을 모두 국지화한 또 다른 특징이 있으니, 신용이 발전하지 못하게 막는 것이다. 만약 신용이 발전하게 되면 어떤 한 시장에서 벌어진 여러 거래가 그 시장과 '고리'지어진 다른 시장에도 영향을 끼치게 될 것이다. 필립스는 시장에서 카우리를 일반적으로 사용하는 관행을 현금 지불과 동일한 것으로 보고 있으며, 페르 장-밥티스트 라바(Père Jean-Baptiste Labat)는 1727년 우이다에 대하여 사금(砂金)과 카우리 모두가 통화로 쓰인다고 구체적으로 말하면서도 "이 나라에서는 신용이라는 것이 알려져 있지 않다. …… 물품을 인도받으려면 그 전에 지불을 마쳐야 한다"고 하

여 이 점을 확인하고 있다(Labat, 1731(II): 166). 현대에 들어오면 배스든이 이보(Ibo)의 시장에 대해서 "모든 거래는 서로 완전히 별개로 분리된다"고 강조하고 있다. 분석적으로 볼 때, 이는 하나로 통일된 단일 시장체제 따위가 존재하지 않았다는 확고한 증거이다.

소매상이 얻는 보상: 이중의 셈법

이렇게 서로 고립된 시장들에서 소매업을 하는 다호메이 여성들은 비록 일정한 한계 안에서이기는 하지만 자기 스스로의 노력으로 안정적인 소득을 벌어들일 수 있었다. 이로 인해 이 여성들은 시장 영역에서 벌어지는 여러 활동들을 규제하고 훈육하는 조직의 위계 속에서 일정한 지위를 차지할 수 있었다. 그들의 일과는 대부분 플랜테이션 농장들을 돌아다니면서 농작물을 구매하여 시장으로 가져오는 여정으로 채워졌으며, 하루에 두 번이나 왔다 갔다 해야 할 때도 있었다. 이들은 남자 노동인구의 필요에 맞추어 캉키(kankie) 빵, 페토(peto) 음료수, 익힌 고기, 과자 등으로 이루어진 식사와 간식을 조달해야 했기에 항상 바빴으며, 이 모습은 외국의 모든 관찰자들로부터 격찬이 담긴 논평을 얻어냈다. 이렇게 서로 고립된 식량 시장들은 모든 여성의 생산 활동이 벌어지는 장이 되어 있었고, 여기에 이 모든 것들이 제도화되어 있었던 것이다.

금전적 차원에서 보자면, 이 행상인들에게 보상으로 주어진 이윤 마진이라 할 만한 것의 원천은 도매 할인가였지만, 그 기원으로 짐작되는 것들 또한 시장경제의 경우와는 아주 다른 성격이었다. 허스코비츠는 도매상들이 이 소매상들에게 곡물을 판매하면서 가격을 정할 때, 먼저 도시의 시장에서 그 품목이 실제로 판매되는 소매가를 확인한 후 그 가격에서 20퍼센트의 할인을 소매상들에게 허용하였다고 언급하고 있다.

가격들이 고정되는 방식은 글레타뉘(gletanu) 사이의 협정이 아니라 개인들 모두가 각각 소매시장을 주의 깊게 살피는 것이다. 이들은 대리인을 변장시켜서 아보메이로 보내어 공개시장에서 곡물을 사온다. 예를 들어 어떤 도매상의 대리인이 한 단위의 밀을 1프랑에 샀다면 시장의 소매 여성 행상인들에게 파는 가격은 80상팀[1]으로 고정되는 식이다(Herskovits, 1938[I]: 56).

요컨대 여성 행상인의 노동에 대해서 20퍼센트로 규제된 등가가 작동하고 있는 것이며, 이를 상황에 따라서 다르게 적용할 수 있다.

서부 수단에 분포하고 있는 서로 크게 다른 지역들에서 가져온 다수의 자료들에 따르면, 모종의 카우리 화폐 이중셈법이라 할 것이 존재하여, 이와 비슷하게 소매상에게 이윤을 자동적으로 보장해줄 수 있도록 작동하였다고 한다. 압동 유젠 마지(Abdon Eugène Mage)는 1868년 다음과 같이 기록한 바 있다.

카우리는 대단히 특수한 셈법을 가지고 있다. 10개씩 합쳐서 세는 것으로서, 처음 보면 이것이 십진법 체계라고 보일 수도 있다. 하지만 8*10=100이다. 다시 10*100=1000이며 10*1000=10,000이지만, 또 8*10,000=100,000이다. 그래서 100,000이라고 해봐야 실제는 64,000이며, 10,000이라고 해봐야 사실은 8,000이며, 1,000이라고 해봐야 사실은 800이며, 100이라고 해봐야 사실은 80이다[2](Mage, 1868: 191).

---

1 1상팀(centime)은 100분의 1프랑이다.
2 이 부분은 프랑스어로 되어 있다. 원문은 다음과 같다. les cauris une numération toute spéciale. On les compte, par 10, et il semble tout d'abord que le système de numération soit décimal; mais on compte 8 fois 10 = 100; 10 fois 100 = 1000, 10 fois 1000 = 10,000; 8 fois 10,000 = 100,000; ce qui fait que 100,000······ n'est en réalité que 64,000, que 10,000······ n'est que 8000; que 1000······ n'est que 800 et que le 100 n'est que 80l······.

1899년 에밀 바요(Émile Baillaud) 또한 비슷한 설명을 내놓고 있다.

카우리를 셀 때는 밤바라족의 방법을 따른다. 이 방법에 따르면 80 다음에 세 번째 자리로 넘어가게 되어 있다. 따라서 5프랑이 카우리 5천 개에 해당한다는 말은, 기실 50 곱하기 80개의 카우리, 즉 우리의 셈법으로는 4천 개에 해당한다는 말인 것이다! 카우리의 셈법에 관한 한 우리 프랑스의 관청도 이 밤바라족의 셈법을 사용해야 한다는 의무가 항상 지워져 있다. 얼핏 보면 크게 불편할 것 같지만 미리 알려져 있으므로 그렇지는 않다[3](Baillaud, 1902: 71).

바요는 여기에다 다음과 같은 말을 덧붙이고 있다. "물론 이러한 차이로 인해 소매업이 증진된다는 것은 충분히 짐작할 수 있는 일이다"(Ibid.: 71).[4] 즉 예를 들어서 어느 재화를 도매상에게서 1만 카우리의 가치로 대량으로 구매하는 소매상은 실제로는 8천 개의 카우리만 지불하게 된다(또한 Lenz, 1884[II]: 158~59 참조). 하지만 이렇게 도매로 떼온 물건을 소매상이 소량으로 조금씩 팔 때에는 이러한 이중셈법이 유지되지 않으며, 소매 판매상은 결국 떼온 물건 전체를 팔아 1만 개의 카우리를 모두 벌어들이게 된다.[5] 결국 이러한 화폐제도로 인하여 20퍼센트의 이윤을 남기게

---

3 이 부분 역시 프랑스어로 되어 있다. 원문은 다음과 같다. les cauris se comptent suivant la méthode bambara, dans laquelle les unités du troisième ordre commencent à 80. Donc, lorsque nous disons que l'on a 5000 cauris pour 5 francs, il faut comprendre 50 fois 80, soit, dans notre numération, 4000! Toutes les fois qu'il s'est agi de cauris, notre administration a été obligée, d'employer cette méthode Bambara, ce qui n'a du reste pas grand inconvénient, lorsqu'on est prévenu.

4 프랑스어로 되어 있으며 원문은 다음과 같다. On conçoit que cette difference de cours favorisé le commerce de detail.

5 소매업을 하는 여성들이 한 번에 카우리 8개 이하의 적은 분량으로 물건을 판매하는 '소매상'을 계속하는 한, 그 1만 개 카우리에 해당하는 양의 물품을 모두 다 판매하는 동안 이 밤바라 셈법은 적용될 일이 없고 결국 1만 개의 카우리를 벌어들이게 될 것이다. 이를 간략히

된다.

다호메이 자체 내부에서도 이러한 카우리 화폐의 이중셈법이 존재했다는 직접적인 증거가 남아 있지는 않다. 하지만 이렇게 20퍼센트로 이윤을 규제하는 모종의 절차가 근대까지 존속했다는 것은 역사 속의 다호메이에도 통화를 통하여 이윤을 규제하는 제도적 방법이 존재했음을 시사하고 있다.

가격의 책정

우리는 이러한 시장들이 가격이 형성되는 시장이 아님을 알고 있다. 다시 말해서, 수요와 공급에 따라서 가격이 아래위로 오르내리는 그러한 시장이 아니라는 것이다. 그렇다면 가격이 실제로 정해지는 과정은 어떠했는가? 이 가격 책정이 여러 생산자 조직의 기능의 일부였으며, 이 조직에는 시장에서 식료품을 판매하는 여성 집단들도 포함되었다. 수공예품에서도 여러 길드 단체들이 자기 직종의 노동조건을 규제하고, 생산품의 표준을 정하고, 기율을 유지하고, 시장과 소매 단계에서 팔리는 제품의 가격을 정하는 등의 기능을 수행하였다.

첫째, 시장에서 으뜸가는 지배적 위치의 항목은 식량가격이었다. 아보메이의 시장에서는 시장에 처음 도착하는 여성이 가격을 결정하였으며, 이 가격을 그날 하루 종일 다른 이들도 준수한다. 우이다와 포르토 노보에 있는 해변 도시들에서는 같은 상품의 판매자들이 소두도(sodudo)라고 불리는 연합체에 소속되며, 식료품이 판매되는 가격은 이 연합체에서 결정하였다. 허스코비츠는 다음과 같이 쓰고 있다. "가격은 이 연합체들에서 결정하며, 모든 구성원은 그렇게 결정된 가격을 준수한다"(Herskovits,

---

말하자면, 계산 수단 화폐로서의 카우리의 셈법과 지불 수단 화폐로서의 카우리의 셈법을 분리한 것이라고 표현할 수 있다.

1938(I): 61). 그가 가격을 깎을 수 있는지 물어보자 여성 행상인은 감히 그럴 엄두를 내다니라고 놀라움을 표출하였다. 이들은 물건이 다 팔리지 않을까 걱정하여 싼값에라도 팔아야 한다고 생각할 필요가 없었다. 가져온 물건들은 어차피 그날이 저물 때쯤 되면 다 팔리게 되어 있으니, 가격을 깎아준다면 이윤만 줄어들 뿐인 것이다.

이 소두도에도 또한 그 구성원들의 긴밀한 유대를 유지해주는 상호부조와 유사 가족적 기능이 있었다. 한 성원이 병에 걸리면 이는 다른 모든 성원이 방문하여 선물을 가져오는 기회가 되었다. 한 성원이 죽으면 같은 생산품을 파는 모든 판매자들이 장례식이 거행되는 8일 동안 문을 닫고 철시하였다.

보다 규모가 큰 시장에서 활동하는 여성 식료품 판매상들은 특화된 농장에서 물건을 떼왔다. 다호메이의 모든 유력 인사들은 수많은 플랜테이션 농장을 보유하고 있었고 나중에는 글레타뉘, 즉 도매상 자격을 가지게 되었다(Ibid.: 55). 이 농장들 가운데 일부는 길이가 15에서 25 혹은 30킬로미터에다가 폭도 몇 킬로미터에 달하는 땅을 소유하고 있었다. 그리하여 이 농장들은 수수, 옥수수, 얌 등과 같은 주곡들 가운데 단일종목 재배로 특화되어 있었다. 보다 작은 시장들에 대한 우리의 정보는 덜 완전하지만, 이곳 여성 상인들은 자신이나 남편의 마을 땅뙈기 혹은 주거복합체의 밭에서 나온 잉여 생산물에 의존하고 있었던 것으로 보인다. 이렇게 토지 생산물의 소매가격의 등가를 정해놓는 방법들이 심지어 근대에 들어와서까지 꾸준하게 존재했다는 점은 실로 놀랍다. 허스코비츠가 조사할 당시 야자기름의 소매가격은 여전히 여성 판매상들이 정하고 있었다. 야자기름은 표준화된 상자에 담겨 팔리고 있었는데, 그 가격은 야자열매 한 바구니의 가격에 따라 오르내렸고, 야자열매의 가격은 다시 왕실에서 야자알맹이(kernel)에 대한 세계 시장가격을 참조하여 결정되었다. 이렇게 왕실에서 야자열매 가격을 결정하면 여기에다 기름을 짜고 또 판매하는 전문가들이 투하한 노동에 대한 등가가 추가로 더해졌다.

두 번째로, 수공예품의 가격도 미리 정해져 있었다. 수공예품은 표준화된 생산물이 아니라 개별 수공업자에 의해 만들어지는 것이기에 그 가격을 정하는 것은 식료품 가격을 정하는 것과 같을 수 없었다. 하지만 이 수공예품의 생산은 물론이고 판매까지 전반에 걸쳐서 수공업 길드인 소(so)가 지배적인 영향력을 행사하였다.

직공(織工)들은 특정한 가족의 성원이었고, 이 가족이 길드를 구성하며 또 중개상으로 기능하였다. 베틀은 이들이 살고 있는 주거복합체 근처의 별도 건물에 있었다.* 이 가운데 으뜸가는 집단의 수장이 모든 직공을 통제했다. 협업이 규범이었고, 직공들은 엄격한 기율 아래 있었다. 그 가운데 한 사람이 새로운 무늬를 발명하면 그는 그 견본을 동료 기술자들에게 보냈다. 무늬마다 이름이 붙어 있었고, 가격도 그 디자인에 따라 결정되었다. 이런 것들은 모두에게 잘 알려져 있었기에 시장에서도 흥정 따위는 거의 볼 수 없었다. 직공은 천연 면화의 가격을 기초로 삼아 가격을 결정하였다. 허스코비츠에 따르면 면화를 재배하기 전에는 천연 라피아를 이 계산에 사용했다고 한다. 42정신(艇身)의 빗질한 면화 한 덩어리의 가격은 10상팀인데, 직공들은 이것을 원가로 삼아 여자 옷에는 15프랑을, 남자 옷에는 30프랑을 덧붙여서 가격을 산정하였다. 이렇게 만약 원자재 가격이 고정되어 있다면, 비용에 대한 이윤 마크업(markup, 가산)이 이렇게 표준화되어 있으니 결국 가격은 옷을 만드는 데 들어가는 원료의 양에 따라서만 변화하게 될 것이다(Herskovits, 1938〔I〕: 62). 판매에서의 경쟁을 더욱 제약하는 요인이 또 있었으니, 그것은 옷 무늬 사용에 대한 여러 가지 제한이었다. 길드의 성원들은 누구든 자신의 옷감을 판매할 때에도 길드 수장

---

* [원주] 허스코비츠는 자신이 알고 있는 바로는 옷 짜는 이들의 집단은 셋뿐이었고 모두 아보메이에 살고 있다고 말하고 있다(Herskovits, 1938[I]: 76).

의 허가를 받아야 했고, 스스로 고안하지 않은 디자인을 재생산할 때에도 그랬으며 그 디자인의 사용 대가를 지불해야 했다(Ibid.: 76).

앞에서 말했듯이, 생산은 일종의 순번제로 운영되었다. 한 집단의 성원들은 각각 돌아가면서 원재료를 내놓게 되어 있었고, 그러면 다른 성원들 모두가 그 재료를 가지고 생산을 하며, 그렇게 나온 생산물은 원재료를 내놓은 직공(織工)의 것이 되었다. 이런 식으로 모두 돌아가면서 일정량의 집단 생산물의 주인이 될 수 있었다. 또 판매에서도 직공 집단에서는 한 명씩 돌아가면서 자신의 집단 모두를 위하여 옷감 판매를 위탁받게 된다. 위탁받은 사람은 시장이 문을 닫았을 때 모든 옷감 소유자들에게 그들이 내놓은 옷감조각 하나까지 세세하게 회계 사항을 제시해야 할 의무가 있다. 그러지 못할 때는 처벌이 내려진다. 허스코비츠는 이렇게 말하고 있다.

어느 직공이 원사(原絲) 한 뭉치를 동료 한 사람에게 주었고 그 동료가 그 것으로 만든 옷감을 팔아 이윤을 올렸다고 하자. 그런데 그 동료가 최초의 직공에게 몫을 돌려주어야 할 때가 되었는데도 받기로 기대되는 바를 돌려주지 않았다고 하자. 그러면 소가(soga)가 행동을 취하게 된다. 이 행동은 그 위반자의 재산을 압수하는 것으로 이루어지며, 혹시 압류하여 내다 팔 수 있는 동물을 그가 가지고 있을 때는 이 또한 포함된다. 만약 죄인에게 아무것도 압류할 재산이 없으면 그의 회원 자격이 박탈되며, 그를 관계 당국에 신고하게 된다. 옛날에는 이것이 왕 앞에 가져갈 문제였을 것이다(Ibid.: 254).

대장장이들도 마찬가지로 특정한 가문의 성원으로서 순번제로 일했으며, 대장간 근처의 별도 숙사에 살고 있었다. 같은 대장간의 성원들은 공동으로 일을 했으며, 각각의 대장장이들은 돌아가면서 원자재를 내놓고 이를 가지고 그와 그의 동료들이 함께 작업했다. 완성된 제품은 원료를 내놓았던 이의 소유가 된다. 철제 제품에는 고정된 가격이 없었고, 각각의 대장장이들은 자기 뜻대로 가격을 붙여 팔았으며, 이 가격은 그들 각각이 현금을 필요로 하는 정도에 따라 좀 더 높을 수도, 좀 더 낮을 수도 있었다. 스커츨리에 따르면 이 철 제품들의 가격은 물품마다 따로따로 결정되었다고 한다(Herskovits, 1938[I]: 62, n. 1에서 인용).

이렇게 고정된 가격이 없던 관행은 놋쇠와 은을 가지고 작업하는 '금은장이'(goldsmith)들에게도, 옷감에다 장식을 꿰매어 붙이는 이들에게도 적용된다. 이들은 기술자라기보다 예술가로 간주되며, 그 수도 비교적 적다. 목제 조각의 경우 구매자는 자신이 맨 처음에 구매한 목제 조각과 비슷한 크기의 것을 나중에 이어서 구매할 때는 처음과 똑같은 가격을 계속 지불하곤 했다(Ibid.: 62).

쇠와 옷감은 남성들의 일이었지만, 세 번째로 중요한 기술이었던 그릇 만들기는 여성들의 일이었다. 여성으로 구성된 여러 집단이 가마 하나를 공동으로 사용하였다. 이들은 도기 빚는 일은 각각 혼자 하거나 소수의 조수들과 함께 했지만, 그릇 굽는 일은 협업으로 하였다. 도자기 판매상들은 특정 유형의 도기가 모두 시장에 나올 때까지 기다린 다음 그날의 가격을 결정한다. 도기 시장에 대해서 허스코비츠는 이렇게 말한다.

어떤 여성이 자신의 집단의 다른 동료들과 사이좋게 지내지 못하고 특히 자기 도기의 가격을 깎는다면 처벌을 받게 된다. 처벌은 동료들이 그녀가 만든 도기들을 깨버리는 것뿐만 아니라 그녀가 당분간 무보수로 일을 하도록 강제하는 것이다. 그래야만 그녀는 다시 길드의 여러 특권들을 허락받게 된다(Ibid.: 76~77).

정해진 가격을 바꾸는 일

이렇게 정해진 가격들을 바꿀 때에는 어떻게 하는가? 일반적으로 가격은 정해지는 것과 같은 방식으로 변동하게 되지만, 그 체제는 고유의 비탄력성을 가지고 있다. 가격의 변동이 그에 수반하는 '공급'에서의 변동을 반드시 야기하지는 않는다. 계절적으로 가격이 치솟는다고 해도 판매자들끼리 경쟁하게 되지는 않는다. 앞에서 보았듯이, 국가는 톡포(Tokpo, 농업 장관)와 관리들을 통하여 농업 전반에 대한 감독을 유지한다. 작물에 대한 연례적인 점검이 지속되며, 지정받은 다양한 곡물의 생산에 변화를 명령하도록 한다. '공급'의 변화는 일반적으로 지역의 가격 변동에서 기인하는 것이 아니라 행정적인 결정에 따른다. 허스코비츠는 이렇게 말한다.

어느 작물이 너무 많이 생산되고 다른 작물이 너무 덜 생산되었다면 전체 지역의 수확물은 그[톡포]의 명령에 따라 바뀔 수 있다(Ibid.: 112).

프레더릭 포브스(Frederick E. Forbes)는 왕과 장관들이 연례 제례 기간에 열린 어느 국무회의에서 농업 상황을 토의했던 것을 묘사하고 있지만, 중앙권력은 아마도 식료품 공급의 규제로 그 역할을 제한하고 가격 문제는 지역의 조직체들에 넘겼을 것이다. 하지만 이 지역 조직체들은 전통적으로 내려온 식품 가격에 개입하기를 가장 꺼리는 집단이었다. 여기에다 또 광활한 지역들에 걸쳐서 가격이 일반적으로 다르지 않았다는 점을 추가해 보면, 어째서 시장 기능에 기초한 교역을 찾아볼 수 없는지를 이해하게 된다. 이 사실에 대해서는 나중에 다시 다룰 것이다.

저렴한 식료품

이렇게 시장의 여러 제도들은 썩 인상적이지는 못했지만 꽤 효율적인 방식으로 작동하였다. 이곳을 방문한 모든 유럽 관찰자들에게는 생계 수단이 전반적으로 저렴한 것이 인상적이었다. 이는 특히 우이다에 적용되는 사실로서, 아르드라에 종속되었던 시절에도, 또 다호메이의 통치에 복속되기 전과 이후에도 똑같이 그러하였다. 이는 우이다의 바로 서쪽으로 인접한 지역이 포포(Popos)의 황량한 석호 지역이고 이곳 주민들이 바다와 석호에서 잡히는 것들을 먹으며 반(半)기아 상태로 간신히 연명하고 있다는 사실을 생각하면, 크게 대조적이다. 물론 우이다가 있는 띠 모양의 지역은 농경에 유리한 환경이었지만, 다시 다호메이 내륙 지역으로 들어가면 자연조건은 상당히 나쁘다. 그럼에도 불구하고 다호메이를 방문하면서 기록을 남긴 이들은 그 경제상태를 논하면서 살림살이가 힘들다든가 식량이 부족하다든가 하는 언급을 거의 남기지 않았다. 거지나 기아선상의 빈민이 있었던 증거는 없다. 물론 귀로(歸路)하던 작은 상선들로서는 자신의 생필품 창고에 어떻게 계속 식량을 채울지가 항상 걱정거리가 아닐 수 없다. 그리고 원주민 추장들은 이따금씩 내륙의 식량 시장에 대한 접근권을 철회해버림으로써 영리사업상의 문제들에 압력을 가하고자 했다. 그렇다고 해서 식료품들의 가격을 더 높게 불렀다는 불평이 나온 증거는 없다. 원주민들의 전술은 단지 시간을 끌어서 이 상선들에 파멸적 손실의 위협을 가하는 것뿐이었다. 식량공급 가격 때문에 압박을 받았던 때는 없었다.

다호메이는 물론이고 해안 지역 원주민들도 문자를 사용하지 않았기에 원주민 측의 기록은 남아 있지 않다. 이로 인해 경제사가들에게는 18세기에 생계비가 유별날 정도로 저렴했다는 주장을 입증할 데이터가 부족하다. 하지만 존 바봇(John Barbot)과 빌럼 보스만(Willem Bosman)부터 던컨, 포브스, 버튼, 스커츨리에 이르는 150년 이상의 기간에 관한 한, 다호메이의 물질문화가 소박하기는 했지만 결코 영양 상태에서 쪼들리지는 않았다는 점이 여러 가지 사실로 잘 입증되고 있다.

통화가치의 안정성에 대해서도 좋은 증거가 있다. 이 기간에 걸쳐서 3만 2천 카우리와 1온스의 금을 4파운드스털링으로 등치하는 환율이 한 번도 의심된 적이 없다는 것만 언급하면 충분하다. 이 사실 하나만으로도

우리는 다음과 같은 점을 환기하게 된다. 북으로는 리비아, 남으로는 기니해변, 서쪽으로는 대서양, 동쪽으로는 차드(Tchad) 호수에 이르는 광활한 영역에서 저렴한 생활비가 유지되었다는 데 독일, 프랑스, 영국의 저명한 학자들이 한목소리로 놀라움을 표출하고 있다는 사실이 그것이다. 이들은 모두 생활필수품을 아주 적은 카우리 화폐로 살 수 있었고, 이 카우리 화폐의 가치는 귀금속에 대한 정확한 교환가치를 기준으로 유지되었다고 주장한다.

구스타프 나흐티갈(Gustav Nachtigal)은 카우리 화폐가 민주적인 결과들을 낳았다는 점을 자세히 서술하고 있다. 1카우리는 "1탈러(Thaler)를 4천 개의 조개껍데기로 나눈 셈이다. …… 그래서 그 어떤 물건이나 재료도 소량으로 나눌 수만 있으면 가난한 이들도 누구든 아주 조금씩 살 수 있게 되어 있다"(Nachtigal, 1879(I): 692). 중앙 수단 지역에 카우리 화폐가 출현하기 전 그곳에 있었던 하인리히 바르트(Heinrich Barth)는 다음과 같은 기록을 남겼다.

사람들은 일주일치 생필품을 시장에서 구매해야 했으므로 가뜩이나 피로한 데다가 판매와 구매에 쓰이는 척도 화폐가 없다는 것 때문에 더욱더 짜증을 냈다(Barth, 1859).

카우리 화폐를 도입하는 공식 정책이 나왔을 때 바르트는 처음에는 "주민들의 자연적 필요에 의해서가 아니라 지배층의 사변적 추측에 의해" 도입된 것이라고 생각하여 그 효과에 회의적이었다(Ibid.). 가바가스(gabagas), 즉 14야드 길이의 토착 면화 천은 당시 이미 누더기 같은 것으로 질이 떨어져 있었다. 그리고 새로 도입된 카우리 화폐는 이 면화 천 1단위에 8카우리라는 낮은 교환비율로 고정되어 있었다. 나중에 가면 마침내 바르트 또한 이 조개껍데기들이 "작은 물건들을 사는 데 대단히 유용하고 면화 천들에 비할 수 없을 만큼 더 편리하다"는 것에 동의하게 되었다(Ibid.). 나흐티갈 또한 사방에서 쓰이고 있는 카우리 화폐에 대단히 긍정적이었고, 그 가치를 1페니히(pfennig)의 10분의 1 정도로 계산하였다(Nachtigal, 1879[I]: 692). 이를 영국의 금화 가치로 바꾸면, 1파딩(farthing)[6]의 거의 정확하게 8분의 1이었다. 프랑스의 공직자였던 시몬 버뱅(Simone Berbain)은 1카우리의 가치를 프랑스 화폐로 따져 1리아드(liard)의 5분의 1, 즉 1파딩의 절반 정도로 잡았다(Berbain, 1942: 69). 카우리 화폐에도 짧지만 인플레이션 기간이 있었고, 이 동안에는 화폐단위를 이렇게 잘게 나누어놓은 것의 이점이 잘 보이지 않을 수 있었을 것이다. 버튼과 스커츨리는 우이다에서 캉키(kankie)가 3카우리에서 12카우리로 상승했을 때 그러한 인플레이션을 목격하였다. 하지만 스커츨리는 상승한 가격들을 나열하기는 했지만 그 뒤에 다음과 같은 언급을 붙여놓았다. 그럼에도 불구하고 "모든 가게에서 카우리 두 개짜리 물건을 얼마든지 볼 수 있었다"는 것이다(Skertchly, 1874: 28). 상품 진열대에 보면 바늘 두 개 한 묶음, 옷핀, 고추 12개, 소금 약간, 한 팔 길이의 목화 실, 청량음료 한 통, 한 입에 먹을 만큼의 양념숙성한 양고기 혹은 염소고기 등의 물건이 있었던 것이다. 그보다 거의 2세기 전—대략 1694년—에 런던의 상사(商社) 해너벌(Hannibal)에서 파견한 토머스 필립스(Thomas Phillips) 사령관은 우이다 왕을 알현하러 그곳에 간 적이 있었는데, 그 이야기를 기록하는 가운데 화제 전환용으로 나무들이 무성하게 우거진 그늘 아래 열리고 있던 작은 시장을 묘사한다.

　　그 시장의 여러 가지 물건들 중에서도 내가 집중적으로 관찰한 것이 하나 있다. 비록 그곳에서는 통상적인 일이지만 그것이 가진 새로움 때문에 여기에

---

6 18세기 영국의 소액 주화. 1페니의 4분의 1, 즉 1파운드의 960분의 1에 해당한다.

묘사해두고자 한다. 가장 큰 나무 가운데 하나의 밑둥에서 벌어지는 일이다. 주인은 나무 판때기 하나를 테이블로 삼고 있었다. 그 지름은 1야드 정도이며 땅 위에 그대로 놓여 있었다. 그 위에는 삶은 소고기와 개고기가 손질하지 않은 황소 가죽에 싸인 채 한 켠에 놓여 있었고, 다른 한 켠에는 빵 대용으로 삶은 캔시(cancies)를 담은 토기가 있었다.

그다음에는 격식은 없지만 나름의 스타일을 갖춘 식사가 이어진다.

누구든 여기에 먹으러 오면 먼저 테이블 옆에 무릎을 꿇고 앉아 8~9개의 카우리 껍데기를 그 위에 놓는다. 요리사는 아주 뛰어난 솜씨로 고기를 손님이 내놓은 카우리의 가치만큼 잘게 잘라서, 캔시와 약간의 소금과 함께 내놓는다. 만약 그것을 먹고도 배가 차지 않으면 손님은 카우리 껍데기를 좀 더 내놓고 그것만큼 고기를 더 먹는다.

카우리 화폐는 그 요리사의 작업과 잘 어울렸다.

내가 본 바로 그 요리사는 8~9개의 테이블을 펼쳐놓고서 동시에 음식을 차려 내놓고 있었고, 각 테이블에서 들어오는 돈을 아주 솜씨 좋게 받아내고 있었으며, 그러면서도 전혀 혼란스러워하지 않았다. 하지만 그는 돈을 거슬러줄 필요가 없었으며, 이것이 그가 더 쉽게 작업하는 데 큰 도움이 되었다 (Phillips, 1746: 238~39).

대외무역과 시장의 격리
이 고립된 각각의 시장들에서 식량가격이 오른다고 해도 여기에 공급이 반응하는 경향은 약하다는 점을 이미 앞에서 언급한 바 있다. 고대경제를 연구하는 이들이라면, 원시사회 혹은 고대 초기 사회에서는 대외교역과 지역 시장이 근대사회에서 우리에게 익숙한 것처럼 긴밀하게 연결되지 않는다는 사실을 여기에서 상기하게 될 것이다. 다호메이에서도 도처에 여러 시장이 있었지만, 그 시장들도 이 점에서는 오늘날의 근대적 방식과는 다르게 움직였다. 그 이유는 단순하다. 시장이 **시스템**을 이루고 있어야만 그 내부의 가격 차이가 교역 흐름의 방향을 지휘할 수 있게 되는 것이다.

다호메이 경제의 두드러진 특징으로는 교환 패턴의 완성이라고 할 시장 시스템이 존재하지 않는다는 것이다. 따라서 우리는 군대와 대외무역에 기여할 목적으로 국가가 직접 운영하는 여러 관리된 형태의 정부교역 말고는 다른 형태를 찾아보기 힘들 것임을 예상할 수 있다. 대상(隊商)의 무리는 전형적으로 하인과 종자인 짐꾼 그리고 호위대 및 통상 외교관으로 임명된 고위 공직자로 이루어지며, 여기에서 민간 상인은 찾아볼 수 없다. 이슬람의 교역 물라(mullah) 같은 중간계층 상인은 다호메이에서 그저 잠깐 나타났다가 사라졌다. 다호메이의 농촌 지역에는 중개인을 세운 원거리 교역이 알려져 있지 않다. 변경 도시들은 다호메이 왕국이 새로 획득하여 아직 완전히 통합되지 못한 지역으로서, 여기로 가까이 가게 되면 민간 대상(隊商)의 교역이 작동할 공간이 아직 남아 있기도 했다. 그런데 이런 도시들에는 대외시장과 대내시장이 따로 존재하였고, 이는 교역과 시장이 구별되어 있었음을 입증하는 것이었다. 외부에서 교역상이 들어오게 되면 이들은 대외시장에서 노예조달관이 맞게 되며, 이 노예조달관은 무역상들의 물건을 도매로 획득한다. 이렇게 얻은 물건들을 아내들에게 주어 도시 내에서 소매로 팔아 이윤을 남기는 것 그리고 부분적으로는 인근 촌락의 초가집에 사는 청소년들에게 행상을 시키는 것이 노예조달관의 특권이기도 하다. 던컨은 다음과 같이 생생하게 묘사하고 있다.

그 노인(바포(Baffo)의 노예조달관)은 대단히 부산스럽게 움직였다. 오늘이 바포의 으뜸가는 장이 열리는 날이기 때문이다. 마흐디국(Mahdee國)이 복속되기 전부터 이곳에는 노예조달관이 그 장터에서 벌어지는 모든 교역을 홀로 독점하는 오랜 관행이 있었고, 이 관행을 여전히 유지하도록 허락받았다. 그래서 그는 젊은 아내들에게 가게에서 물건을 팔거나 장터를 돌아다니며 행상을 하도록 시켰고, 자신은 그녀들을 감시하느라 바빴다. 젊은 아내들은 어차피 남편의 이윤이 불어나봐야 자기 것이 되는 게 아니라 다른 여자들과 공유할 수밖에 없으므로 개인적으로 별 관심이 없었으리라고 나는 생각한다. 하지만 남편은 아내들이 떼먹지 않는지 감시해야 한다. 그래서 그는 아내들이 그러지 못하도록 젊은 아내들을 장터의 가장 눈에 잘 띄는 지점에 배치하고 자신은 전체를 볼 수 있는 자리에 앉는다. 좀 더 나이가 많거나 신뢰할 수 있는 아내들은 재량껏 원하는 물건들을 골라서 도시의 다른 구역들까지 돌아다닐 수 있도록 허락을 받는다. 으뜸가는 위치에 있거나 특별히 총애받는 아내들은 다른 아내들 한 명 한 명에게 판매할 만큼의 물건을 나누어주는 역할을 맡는다. 하지만 가끔 이 물건들은 그 소유자가 지정한 것보다 훨씬 고가에 팔리며, 특히 이방인들이 그 물건을 구매할 때에는 더욱 그러하다. 말할 것도 없이 여기에서 발생하는 가외 수입은 개별 판매자가 챙긴다(Duncan, 1847[II]: 47~48).

지금까지 제2부에서는 다호메이 내륙 왕국의 경제를 다루었다. 이 왕국은 1727년 이후에는 기니 연안의 교역항인 우이다도 통치하게 된다. 19세기 중반까지 번성하는 이 고대제국의 수도는 아보메이였다. 그 경제의 작동을 설명하는 것은 주로 재분배, 상호성, 가정경제, 시장교환이라는 네 가지 통합 패턴이었던 듯하다. 통계 자료가 없기 때문에 우리는 다호메이 경제의 성공과 실패를 가늠하기 위해 경제사가들이 사회적 후생이나 그 반대의 상태를 보여주기 위해 사용하는 관습적인 지표에 의존할 수밖에 없다. 즉 사회적 균형, 안정된 생활수준 혹은 그 반대로 기근, 인구 감소, 내란이나 소요 사태 등과 같은 지표들 말이다. 화폐화된 경제라면 결정적인 지진계 역할을 하는 것이 그 통화가치가 얼마나 안정적이었는가이다. 다호메이의 대외교역은 비록 부분적으로 화폐화되기는 했지만 그 양이 엄청났기에, 그 나라 통화의 환율은 특별히 강도 높은 시험대에 올라 있는 것이나 마찬가지였다. 그런데 시장체제로 대표되는 균형화 메커니즘도 없음에도 불구하고 전쟁 기간에나 평화 기간에나 어떻게 1세기 이상 안정된 환율을 유지할 수 있었을까? 현 단계의 분석에서는 시장 시스템의 여러 균형화 장치들이 없었다고 해도 고대경제의 엄격한 구조적 견고함이 그 역할을 대신했다고 볼 수밖에 없다.

제3부

노예무역

제7장

우이다: 어느 교역항의 제도적 기원들

초기 사회에서의 교역항

교역항(port of trade)이란 그 기능과 효율성 면에서 오늘날의 국제시장에 비교될 수 있는 제도이다. 하지만 그것이 운영되는 방식은 오늘날 우리에게 익숙한 수요-공급-가격의 경쟁적 메커니즘과는 판이한 방법들로 제한되어 있었다(Polanyi, 1963). 교역항이 하나의 제도로 나타나게 된 기원들은 역사의 먼 과거로 거슬러 올라간다. 이것의 존재 이유는 교역상들에게 재산만이 아니라 목숨이나 신체의 안전을 보장하는 것이다. 모든 초기의 교역에는 서로 전혀 모르는 이방인들이 낯선 나라의 해안에서 만나는 회합을 수반했고, 그러한 회합에는 온갖 위험 요소들도 반드시 함께 따라오게 되어 있었다. 그리하여 고대에는 버려진 해변에서 벙어리 물물교환 혹은 침묵 교역[1]이 행해지게 되었던 것이다. 헤로도토스가 지금부터 2천 년도 더 된 시기 페니키아인들이 북부 기니 해안에서 소금과 황금을 물물

---

1 헤로도토스의 『역사』에 기록되어 있는 바, 북아프리카의 베르베르족 등은 다른 부족과 필요한 물건을 교역할 때 한마디도 섞지 않는 침묵 무역을 벌인다고 한다. 서로가 교역하려는 물건을 중립지대에 놓고 서로 마주치지 않은 상태에서 교환하는 방식이다. 이는 이후 인류학 연구를 통하여 세계 여러 곳에서 행해져왔음이 밝혀졌다.

교환하는 것을 묘사할 때 이 이야기가 나온다.

문명화된 지역에서 교역항이 출현하게 되는 경우에는 일반적으로 세 가지 특징이 있다. 경제적 관리행정 메커니즘, 정치적 중립성, 운송의 용이함이 그것이다. 첫째, 교역은 가격경쟁을 통해서가 아니라 관리행정적 활동에 의해서 이루어진다. 둘째, 항구 당국은 정치적으로 비동맹의 입장을 천명한다. 셋째, 저렴한 운송을 위해서는 해변이든 소택지이든 강줄기이든 중립적인 물길이 필수적이다.

교역항의 안전은 섬이라는 장소, 물길 시스템, 총림과 석호, 반도라는 위치, 페트라(Petra)[2] 같은 산악 성채 혹은 이러한 것들의 결합 등에 의해 좌우된다. 이 요소들 각각은 지중해, 아시아, 아프리카, 중앙아메리카 아대륙(亞大陸)들에서 다양한 전술적 이점을 제공했다. 우가리트(Ugarit), 엘 미나(El Mina), 티루스(Tyrus), 시라쿠사(Siracusa), 밀레투스(Miletus), 나우크라티스(Naukratis), 피레우스(Piraeus), 로도스(Rhodos), 카르타고(Carthago), 코린트(Corinth), 알렉산드리아 등은 섬이나 반도가 교역항이 된 예이다. 티무타라칸(Tmutarakan), 카라코룸(Karakorum), 칸다하르(Kandahar), 팀북투(Timbuktu) 등은 광대한 사막으로 둘러싸인 곳이다. 섬 중심지의 예로는 고레(Goree), 제임스 페르난도 포(James Fernando Po, 비오코Bioko), 서아프리카 해안의 프린시페(Príncipe) 섬, 소코누스코(Soconusco), 멕시코의 히칼랑고(Xicalango) 등이 있다.

일반적으로 교역항은 부족 공동체나 작은 왕국처럼 군사적으로 '약한 손'(weak hands)의 지역이다. 그래서 상륙해오는 외국인들도 여기에서 물품을 모조리 강탈당하고 노예로 끌려가거나 그 자리에서 죽임을 당하는 것을 두려워할 필요가 없다. 이 약한 손의 반대쪽 극단인 강력하고 질서

---

2 요르단의 호르(Hor) 산에 위치한 성채. 기원전 6세기경에 건설된 도시로서, 산의 암벽을 그대로 깎아서 가옥과 건물을 만든 것으로 유명하다.

있는 정부의 통치에서도 반대의 논리가 작동하여 안심할 수 있는 상황이 주어지지만, 그 두 극단을 이은 연속선의 중간 상태에서는 교역자들이 안심할 수 있는 조건으로 만나는 것이 불가능하다. 교역이 벌어지는 장소의 현지 정부는 중립을 지킬 뿐만 아니라 법과 불편부당의 정의를 집행할 능력과 의지 또한 모두 갖추고 있어야 한다. 그렇지 못하다면 외국 상인들로서는 군사세력이 점령하고 있는 지역을 피할 수밖에 없다.

이 점을 잘 보여주는 예가 에르난 코르테스(Hernán Cortés)가 아칼란(Acalan)에 무력으로 진주한 사건이다. 아칼란은 멕시코 제국과 마야 제국 사이에 위치한 강가의 마을이었다. 이 마을은 본래 한 부족이 사는 지역에 불과했지만 강물과 소택지를 타고 오는 교역상들이 언덕에 사는 이들과 만나는 중심지로 유명해졌고, 수백 척의 통나무배가 정박하는 도시가 되었다. 코르테스는 이곳을 지나친 뒤 불과 몇 년 후 정복자로 다시 이곳에 진군해오게 되었는데, 이제는 이곳이 더 이상 교역 장소가 아님을 보고 놀란다. 그런데 그러한 변화가 초래된 원인은 사실 그곳이 바로 코르테스의 군사제국에 편입되어버린 데 있었다. 어떤 군사제국에 편입된 이상 이제는 이곳의 군사적 중립성도 위협을 받게 된 셈이고, 이에 따라 저 멀리 언덕 지역 삼림의 산물을 들고서 이곳을 뻔질나게 드나들던 부족들도 더 이상 그럴 매력을 느끼지 못하게 된 것이다.

이는 16세기 멕시코에서 있었던 일이지만, 그보다 다시 1천 년 이상을 거슬러 올라가도 또 다른 예를 볼 수 있다. 당시 로마 제국 치하에 있던 시리아의 팔미라(Palmyra)가 그랬다. 팔미라는 찬란하게 번영하는 대상(隊商)들의 도시였거니와, 미하일 로스토프체프(Mikhail Rostovtsev)는 이 도시의 본질을 하나의 교역항으로 특징짓고 있다. 서로 적국(敵國)인 파르티아(Parthia)와 로마의 교역상들이 이 도시에서 만나 서쪽에서 동쪽 방향으로 또 동쪽에서 서쪽 방향으로 함께 사막을 가로질러 여행하곤 했던 것이다. 로스토프체프는 로마인들이 팔미라에 군대를 주둔시키기를 거부했던 것이 바로 이 때문이라고 주장하고 있다. 로마인들은 이 대상(隊商)들의 도시에서 군대를 철수해서 그저 모종의 원격 통제를 행사하는 것에 스스로를 제한했다. 사막으로부터 출현한 아랍인들에게 이 도시 근처로 들어온다고 해도 아무런 위험이 없다고 안심시키기 위해 군대는 멀리 주둔시켜 놓았다. 결국 이 도시는 모종의 국제적 중립성을 인위적으로 부여받은 셈이 되었는데 이것이 그 상업적 성공에 대단한 이점을 가져다주었다. 로스토프체프는 파르티아와 로마 사이에 심지어 모종의 문서화된 협정까지 맺어졌을 것이라고 추측한다(Rostovtzeff, 1932: 103). 하지만 또 다른 역사적 예가 있으니, 그것은 바로 우이다이다. 이 도시는 조약으로 보호되는 중립 항으로서 번성하였다. 이 도시를 다호메이 제국이 정복하게 되자 소규모 노예 공급상들이 멀리하게 되면서 한동안 노예무역이 침체를 겪는다.

그렇다면 경제발전 연구자들은 이렇게 물을 것이다. 17세기 초입만 하더라도 상부 기니 석호 지역의 우에다(Houeda)족이 살고 있던 잘 알려져 있지 않았던 띠 모양의 해변 마을이 어떻게 독립적 행정을 확립한 도시가 되어 세계 노예무역의 중심지로 우뚝 서게 되었는가? 또 어떻게 그 당대의 기라성 같은 강대국들 사이에 대규모 전쟁이 벌어지는 와중에 불과 한두 해 만에 공식적으로 중립지역임을 선포할 수 있었는가? 그 답은 하필 바로 그 시점에 하필 서아프리카 해안이라는 바로 그 장소에서 아프리카-아메리카의 노예무역을 탄생시킨 당시의 군사적 · 기술적 · 경제적 요구에서 찾아야 한다.

아프리카 해안은 노예무역의 역사적 진화라는 점에서 세 지역으로 구분해야 한다. 첫 번째는 황금해안이다. 1660년대에 아프리카-아메리카 노예무역이 이 지역을 휩쓸기 전부터 이미 황금뿐만 아니라 노예도 판매되었다. 두 번째로, 동쪽으로 그리고 내륙으로 들어가게 되면 아르드라 왕국이 나오는데, 여기에서 1669~1704년의 약 4반세기 동안 황금무역에서 노예무역으로의 이행이 일어났다. 세 번째 지역은 작은 왕국이었던 우이다이다. 우이다는 그 전에는 아르드라 왕국의 속국이었지만 17세기 말 이지역에 몰아치던 노예무역의 물결을 타고서 국가로 자라났다. 느슨하고도 낡은 아르드라의 제국 구조가 '근대적' 노예무역의 여러 요건들에 부합하지 않음이 입증됨에 따라 우이다는 독립적인 교역항으로서 자라나게 된 것이다(1704~27년).

교역이 이루어지던 방식은 이 세 지역과 시대 각각에서 해안 지역과 그 배후지의 정치조직이 어떠한가에 따라 결정되었다. 이 '재화들'이 들어오는 것뿐만 아니라 질서 있게 처분되는 제도적 방식, 즉 오늘날의 경제학자들이 좋아하는 용어로는 '수요'와 '공급'이 작동하는 제도적 방식이 이 지역의 정치적 조직 방식에 결정적 영향을 받았던 것이다. 시장 메커니즘이 존재하지 않는 가운데에서, 경제과정은 아주 특이한 형태를 띠고 있었던 정치조직의 상호 매개를 통해 이루어졌던 것이다.

황금해안에서의 노예무역

황금해안이란 열대성 호우가 내리며 또 나무가 빽빽이 자라나 우거진 산맥과 해안 사이에 좁게 펼쳐진 띠 모양의 땅일 뿐이다. 이는 거의가 버려진 모래땅으로서, 메마른 총림지대가 오른쪽으로 뻗어 볼타 강에 이르고 있다. 사금(砂金)이 나오는 볼타 강 어귀와 그 배후지는 이곳에서 갑자기 끝이 난다. 여러 부족 공동체가 인구밀도가 낮은 작은 어촌을 단위로 해안에 점점이 흩어져 있으며, 그중 어느 집단도 자신을 조직국가라고 표방하지 않는다. 여기에서 유럽인들이 잡다한 제품을 가져와 황금과 물물교환하는 황금무역이 벌어진다. 이는 성채교역(Castle Trade), 즉 제품 창고(공장)나 선박에서 물건을 가져오는 형태를 띤다. '성채교역'이라는 말은 무언가 거창한 느낌을 주지만 실제로는 몇 명의 피고용인—주로 원주민들—이 일하고 있는 소박한 가게이며, 주로 다른 유럽 경쟁자들의 공격

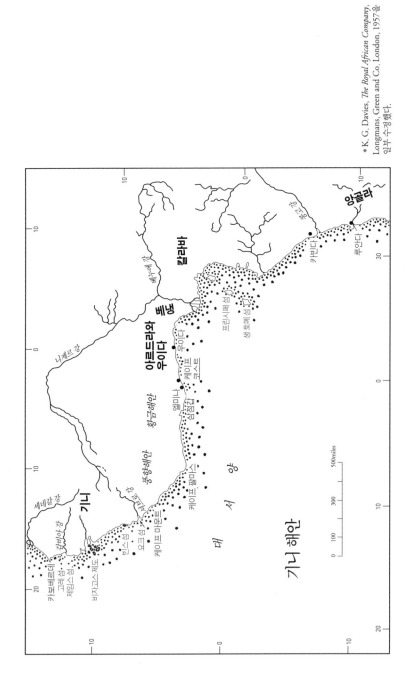

* K. G. Davies, *The Royal African Company*, Longmans, Green and Co. London, 1957을 일부 수정했다.

으로부터 공장을 지키기 위해 설계된 튼튼한 요새를 그저 몇 채 갖춘—엘미나(El Mina)와 카포 코르소(Capo Corso)가 그렇다—데 불과하다. 대부분은 '선박교역'(ship trade)이며 특히 노예무역이 그러하다. 또한 대부분 밤에 이루어지며, 유럽인 선장들이 스쳐 지나가면 이들을 맞아 원주민 중개상들이 한두 명, 많아야 세 명의 노예를 끌고 와서 줄을 늘어선다. 심지어 황금무역마저 유럽 나라들과 원주민 집합체들 사이에 정해진 거래 형태가 없다. 이방인들끼리 국경선 밖 해안에서 통상 관계를 맺을 때 필요한 현지의 정치단위가 없기 때문이다.

빌럼 보스만은 기니 해안에서 왕국과 공화국을 날카롭게 구별하였거니와(Bosman, 1814), 이는 이 지역의 정치조직을 이해하는 데 열쇠가 된다. 그는 자신이 절대적 전제군주의 왕국이라고 부른 지역들—주로 내륙에 있다—이 질서가 잡혀 있음을 웅변적인 수사로 찬양하였던 한편, 해안에 줄지어 늘어선 부족 공화국들과 이들의 불안정한 연맹체들은 힘이 약하고 비효율적이라고 폄하하였다. 기니의 옥수수해안(Corn Coast), 치아해안(Tooth Coast), 황금해안에는 조직국가라고 할 만한 것이 거의 없다. 이는 좁은 의미의 노예해안에 있는 우이다 그리고 포르토 노보의 작은 관료제 왕국들과 대조된다.

동시대인 17세기 중반의 유럽 강대국들은 이러한 조건이 교역에 어떤 함의가 있는지 재빨리 알아채지 못했다.* 그래서 유럽 국가들의 특권적 후원을 받는 회사들은 상대할 만한 토착민 파트너도 없었고, 그 결과 준수할 만한 무역협정을 체결할 수도 없었다. 외교적 접촉 노력은 허사로 끝나버렸고, 창의적인 제안들도 아무런 결과를 낳지 못했으며, 종종 우스꽝스럽고 어처구니없는 사고도 터졌으니, 이런 것들이 그 시대의 질서였다. 아프

---

* [원주] 이 문단과 다음 문단의 이야기는 폴라니가 아주 다양한 출처로부터 뽑아내어 정제해놓은 것으로, 사실 명제들 하나하나에 해당하는 출처들을 재구성하는 것은 불가능했다.

리카 국가들 쪽에서 대외교역에 걸맞은 기관들을 설립하게 된 것은 오랜 시간이 지난 뒤였다.

유럽의 군주들은 종종 황금해안에 '왕가 친척들'(Royal cousins)을 보내 이들과 외교협정을 맺는 일에 골몰했다. 이렇게 존중의 제스처를 보임으로써 흑인 대륙에 무언가 상업적 발판을 마련해보겠다는 것이었다. 그리하여 아주 재미난 이야기들이 나오게 된다. 황금해안에 뒤늦게 뛰어든 프랑스도 그러한 에피소드 몇 개를 만들어냈다. 아니아바(Aniaba)라는 사내가 있었는데 그는 이시니(Issiny)의 왕인 제나(Zena)의 아들이라고 여겨졌다. 그래서 프랑스인들은 그를 프랑스로 보내 보쉬에(Bossuet)[3]가 직접 그에게 교리문답을 가르쳐 기독교로 개종시켰고 루이 14세가 알현을 허락하기도 했다. 루이 14세는 그를 기마대 장교로 임명하였고 급기야 그가 세례를 받을 때 대부가 되어주기까지 했다. 그가 이시니—오늘날 상아해안의 아시니(Assinie)이다—에 돌아가면 왕위를 계승할 것으로 기대되었기 때문이었다. 하지만 그는 결국 사기꾼임이 드러났고 모두 허사가 되었다 (Roussier, 1935: xviiff.).

또 다른 지배자였던 아모이시(Amoisy)는 오늘날의 가나에 있는 코멘도 (Commendo)의 왕이었는데, 아키타니(Aquitagny) 마을을 루이 14세에게 증여하면서 허가장을 주어 그 지역에 대한 절대적 주권을 프랑스로 이양하였다. 나중에 조사해보니 이시니 왕국은 실로 걸리버 여행기의 소인국만한 소국이며, 왕이 통치하는 지역도 기껏 몇 제곱마일의 황량한 해변에 불과하다는 것이 드러났다. 코멘도 왕국 자체는 그보다는 그래도 좀 더 실속이 있는 나라였지만, 그 왕은 프랑스와 친교를 맺었다는 이유로 그 지역에 주둔한 네덜란드 무역회사에 의해 금세 죽임을 당하고 말았다. 하지만 주된 교역품이 황금에서 노예로 바뀌게 되자, 이렇게 낯선 땅에서의 외교에

---

3 17세기 말 프랑스의 설교가로 유명한 가톨릭 사제.

도 모종의 패턴이 정착되어 의미 있는 결과를 낳게 되었으며 그 규모 또한 엄청나게 커졌다. 현지의 지배자들은 이제 유럽으로부터의 외교적 접촉을 자기 스스로가 부릴 수 있는 통상관료 조직의 대체물로 여기는 경향이 있었다. 즉 노예를 도매로 수출하려면 관리행정이 필요한데, 이러한 관료조직을 유지하려면 대단히 복잡하고 비용이 많이 들지만, 외교적 접촉을 통하면 이를 간단히 해결할 수 있다고 여겼던 것이다. 원주민 추장들이 선호했던(하지만 정규 군주들은 반드시 그렇지는 않았다) 통상협정의 패턴은 이러했다. 유럽의 왕에게 자기 지역의 노예무역을 독점할 권리를 부여하고 대신 노예무역이라는 복잡하고도 위험한 영리사업 조직은 그 유럽 쪽 파트너가 떠맡는 식으로 상호 이해를 공유한다는 것이었다.

황금무역에서 노예무역으로의 변화는 1670년경 볼타 강을 넘어선 황금해안의 동쪽 끝 그리고 좀 모호하게나마 아르드라 왕국이라고 정의할 수 있는 지역에서 다소간 급작스럽게 나타났다. 그로부터 단 한 세대가 지난 1704년이 되면 아르드라 왕국에 공물을 바치는 해안의 소국 우이다 왕국이 세계적인 교역의 장으로 두각을 드러내게 된다. 아르드라에는 전례를 찾아볼 수 없는 규모로 노예 공급이 시작되었거니와, 아르드라 왕국으로서는 스스로가 제공할 수 있는 제도적 방법들로는 도저히 대처할 수 없는 역부족이었다. 이러한 변화 과정에서 실제로 작동했던 여러 힘들을 이해하기 위해서는, 여기에 주어진 조건 아래 벌어진 이 독특한 무역이 어떠한 것들을 필수적으로 요구하고 있었는지 생각해보아야 한다.

1675년경이 되면 황금해안에서의 교역이 줄어들고 있었다는 사실이 기록에 남아 있다. 유럽의 선장들은 금을 찾아 더 멀리 동쪽으로 나아갔지만 성공을 거두지는 못했다. 이와 동시에 서인도제도에서는 노예 수요가 급증하고 있었다. 다몽 주교(Sgr. D'Amon)는 1670년대에 걸쳐 이시니에서 황금무역을 진전시키기 위해 프랑스 외교를 극적으로 추진하며 분주히 움직였지만 아무런 결과를 얻지 못했다. 하지만 17세기 끝 무렵 그는 다시

한 번 이시니로 되돌아와서 프랑스 왕 루이 14세에게 황금 대신 노예무역 쪽으로 방향을 바꾸자고 설득하려 했다. 하지만 당시에는 실패하고 말았다. 그때까지는 노예를 매매하는 대상(隊商)들이 당도하는 해안은 그보다 훨씬 더 동쪽에 있었던 것이다. 하지만 이미 그때부터 내륙에서는 저 멀리 북쪽으로부터 수천 명의 노예들이 벌써 베냉 협로를 따라 아르드라와 우이다로 움직이고 있었다. 역사적인 노예무역 붐이 시작된 것이다.

아르드라 중심의 노예무역: 이행기

서아프리카 노예무역은 17세기 중반 황금해안에서 '단일무역'으로 시작되었으며 17세기 말이 되면 노예해안의 우이다에서 궤도에 올라 장관을 이루었다. 이 두 시점 사이에 짧지만 의미 있는 이행기가 있었으니, 1670년에서 1704년 사이의 아르드라가 그 무대였다. 역사적 증거는 드물게 남아 있지만, 이것들만 가지고도 우리는 아르드라에서 교역항의 전신이라 할 만한 것이 맹아로 자라나 17세기 마지막 20년간의 긴장과 갈등을 거치면서 진화하는 과정, 그리고 마침내 그것이 우이다에서 만개한 세계무역의 제도로 꽃을 피워가는 과정을 볼 수 있다.

그 전에 아프리카 내륙국가인 아르드라에 대한 역사적 기록이 남아 있는 사례는 둘뿐이다. 첫 번째는 1671년으로서 프랑스 서인도회사의 카롤로프(Carolof)가 남긴 것이며, 그다음은 1704년으로서 같은 회사—이름은 라시엔트(de l'Asiente)[4]로 바뀌었다—의 주주였던 장 두블레(Jean Doublet)—해적(the Pirate)이라고 불리었다—가 남긴 기록이다. 그 사이의 기간에 아르드라는 간헐적으로나마 앞으로 서반구의 모든 아대륙(亞大陸)들의 사회경제를 바꾸어놓을 광활한 무역 흐름의 모태 역할을 맡고 있었다. 하지만 아직 때가 무르익지 않았다. 이후 아프리카의 노예생산은 몇

---

4 아시엔토(asiento)는 스페인 왕의 허가장을 받은 노예상을 말한다.

배로 불어나게 될 것이며, 훗날 우이다에서 도입될 상업적 혁신은 그 속도를 더 올리게 될 것이었다. 하지만 아르드라를 노예무역의 중심으로 삼고 있던 시기에는 노예생산의 성장속도가 빠르지 못했다. 물론 모든 유럽 강대국들은 어떤 대가를 치르고서라도 아프리카에서 노예들을 빼내어 아메리카에서 사용하려고 기를 썼다. 하지만 단일 시장체제가 없었으므로 그 과정은 기존의 제도적 장치들에 의존할 수밖에 없었고, 이 장치들은 성격상 전혀 상업적이지 않았으며 오히려 정치적 성격을 띨 수밖에 없었다.

그러므로 성장하는 노예무역은 느슨하게 짜인 아르드라 왕국의 국가조직과 그 봉신(封臣)인 추장들로 이루어지는 영토의 사회체들에 한 세대 이상 묻어들어 있었다. 많든 적든 이들은 노예무역에 조세를 부과하여 화폐소득을 올렸다. 아르드라 왕국은 자국에 들어오는 배들에 교역을 허락하는 조건으로 상당한 액수의 관세 지불을 강제하였고, 그 영토에 들어오는 노예들에게도 또 거기에서 외국으로 팔려가는 노예들에게도 머릿수에 따라 소정의 통행료를 뜯어냈다(Barbot, 1732: 349~50). 아르드라의 왕은 관세와 통행료에서 가장 크게 이익을 보았을 뿐만 아니라 거기에 따르는 상업적 서비스로부터 수익을 챙겼다.

아르드라 왕국의 내륙 쪽 중심지에서는 노예공급에 온 정신을 쏟았으며, 그렇게 나온 노예를 유럽의 수요에 맞게 내놓는 분배 경로는 해안에 접한 단위들이 준비하기로 되어 있었다. 하지만 당시의 정치적 환경 때문에 해안으로 밀려들어오는 노예의 공급과 이 노예들을 배출할 기회를 서로 연계해주는 것을 책임지는 조정기관이 없었다. 이 해안 쪽 지역에는 비록 아르드라 왕국에 공물을 바치는 해양 부족들이 살고 있었지만, 이들은 아주 호전적이었기 때문에 이 지역에는 중앙정부의 관리행정을 맡아볼 인원을 둘 수 없었다.

무엇보다 비정상적인 것은 바로 북쪽에서 아르드라로 들어오는 노예의 흐름과 남쪽으로 노예를 빼내는 유럽 노예상인들이 마주치는 지역이었다.

이 지역은 소(小)아르드라(Little Ardra) 마을 좌우로 맑은 날 하루에 여행할 수 있을 정도의 조그만 땅에 불과했다. 이 작은 지역은 북쪽으로 트여 있었기에 내륙의 거대한 노예공급원에서 흘러나오는 노예들을 받아들일 수 있었고, 또 남쪽의 바다를 향해 트여 있었기에 노예들을 해변으로 내놓는 분출구가 될 수 있었다. 이 지역은 그 어떤 단일한 부족, 도시, 소국가의 땅으로도 인식되지 않았다. 이곳은 도무지 길들여지지 않는 여러 부족들이 흩어져 있고 그들 대부분은 서로 싸우고 있는 조직되지 않은 지역의 한복판으로서, 우이다와 포르토 노보를 제외하면 조직사회는 전혀 없었다. 또 지리적으로 보자면, 널리 펼쳐진 석호 지역에 느리게 흐르는 여러 강들이 미로(迷路)처럼 얽힌 데에다가, 이를 또 넓은 띠 모양의 습지대가 이리저리 가로지르며 이 지역을 여러 개로 갈라놓고 있었고, 또 바다와도 갈라놓고 있었다. 이것이 아르드라가 통치하는 해안 지역의 기본적인 조건이었다. 대대로 아르드라의 수도였던 알라다(Alladah)는 이러한 해안에서 35마일 정도 떨어져 있었다. 아샨티, 다호메이, 오요, 요루바, 베냉 등 모든 기니 해안의 국가들의 수도 또한 해안으로부터 떨어져서 대략 이 정도의 범위에 위치하고 있었다. 이 나라의 지배자들은 바다와의 접촉을 금기(禁忌)로 삼고 있었기에 이렇게 바다로부터 안전한 거리를 유지하고 있었던 것이다. 따라서 이들 가운데 함대를 가진 나라도 없었고, 어업 또한 오직 강, 호수, 석호 지역에서만 이루어졌다. 해안에서의 관리행정 업무를 직접 떠맡는다는 것은 이들에게 전혀 생각할 수도 없는 일이었다. 이들이 바다와 접촉하는 방식은 오로지 바다에서 대개 그들만의 생활방식으로 살아가는 어로(漁撈) 부족들을 통치하는 것에 국한되었다.

그래서 아르드라 왕국은 확장되어가는 와중에는 북쪽의 노예공급도 남쪽의 노예판매도 통제하지 않았다. 아르드라의 왕은 내륙의 여러 시장에서 노예를 사와서 수출하지도 않았고, 노예조달을 위해 변경 지역을 체계적으로 습격하지도 않았다. 노예를 공급하는 기관은 북쪽에서 오는 대상

(隊商)이었고, 일단 이들이 멀리서부터 이곳으로 노예공급을 시작한 후로는 왕조차 감히 이들을 건드릴 수 없었다. 남쪽의 노예 판매점에 대해서도 왕은 충분한 통제력을 가질 수 없었다. 이곳의 작은 어로(漁撈) 국가들은 만성적인 반란 상태였다. 따라서 이 국가들은 항상 여러 가지 행동의 유혹을 받고 있었다. 자기들 스스로 노예무역을 할 수도 있고, 식량을 구하고자 혈안이 된 유럽 구매자들을 자기들의 지역 식량시장에 들여놓을 수도 있고, 공식적으로는 폐쇄된 통로로 노예들을 밀수할 수도 있고, 아르드라가 유럽 노예상들과 맺은 협정을 교란할 수도 있고, 외국 중개상들을 습격하여 학살하거나 그 자리에서 죽이지 않고 이들의 창고를 약탈할 수도 있고, 유럽인들의 포구 주변의 토착민 마을들을 초토화할 수도 있고, 서양무역회사들과 유력 토착민들의 여러 공모에(거래와 운송이 무사히 이루어질 수 있는지는 궁극적으로 여기에 달려 있었다) 한몫 끼기도 하였다.

이러한 국지적 분쟁들과 유럽인들이 그것에 개입했던 패턴을 알아보기 위해서 바봇과 보스만의 증언을 들어보자(Barbot, 1732; Bosman 1814). 볼타(Volta) 강으로부터 시작해서 동쪽으로 가다 보면 코토(Coto), 소(小)포포(Little Popos)와 대(大)포포(Great Popos), 우이다, 자캥(Jaquin) 그리고 유럽인들이 소(小)아르드라라고 부르는 오프라(Offra) 등을 차례로 만나게 된다. 여기가 이 지역의 중심축으로서, 그곳에서 하나의 멋진 도로가 뻗어나오면서 대(大)아르드라 혹은 라고스(Lagos) 강에 있는 아르드라의 상업적 수도 아셈(Assem)까지 이르게 된다.

코토의 원주민들은 소포포와 애매한 전쟁 상태였고, 이 둘 모두와 인접한 배후지에 자리잡은 아캉보(Aquambo)족 또한 이러한 상태를 즐기고 있었다. 또한 소포포는 종종 아르드라 왕의 강력한 군대로 행동할 때가 있었다. 1670년대 오프라족이 아르드라에 반기를 들고 아르드라 왕이 총애하던 어느 네덜란드 중개상을 살해한 적이 있었다. 이때 왕은 소포포로 하여금 오프라족을 공격하여 분쇄하고 그 추장을 자기 손에 넘기도록 설득한 적이 있었다. 그 후 바봇에 따르면(Barbot, 1732: 452) 소포포는 "우이다로 진군하여 이를 포위공격하였지만 격퇴를 맛보아야 했고 이후 코토를 공격한 전투에서는 소포포의 추장까지 사망하였다. 현재의 소포포의 왕은 그 동생으로서, 형의 죽음을 놓고 코토족에게 보복했다." 그리하여 코토인들은 결국 살던 곳에서 쫓겨나게 되었다는 것이다. 이는 대략 1700년경의 일이었다고 한다.

계속해서 대포포를 보면 유럽인들이 일련의 개입을 벌였던 기록을 찾을 수 있다. 이곳의 왕은 프랑스인들의 도움으로 왕좌에 있던 형을 쫓아내고 왕이 된 이로서, 그 후 프랑스인들은 이 새 왕에게 우이다에 조공을 바치도록 시켰다. 하지만 대포포는 "이러한 굴레를 벗어던졌고", 이에 프랑스 함대의 도움을 받은 우이다인들의 침략을 받았다. 공격한 측은 대패를 당해 포포인들을 석호 지역에서 쫓아내는 데 실패했다(Barbot, 1732: 452~53). 보스만은 우이다를 여행하면서(당시의 우이다 또한 아르드라에 조공을 바치고 있었지만 반란의 기미를 보이고 있었다) 이곳의 왕이 유럽인들에게 대단히 인기 있다는 것을 알게 되었다. 실제로 그의 형이 왕좌를 빼앗기게 되었을 때 그가 대신 왕위에 오르게 된 것도 영국과 프랑스의 도움 덕분이었다. 보스만은 이 인기 있는 군주가 죽게 되면 또 한 번 내전이 벌어질 것이며, 유럽인들은 그의 두 아들 가운데 동생 쪽을 더 선호할 가능성이 크다고 예측하였다. 아니나 다를까 얼마 되지 않아서 이러한 예측이 정확하게 실현되었던바, 이는 우이다에 교역항이 세워지게 되는 것과 긴밀하게 결부된 사건이었다.

아르드라의 왕은 자국보다 훨씬 더 작은 우이다를 다루는 데 완전히 무능력했을 뿐만 아니라 그보다도 더 작고 힘이 없었던 포포조차 깨부술 수 없었다. 이 밖에도 이해하기 힘든 여러 정치적 문제들이 있었거니와, 원인은 대개 이런 나라들이 차지하고 있던 지리적 위치의 전략적 이점 때문이었다. 이 나라들은 거의 통행이 불가능한 총림과 진흙 호수들로 둘러싸인,

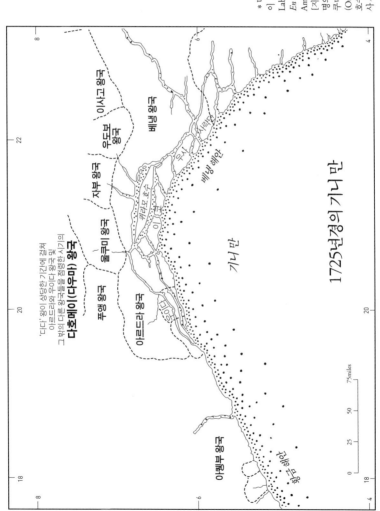

* 다음 쾌을 토메로 당빌(Sr. D'Anville)이 그린 지도의 일부이다. Père J. B. Labat, *Voyage Du Chevalier Des Marchais En Guinée …… en 1725, 1726 et 1727*, Amesterdam, 1731, preceding page 1. [지도는 프랑스어로 되어 있으며, 주요 지명이 왼쪽에는 다음과 같다. 푸엥(Fouin), 울쿠미(Oulcoumi), 자부(Jabou), 우도보(Oudobo), 이사고(Isago), 퀴라모(Curamo) 호수, 이코(Ichoo), 아쾀부(Aquambou), 우사사략단(Corsaires d'Usa) ─ 옮긴이.]

1725년경의 기니 만

'다' 왕이 상당한 기간에 걸쳐 아르드라와 우이다 왕국 및 그 밖의 다른 왕국들을 점령한 시기의 다호메이(다우마) 왕국

도저히 침투가 불가능한 석호 지역에 있었던 것이다. 이렇게 본다면, 노예가 팔려 나가는 지역의 정치조직은 노예무역에 대단히 부적절했던 것으로 보인다. 노예무역이라는 경제과정은 노예의 공급과 판매 경로 사이에 일정한 조응 관계가 존재할 것을 전제로 벌어지는 과정이기 때문이다. 실로 이상한 상황이었다. 남아메리카와 서아프리카라는 두 아대륙(亞大陸) 전체가 서로의 해안뿐만 아니라 서로의 배후지에까지 깊숙이 파고드는 넓은 공간의 무역 운동을 새로이 시작했음에도 불구하고, 재화를 사용할 사람들과 재화 사이에는 그 어떤 물리적인 접촉도 제도적인 접촉도 거의 전혀 없었던 것이다.

기니 해변의 아르드라 왕국은 동쪽의 해안을 향해 아치형을 이루는 대략 반원 모양이었다. 그 북쪽 한계선은 베냉 쪽으로 뻗어 있는 총림지대까지 펼쳐져 있다고 여겨졌지만(Ibid.: 346), 남쪽으로 오프라(즉 소아르드라)로 직접 닿는 길은 하나뿐이었고 이는 폭이 4분의 3마일밖에 되지 않는 좁은 협로였다. 그 밖에도 아르드라는 많건 적건 자신에 공물을 바치는 해안의 여러 공동체들(여기에 우이다와 포르토 노보도 포함된다)에 의해 바다와 분리되어 있었다. 노예무역의 기관으로서 보자면, 아르드라는 깔때기와 어느 정도 비슷하다고 할 수 있다. 윗부분인 북쪽으로는 열려 있었고 그 주둥이에 해당하는 아래쪽으로부터는 노예들이 사방에서 모여든 유럽 상인들에게 흘러가게 되어 있었다.

아르드라 왕실 정부는 노예 하나당 얼마씩 통행세를 내도록 하였다. 왕실이 노예무역에서 올리는 수입의 주된 원천은 그 무역에 부과하는 세금이었기 때문이다. 따라서 왕에게 이익이 되는 것은 가능한 한 많은 노예가 자신의 영토를 통과하게 만드는 것이다. 그리고 노예마다 세금을 내지 않고는 지나갈 수 없게 만들고 또 이 노예들의 최종 구매자인 유럽 무역상들이 왕에게 직접 관세를 납부하도록 만드는 것이다. 이것과 관련이 없는 한, 노예가 어떤 방식으로 판매되는가에 왕은 거의 아무런 관심도 없었다.

노예를 파는 '손'(hand)들이 판매 전에 대아르드라(무역 중심지인 아셈에서 2마일밖에 떨어져 있지 않다)에 주재한 왕의 관리들에게 화물인 노예를 제시하고 그 머릿수에 해당하는 통행세를 내기만 한다면 말이다. 이러한 것들은 해안의 일부 봉신(封臣)들에게 실제로 지키기 어려운 요구일 수 있었다. 대포포는 한때 자신이 판매하는 모든 노예들에 대해 먼저 대아르드라로 데리고 와서 통행세를 내야 한다고 아르드라가 압박하자 이에 저항하여 반란을 일으킨 적도 있었다. 하지만 문제는 이뿐만이 아니었다. 아르드라의 보호 아래 벌어졌던 노예무역에서 노예의 배출 경로가 이렇게 정치적 과정에 묻어들어 있었기에, 노예무역에 꼭 필요한 여건임에도 불구하고 이러한 상황에서는 충족되기 힘든 것이 몇 가지 더 있었다. 다양한 구매자들이 어떤 노예를 고를 것인가, 노예들을 먹이고 지키는 일은 어떻게 할 것인가, 노예들의 왕복 운송은 어떻게 되는가, 노예를 사가는 여러 유럽 나라들에 따라 노예의 몸에 낙인을 어떻게 찍어야 하는가 등의 문제가 있었고, 이 문제들은 또 불규칙적인 기후조건들, 거기에다 군사적인 여러 사항들까지 고려하게 되면 더욱 복잡해졌으며, 결국 이를 돌보기 위한 행정관리상의 여러 문제가 야기되어 전체 사업의 수익성에 큰 영향을 줄 여러 난점이 생겨났다. 이런 여러 난점들은 주로 노예 선적이 지체되는 형태로 나타났다. 이렇게 되면 이번에는 아메리카에서 유럽 본국으로 돌아가는 항해도 지연될 수밖에 없으니 그 손실이 막대할 수밖에 없고, 이로 인해 노예상인들이 치러야 할 평균비용은 높아질 수밖에 없다.

　노예무역에서 유럽 구매자들과 토착 공급자들 사이에 물건 인도와 지불의 시간적 타이밍을 맞추는 장치가 없었다는 것이 애초부터 문제였다. 유럽인들은 노예의 대가로 여러 물품들을 보내겠다고 약속하곤 했지만, 이는 몇 년 동안이나 지켜지지 않기 일쑤였다. 게다가 유럽인들이 황금해안에서 황금무역을 했을 때와 다른 점이 있었다. 황금과 달리 노예는 유럽인들을 기다리는 동안 노예 수용소에 빽빽하게 처넣은 채 먹여 살려두어야 했다. 따라서 혹시라도 노예를 살 고객이 계속 나타나지 않으면 심한 부담이 될 수밖에 없었다. 노예무역 붐이 일었던 처음 10년간 프랑스 정부는 노예를 구해오기만 하면 몇 명이든 모두 배에 싣고 떠나겠다고 약속하였고 이에 아르드라 지역에 노예들이 과잉으로 넘쳐났지만 결국 프랑스 정부가 약속을 지키지 못하게 되기도 했다(D'Elbée, 1671[II]: 407). 때때로 입장이 바뀌었고 그것도 아주 빠르게 바뀌기도 했다. 스넬그레이브가 우이다를 두 번째로 방문했을 때의 보고서 서문에 보면 수치까지 나오고 있다. 1712년에는 영국에서 아프리카 서부 해안으로 떠난 배가 33척밖에 되지 않았지만, 1725년이 되면 200척을 넘기에 이른다. 델베(D'Elbée)와 바봇은 네덜란드인들이 오프라—오랫동안 사람들이 정주했던 곳이자 아르드라 왕이 아끼는 지역이기도 했다—에 갔다가 노예를 전혀 구할 수 없어서 실망했던 기록을 남기고 있다. 그래서 다섯 척의 네덜란드 배는 빈 채로 엘 미나(El Mina)로 돌아갔고 다른 몇 척은 그 자리에 남아서 노예들이 나타나기를 기다렸다(D'Elbée, 1671[II]: 406). 이는 이 유럽의 무역상들이 손해를 보게 되는 으뜸가는 원인이었다. 이들은 자국 왕실로부터 특권적 영업허가를 받은 회사들(chartered companies)로서, 그 경상비용이 엄청났기 때문에 이렇게 타이밍이 어긋나는 폭이 커지게 되면 회사 자체의 명운이 흔들릴 수 있었다. 반면 이들과 경쟁하는 '무허가 상인들'(interolpers)이 판매하는 노예는 대개 품질도 좋았을 뿐만 아니라 값도 거의 30퍼센트 정도 저렴했다. 이들은 언제건 노예가 발견될 때마다 이를 챙겨두는 식으로 활동하였고, 그럼으로써 노예무역에 적합하지 못한 정치적 환경에서 거래할 수밖에 없었던 경제과정의 위험을 회피할 수 있었다.

아르드라를 통해서 노예무역이 이루어지던 초기 시절에는 아르드라 토착민 행정당국이 프랑스인들과의 직거래의 중심에 맡겨진 그 과제들에 직접 대처하려 했다. 이에 대한 델베의 설명을 보면, 교역을 가로막는 관료적 장벽들이 얼마나 엄청났는지를 알 수 있다. 왕과 노예상인들 사이에 벌어졌던 여러 의례(儀禮)적 상업 거래들에 대한 그의 보고를 그와 동시대인인 바봇의 세밀한 설명과 결합해보면, 배가 새로 한 척 도착할 때마다 유럽 상선의 선장들이 몸소 대아르드라로 가서 새로이 관세를 바치고 또 왕궁에서의 연회에 따르는 온갖 외교적 의례를 거쳐야 했던 것이 얼마나 심한 부담이었는지를 생생하게 그려낼 수 있다(Ibid.: 403ff.).

바봇에 의하면, 노예에 대한 '무역 세율'은

일반적으로 왕의 명령에 따라 조정되며, 그것이 선포되기 전에는 아무도 매매할 수 없다. 그럼으로써 왕은 모든 거래에서 자신이 선호하는 것들이 있으면 먼저 자기 것으로 챙긴다. 또 왕은 대개 가장 많은 노예를 보유하고 있어서 이를 정해진 가격에 판매하는데, 여자 노예는 남자 노예보다 4분의 1 혹은 5분의 1 정도 가격이 싸다. 유럽인들은 왕에게 문안을 드리기 전에는 여기에 와서 아무것도 사고팔 수 없다(Barbot, 1732: 326).

특히 아르드라에 대해서는 다음과 같이 말하고 있다.

유럽에서 온 배는 그곳에 도착하는 즉시 함장 혹은 화물 관리인이 소아르드라의 총독에게 문안을 올려야 하며, 그다음에는 통상적으로 가져가야 할 예물을 지니고 총독의 인도에 따라 왕을 알현해야 한다. 이 예물은 보통 3~4파운드 정도 무게의 산호, 여섯 개의 키프로스 옷감 두루마리, 3매의 모리스(Morees) 직포, 1매의 능직(綾織)천 등으로 구성된다.

유럽인들은 보통 왕에게 노예 50명의 가치에 해당하는 재화를 바쳐야 교역을 허락받을 수 있고, 또 대개 배 한 척당 그에 해당하는 관세를 내야 한다.

왕은 유럽인들의 송장(送狀)을 보고 거기에서 자신이 원하는 물품을 지정하며, 유럽인들은 지목된 모든 물품을 자기 비용으로 대아르드라까지 운반해야 한다. …… 우리는 항상 유럽 물품의 가격, 노예의 가격, 아그리(Agry)라고 불리는 푸른 진주의 가격을 …… 아르드라 왕의 요구에 응하여 조정하였다. 그것에 합의되면 아르드라 왕은 관원에게 온 나라를 돌아다니며 큰 소리로 그가격을 소리쳐 알리도록 명하고, 누구든 이제 그 배의 화물 관리인과 자유롭게 교역해도 좋다고 선포하며, 화물 관리인은 그 관원에게도 만족스러울 만큼 수고의 대가를 치러야 한다. …… 이렇게 왕이 신민들에게 내리는 공지 없이는 노예이건 앞에서 말한 아그리이건 아무도 감히 처분할 엄두조차 낼 수 없다(Ibid.: 349).

총독이나 그의 관리들은 노예 도매상(factor)을 따라 해안에서 약 4마일 떨어진 지점까지 동행하며, 여기에 이르면 집 하나를 지정하여 그 도매상에게 그가 가져온 물품을 모두 그곳에 몰아넣게 시킨다. 그러면 도매상은 "짐꾼들에게 모든 화물을 해안으로 가져와 그 마을로 운반시킨다. 그다음에는 …… 왕이 친히 점찍은 모든 재화를 이 짐꾼들에게 시켜서 대아르드라로 보낸다"(Ibid.: 349).

이는 아주 짧게 축약된 묘사이다. 이 뒤에는 다양한 계층의 왕의 측근들—가족 구성원들, 상업 관료들, 정치 행정관들—에게 선물을 바치는 단계들이 줄줄이 이어지며, 또 이와는 거의 별도로 물건을 하선(下船)하는 다양한 단계마다 주요 산물들과 견본들을 운반하는 세세한 절차들이 있다. 델베는 외국 배가 도착하여 닻을 내릴 때마다 이러한 최상층부와 의식(儀式)적 교역 협상을 반복해야 하며 그러지 않으면 아무도 배에서 내릴 수조차 없다고 불평하고 있다.

이에 대한 대안으로는 과정 전체를 탈중앙화하여 더 많은 권력을 총독들에게 넘기고 또 오프라, 자캥, 우이다, 대포포, 포르토 노보 등 아르드라에 공물을 바치는 부족들에게 왕이 파견한 관리들을 지원하는 임무를 맡기는 방법이 있었다. 우리는 이러한 조공 부족들이 내부적·외부적 조건들에서 여러 불확실한 요인들에 둘러싸여 있다는 점을 살펴본 바 있다. 그런데 노예무역의 전체 운동이 바로 이러한 반(半)독립적인 집단들과 맺는 일련의 관계에 묻어들어 있었던 것이다.

이를 자세히 관찰해보면, 이러한 정치적 유기체들이 자생적으로 적응해 들어갈 때에만 교역이 실제로 수행될 수 있었음이 드러난다. 여기에서 작고 약하지만 명목적으로 주권국가였던 토리(Tori)의 경우를 살펴보자. 여러 지도에는 분명히 그 나라가 존재했다고 명시되어 있다. 바봇(Barbot, 1732: 327 그리고 345~46)과 보스만(Bosman, 1814)은 그 지리적 세부사항까지 제시하고 있다. 토리는 우이다와 아르드라 사이에 있었고(이 두 나라는 우에다Houeda족이 사비Savi에 정치적 수도를 정한 뒤로 철천지 원수가 되었다), 바다로부터는 불과 9마일 떨어져 있었으며, 강을 따라 배를 타고 접근할 수 있는 곳이었지만, 아르드라의 정치적 수도였던 대아르드라와의 거리도 9마일이 채 되지 않았다. 사실 이 해안 지역의 실제 조건들을 살펴보면 이렇게 중립적인 요소를 가진 상황이 상당히 자주 나타났다. 이 중립성을 제도화하기 위한 고안물로서 자주 발견되는 것으로 이중 통치가 있다. 예를 들어 유럽 무역상들이 동일 지역을 아르드라의 것으로도 또 우이다의 것으로도 여기는 것이다(Barbot, 1732: 327). 또한 다른 지역에서는 서로 경쟁하고 있는 양측에서 임명한 두 명의 사령관이 공동 행동을 취하는 것을 볼 수 있고, 어떤 시대에는 그 두 나라가 함께 한 명의 사령관을 임명하기도 했다. 총림지대를 그려놓은 지도들을 보면 대아르드라 옆의 아셈에 점선으로 둘러싸인 지역이 표시되어 있는데 이 점선은 대상(隊商)들이 접근하는 길을 나타낸다. 이 지역은 총림지대를 가로지르는 붕대 모양으로서, 대상들이 아르드라 영토를 통과할 수 있도록 일종의 주권 사각지대(死角地帶)로 남겨져 있었다(Dalzel, 1793에 나오는 지도들을 참조). 이 문제에 대한 궁극적인 해결책은 교역항이지만, 이런저런 임시변통의 수단으로 영토적 배타성을 제한하는 이러한 장치들 또한 교역항에 가까운 것으로 간주할 수 있다.

내륙국가들이 안고 있는 어려움의 뿌리는 말할 것도 없이 위치상의 문제였다. 행정 중심지는 해변으로부터 평균 이틀 정도 걸리는 먼 거리에 있었다. 게다가 이 나라들은 군사적으로 위협을 받고 있는 변경 지역을 이방인이 백주에 맘대로 여행할 수 있는 허가를 잘 내주려 하지 않았고 이것이 무역상들에게는 또 다른 장애물이었다. 따라서 내륙의 제국은 이렇게 주권을 효과적으로 해안까지 확장할 수 없었던 것이다.

이러한 거리와 지연(遲延)이라는 누적적인 비용 요소들 때문에 아르드라식 노예무역 체제가 상업적으로 만족스럽지 못하다는 점은 명백해졌다. 일단 노예무역상들에게는 각종 통행세와 관세 등 직접적인 여러 가지 금전적 부담이 지워졌다. 여기에다가 무수한 관행적 예물 등까지 더하게 되면, 무역선 한 척당 져야 할 부담이 그럭저럭 노예 75명, 심지어 85명 몫의 가치에 달했다. 반면 우이다에서는 그 부담이 노예 32명 혹은 35명 몫을 넘지 않았다. "이는 아주 수지맞는 계산으로서, 거기에 거주하는 영국과 프랑스의 중개상들은 큰 이익을 보았다"고 바봇은 말한다(Barbot, 1732: 350). 우이다의 경우에는 운송 등에 비용이 더 들어가기는 하지만, 그 비용으로 12명의 노예를 더 산입한다고 해도 전체 비용이 노예 50명이 채 되지 않는다. 아르드라의 경우에는 약 80명의 노예가 들어가고 또 여기에다가 짐을 내리는 데도 시간이 지체되어 들쭉날쭉해지는 훨씬 더 심한 문제가 있었다.

이러한 상황에 숨통을 틔워준 것은 1698년 다몽(D'Amon)이 제안하고 프랑스와 아르드라 사이에 체결이 예정된 3항의 조약안이었다. 그 제2항과 제3항에는 아르드라가 프랑스에 노예무역의 독점권을 부여하는 것 그리고 아르드라 사람 누구도 프랑스가 아닌 다른 나라로부터 노예를 구매하지 못하게 하는 약속이 담겨 있었다. 아르드라는 이 둘을 모두 받아들였다. 하지만 문제는 제1항이었으니, 거기에서는 왕이 옥좌를 해안으로 옮기겠다고 약속할 것을 요구하고 있었다. 이 요구는 받아들일 수 없는 것이었다. 내륙의 왕국인 아르드라는 자신의 지위를 해양국가로 바꾸기를 단호히 거부하였다. 이렇게 조약이 결렬되자 조만간 우이다에 교역항이라는 제도가 확립된다. 이 교역항이라는 제도의 존재 이유를 간명하게 담고 있는 것이 바로 다몽이 아르드라 왕에게 요구했던 제1항이라고 분명히 말할 수 있다. "해안으로 옮겨가시오!"(D'Amon, 1935: 83)

노예해안에서

그렇다면 서아프리카의 노예무역항으로서 언제 우이다가 아르드라를 대체했으며 그 과정은 어떠했는가? 아프리카 내륙의 옛날식 제국 구조를 가진 국가 아르드라는 새로운 종류의 복합적이고도 규모가 큰 세계적 상업을 운영해보려고 시도했으나 이를 만족스럽게 해내는 데 실패하였다. 사회학자들이라면 이러한 상황에서는 적절한 기관(器官)이 절대적으로 필요하며 또 그로 인해 종합적인 변화가 불가피하다고 확언할 것이다. 하지만 이러한 "불가피한 일"들이 실제로 어떻게 벌어졌는가를 보여주는 일은 역사가들의 작업이다. 이러한 변화에서 요청되는 바는, 더 이상 내륙적 유형의 국가가 아니면서도 불편부당(不偏不黨)한 상업적 관료체제를 빠르게 발전시켜줄 수 있는 국가였다. 그 국가 내부의 사회계층 서열화 작업은 거의 순식간에 상황에 맞게 고안되었으며, 여기에서 예외적일 정도로 천연의 부를 소유하고 있다는 점이 중요한 조건으로 작용하였다.

이 책에서는 역사적으로 존재했던 다호메이의 형태에 대한 최소한의 부분적인 설명을 베냉 협로에서 찾고 있으며, 또 우연적으로 나타난 다호메이의 색다른 지리학적 조건을 강조하고 있다. 그렇지만 역사를 설명할 때 조야한 생태학적 결정론에 갇혀서는 안 된다. 우리가 가정하는 것은, 인간들이 정착하는 여러 형태 그리고 그에 따른 국가구조가 기본적으로 생태학의 영향을 받지 않는 일은 없다는 정도 이상은 아니다. 제2장에서 살펴본 바 있는 기후적 조건들이 경제에 가져온 효과들에도 관심을 둘 것이다.

우리가 인용하고 있는 17세기의 저자들은 우이다에 펼쳐진 풍경에 매료되었다. 그리고 20세기의 학자들은 누구 할 것 없이 우이다의 예외적일 정도로 높은 수준의 국가경영과 관료제를 일컬어 '우이다의 정원'(garden of Whydah)이라고 부르고 있다. 황금해안—여기에서는 황금이 발견되거나 최소한 널리 거래되었다—은 볼타 강의 바로 서쪽에 있는 레이(Lay)에서 끝나고, 그 동쪽 지역은 노예해안으로 불렸다. 하지만 이 말은 바봇이 이야기한 것처럼 뜻이 모호한 용어였다. 당시 주식시장에서 쓰이던 용어로 '기니-비니'(Gynney-Bynney)라고 하면 기니 해안에서 베냉에 이르는 지역을 지칭했지만(Davies, 1957: 39), 바봇이 말했듯이 이것이 구체적으로 베냉까지 가리키는 것은 아니었다. 실제로는 아르드라의 해안 조공국들이 내륙국가인 아르드라로 노예를 공급하는 대상(隊商)들로부터 중간에 노예를 빼돌리기만 하면 서양인들은 어디에서나 노예를 얻을 수 있었으며, 황금해안에 인접한 볼타 강 바로 동쪽 옆에서도 노예를 얻을 수 있었다. 우이다는 경치가 아름다운 평지와 목초지를 가진 가장 중요한 곳이었다. 사실상 볼타 강 동쪽에서 우이다 서쪽 경계에 이르는 노예해안 지역은 50마일은 족히 되었지만, 그 비옥도를 보자면 대부분의 황금해안 지역에 가까울 정도로 불모지였다. 그래서 이곳의 대포포 석호 지역은 기아의 땅으로 악명 높았다. 게다가 다시 말하지만 우이다의 동쪽으로 가면 굳이 라고스(Lagos)까지 가지 않아도 저 적도림 특유의 치명적인 습기가 기승을 부린다. 이러한 베냉 협로 특유의 지리적 조건을 배경으로 성립한 정치체제는 우이다와 포르토 노보 둘 만으로 이루어져 있었다. 볼타와 베냉 사이의 해안 지역에 위치한 질서 잡힌 조직국가는 이 둘뿐이었다.

이렇게 비록 제한된 지역 안에서였지만 우이다를 중심으로 하나의 경제기적이 벌어졌던바, 이는 한마디로 이 지역의 강수량이 급격하게 줄어들기 때문에 생겨난 결과였다. 건조하고 뜨거운 지역 무역풍 탓에 연간 강우량은 적도 지역 수준까지는 전혀 올라가지 않았고, 대신 북부 수단 지역 수준으로까지 떨어졌다. 각종 곡물이 여기에서 자라난다. 수수가 번창하고 심지어 옥수수까지 풍성하다. 우이다는 식량을 대규모로 수출하는 국가였기에, 군사적으로는 천하무적이었던 대포포마저 자신의 비위를 거스르지 못하도록 목줄을 쥘 수 있었다. 이렇게 곡물이 풍족했기에 아르드라의 노예무역이 시작되면서 질서 있는 국가건설 작업이 착수되자마자 폭발적으로 인구가 증가했다.

여기에서 서로 구별되는 두 묶음의 사실들이 두 단계의 인과관계를 보여주고 있다. 첫째는 생태학적 사실로서 우이다가 인근 지역보다 기후적으로 유리하여 그 지역 내에 식량 잉여가 나타날 수 있다는 것이다. 그리고 둘째는 노예무역 붐이라는 대외적 사실로서 이 때문에 위계적인 관료제가 반드시 필요해졌을 뿐만 아니라 보관 중인 노예 상품을 먹여 살릴 수 있도록 식량의 잉여가 제도화되기에 이르렀다. 요컨대 베냉 협로는 두 가지 방식으로 작동했던 것이다. 첫째로는 저 멀리 서인도제도의 플랜테이션 농장에서 생겨난 여러 긴장에 자극받아 아프리카로부터 노예가 대규모로 우르르 빠져나갈 수 있도록 피뢰침 역할을 했다는 것이다. 둘째로는 국제 노예무역에 반드시 필요한 요소인 잉여의 영양을 공급함으로써 교역항 제도를 성립시켰다는 것이다. 이리하여 노예무역 붐이라는 사건의 압도적인 힘은 아프리카 내륙국가의 여러 전통적인 정류장 가운데 하나에 불과했던 다호메이를 골라내어 유례가 드물 정도의 성취에 도달하도록 떠받쳤던 것이다.

우이다의 역사는 아르드라의 역사와 대조될 뿐만 아니라 **제도적 수준에서 보면 아르드라 역사의 연속이기도 하다.** 교역항의 본질적 요소라고 할 관리무역의 방식이라든가 중립정책 같은 것들은 모두 어느 정도는 아르드라에서도 나타나고 있었다. 비록 조직된 방식으로 명시화된 것은 아니었지만, 양쪽 모두 그 원리의 핵심은 이미 존재했던 것이다. 가격의 결정과 현물 지급 방식에서 시장의 원리가 아니라 관리행정이 작동하였고, 이를 통하여 전체 과정에 필수적인 이윤 또한 일정 범위 내로 보장할 수 있었다. 중립성이라는 것은 국제교역의 장에는 필수적인 요소로서, 우리는 아르드라 시기에도 그 성격상 중립적일 수 없는 영토국가들이 공동 통제라든가 이중적 주권 등과 같은 가지가지 장치들을 고안하여 중립성을 이루어냈다는 점 또한 살펴본 바 있다. 정치적인 연결이 느슨한 무역지대였던 아르드라에서 고도로 조직된 무역항으로 넘어가는 변화의 씨앗은 이미 황금무역에서 노예무역으로 이행하는 과정에 나타나 있었다.

우에다족은 어둠 속에서 서서히 부상했다(Dunglas, 1957: 126ff.). 우에다족은 남(南)나이지리아인들의 한 지파로서 대략 라고스 지역 근처에서 발원하여 서쪽으로 이동해온 것으로 보인다. 이들의 가장 긴 여정은 물고기가 풍부한 '수탉 호수'(Lake Hen, 즉 아테메 호수)에서였다. 이 지역에는 타도(Tado) 지파 출신의 아자족 추장이 있었던바 이 추장이 우에다족을 지배하는 왕정을 수립한 것으로 보인다. 나중에 가면 결국 이들은 호수에서 쫓겨나 해안으로 이주하여 땅을 경작하며 살아갔다. 왕정이 수립되었던 시기를 대략 1520년경으로 잡는다면, 이것으로 14세기에서 1671년까지의 역사 기간을 요약할 수 있다. 1671년이 되면 이들의 왕은 카롤로프가 프랑스 서인도회사를 위하여 마을을 세우는 것에 동의한다. 카롤로프는 동프로이센의 발트해 산호초 지역에 있는 자기 마을의 이름을 따서 이 마을을 필라우(Pillau)라고 부른다.

이때가 되면 우에다족의 왕은 이미 긴 안목을 가지고서 북쪽에 위치한 자신의 정치적 수도인 사비(Savi)로부터 바다 근처 남쪽에 있는 마을인 글레구아(Glegoy)를 분리하여 후자를 향후 상업 중심지로 쓰일 수 있도록 안배한다. 당시 이 나라 영토의 폭은 20마일도 채 되지 않았으며 팽창 경향도 없었다. 이 나라는 여전히 아르드라에 조공을 바쳤다. 하지만 함께 조공을 바치던 오프라에 영향력을 행사하기도 했다.

　프랑스의 제국 건설자 뒤카스(J. B. DuCasse)는 1688년 베냉에서 출발해 오프라를 지나면서, 그곳에는 아르드라가 임명한 노예조달관뿐만 아니라 우이다(유럽인들이 글레구아 마을에 붙인 이름으로서, 그 주민들이 우에다족이라는 데에서 비롯되었다)에서 배치해놓은 노예조달관도 있음을 알게 되었다. 뒤카스는 여기에 착목하여 그 전 20년간 영국인들이 여기에서 매년 대단히 많은 노예를 획득했던 것은 바로 쥐다(Juda, 이는 우이다를 프랑스식으로 쓴 것) 덕분이라고 말하고 있다(Doublet, 1935).

　델베는 그보다 20년 전 독자적으로 이곳을 목격했던바, 그의 증언 또한 이 대단히 많은 노예 숫자가 최소한 일부는 사실이었을 것임을 지지하고 있다(D'Elbée, 1671). 1669년 아르드라의 왕은 필요시 매년 6천 명까지 노예공급을 보장하겠다고 나섰는데, 당시로서는 엄청난 숫자였다. 아마도 루이 14세의 해군 제독이 요란스럽게 방문하여(루이 14세는 그의 손에 유럽식 황금마차까지 선물로 들려 보냈고 아르드라의 왕은 수도로 돌아갈 때 이 황금마차를 타고 돌아갔기에 많은 이들의 기억에 두고두고 남게 되었다) 거드름을 피우면서 북쪽으로부터 노예들을 봇물처럼 끌어오라고 했던 것도 이것이 계기가 되었을 것이다. 그런데 막상 노예들이 도착했을 때 프랑스인들은 이 노예를 유럽으로 옮길 배를 조달하겠다는 약속을 전혀 이행하지 않았다. 결국 그래서 뒤카스가 놀라워하며 말하고 있는 것처럼, 이 노예들로 돈을 번 것은 영국인들이었다.

　그런데 델베가 전하는 경사스러운 방문이 있은 뒤 50년도 채 되지 않아 아르드라는 파국을 맞았다. 하지만 우이다가 우월한 힘을 가지고 있던 것이 직접적인 원인은 아니었다. 인력 동원에서는 우이다가 아르드라의 적수가 된 적이 한 번도 없었다. 아르드라, 우이다, 다호메이 간 관계의 바탕에는 개인적 암투와 정치적 책략의 복잡한 실타래가 있지만, 그것을 통하여 장기적으로 관철되었던 것은 경제적 효율성의 논리였다. 우이다는 아르드라의 속국이었지만 고분고분 말을 듣는 법이 결코 없었고, 둘은 항상 영리활동에서 경쟁 관계였다. 그런데 아르드라가 이 경쟁 관계에 몰두해 있었음에도 불구하고 우이다는 아르드라와 동맹을 맺어서 공동의 적인 다호메이에 맞서고자 하는 경향이 있었다. 하지만 결국 1724년 다호메이는 아르드라를 군사적으로 정복하고 만다. 그 간접적인 원인은 우이다의 교역항에 있었다. 우이다의 교역항은 아르드라의 정복보다 약 20년 먼저 확립되었고 결국 아프리카 안에서나 밖에서 노예무역의 상업 중심지는 우이다가 된 바 있었다. 분명한 사실은, 다호메이의 방어 시스템은 다른 지역에 대한 정규적인 침략에 기초하고 있었고 여기에는 믿을 만한 무기 공급이 필요하였기에 다호메이가 자국 안보의 원천인 노예무역을 믿지 못할 아르드라의 손아귀에 무한정 내버려둘 수 없었다는 것이다. 게다가 아르드라는 오래된 제국으로서 자기 내부 지역조차 효과적으로 관리할 능력이 없었다. 실제로 다호메이의 무력이 아르드라 제국을 덮쳐 분쇄하기 오래전부터 저 멀리 유럽 나라들은 새로이 출현한 노예경제의 가장 약한 지점이 어디인지에 초점을 두고 있었는데, 그곳이 바로 아르드라였다. 포르투갈과 네덜란드는 여러 세기에 걸쳐 기니 해변에서 교역해왔지만, 이 나라들은 현상유지 성향의 강대국이었기에 아르드라의 급작스러운 몰락을 가져온 것은 이들이 아니었다. 그것은 영국과 프랑스였다. 이 새로 발흥한 두 유럽 강대국의 지배계급은 갈수록 서인도제도의 플랜테이션으로부터 막대한 이윤을 뽑아내고 있었기에 그 플랜테이션 농장들의 경영 합리화를 강하게 열망하고 있었던 것이다. 새로 노예무역 중심지가 된 우이다는 사실상 부분적으로나마 영국과 프랑스가 함께 만들어낸 작품이었다.

　포르투갈은 15세기의 마지막 25년 이래 사실상 기니 교역을 독점한 상태였다. 포르투갈어는 이 지역에서 하나의 공용어로서, 카우리 화폐의 가치 명칭, 교역 당국자의 이름, 상거래 언어 등이 모두 포르투갈어로 되어 있었다. 아르드라의 황제는 생-토메 섬(Isle of Saint-Thomé)의 수도원에서 교육받았기에 가장 가톨릭적인 군주인 프랑스 왕을 더 선호했다. 비록 그는 온갖 전례(典禮)에 얽매이고 번거로운 관료적 절차에 집착하여 효율성을 추구하고자 했던 재상 콜베르(Colbert)를 곤란에 빠뜨렸지만, 그럼에도 프랑스 왕에 대한 그의 선호는 오래도록 지속되었다. 하지만 이는 노예무역 붐이 벌어진 이후의 이야기이다. 당시 생-토메 섬과 앙골라에 본거지를 두고 있었던 포르투갈인들의 현지 노예무역 또한 그 목적은 아프리카에 있었던 포르투갈 설탕 플랜테이션의 노동력을 구하는 것 그리고 기니 해변에서 포르투갈인들로부터 물건을 구매한 아프리카 내륙의 교역 상인들에게 짐꾼 노예를 판매하는 것이었다. 앙골라에서 벌어진 이 포르투갈인들의 노예무역은 이렇게 포르투갈의 식민체제에 내장되어(built-in) 있었으며 그 관리의 중심도 부분적으로는 리스본, 또 부분적으로는 현지의 교회 및 수도원 조직이 맡아보았다. 영국과 프랑스의 경우 플랜테이션 농장들이 서인도제도에 있었고 이를 대표하여 사업 특허를 받은 서인도회사들은 강력한 정부에 의해 지도되고 있었지만, 아프리카 여러 섬에 있던 포르투갈인들의 플랜테이션 농장은 그러한 강력한 정부 지도 같은 것이 없었다.

네덜란드인들은 기니 해변에 포르투갈인들이 세웠던 요새들을 빼앗았을 뿐만 아니라 포르투갈인들의 무역 시스템 또한 물려받았다. 포르투갈인들로서는 수많은 노예를 신속하게 배송하면서 선박의 회전 또한 지극히 빠른 훗날의 노예무역 붐은 상상조차 할 수 없었다. 노예무역 붐은 그 정신없는 리듬에서 보더라도 포르투갈이나 네덜란드가 아니라 프랑스-영국적이었다. 아르드라의 쇠퇴와 우이다의 급부상을 통하여 이제 좀 더 근대적인 프랑스-영국의 시대로 접어들게 된다. 에두아르 됭라는 18세기 노예해안의 작은 조직국가들이 황금해안의 내륙국가들은 물론 심지어 아르드라보다도 더 힘의 문제를 잘 의식하고 있었다고 높이 평가한다(Dunglas, 1957). 그에 따르면 우이다와 포르토 노보는 그 어떤 유럽 강대국에도 무역 독점권을 넘겨주기를 거부했는데, 이것이 포르투갈과 네덜란드가 베냉, 칼라바르, 콩고의 전통적 교역방식을 더 선호하게 된 이유 가운데 하나였다는 것이다. 그 말이 맞든 틀리든 분명한 것은 1669년경 아르드라 내에서 위기를 촉발했던 것이 프랑스인들의 행동이었고 그로부터 약 30년이 지난 뒤 우이다에서 벌어진 프랑스-영국의 군사행동을 통하여 이에 대한 해결책이 결실을 맺었다는 사실이다. 마르크스주의자들이 말하는 이른바 "역사적으로 필연적인 일들"은 현실에서 이런 방식으로 생겨나게 된다. 1698~1704년 동안에는 사태가 크게 반전되는데, 이를 자세히 살펴볼 가치가 있다.

슈발리에 다몽(Chevalier D'Amon)은 프랑스와 아르드라 사이에 작동 가능한 관계를 확립하기 위해 여러 해 동안 시도한 끝에 결국 아르드라 왕에게 공식적으로 제안하기에 이른다. 그 제안에서 가장 중요한 첫 번째 논점을 다몽은 다음과 같이 에둘러 말하고 있다.

> 만약 폐하께서 우리가 폐하의 영토 안에 자리잡는 것을 보기를 원하신다면, 폐하께서는 우리가 해안에 정착하는 것을 허락하시고 폐하께서도 수도의 다른 이들과 함께 여기로 이주하실 필요가 있으며, 거기에 주거를 마련하시어 무역을 끌어들이셔야 합니다. 폐하께서 지금 머물고 계시는 궁전은 해안에서 무려 7리그(league, 1리그는 약 3마일)나 되기 때문에 만약 폐하께서 해안으로 이주하지 않으시고 거기까지 우리가 상품을 운반해야 한다면 그 비용 때문에 우리는 파산하게 될 것입니다(D'Amon, 1935: 83).

아르드라의 왕은 프랑스인들에게 포괄적인 독점권을 부여하는 다음과 같은 조건에는 동의하였다. 프랑스인들이 매년 적어도 3천 명의 노예를 사서 배에 실을 것을 약속하고, 만약 프랑스인들이 원한다면 왕이 직접 6천 명까지 넘겨주겠다는 것이었다. 하지만 왕의 이주에 관한 첫 번째의 주요 조건에 대해서는 아예 고려하는 것 자체를 거절하였다.

다몽의 제안 시기는 1698년으로 되어 있다. 1701년 초겨울이 되면 다몽은 이제 우이다의 왕에게 노예들에 대하여 일정한 가격을 정하라고 공식적으로 압력을 넣는다. 그러자 우이다의 왕은 "일단 프랑스인들의 정착이 완결되면" 그것도 알아서 처리하겠다고 한다(Ibid.: 106). 이윽고 스페인 왕위계승전쟁[5]이 유럽에서 시작되자 글레구아(즉 우이다)를 둘러싸고 정착해 있던 유럽 강대국들도 일종의 전쟁 상태에 들어가게 된다. 1680년대 이래 노예무역이 항상 번성해왔던 우이다도 이로 인한 사업의 교란으로 위협을 받게 된다. 당시 아르드라 왕은 통치 기간도 길었고 또 유럽인들에게 인기도 있었지만 마침내 붕어(崩御)—아마도 1703년이었을 것이다—하게 되었다. 그러자 아르드라의 후진성에 대한 국내외적 반발 요소들이 한데 모이게 되어 이참에 진정 혁명에 견줄 만한 변화가 이루어지게 된다. 영국 왕립 아프리카 회사(Royal African Company of England)의 역사가인 데이비스(K. G. Davies)는 18세기가 밝아오자 유럽 노예상인들이 우이다로 집결하는 경향이 뚜렷해지기 시작했음을 기록하고 있다. 1704년경이 되면 세 강대국이 우이다에 요새를 두고 주요 시설물들을 세우게 된다(Davis, 1957: 274). 당연한 이치이지만, 국제관계에 영향을 받는 것은 황금무역보다 노예무역 쪽이 더 심했다. 루이 14세는 스페인 아시엔토(Asiento)를 프랑스 기니 회사(French Guinea Company)에 부여하며(1701년 9월 14일), 이 회사는 곧 장기적 시야를 갖춘 뒤카스의 관리 아래로 들어간다. 이와 거의 동시에 다몽이 우이다의 왕에게 압력을 넣어 노예 가격을 안정시키라고 주장했던 것이다.

---

5 스페인의 마지막 합스부르크 왕인 카를로스 2세가 죽자 그 왕위 계승 문제를 둘러싸고 프랑스와 대부분의 다른 유럽 강대국들 사이에 1701년부터 전쟁이 벌어진다. 1713년 위트레흐트 조약으로 평화가 돌아올 때까지 이 전쟁은 유럽뿐만 아니라 여러 식민지 지역에서도 벌어진 바 있다.

바로 그해에 프랑스와 영국의 현지 주둔군이 우이다 국내의 왕위계승 문제에 개입하게 된다. 우이다의 왕 스스로도 대(大)포포의 왕위계승에서 이런 종류의 개입을 실행한 적 있었지만, 이번에는 우이다 내에서 프랑스와 영국의 공동 행동으로 개입이 벌어지게 된 것이다. 몇백 명 정도의 유럽 해군이 왕 자리에 앉아 있던 매력이 떨어지는 형—형은 외국인 혐오증을 가지고 있었던 것으로 보였다—을 쫓아내고 보다 개명된 동생을 옥좌에 앉혔다(1703년). 이 경우에서처럼 현지인들의 이익과 그들의 영토를 사용하는 외국 강대국의 이익이 결코 자주 일치한 것은 아니었다. 하지만 우이다의 국익이라는 관점에서 볼 때 아프리카에서의 문제가 당시 상업을 망치고 있었던 국제 갈등과 연계되는 것을 막는 것은 분명히 바람직했다. 그리하여 노예를 얻고자 하는 갈망을 공유하는 네 나라가 하나로 뭉쳐서, 우이다의 왕을 더 잘 모시고 국제 갈등을 자국 해안에서 일소하고자 했던 왕의 소망을 지지했던 것이다.

여기에는 긴밀히 연결된 두 단계의 조치가 있었으니, 둘 다 1704년에 취해졌다. 우선 유럽인들은 자기들끼리 경쟁하지 말자는 비밀협약을 맺었다. 그다음에는 새로운 왕을 옹립하여 그 왕이 나서서 항구와 그 주변을 모든 나라들에 '개방'하고 그 나라들 간의 어떤 전쟁에 대해서도 '중립'을 지킬 것이라고 선언하게 만들었다. 데이비스는 영국의 노예 중개상들이 런던 본부로 보낸 비밀문서들을 인용하고 있는데, 여기에서는 프랑스인들, 네덜란드인들과 '협약에 들어가는'(entering into articles) 것이 시급하다고 약삭빠르게 언급하고 있음을 볼 수 있지만 그 내용이 무엇인지에 대한 단서는 전혀 찾아볼 수 없다(Davies, 1957: 274). 아마도 비용 가격에 마크업을 붙여 가격을 산정할 때 획일적인 비율을 적용하는 것이 문제의 핵심이었던 듯하며, 이렇게 보는 근거에 대해서는 잠시 후 다른 맥락에서 설명할 것이다. 노예들에 '정률'(set rates)을 적용하여 가격을 정하는 일을 항구 당국에 맡기기로 합의한 덕에 그들 사이에 그러한 '협약'(articles)을 굳건하게 제도화하기가 쉬워졌다. 다몽은 노예 가격에 대해 불변의 확립된 단일가격을 정하자고 요구했거니와, 이는 말할 것도 없이 모든 유럽 강대국들에 획일적으로 적용되는 '비율'(rate)을 의미했다. 하지만 그 '비율'에는 또한 여러 지불 방식들도 포함되어 있었기에, 곧 인정된 단일 표준이 담겨 있기도 했다. 이는 사실상 노예무역의 계산화폐였던 '무역온스'(ounce trade)라는 가상 단위의 기초가 되었다.

이 시기가 되면 정치적 수도와 상업적 수도를, 즉 사비와 우이다를 분리하는 것은 하나의 기정사실이 되었다. 토머스 필립스와 빌럼 보스만은 사비에 있는 우이다 왕의 대나무 궁전이 그때까지의 유일한 영리활동 행정의 중심이었을 상황을 보여주고 있다. 유럽인들이 세운 요새의 지휘관 관저와 이들 회사의 창고 등에서는 이 교역항이 얼마나 긴밀하게 잘 짜여 있는 기관인지가 여실히 드러났다. 우이다는 비록 막 성장하던 토착민들의 도시였지만, 여기에서 프랑스, 영국, 네덜란드의 요새들은 모두 서로 지근거리에 붙어 있었던 반면 토착민들의 여러 마을은 각자 자기들이 섬기는 신물(神物, fetish)을 간직한 채 사비와 완전히 분리되어 있었다. 우이다는 여전히 사비의 통치 아래에 있었다. 사비는 또한 농촌 지역의 행정도 맡아보았고 그곳의 식품 가격을 결정하여 공표하는 것 또한 사비에서 온 관리들의 일이었다. 영국인들과 프랑스인들은 각자 자국 배가 오는지 주의 깊게 지켜보다가 배가 나타나면 대포를 쏘아 신호를 보냈다. 그러면 각국의 국기(國旗)가 게양되었다. 그런데 양쪽은 똑같은 깃대를 함께 쓰고 있었다. 물론 이는 두 나라 사이가 평화로웠을 때의 이야기였다. 한편 왕은 이 유럽 강대국들 간에 문제가 생겨도 서로 알아서 해결할 것이라고 믿을 수 있었고, 또 이들이 모두 아르드라에 맞서서 자신을 지지해주리라 의지할 수 있었다. 우이다-사비의 모든 튼튼한 장치들의 존재 이유는 바로 노예 공급에 있지만 이를 궁극적으로 좌우하는 것은 결국 아르드라였다.

콜베르의 '서인도회사'(Compagnie de l'Inde de l'Ouest, 1664)의 이름

은 이제 '아시엔토를 부여받은 기니 회사'(Compagnie de Guinée, chargé de l'Assiente, 1701)[6]로 바뀌어 있었다. 루이 14세가 그 아시엔토에 서명할 적에 뒤카스 사령관도 배석해 있었다. 이 의식에서 루이 14세를 수행했던 새로운 귀족들 가운데 '디에프의 사략선 선장'(Corsaire de Dieppe)인 장 두블레 드 옹플뢰르(Jean Doublet de Honfleur)[7]도 있었으니, 이제 그 사람 이야기가 나올 차례이다. 불과 3년이 지난 1704년 9월 우리는 이 놀랄 만한 조직 역량을 가진 사내를 우이다에서 발견하게 된다. 데이비스에 따르면 바로 그해에 노예를 수입하는 네 강대국이 판매 계산대를 사비로 옮기고 왕의 허락 아래 해안에서 3마일 거리에 요새들을 세우기 시작한다. 유럽인들의 좋은 친구였던 젊은 왕 아마르(Amar 혹은 Amat)는 두블레에게 생 루이 드 글레구아(Saint Louis de Glegoy) 요새를 지어준다.

이 강대국들이 곧 '들어가게' 되는 '협약'의 내용은 강대국들 모두가 동일한 회계관행을 채택하는 것이었음이 거의 분명하다. 즉 이 강대국들이 아프리카 토착민 노예들에 대한 대가로 지불하는 여러 다양한 수입품들에 가격을 매길 때 통일된 회계관행을 어떻게 부여할 것인가의 문제였다. 예를 들어 비용 가격에 대한 100퍼센트의 이윤 마진을 적절한 '마크업'으로 정하는 협정은 이미 전통적으로 황금해안 일부 지역에서도 체결되었던 것으로 보인다. 유럽 강대국들 사이에 이렇게 신속히 가격협정이 맺어지게 된 것은 1704년 9월 6일 왕이 내놓은 중립성 선포 덕분이었을 것이다. 중

---

6 스페인은 자신들이 신대륙에 가지고 있었던 식민지와 플랜테이션에 들여놓을 노예들을 아프리카에서 사들일 적에 자신들에게 노예를 판매할 권리를 특정 상대에게 부여하였으니 이것을 아시엔토라고 한다. 초기에는 이것을 개별 노예 상인들에게 부여했지만 이후에는 특정 국가의 군주에게 부여하게 된다.

7 옹플뢰르와 디에프는 모두 노르망디 지방 센 강 하구 어귀의 지명이다. 근대 초기 영국이나 프랑스의 왕실은 적국의 식민지와 함선 등을 노략질하는 해적들에게 공식적으로 노략질 허가증을 발부하였는데, 이를 받은 해적선을 사략선(私掠船, privateer)이라고 한다. 특히 Corsair는 북아프리카 해안에 출몰했던 프랑스 측 사략선들을 일컫는 말이라고 한다.

립성을 어길 때에는 무거운 벌금을 물게 되어 있으며, 또 이를 어기는 자는 지위고하를 막론하고 즉각 추방한다는 조항도 함께 있었으니, 이런 것들이 당시의 혁명적 변화들을 더욱 분명히 보여주는 증거라고 하겠다. 사실 우이다는 아르드라와 단절하였기에, 장래의 공급을 의존할 수 있는 일정한 무역 전문 인력을 갖출 필요가 있었다. 학식 있는 이슬람 전도사들, 율법학자들, 대아르드라 지역에서 전통적으로 신뢰를 얻어온 노예무역 전문가들을 우이다에 모셔 거기에 정착하여 살도록 정중하고 진지하게 초대하였다는 증거가 있다. 이렇게 학식과 능력을 갖춘 국제 교역상들은 장래에 우이다가 교역항이 되었을 때 분명히 큰 자산이 될 터였다. 이미 1704년에 이렇게 선견지명 있는 행동을 취했던 것이다.

그다음 23년간은 우이다의 노예무역이 조직상으로 절정에 달했던 기간으로서, 그러한 우이다의 성공이 바로 아보메이의 퐁(Fons)족, 즉 다호메이 사람들의 정복을 불러들이는 화근이 되었다.

제8장

사비: 주권국가 우이다와 그 조약

우이다인들의 부족 왕국은 에두아르 뎅라의 말을 빌리면 "정치적 수도와 상업적 수도"의 분리를 최대한 이용했다. 촌락이었던 사비는 왕국의 정치적 수도였으며 도시였던 우이다는 상업적 수도였다. 그리고 왕국 전체의 이름 또한 우이다(Whydah 또는 Houeda)라고 불리었다.

사비에는 소수의 토착민 고관(高官)들이 왕을 보위하면서 그리 크지 않은 왕실의 행정을 보고 있었다. 심지어 유럽의 외교 및 군사 인력들조차 사비에서는 왕이 머무는 주거복합체 내에 숙소를 두고 있었다. 통상적인 신분 구별─이는 대개 세습되었다─로도 이 작은 국가 왕실의 다양한 기능을 수행하는 데 충분할 정도였다. 어쨌든 이 때문에 궁전 주변으로 좀 더 정교한 건물들이 점차 들어설 여지가 있었지만, 왕궁은 그럼에도 불구하고 여전히 토착민들의 경제는 물론 허가장을 받은 노예회사들과도 접촉을 유지하고 있었다. 만약 이 사비에 들어앉아 있는 토착 지배자를 밀어내고 대신 상업도시인 우이다에 있는 다호메이의 총독이 통치하려고 했다면 아마 모든 것들을 새로운 기초 위에서 다시 정리해야 했을 것이다.

우이다 교역항에는 수도가 둘이라는 점이 반드시 필요한 자산이었다. 양쪽 모두 해안으로부터 말을 타고 반나절 정도의 거리를 넘지 않았다. 우이다의 외국 요새들은 가까이 붙어 한 덩어리를 이루거나 공동 방어를 취하면서 해안과 토착민들의 촌락들 혹은 다양한 요새에 딸려 있는 '막사들' 그리고 사비의 왕실 주거지에 딸린 자신들의 군사령관 주거지 사이에 안정적인 통신망을 확보하려 노력했다.

장 두블레(Jean Doublet)는 우이다 정부조직의 단순성에 매력을 느꼈다. 장관이 여섯 명뿐이고 또 각각 자기 직업이 있다는 것은 아담한 규모의 관료제가 취할 하나의 모델이라고 할 만했다. 장관들 가운데 한 명이 회색 암탕나귀를 탄 채 풍악을 울리는 여성 종복들을 데리고 식량 시장으로 간다. 여기에서 그는 노점들을 돌아보면서 그달의 식량가격을 선포하며, 또 다음 달에 시장이 열릴 장소도 공고한다. 그러고 난 뒤에는 시장 전체가 하나의 잔치판이 되어 장관에게 온갖 산해진미를 갖다 바치고 그는 풀밭에 앉아 이를 먹기 시작하고, 그 또한 자기를 즐겁게 해주려고 나온 악사들과 무희들에게 푸짐하게 음식을 베풀며, 남은 음식은 그대로 두어 평민들이 즐길 수 있도록 한다(Doublet, 1883: 257~58; Bosman, 1814: 487도 참조). 또 다른 장관은 통화를 검사하여 카우리가 정량대로 정확하게 끈으로 묶여 있는가 확인한다. 만약 개수가 모자란 게 밝혀지면 그렇게 묶인 카우리들을 몰수해버린다(Labat, 1731 [II]: 163). 폭동 소요나 야바위 같은 짓으로 이어지지만 않는다면, 시장에서 물품의 질과 척도를 놓고 흥정이 활발해지는 것은 온당한 일로 여겨졌다.

유럽의 군사령관들과 도매상들은 단일 공동체를 구성하여 왕의 감독 아래 자신들의 사무를 자체적으로 규제하였고, 군주와 외국의 고관들 사이에는 그 누구도 개입하지 않았다. 해군 관련 문제에서는 젊은 토착민 관리가 해안과 해변, 항구, 선착장 등을 살폈다. 왕의 보좌관들이 토착민 교역상들과 유럽 노예상인들 사이를 매개하는 우두머리 중개인 노릇을 맡았다. 고위 관료들, 관리들, 공직과 군사조직의 위계는 우이다인들 가운데에서 뽑혀 채워졌다. 원래 이곳 사비의 토양도 예외적일 만큼 비옥하다. 그런데 이곳을 경작하는 농민 공동체가 상업을 통하여 결코 적지 않은 양의 부를 더 얻게 된 것이다. 이 공동체가 그 부를 흡수한 방식은 거의 가부장적인 방식에 가까웠다. 엘 미나(El Mina)의 세련된 네덜란드 총독이었던 보스만은 우이다에서 몇 달씩 그 사람들과 분위기를 즐기면서 휴가를 보낸 적이 여러 번이었다(Bosman, 1814: 477). 우리에게 남아 있는 각종 기록들을 보면 사비의 유기적 성장 과정이 잘 드러난다. 애초에 대나무로 만든 궁전이 있었던 촌락 하나가 어떻게 독자적인 노예무역의 채널을 뚫은 작은 왕국의 왕실로 발전하여갔는가, 포르투갈과 네덜란드의 노예무역상들이 어떻게 점점 사비에 접근하게 되었는가, 그러다가 결국에는 사비가 어떻게 프랑스 회사가 둥지를 튼 장으로 전환하였던가 그리고 이 프랑스 회사가 새로운 유형의 무역 중심지에서 노예무역 붐을 합리화하도록 어떻게 선도했던가가 나타난다.

보스만, 존 바봇, 토머스 필립스 등은 사비를 그저 정부 기능들을 떠맡은 하나의 촌락으로 보았을 뿐이지만, 불과 10년 뒤 사비는 어느 국제 무역항의 행정적·외교적 수도로서 자연스럽게 뻗어 나가고 있었다. 정부가 이렇게 발전해 나가다 보면 견제와 통제력이 반드시 필요하게 마련이며, 이 때문에 대개 관료적 위계가 필연적으로 나타날 수밖에 없다. 하지만 사비의 경우 그러한 발전 과정이 부족 왕국이라는 틀에서 벌어졌으며, 따라서 민중들의 관습과 신분제를 통하여 그러한 견제와 통제력을 제공받을 수 있었다. 필립스는 왕의 촌락이었던 사비의 원래 모습을 다음과 같이 묘사하고 있다. 이 촌락에는 50채 정도의 '가옥'이 있었으며 그렇게 초라한 궁전은 본 적이 없다고 그는 말하고 있다. 낮은 흙벽과 초가지붕에 맨 흙바닥이었다. 하지만 왕의 궁전 근처 한쪽에는 "왕의 부인들이 살고 있는 40채 정도의 가옥으로 이루어진 마을이 있었고, 그 주변에는 담장이 둘러쳐져 있었다"(Phillips, 1746: 232). 당시에 그려진 스케치들을 보면 필립스가 말하는 '가옥'이란 기실 좀 괜찮은 오두막에 불과했다.

상업은 왕이 관습적 절차의 순서에 따라 주도한다. 노예선을 몰고 온 선장의 첫날 공식일정은 어떤 종류의 재화를 가지고 있으며 얼마나 많은 노예들을 구매하려는지 밝히는 것이었다. 2일차 공식일정은 자기네 재화의 가격은 얼마이며 각각의 재화와 노예의 교환비율이 어떻게 되는지 밝히는 것이었다. 3일차 공식일정은 자기네 재화의 견본을 제시하고 상당한 시간을 들여 그 가격을 놓고 협상하는 것이었다. 4일차 공식일정은 창고, 부엌, 숙소 등을 유럽인들에게 배정하는 것이었다. 5일차에는 합의한 비율대로 왕에게 여러 재화로 관세를 지불하는 것이었다. 지불이 이루어지면 그 순간 '종'을 들고 돌아다니면서 소리를 울려 모든 이들에게 판매가 있을 화물창고로 노예를 데려오라고 통지하게 된다(Ibid.: 234). 막대기로 종을 치면 작고 둔탁한 소리가 난다. 이 종은 설탕 덩어리 모양의 속이 빈 무쇠로서, 그 빈 공간은 50파운드의 카우리가 들어갈 만한 크기이다. "그러면 사람들은 각자가 끌고 온 노예 중에서 가장 질이 좋은 고급 노예부터 데리고 나온다"(Ibid.: 234). 이 '화물창고'(trunk)—노예들이 기거하게 될 헛간을 가리킨다—의 우두머리와 노예들을 통솔할 자는 왕이 임명하며, 이 둘은 함께 노예들을 지키면서 해안까지 운송할 책임을 맡게 된다. 각각은 이러한 노고의 대가로 노예 한 사람 몫의 가치를 지급받는다. 이들이 다룬 노예는 1,300명에 달하지만 그 가운데 없어진 노예는 단 한 명도 없었다(Ibid.: 235). 당시에는 오로지 네덜란드인들만이 세 동의 창고와 일곱 곳의 공관, 한 개의 정원을 보유한 채 사비에 상주하고 있었다. 보스만이 만났던 어느 길 잃은 프랑스인은 음식도 잠자리도 구할 수 없었고, 심지어 그 나라를 떠날 수도 없었다. 몇 년이 지나도록 프랑스 배가 한 척도 들르지 않았기 때문이다.

이를 불과 25년 뒤 라바(J. B. Labat) 신부가 프랑스의 지도 제작자였던 슈발리에 드 마르셰(Chevalier de Marchais)의 스케치에 기초하여 작성했던 사비의 지도와 비교해보라(J. B. Labat, 1731). 사비의 토착민 촌락은 이제 단지 배경일 뿐 그 앞에는 외국의 상관(商館)에 딸린 건물, 창고, 사무실, 정원, 안뜰로 이루어진 복합시설이 서 있었고, 이 상관의 우두머리들이 거주하는 넓은 건물들이 왕의 궁전과 나란히 자리해 있었다. 이 그림에는 프랑스, 영국, 포르투갈, 네덜란드의 건물이 나온다. 프랑스의 상관 문 앞에는 매일 작은 시장이 열려 그것으로 필요한 식량 등을 조달하였고, 나흘에 한 번씩은 공개된 식량 시장이 펼쳐져 누구든 거기에서 식량을 살 수 있었다. 그 건물들 가운데에는 심지어 암뱀이 알을 낳을 때 안락하게 출산할 수 있도록 무장 호위관이 지켜주는 작은 오두막까지 포함되어 있었다.

이 쌍둥이 수도인 사비와 우이다는 잘 정비된 도로로 연결되어 있었다. 정치적 수도인 사비와 그 왕궁이 외국 상인들에게 베푸는 환대가 이렇게 훌륭하였다. 따라서 평화로운 통상을 제도화하고 자유무역을 지향하는 움직임도 나타나고 있었다. 하지만 1704년경에는 사비에 요새를 가지고 있던 이 네 유럽 강대국 가운데 세 나라가 다른 한 나라—프랑스—와 전쟁 상태에 처하게 되기도 했다.[1] 공해(公海)상을 항해하는 적국 선박을 나포하는 일은 문명 세계의 관행으로 여겨졌기에 결국 항구를 떠난 상선 가운데 안전한 배는 하나도 없었고, 그 하물(荷物) 또한 군함이건 상선이건 더 힘센 선박이 전리품으로 취하는 것도 합법이었다.

우이다의 입장에서 보자면 이는 노예무역을 결딴내어버릴 수도 있는 위험한 사태였다. 상황이 이렇게 되자 아마르(Amar) 왕은 유럽 각국의 우두머리 노예 도매상들뿐만 아니라 사령관들까지 궁전 알현실에 소환하여 친견하였다. 왕은 이들 간의 차이를 전혀 인정하지 않았고 무역이 자유롭게 이루어져야 한다는 점, 즉 육지에서는 말할 것도 없고 도로에서는 물론이며 심지어 영해(領海)—선박 정박지에서 눈으로 볼 수 있는 연안 지역

---

1 1701년에 시작된 스페인 왕위계승전쟁에서 프랑스와 오스트리아 양편 사이에서 많은 유럽 나라들은 세력균형을 위해 강대한 프랑스에 맞서는 쪽을 선택하였다.

(à la vue de la rade)—에서도 그래야 한다고 강력히 주장하였다. 무역을 하고자 하는 이들은 완선 중립의 규칙을 준수해야 하며, 자기들의 길잡이—즉 선주들(armateurs)—와 연대해서, 또 개별적으로 책임지겠다고 서약해야 한다는 것이었다.

프랑스의 적대 세력들은 이참에 프랑스인들을 노예무역에서 밀어내어 버리자고 생각하여 왕의 제안을 거절하였다. 그러자 왕은 유럽인들에게 1시간 안에 결정을 내리라고 하였다. 만약 왕의 제안을 받아들이지 않으면 즉시 항구를 영원히 떠나야 하며 그 과정에서 재화를 몰수당할 수도 있었다. 왕은 또 이 조약이 단지 2년 동안만 유효하며 2년이 지난 뒤 다시 확약을 받아야 한다는 점을 마지못해 허락하였다. 왕은 거대한 서펀트(Serpent, 이는 우이다의 토착신이지만 다호메이인들에게는 완전히 낯선 신이었다)[2]의 이름을 걸고 자신이 교역항의 엄정 중립을 유지하겠노라고 엄숙하게 선언하였다. 혹시라도 다른 나라 배를 나포하는 잘못된 행동이 발생하면 그런 공격을 저지른 나라의 우두머리가 그 피해를 배상하도록 되어 있었다. 그 액수는 피해자 쪽 선박의 용골 길이를 재어 1피트당 남자 노예 여덟 명으로 정해졌고, 피해액은 전문가들이 배석한 가운데 산정되며 그 전문가들은 이를 왕에게 보고하도록 되어 있었다. 이 조약에는 쥐다(즉 우이다)의 왕인 아마르, 장 두블레(Jean Doublet, 옹플뢰르의 사략선 선장Corsair de Honfleur) 와 슈발리에 드 마르셰가 서명했다. 이 조약은 1704년 9월 6일 자비에르 (Xavier, 즉 사비)에서 체결되었다. 2년 후 이 조약은 갱신되었으며, 그 뒤를 이은 유럽의 무역국 중요 인사들과 거물들이 사비의 대나무 왕궁 알현실에 모여 여기에 서명하였다.

시몬 베르뱅은 이 1704년의 조약을 언급하지 않는다(Berbain, 1942). 그

---

2 신화나 전설에 등장하는 괴수로서 주로 바다에 살고 있으며, 뱀과 용을 합쳐놓은 모습을 띠고 있다.

녀의 침묵은 이 조약의 정치적 지위가 애매하다는 점—이 조약은 분명히 국지적 차원에서의 프랑스군의 움직임에서 비롯되었다—을 반영하고 있다. 영국 쪽 역사 기록에서도 이는 무시되고 있다. 이 기간을 다룬 가장 최근의 프랑스 학자—에두아르 뒹라—는 우리 이야기의 사료를 제공한 라바 신부에 대해 거드름을 피우는 자세로 대단치 않은 인물인 듯 다루고 있다(Dunglas, 1957). 하지만 뒹라도 라바 신부의 글에 전문이 실려 있는 드 마르셰의 설명(Labat, 1731) 자체는 사실로 받아들였던 듯하다. 우이다의 교역항이 발흥하게 된 과정, 왕위계승을 안착시키는 데 유럽 강대국들이 맡았던 역할 그리고 새로운 왕국의 중립적 지위 등을 분석하면서 우리는 사비가 번성하게 된 요소로서 외국의 개입을 언급한 바 있다. 하지만 1704년 조약의 부속서류에는 노예 한 사람이 다양한 교역 재화들로 어떤 가격인지가 죽 나열되어 있거니와(Labat, 1731[II]: 91~92), 이제 제10장에서 보겠지만 이는 또한 이 조약이 실재했다는 것을 입증하는 결정적인 내부 증거를 제공하고 있다.

제9장

다호메이 치하에서의 교역항

이곳을 방문했던 퀘이커 교도인 프레더릭 포브스는 다호메이 역사의 첫 세기는 생존을 위한 거의 끊임없는 군사적 투쟁의 시기라고 요약하고 있다(Forbes, 1851). 앞에서 보았듯이 이 첫 세기 동안 해안에 있는 우이다에서는 중대한 변화들이 벌어졌다. 사비에 있는 우에다족의 왕은 그 전에는 알라다의 종주국에 예속되어 있었지만 이제는 독립적 지위를 갖게 되었다.

우이다 왕 아마르와 진취적인 일군의 유럽 특권회사들이 1704년에 확립한 교역항의 조직은 다호메이의 퐁족 손으로 넘어갔다. 격렬한 에너지를 가진 그들은 상업을 전혀 경험한 적이 없었다. 결국 사태의 성격은 한 내륙국가의 가호 아래 우이다를 국제 교역항으로 영구화하는 것이었다.

퐁족은 근자에 획득한 해안의 영토와 소유물에 자국의 존속을 거는 도박을 감행했던 것이며, 이는 바다와의 접촉을 단호하게 금기로서 엄금한 종교적 규칙은 물론이며 서아프리카의 국가경영술이라는 세속적 전통도 거스르는 일이었다.

알라독소뉘 왕가는 이러한 모험이 얼마나 위험한지를 과소평가하지 않았다. 이들은 해안에서 우에다족의 통치를 뿌리뽑고 자신들이 직접 통치

할 용의가 얼마든지 있었지만, 이러한 해안의 석호 지역을 고도로 집중된 자신들의 국가에 통합한다든가 그 지역 부족들의 낯선 종교 관념들과 교류한다든가 하는 일 등은 철저하게 회피하였다. 이들은 해안가 도처에 널려 있던 신물숭배소(fetish house)의 뱀 숭배를 경멸했기에 이것이 다호메이의 만신전(萬神殿)에 끼어들 여지는 전혀 없었고, 감히 아가수비(Agassouvi) 혈통의 시조인 표범 옆에다[1] 그 커다란 괴수를 대충 적당히 절충하여 밀어 넣을 수도 없었다. 더욱이 바다와의 접촉이 금기라는 점 때문에 군사전략조차 전혀 여의치 않았다. 강과 석호 지역을 건너기 위해 뗏목을 띄우는 것도 용인되지 않았다. 장기적으로는 물리적 안전과 국민의 사기를 확보하기 위해서 자신들에게 지독하게 적대적인 우에다족을 아예 절멸시키는 수밖에 없었다. 우선은 우에다족 추장들과 지도자들을 죽이고 그 후에 나머지까지 다 죽이든지 해외에 노예로 팔아버리는 것만이 살길인 것이다. 사비의 왕궁은 파괴당한 후 다시는 복구되지 않았으며, 우에다인들은 전투에서 거듭 학살을 면치 못하였고, 다호메이 왕은 자신에게 승리를 가져다준 조상신들에게 제물로 바치기 위해 4천 명의 우에다족 포로를 죽음에 빠뜨렸다. 그 며칠 후 연회가 벌어졌을 때에도 또다시 우에다족과 혈맹인 투포(Touffoes)족 4백 명을 제물로 바쳤다. 도망간 우에다족 왕은 그 신민들의 손으로 다시 본국으로 송환되어 결국 죽임을 당했다(Dunglas, 1957: 155~57).

이 나라 전체를 다시 퐁족 사람들로 채우려는 움직임도 여러 번 있었고, 도시 우이다에서도 전면적인 재정착이 시도되었다. 이 모든 것이 입증하는 바 아가자(Agadja) 왕은 해안을 정복함과 동시에 극히 대담한 정책을 시행하였고 그 후계자들 또한 이를 일관되게 계승하였다. 그런데 이렇게

---

1 아보메이와 알라다의 기원인 아가수비족의 시조는 아가수(Agassou)라는 전설적인 영웅이며 아가수는 수표범과 어느 지체 높은 공주 사이에서 태어났다는 전설이 내려온다.

인정사정없이 우이다를 평정하려다가 오히려 이것이 화근이 되어 결국 이 장소 자체를 유럽의 어느 해양 강대국에 넘겨주게 된 것이다. 아가자는 행동을 취하였다. 알라다가 아가자 왕의 군대에 함락되던 당시 자캥(Jacquin)의 영국 상인 불핀치 램(Bulfinch Lambe)이 공식 임무를 띠고 그 도시를 방문 중이었고, 아가자는 그를 아보메이로 데리고 갔다. 2년이 지난 후 램은 영국 정착민 집단을 데리고 우이다로 돌아오겠다고 약속한 뒤, 80명의 노예와 20파운드의 순금을 하사받고서 풀려났다(Snelgrave, 1734: 66~68). 알라독소뉘 왕조의 통치자들은 이후에도 이와 비슷한 의도를 가지고 영국 여행객들에게 접근하였다. 훨씬 후에 겔렐레(Gelele) 왕은 당시 우이다의 영국 영사관 부영사였던 던컨을 통해서 런던의 식민청(Colonial Office)에 공식 제안서를 보내기도 한다. 그 문서를 실제로 쓴 것은 던컨이었고 겔렐레 왕은 펜의 다른 쪽 끝을 잡고 있었다고 한다. 그때는 우이다가 함락된 지 1세기 이상이 지난 뒤였다. 다호메이의 왕들은 우이다를 자기 영토로 흡수하려 들지도 않았고 반란과 폭동이 일어날까 두려워 자치권을 부여하지도 않았다.

　장기적으로 볼 때 이러한 군사적 · 인구적 · 행정적 · 경제적 부담이 누적되면서 아보메이에 긴장을 낳았다. 우이다라는 그 작은 국가 하나를 군사적으로 점령하는 일만 해도 반세기 이상을 더 끌었다. 쫓겨났던 우에다인들이 포포인들과 동맹을 맺고 다시 침략해 들어오기도 하고, 해안 지역에서 봉기를 조장했던 오요의 군대가 무시무시한 습격을 감행하기도 하고, 음험한 유럽인들이 여러 요새에서 견제 활동을 시작하고 이들이 대포를 동원하여 개입하는 바람에 다호메이 쪽에서 유혈 사태를 겪는 등, 우이다는 결국 다호메이 정치체 전체에 아물지 않는 상처가 되고 말았다. 다호메이는 이러한 악조건 아래에서도 결국 우이다를 정복하는 위업을 이루었던 것이며, 다호메이가 여기에서 보여준 엄청난 에너지는 실로 놀라웠다. 군사정벌 기간에 병력이 부족해지자 임기응변으로 여전사 군대를 구성하는 실로 필사적인 전술까지 짜냈으며 이 군대의 정신적·육체적 수준을 1세기 이상 경탄할 만한 상태로 유지했다는 사실은 그 에너지를 잘 보여주는 예라고 할 것이다. 1772년이 되어서야 비로소 영국 총독 라이오널 앱슨(Lionel Abson)의 중재 덕분에 우에다인들, 포포인들, 다호메이인들 사이에 지속적인 휴전이 이루어졌다.

다호메이인들이 우이다를 정복한 것은 두 가지 변화를 낳았다. 다호메이인들은 더 이상 우에다인들이 단일 국민국가를 가진 민족의 지위를 갖지 못하게 만들었으며, 그러면서 또한 해안 민족이던 이들이 물꼬를 튼 교역항이라는 조직체를 자신들의 통치 아래 두어 영속적으로 발전시켰던 것이다. 일단 우에다인들이라는 부족 단위 대신 다호메이라는 나라가 지배자로 들어서게 되자 사비는 더 이상 존재하지 않게 되었다. 이는 이 나라 전체의 통치를 완전히 바꾸어놓는 것을 뜻했다. 제도라는 관점에서 볼 때 어느 지역에 뿌리박은 사회가 거기에서 토착적으로 발전시켜온 통치 방식들이 사라지고 외국인 지배층이 자기들 손으로 행정을 맡아보는 방식이 그 자리를 차지했으니, 이렇게 큰 변화가 나타난 것은 필연적이었다.

우이다를 정복하고 그 교역항을 운영하게 된 것은 다호메이의 국가경영술에서 하나의 중요한 전환점이 되었다. 그 전에는 해안에 점령지를 두는 것이 내륙국가들에 위협이 된다는 해묵은 원칙이 단호하게 관철되어 왔기 때문이다. 우이다 정복은 군사적 필요에서 나온 행동이었다. 그 결과 정복 후에도 안보에 대한 고려가 모든 면에서 점령자들의 체제를 지배하였다. 이미 탄탄하게 중앙집권된 다호메이의 행정에 정복된 지역과 그 주민들을 통합하려 들다가는 다호메이 국가가 붕괴될 위험이 있었다. 또한 우이다의 종교를 다호메이 민중의 사회생활을 지탱해온 종교적 관습과 신앙 조직으로 흡수하는 것 또한 사회의 문화적 통일성에 치명타가 될 수 있었다. 행정의 통일이 국가영역을 붕괴시킬 수 있었던 것처럼 문화를 절충적으로 통일하는 것 또한 종교에 뿌리를 둔 비(非)국가영역의 생활의 기초를 허물 수도 있었다. 정치적·문화적 통일성의 필요까지 포함되는 아주 넓은 의미에서의 안보에 대한 고려가 상업적인 수익성보다 우선시되었다.

그럴 법도 한 것이, 이 나라의 미래는 아직 전혀 안전하지 않았다. 아보메이의 퐁족은 아보메이 고원의 기지를 1세기 동안 끊임없는 전쟁을 통해 확장하여 동쪽으로 우에메(Oueme) 강, 서쪽으로는 쿠포(Couffo) 강까지 이르렀고 또 북쪽으로는 사발루(Savalou)에 살고 있는 퐁족과 결연을 맺을 수 있었다. 하지만 그들의 상황은 여전히 쉽게 위협당할 수 있는 것으로 보였다. 북동쪽의 강대국 오요의 잔인한 변덕에 굴욕적으로 종속되었을 뿐만 아니라, 근자에 남쪽으로부터 유럽 무기를 수입해오는 원천을 확보하기는 했지만 이 또한 아르드라가 팽창해오는 데다가 우이다 땅에 유럽 요새들이 영구적으로 세워진 결과 우이다가 아르드라로부터 해방되었기 때문에 불확실해지고 있었다.

이렇게 압도적인 적군이 내륙에서 위협해 걸핏하면 수도를 비워야 했던 것이 다호메이가 안전한 퇴각을 위해 해안 지역으로 눈을 돌리게 된 원인의 하나일까? 이는 추측일 뿐이니 이렇게 단언하는 것은 위험하다. 하지만 적어도 다음과 같은 예는 있다. 비록 한 번이지만, 마히(Mahee)군의 공격에 직면한 다호메이군이 버티고 맞서 싸울 것인가 우이다 땅으로 퇴각할 것인가를 놓고 주저한 적이 있었다. 하지만 그러다가 두 개의 적에 의해 양쪽에 전선이 만들어져 그 사이에 갇히는 상황이 두려워 결국 후퇴하지 않기로 결심한다(Dunglas, 1957: 161). 요컨대 우이다가 과연 진정으로 평정되었는지 믿을 수 없었던 것이다. 우에다족은 아테메 호수 너머의 정착민들과 혈맹관계를 맺고 있었을 뿐만 아니라 그 어떤 주변 종족도 감히 복속시킬 수 없었던 용맹한 포포인들과도 영구적 동맹관계를 맺고 있었다. 그들의 동맹은 또 있었으니, 바로 유럽인들이었다. 유럽인들 또한 다호메이가 우이다를 정복하기 전 자신들이 사비의 군주와 긴밀히 접촉하면서 우이다에서 장사를 하던 호시절을 결코 잊지 못했다. 무엇보다도 유럽인들이 잊지 못하던 것은 아르드라의 깔때기 지역에서 제공되던 풍족한 노예공급 그리고 내륙에서 내려온 토착 대상(隊商)들과의 손쉬운 거래였다.

이 새로운 국민국가는 자신의 방어를 매년 벌어지는 노예사냥을 통해 획득한 무기에 의존하고 있었기에, 이 나라의 신진대사는 심각한 인구학적 긴장에 시달리고 있었으며, 이 긴장은 종종 첨예한 위기로 치솟곤 하였다. 포브스는 연례 원정이 끝난 후 왕의 면전에서 여전사 군대와 남성 군대 사령관들이 열었던 '자아비판'을 가감 없이 옮겨 보고하고 있는데, 여기에서는 '연례적 노예약탈'이라는 제도에 숨어 있는 불길한 요소들이 적나라하게 드러나고 있다(Forbes, 1851[II]: 86~104). 여전사 군단은 그 조직 전체의 군사적 용맹성의 놀라운 수준을 유지하기 위해 피를 흘리는 것을 개의치 않았으며, 왕이 거느린 장군들 또한 승리하지 못했다가는 자기들 목이 날아갈 판이니 휘하 장병들의 목숨을 아낄 줄 몰랐다. 이들은 국경선이란 국경선 모두로부터 방향이란 방향 모두로 습격을 감행하였던바 그 목적은 노예로 팔 수 있는 연령대의 인간을 포획하고 늙은이들이나 일할 능력이 없는 자들은 몰살해버리는 것이었다. 그런데 이런 관행 때문에 변방에 새로 획득한 영토에서는 인구가 줄어들지 않을 수 없었다. 게다가 불만은 비단 짓밟혀 종속된 부족들 사이에만 퍼져가지 않았다. 다호메이 군 또한 보복해야 한다는 것 때문에 도저히 전술적으로 달성하기 힘든 자살에 가까운 전투에 나가야 했고, 그 과정에서 무수히 죽어가면서 병력이 격감했으니 이들 사이에도 불만은 퍼져 나갔다. 부당하게 계급이 강등된 장군들뿐만 아니라 심지어 왕가의 성원들까지 종종 나라를 버리고 탈출하였는데, 그때마다 자기들이 거느린 정예 병사 수천 명씩을 데리고 나갔다. 이리하여 도저히 화해 불가능한 적들의 층위는 눈덩이처럼 불어갔다. 하지만 연례적으로 벌어지는 노예사냥 전쟁은 국가적인 제도였으며, 그 어떤 왕도 감히 무시할 엄두조차 내지 못했다. 그리고 생산적인 무역이 전혀 없는 상태에서 노예무역마저 끊어져버린다면 다호메이는 아무런 수출품이 없어서 무기를 구매할 수도 없었을 것이다. 그렇게 되면 그동안 다호메이 왕에게 이를 갈아왔던 원수들 앞에 아무런 보호수단도 없이 내동댕이쳐지게 되며, 그 원수들은 다호메이 왕의 신민들을 단지 외국에 도매금으로 노예로 팔아버리는 정도에서 멈추려 들지 않았을 것이다.

바로 이 군사적 · 전략적인 지점에서 이 나라가 내륙국가이며 따라서 우이다를 정복한 것이 참으로 골치 아픈 문제라는 점이 확연히 드러난다. 내륙국가라는 위치는 곧 쇄국을 의미한다. 고대사회의 조건들 아래에서는 군사적 · 전략적 이유들로 인해 이것이 으뜸가는 요건이 된다. 국내정책이나 대외정책이나 그 초점은 모두 이렇게 안전한 물리적 거리를 확보하는 것에 맞추어진다. 도저히 돌파할 수 없는 난공불락의 지리적 위치라는 천혜의 조건이 주어지지 않은 경우라면, 어떤 나라의 수도가 외적의 침략에서 안전을 지키기 위해서는 주로 거리를 유지하는 방법을 사용하며, 어떨 때는 접경한 국가들과의 사이에 전혀 사람이 살지 않는 영역, 즉 무인 중립지대를 두어 그 거리를 늘리기도 한다. 거리를 둔다면 최소한 불시에 습격받는 일은 어려워지므로 이것이 군사적으로 침략에 대한 중요한 보호책이 된다. 그런데 다호메이처럼 아예 정규적으로 이웃 지역과 공격적인 전쟁을 벌이는 나라라면 오히려 스스로가 습격 전술을 실행할 수밖에 없으니, 이것이 정책 전반에 광범위한 결과를 미치게 된다. 다호메이는 전쟁하기 전에 먼저 외교 공세를 취한다. 하지만 그 의도는 전쟁의 제물들에게 전쟁은 벌어지지 않을 것이라는 거짓 안도감을 심어주는 것이다. 그 직후 군대가 수도로부터 출정하지만, 다시 제물들을 기만하기 위해 엉뚱한 쪽으로 향하다가 배신자들이 누설한 우회로를 이용하여 소리 없이 방향을 바꾸어 결국 애초에 목표한 상대를 급습한다. 이 전체 계략에는 장기간에 걸친 각종 첩보 활동이 포함되어 있으며, 다호메이와 혈맹을 맺은 부족들이 군사작전보다 여러 달 전에 무역상을 위장하여 제물들이 살고 있는 지역과 그 친족집단에 침투하여 가져온 보고들에 기초한다.

다호메이 치하 우이다의 조직적 틀은 야보간(Yavogan)이라는 관직에 의해 정해졌다. 야보간은 우이다에 있는 백인들을 관할하는 총독(viceroy)이자 행정조직의 수장이다. 훗날 19세기에 들어오면 우이다의 다호메이 정부 최고 대표자는 차차(Chacha)가 되는데, 이는 다호메이 왕의 절대적인 신임을 함축하는 관직이었다. 게조(Gezo, 1818~58) 왕은 자신과 의형제를 맺은 백인이자 여러 가지 걸출한 자질을 가진 프란시스코 펠릭스 드 수자(Francisco Felix de Souza)에게 이 직위를 하사하였다. 그가 이 직위에 임명되자 해외무역에 대한 야보간의 법적 관할권은 차차의 손으로 들어갔고, 두 직위 사이의 관할권 문제 자체도 사라졌던 것으로 보인다.

해외무역과 관세에 대한 효과적인 통제를 보장하는 한 묶음의 규제들이 있었다. 이 규제들은 교역에 관계된 모든 활동들을 공개하도록 법으로 강제했으며, 또 자동적으로 견제가 발동되는 모종의 네트워크를 창조하여 법을 시시콜콜 지키도록 만들고 있었다. 대략적으로 그 개요를 보자면, 국제항인 우이다에서 벌어지는 영리활동 대부분은 군주가 바뀐다고 해도 영향을 받지 않았다. 그렇게 똑같이 유지되는 항목들로는, 해외무역상들이 다호메이에서 교역할 허가를 얻는 대신 지게 되는 금전적 의무들, 노예의 수출입에 따른 항구 사용료와 조세, 마지막으로 노예의 가격을 들 수 있다. 그 전에는 사비에 있었던 우이다의 왕과 장관들이 책임 당국이었지만 이제는 야보간과 차차가 최종 권위자로서, 그를 보조하는 일군의 무리들에는 국가 공식 무역상, 경찰, 군 인력 그리고 짐꾼, 뱃꾼, 해먹꾼의 집단과 궂은일을 할 각종 노예가 포함되어 있었다. 배가 들어오면 그 뒤에는 일련의 순서를 따르는 것이 상례였다. 우선 가장 먼저 선장이 지정한 나무 아래에서 회합을 가지고, 싣고 온 재화를 해안에 있는 천막에 들여놓은 뒤 다시 이를 창고나 요새로 옮기고, 무역 관계당국자들과 일련의 회합이 이어지고, 왕에게 바칠 관세를 지불하고, 물을 길어오거나 나무를 가져다주는 등의 상시적인 서비스들에 대해 정해진 가격을 현물로 지불하고 등등이다.

다호메이로서는 이 과정에서 감히 그 어떤 정치적·군사적 위험 요인이 끼어드는 것도 감내할 처지가 아니었다. 유럽 무역상들은 몇 번이고 되풀이하여 공적으로 제공되는 서비스들만 이용해야 했고, 이로 인해 어떤 절차가 끝나고 다음 절차로 연결되는 시점마다 그것을 감독하는 기관이 생겨나게 되었다. 따라서 법적인 관련이 없는 개인이나 집단이 통제 없이 접촉할 가능성은 완전히 배제되었다.

무역을 전쟁과 엄격히 분리하고 또 군 관련 인원들과 통상 관련 인원들을 철저히 분리하는 것은 정치적으로 달갑지 않은 접촉을 막기 위해 세운 또 다른 장벽이었다. 그럼으로써 모든 형태의 밀수는 예방되었고 특히 전쟁물자의 밀매를 막을 수 있었다. 다른 한편 무기는 오직 우호적인 지역으로만 유통될 수 있었다. 또 이는 토착 동맹세력들과 복속된 부족들에서 들어온 수입품을 해외의 유럽 회사들로부터 들어온 수입품과 구별하여 취급하는 것을 용이하게 해주었다. 이와 마찬가지로 특산품을 수출할 때에도 그 출처에 따라서 우선권이 부여되었고, 이를 통해 특혜를 받은 자들에게 금전적 이익을 보장해줄 수 있었다. 이는 또한 지위와 신분에 따라 선별된 자들끼리 수출 신디케이트를 만드는 것도 가능하게 해주었다. 거물급 인사들에게는 자기 노예를 더 유리한 가격인 '왕의 가격'(king's price)에 판매하는 것이 허용되었다.

이렇게 대외 지불행위를 완벽하게 통제하게 되자 카우리 통화의 환율을 안정시키기 위한 다호메이의 조치들의 효과도 크게 증대되었다. 예를 들어 일단 대외지불 방식이 다호메이 정부 당국의 명령에 좌우되게 되자 모든 황금을 왕실이 전유하는 조치 또한 아주 쉽게 시행될 수 있었다. 황금에 대한 카우리 화폐의 가치가 안정될 수 있었던 것은 아마도 교역항의 존재와 이것이 재화의 이동에 가했던 엄격한 통제 방법에 주로 기인했을 것이다. 하지만 이 때문에 다호메이인이 아닌 토착민 교역상은 교역항에 자주 드나드는 것이 억제되었을 것이다. 교역항에서는 모든 영리활동이 결국 국외자들이 손해를 보는 방식으로 다루어지는 경향이 있기 때문이다.

역사가들은 이제 다호메이의 우이다 정복에 대해 대차대조표를 작성해보아야 한다. 다호메이의 군주들은 정복한 땅을 본래의 제국에 통합하는 함정에 빠질까 두려워하여 우이다항을 자국의 중심으로부터 고립시켜놓고서 원격으로 통제하는 쪽을 선호하였다. 대차대조표의 차변에는 노예로 물물교환한 무기 그리고 무기가 뜻하는 그 나라의 안보가 오를 것이며, 대변에는 남녀 병력의 심각한 손실이 기입될 것이다. 우이다로부터 수출된 노예의 실제 규모는 다호메이 이전 수준에 미치지 못하였다. 예전에는 잦은 국지전에서 생겨나는 전쟁포로들로 내륙의 노예시장들이 성립하였고 이것을 저수지로 삼아서 북쪽과 동쪽의 대상(隊商)들이 노예를 원하는 조직적 수요에 맞는 수준까지 공급을 꾸려내었다. 하지만 이제는 단 한 나라가 매년 벌이는 전쟁에서 살아남은 포로를 추려낸 것이 유일한 공급 원천이 되었으며, 더욱이 그 공급도 인신공양에 제물로 바치고 또 왕과 대지주들의 플랜테이션에 쓸 노예들까지 추려내고 나니 크게 줄어들었다. 1687년 이전에 우이다에서 영국인들이 매년 구입한 노예가 1만 4천 명에서 1만 5천 명일 것이라는 뒤카스의 추산은 약간 과장일 수 있다(DuCasse, 1935: 14). 네덜란드 등의 상인들이 구입한 노예가 5천 명에서 6천 명은 족히 되었을 것이며, 포르투갈과 프랑스 상인들이 구입한 양은 그보다 훨씬 적었을 것이다. 어쨌든 노예무역 붐이 일었을 때 우이다 지역에서 수출된 노예의 숫자는 매년 2만 명은 분명히 넘었을 것이다. 다호메이 시절에 들어오면 노예무역의 양이 이 수준에 도달한 적이 한 번이라도 있었을지

대단히 의심스럽다. 북쪽과 동쪽, 즉 마히(Mahee)와 요루바에서 오는 대상들이 다호메이 영토를 횡단하는 것을 거의 완전히 멈추었을 것임에 틀림없기 때문이다.

하지만 총기류와 탄약이라는 사활이 걸린 자산은 이제 지속적으로 흘러들어오게 되었다(동시에 다호메이의 주변 적대국들은 이를 얻지 못하게 되었다). 수십 년이 지난 후 보스만이 겁에 질린 어조로 자신뿐만 아니라 유럽 각국의 자기 동료들이 내륙의 토착민들에게 공급한 유럽 총기류의 양이 얼마나 되는지 말하고 있는 것으로 보아 다호메이가 으뜸의 목적으로 삼았던 바가 달성되었음을 의심할 이유가 없다. 다호메이가 군사적으로 생존하기 위한 투쟁에서 성공할 수 있었던 것은 오로지 해안으로부터 무기가 넘치도록 유입된 덕분이었다.

다호메이의 장기적 전략은 결실을 맺고 있었다. 다호메이가 종주국인 오요로부터 해방된 것이 다호메이 자신의 노력에 기인한 것은 아니었다. 하지만 다호메이는 끈질기게 살아남아서 19세기의 첫 4반세기 동안 옛 오요 왕국이 북쪽에서 온 외세의 공격—처음에는 누페(Nupe), 그다음엔 풀베(Fulbe)—으로 무너지는 것을 보게 되었다. 다호메이가 취했던 여러 정책들은 비로소 헛된 것이 아님이 입증되었다.

제10장

노예무역에 쓰였던 유럽의 가상화폐

토착민과 유럽인들의 거래

애초부터 유럽인들과 기니 해안의 아프리카인들 사이의 교역은 오지의 토착민들이 까마득한 옛날부터 지켜온 교역 절차들의 틀에서 발전되어왔다. 이는 서로에게 맞추어가는 과정이 아니라 유럽인들이 일방적으로 조건에 맞추어 들어가는 과정이었다. 그 결과 제도의 발전은 불균등하였으며 그중에서도 화폐 문제를 해결하기 위한 제도화가 시작되는 것조차 아주 오랜 시간이 걸렸다. 하지만 종국에는 극적인 화폐 혁신을 이루게 된다.

영국 왕립 아프리카 회사의 17세기 말 회계장부를 철저하게 조사한 보고서들을 보면(Davies, 1957; Wyndham, 1935), 이 회사의 여러 모험사업에서 발생한 이윤과 손실이 심히 모호하다는 인상을 받게 된다. 이를 연구한 역사가 데이비스(K. G. Davies)는 일정한 지체(遲滯)가 존재한다는 것을 인정하면서 모종의 인류학적 설명을 제시한다. "서로 다른 두 문명이 거래하게 되면 궁극적으로는 양쪽의 가격체계가 동화된다. 하지만 그 과정에는 시간이 걸리며 아프리카에서는 17세기까지도 이 과정이 완결되었다고 할 수 없다"(Davies, 1957: 235). 교역이 계속 성장하는 가운데에서도 두 문명의 교역체제는 계속 분리되어 있었다는 것이다. 기니 교역은 그다음 50년에 걸쳐 상(上)기니에서 하(下)기니를 거쳐 칼라바르(Calabars)까지 확장되었고, 이곳저곳에서 벌어지던 물물교환도 점차 확대되어 상당한 규모의 황금무역으로 발전하였다. 회계를 경제조직의 발전을 측량하는 척도라고 볼 때, 그 진보는 교역이 서쪽에서 동쪽으로 지리적으로 이동하는 것을 따라서 아주 느리게 이루어졌다는 것이다.

데이비스의 접근에서는 서아프리카의 교역방식과 유럽인들의 교역방식 사이에 본질적인 차이점이 무엇인지가 무시되고 있다. 그것은 제도와 조직상의 차이였지 가격체계의 차이가 아니었다. 토착민들의 교역은 자기 지역에 없는 다른 지역의 주요 산물들을 먼 곳으로부터 획득해오는 수입 지향적 활동이었고, 얻고자 하는 물품 전체와 자기들이 교역으로 내주려는 물품 전체를 맞대어놓고 1:1의 비율로 바꾸는 물물교환이었다. 비상시가 되면 그저 이 비율을 좀 변형해 2:1이나 2.5:1로 교환하는 정도였다. 하지만 유럽인들의 교역은 다양한 제조업 상품을 수출하는 것을 의미했으며, 본질적으로 화폐이득을 지향하는 활동이었다.

토착민들의 주요 산물들은 전통적으로 내려오는 비율에 입각하여 다른 주요 산물들과 '현물'로 교환되도록 표준화된 재화였다. 그것을 거래하는 이들은 일정한 신분을 지니고 있었으며, 그 거래에서 소득을 얻지 않았다. 운반, 호위, 협상은 원행하는 대상(隊商)들이 맡는 것이 규칙이었다. 이 대상들은 한 정치단위에서 다른 정치단위로 직접 여행하는 이들로서, 반년에 한 번 열리는 정기시(定期市, fairs)에 이따금씩 들러서 다른 교역상들과 만났다.

만약 이러한 토착민들의 거래를 '관리된'(administered) 교역이라고 기술한다면, 유럽인들의 거래는 '시장교역'(market trading)이라고 묘사해야 할 것이다. 이는 전자와 반대로 가격에서 이윤을 얻는 것을 지향하고 있으며, 따라서 화폐화된 회계를 고안하여 단일 통화—즉 황금—로 수없이 다양한 물품을 아우를 필요가 있었다. 비용을 넘는 판매 이윤을 남기는 것은 절대적 지상과제이다. 황금이나 노예를 얻는 것이 비록 유럽 국가들이 정치적인 목적으로 승인한 활동이라고 해도, 그 거래가 계속 손실을 낸다면 결코 지속될 수는 없기 때문이다.

이 어려움의 핵심을 이해하기 위해서는 토착민들의 교역에는 세 가지 서로 철저하게 얽혀 있는 특징이 있었으며 이는 변화가 불가능한 것들이었다는 점을 알고 있어야 한다. 첫째, 그들이 교역하는 동기는 자기 내부의 주산물을 내어주고 먼 지역에서 나는 주산물을 얻고자 하는 필요였다. 이는 곧 등가물들을 서로 바꾸는 물물교환의 행동으로서 착상된 것이었다. 둘째, 교환의 매개수단으로 화폐가 끼어드는 법이 없었다. 교역 당사자 가운데 어느 한쪽이 내부적으로는 화폐를 사용한다 해도 각자의 화폐가 다른 쪽 사회에서도 유통되라는 법은 없는 것이다. 마지막으로 주산물들이 교환되는 비율은 전통적으로 고정되어 있어서 가격흥정의 여지가 아예 없는 것이 규칙이었다. 인간 세상의 사리대로, 이러한 가격 비율은 생태, 군사, 교통 등 주산품들의 거래를 애초에 성립시킨 바로 그 요소들이 결정하였다.

적응과 균형 유지의 역할은 사실상 유럽 쪽이 맡고 있었다. 왕립 아프리카 회사는 본질적으로 금을 단위로 삼는 회계를 갖춘 '시장교역'의 수행을 절대적으로 요구하고 있었거니와, 이는 이득 없이 전통적인 비율에 따라 물물교환하는 토착민들의 교역체제와 결코 맞아떨어질 수 없었다. 하지만 유럽인들은 다른 한편으로 일련의 현실적인 적응과 조정을 통하여 교환할 물품 전체를 1:1의 비율로(혹은 그 배수의 비율로) '현물로' 물물교환해야 한다는 토착민들의 요구에 맞출 수 있었고, 또 어떤 지점까지는 실제로 성공하기도 했다. 이를 얼마나 정밀하게 하느냐, 또 그럼으로써 어느 정도의 성공을 거두느냐 등이 기니 무역의 역사—황금무역 시대도 포함해서—를 이룬다고 해도 과언이 아니다. 화폐적 회계 그리고 이윤 마진을 포함하는 가격이라는 유럽인들의 필요를 충족시킬 수 있는 해결책은 오로지 노예무역이 우이다 교역항에서 완성되었을 때에만 나올 수 있었다.

기니 무역이 해안을 따라 진행되는 과정을 세밀하게 시간 순서로 따라가보아도 회계의 진전이라는 점에서는 이렇다 할 징후가 보이지 않는다. 이를 보여주는 문헌은 드물지 않다. 북단의 상(上)기니 해안에서부터 최남단의 풍향(Windward)해안에 이르기까지 거래되었던 물품의 질과 양을 서술하고 있는 존 바봇이 남긴 여러 권의 문헌을 보면 왕립 아프리카 회사의 기록들에 대한 연구조사가 필요하다는 것을 알 수 있다(Barbot, 1732). 전문가들은 당연히 이 기록들에서 황금해안을 묘사할 때가 되면 가격산정과 원가회계의 방법에서 조정을 행한 표지들이 나타날 것이라고 확신할 테지만, 실제로는 그런 것이 전혀 없기 때문이다. 유럽인들의 관행상 회계는 모든 항목을 단 하나의 표준, 즉 황금의 가치로 환원해야만 하며, 그렇지 않은 회계는 아무짝에도 쓸모가 없었다. 그런데 실제 이 기록들에는 토착민들의 교역에 쓰이는 수많은 다양한 표준들이 사용되고 있으며, 심지어 어떨 때에는 그 비율이 교역 장소가 달라지면 함께 달라지고 있다. 세네감비아(Senegambia)이든 황금해안이든 "현재까지 남아 있는 장부들에는 이윤과 손실에 대한 불완전한 그림만이 드러나며, 그나마 아마도 잘못된 그림일 가능성이 크다"고 데이비스는 솔직하게 인정하고 있다(Davies, 1957: 238). 또 현실적 필요에 따라 가치표준을 계속 조정하여 얻었던 결과들은 "아프리카 무역과 연관된 다른 모든 것들과 마찬가지로 황당할 만큼 가지각색이다"라고 윈덤(H. A. Wyndham)은 논평한다(Wyndham, 1935: 70).

'철괴(Bar)해안'은 좋은 예이다. 아프리카인들의 교역은 여기에서 다른 어디에서보다 더 진보된 스스로의 비율산정 방식과 이에 상응하는 회계 방식을 낳았다. 윈덤의 말을 인용해본다.

풍향해안에서 '철괴'는 단일 가치척도가 되어 다른 모든 재화의 가치를 측정한다. 이에 따라 이 교역은 '철괴교역'이라고 불리게 되었다. 그리하여 무어인들이 감비아에 도착하면 1파운드 무게의 동물 털, 2파운드 무게의 화약, 1온스의 은, 1백 개의 화승총 부싯돌이 모두 '철괴들'이었다. 이 각각의 교역품이 모두 철괴 하나에 해당했던 것이다. 하지만 그 양은 해안의 다양한 지역에 따라 달랐을 뿐만 아니라 인접한 장소들 사이에서도 달랐다(Ibid.: 67).

철괴는 유럽인들에게 재화를 판매할 때에는 5실링이라는 "불변의 명목가치"를 가지고 있었지만(Ibid.: 68), 당연하게도 토착민 교역 내부에서의 이 '철괴들'의 교환비율은 유럽인들 가격체계에서 개별 물품의 가치와 아무런 관계도 없었다는 것이다. 하지만 이렇게 철괴를 사용한 가치평가가 토착민들에게 더욱 체계화될수록 이는 유럽 쪽의 회계가 점점 더 어려워진다는 것을 뜻했다. 왕립 아프리카 회사로서도 애초의 목표는 금을 표준으로 한 회계였지만 철괴 표준으로 만족했다. 하지만 철괴와 황금의 비율은 지역마다 들쭉날쭉했다. 따라서 유럽인들도 이런저런 주요 산물들을 정해진 양대로 1:1 교환으로 바꾸는 '현물'교역에 적응하는 수밖에 없었다. 철괴교역은 이런 식의 주먹구구 계산으로 계속 번성해갔으니 효율적인 회계는 아예 문제조차 될 수 없었다.

데이비스는 기니 무역의 조건들을 요약하는 가운데 신랄하게 정곡을 찌른다. 그것은 토착민들의 방식과 그들의 필요에 따라 지배되는 무역이었다는 것이다. 유럽인들 무역의 주된 특징은 아시아 무역 그리고 훗날 아메리카 무역과 마찬가지로 화폐로 이윤과 손실을 계산하는 회계였다. 하지만 서아프리카에서 유럽인들은 이러한 기본적인 관행을 포기해야 했다. 예외없이 언제나 유럽인들은 토착민들의 방식대로 화폐 사용을 피하고 '현물의' 물물교환으로 전환하였다.

토착민들의 교역품은 금, 노예, 후추, 상아, 토착 직물들, 가죽, 가축 떼, 수수 등이었다. **유럽인들**의 교역품은 총과 화약, 브랜디, 철괴 그리고 이따금씩은 구리, 인도와 유럽의 직물들, 쓰던 홑청, 철물, 저울로 달아 파는 장신구 등이었고 여기에 시간이 지남에 따라 몇백 가지 다양한 품목이 덧붙었다. 토착민들의 교역품은 해안의 다른 지역들에서 각각 표준으로 기능하였다. 유럽인들의 주산품 가운데에서는 철괴를 으뜸가는 표준으로 사용하였고 칼라바르에서는 구리를 표준으로 쳐주었다. 직물은 그다음으로 쳐주었다. 하지만 유럽인들은 토착민들의 주산품 교역의 일반적 패턴만을 따르지 않았다. 무엇보다도 중요한 것은, 토착민들의 표준과 유럽인들의 표준 간에 관계를 설정해야 할 때에도 언제나 토착민들의 표준 쪽이 이용되었다는 사실이다. 예를 들어 세네갈에서는 유럽인들의 재화에 가죽으로 교환비율이 매겨졌고 노예에는 철괴로 교환비율이 정해졌다. 그리고 토착민들의 표준인 가죽과 유럽인들의 표준인 철괴 사이에는 철괴 하나당 가죽 여덟 장의 비율이 존재하였거니와, 여기서도 토착민들의 물품인 가죽으로 철괴의 가치가 표현되고 있다.

또한 카우리(Cyprea moneta) 또한 유럽인들이 무게나 부피로 달아 거래하는 그들의 물품이었지만, 또 노예해안에서는 토착민들의 가치표준으로 쓰였다. 이 지역의 식품 장터에서는 낱개의 카우리—조개껍데기 하나의 가치는 1파딩(farthing)[1]의 8분의 1—나 사금가루 한 톨이 교환수단으로 사용되었다. 물론 황금은 유럽인들이 가져오는 재화가 아니라 토착민들의 교역품이었으며, 황금해안 말고도 몇몇 지역에서는 표준으로 사용되었다.

하지만 유럽인들에게 모든 물품을 철괴를 표준으로 비율을 매길 특권이 있는 것이 아니었기에, 철괴를 표준으로 표현하는 것이 그들 회계의 전반적 문제에 대한 해결책으로는 거의 도움이 되지 못했다. '철괴해안'에서처럼 토착민들이 오로지 철괴만을 유일한 가치표준으로 사용하는 예외적인 경우에서는 토착민들이 대부분의 유럽 주산물들의 교환비율은 물론 자

---

1 영국의 청동화로 4분의 1페니에 해당.

기들의 모든 주산품들 또한 그 교환비율을 **철괴로** 표현해왔다. 데이비스가 언급했던 사실, 즉 오로지 풍향해안에서의 몇몇 경우에 한해서만 손익계산서를 작성할 수 있었다는 사실은 이것으로 설명될 것이다.

'철괴해안'이라는 예외적 사례는 서아프리카라는 생태환경의 핵심적 특징에서 기인했다. 다른 대륙에서의 선사시대와 달리 아프리카의 대부분 지역에서는 청동기와 철기가 함께 나타났다. 기니 해안 전 지역에 걸쳐서 유럽산 철괴에 대한 수요가 간절했던 것도 부분적으로는 여기에 원인이 있다. 이 철괴들은 종종 내부 교역에서도 표준으로 쓰였다. 그리하여 영국 무역상들이 풍향해안에 도착했을 때 그 지역의 흑인들이 자기들 물품의 가치를 전통적인 '철괴' 가치로 표현한 긴 목록을 가지고 영국인들을 맞이했던 것이다. 그러자 '물 건너온 철괴'(voyage iron)의 대량 수출국인 영국의 상인들은 이 해안 지역에서 철괴에 대한 자신들의 가치평가를 절상하여 가능한 한 이윤을 더 확보하려 했다. 데이비스가 말한 바 있듯이, "비록 철괴가 이 지역 교역에 반드시 필요한 역할을 수행하기는 했지만, 계산수단으로 쓰인 철괴와 실제 철괴가 항상 혹은 반드시 일치하지는 않았다는 점을 명심해야 한다"(Davies, 1957: 238). 영국의 왕립 아프리카 회사는 자기들끼리 주고받는 '송장'(invoices)에서는 철괴 하나를 4실링으로 평가했지만 감비아의 토착민들에게는 5실링의 명목가치를 부여하였다. 철괴 하나의 원가는 4실링에 불과했지만, 실제의 영국 무역에서 "계산수단으로 쓰인 철괴의 가치는 일반적으로 6실링"이었다(Ibid.: 238). 윈덤은 심지어 철괴의 정상적인 가치를 5실링에서 3실링으로 낮추자는 영국 의회 위원회의 제안까지 인용하고 있다(Wyndham, 1935: 48, n. 1).

이렇게 실링으로 따진 철괴 표준의 가치가 지극히 '탄력적'이었다는 사실로 볼 때 아프리카인들과 유럽인들이 결국 모두 실링으로 계산하는 관행에 접근했던 게 아니냐고 생각할 수도 있다. 또 화폐적 시장경제에 익숙한 현대의 연구자들은 한 지역이 그렇게 동일한 화폐를 쓰는 상태로 접근해가는 과정에서 모종의 진보를 볼 수도 있겠다. 하지만 그러한 진보는 겉모습일 뿐 실제로 그런 것은 아니었다. 철괴 표준의 가치가 지극히 탄력적이었다는 것은 단지 유럽인들의 표준이 아직도 얼마나 불안정했는가를 증명할 뿐이었다. 근대의 전목적적 화폐(all-purpose money)[2]는 시장거래의 결과물로서 그로부터 1세기 후에 비로소 나타나게 된다. 아직 국제무역의 여명기를 겪고 있던 서아프리카에서는 시장거래의 아주 초보적 형태마저 존재하지 않았다. "이 철괴는 유럽인들이 교환의 효과적 매개물이라고 일컫는 것과는 거리가 멀었다"고 윈덤은 말한다(Ibid.: 68). 더욱이 '실링' 또한 가상의 단위에 불과하였을 뿐이며 교환의 매개수단이 아니었다. 비록 이것이 토착민들의 '가치가 안정된 철괴'(static bar)처럼 작은 지역단위의 표준으로 쓰이기도 했지만 말이다. 앞에서 말했듯이, 그 유일한 예외는 풍향해안에서 교역되던 경우뿐이었다. "무역에 사용된 배의 선주들에게 풍향해안에 있는 창고의 한몫을 가지도록 허락하는 것이 관행이었다." 따라서 매출에 대한 회계는 런던으로 돌아온 후 합계하여 이루어졌다. 1680년에서 1687년 사이에 "95개의 풍향해안 창고들의 회계기록이 남아 있으며, 여기에서 우발적으로 발생한 비용을 빼고 나면 매년 항해에서 얻은 이윤을 계산할 수 있다"(Davies, 1957: 239). 평균이윤은 38퍼센트였다. 안타깝게도 이 회사의 화물 출하장부에서는 손익을 계산할 때 그 단위가 무엇이었는지에 대해서는 아무런 암시가 없다(아마도 파운드-실링-페니 체제였을 가능성이 크다).

　　노예무역이라는 모험사업의 위상을 더욱 악화시킨 것은 왕립 아프리카

---

2 화폐의 기능을 보통 교환의 매개 수단, 채무의 지불 수단, 가치의 저장 수단, 가치의 계산 수단 네 가지로 나눈다. 폴라니가 말하는 전목적적 화폐란 이 네 가지 기능 모두가 통일된 현대의 화폐를 말하는 것이다. 이 문맥에서 폴라니는 '철괴'나 '실링'마저 단지 여러 교역품의 가치를 표현하기 위한 계산화폐였을 뿐 실제로 교환의 매개 수단으로 쓰인 화폐는 아니었다고 말하고 있다.

회사의 독점권에 여러 가지 제한이 붙어 있었다는 사실이다. 이 회사의 독점권은 아프리카의 해안에서만 유효했으며 이 전체 항해사업의 세 번째 구간인 서인도제도에서 영국으로 되돌아오는 여정에서는 효력이 없었다. 이 항해사업은 아프리카에서 노예를 구입하여 서인도제도의 식민지에다 경매로 팔아서 그 노예노동을 통해 식민지에서 생산된 소출을 영국으로 가져오는 것이었고, 따라서 이윤이 실현되는 것도 바로 이 세 번째 구간에서였다. 게다가 식민지 농장주들은 또 왕립 아프리카 회사에 진 외상을 질질 끌면서 오래도록 갚지 않았다. 그래서 이미 두 긴 여정을 마치고 서인도제도의 식민지로 온 배들이 결국 이들의 '현물' 지불을 얻어내지 못한 채 영국으로 돌아오는 일이 다반사였다.

데이비스는 왕립 아프리카 회사에 관한 한 개별 모험항해에 대해서는 아무런 손익회계가 기록되어 있지 않다고 명시적으로 말하고 있다. 영국의 왕립 아프리카 회사는 아프리카의 주산물 교역에 적응하기 위해 숱한 노력을 기울였지만 황금을 계산단위로 한 화폐회계는 물론이고 무역거래에서 일정한 이윤 마진을 보장받는 등의 단계에도 접근조차 하지 못했다. 물물교환을 위한 물리적 조치들을 안정시킨 최초의 단계에서 유럽식 손익계산 회계가 가능한 단계에 이르기까지는 실로 머나먼 여정을 거쳐야 했다.

'길이의 중량'

모든 물물교환 상황에서 부딪히게 되는 본질적 문제, 즉 이것의 어느 만큼을 저것의 어느 만큼과 바꿀 것인가는 단계적으로 해결되었다. 그 기본적인 작업 도구는 '길이의 중량'(weight of the measure), 즉 통일된 도량형을 확립한 것이었다. 한편으로는 단위에 대해서, 또 한편으로는 '비율의 고정'에 대해서 서로 동의하는 것이 그 최초의 작업이었다. 오직 이 비율이 정해진 뒤 **오직 그 비율에서만** 교역이 가능하기 때문이다. 길이 단위와 무게 단위를 확립하는 것에는 교환비율 협상의 용어라는 것 말고는 아무런 상업적 의미도 부여하지 않았다. 하지만 앞으로 보겠으나, 실제에서는 여러 단위들에 대한 협상과 교환비율에 대한 협상이 동시에 이루어졌다.

기니 해변에서 옷감을 황금과 교역했던 최초의 영국인 가운데 한 명인 윌리엄 토슨(William Towrson)이 내놓는 설명으로부터 몇 구절을 보자. 초기의 황금무역에서 무게 단위와 길이 단위가 어떻게 확립되었는가 그리고 황금의 무게와 직물의 길이 사이에 어떻게 비율을 확립했는가가 잘 드러나 있다. 첫 번째 협상이 시작될 때 영국인들은 2엘(ell)의 직물과 2앤절(angel)[3]의 금을 각각 길이와 무게를 나타내는 자기들 쪽 척도로 하여 해안의 흑인 '우두머리'(captaine)에게 보냈다. 그러자 후자는 직물을 재는 자기 쪽 척도(영국인들 것보다 조금 더 컸다)와 황금의 무게를 재는 자기 쪽 척도(무게가 덜 나갔다)를 다시 영국인들 쪽으로 보냈다. 이리하여 두 가지 문제가 발생했다. 한편으로는 무게나 길이나 실제의 측량에 사용되는 양쪽 단위들을 통일할 수 있는 각각의 단위를 어떻게 찾을 것인가 그리고 다른 한편으로는 그러한 단위들을 찾아낸다고 해도 그것으로 길이와 무게를 표현한 물건들 사이에 물물교환이 받아들여질 수 있는 비율을 또 어떻게 찾아낼 것인가였다. 이러한 전제들 위에서 수행되는 교역은 1:1 교환이라고 묘사하는 것이 옳다. 첫 번째 순서에서는

> …… 그들이 우리 쪽에 배를 보내 자신들이 황금을 가지고 있다는 것을 보여주었다. 우리에게 대략 1크라운의 절반에 해당하는 금 조각을 보여주고는 길이와 무게를 재는 우리 척도를 자기들의 우두머리에게 알려주고 싶다고 했다. 우리는 그들에게 2엘의 길이 척도와 2앤절의 무게 척도를 주고서 우두머리에게 보여주라고 했고, 그들은 그것들을 가져갔다……(Towrson, 1907: 81).

---

3 엘은 45인치에 해당하는 길이 단위이고, 앤절은 1온스(금을 잴 때는 1파운드의 12분의 1에 해당)의 16분의 1 혹은 30그레인에 해당하는 무게 단위로 대략 1.94그램에 해당한다.

두 번째 순서에서는

그들이 가져온 길이 척도는 2엘짜리, 4분의 1엘짜리, 8분의 1엘짜리 천조각 셋으로 이루어져 있었고, 또 그들의 황금 무게 척도는 1크루자두(Crusado)[4]였다. 그리고 그들은 손짓으로 이 비율이라면 직물과 황금을 바꾸겠지만 그보다 적은 양으로는 바꿀 수 없다는 의사를 분명히 했다(Ibid.: 81~82).

하지만 여기에서는 어떤 합의에도 이르지 못했다. 근처의 다른 장소에서 이 절차가 한 번 더 시작되었고, 영국인들은 똑같은 비율을 제시하였다. 이 협상이 시작될 때 흑인들 쪽 우두머리에게 구리로 만든 물동이 두 개를 선물로 줄 것이라는 점도 포함되었다. 이 '선물'은 예물일 뿐 영리행위는 아니다.

그 우두머리가 나타났을 때 나는 그에게 2엘의 직물과 두 개의 물동이를 전달했다. 그러자 그는 다시 **똑같은 길이에 해당하는 무게의 척도**를 달라고 사람을 보냈다. 나는 그에게 2앤절을 무게 척도로서 보냈지만, 그는 그것을 받아들이지 않았다……(Ibid.: 83, 강조는 폴라니).

협상은 계속되었고, 이제는 선물을 무시하고 진행되었다.

…… 흑인들의 우두머리는 의자를 가져오라고 시켜서 앉더니 한 사내를 우리 배에 올려 보냈다. 그가 가져온 길이의 척도는 1엘짜리, 4분의 1엘짜리, 16분의 1엘짜리 천조각 셋으로 이루어져 있었고 그는 1앤절과 12그레인의 황금에 대해 자기가 내놓은 천조각의 네 배에 해당하는 천을 가져가려고 했다. 나

---

4 Cruzado를 말하는 듯. 1487년 포르투갈에서 아프리카의 황금으로 발행한 금화의 이름.

는 그에게 2앤절 무게의 황금에 대해서 내가 제시한 것과 같은 2엘의 천을 내놓았다. 그는 이를 완전히 무시했으며 자기가 먼저 말한 대로 4개라는 척도를 고집했다……(Ibid.: 84).

다시 말하자면, 흑인들은 사실상 42그레인에 해당하는 황금을 내놓고서 5와 4분의 1엘에 해당하는 직물을 얻고자 했으며, 영국인들은 60그레인에 해당하는 황금을 준다면 2엘에 해당하는 직물을 주겠다고 제시한 것이다.

다음 날 협상이 더 진행된 뒤에 마침내 그들은 길이와 무게의 척도에 합의하였다. 즉 영국인들의 길이 단위인 엘과 흑인들의 무게 단위인 1앤절과 12그레인을 쓰기로 한 것이다.

…… 그리고 배들이 출항할 준비가 되었음을 보고 그들은 자기 측으로 돌아가 1앤절과 12그레인의 무게에 해당하는 금을 챙기고 …… 자기들이 3엘의 직물을 가져가겠다고 …… 손짓했다(Ibid.: 85).

요컨대 직물 판매자의 길이 단위와 황금 판매자의 무게 단위를 사용하여 일정한 길이의 직물(3엘)과 일정한 무게의 황금(1앤절과 12그레인) 사이에 등가를 확립한 덕분에 교환될 수 있었던 것이다.

한편으로는 무게와 길이의 단위가, 다른 한편으로는 그 두 단위 사이의 비율이 1:1의 기조로 협상되었다. 이러한 기초 작업을 통하여 교역의 나머지도 이해할 수 있다. 그 1:1 관계에 단순히 몇 배를 곱한 비율이 사용되는 경우라 해도 그 원칙은 동일하다. 1455년 사 다 모스토(Cà da Mosto)는 세네갈의 강어귀로 항해하면서 다음과 같은 기록을 남겼다.

검은 피부의 무어인들이 사는 지역에서는 화폐가 사용되지 않는다. 이들은 화폐의 용법을 아예 알지 못하며 이는 흑인들 또한 마찬가지이다. 하지만 모든 거래는 한 가지 사물을 다른 사물 하나와 바꾸거나 간혹 2개를 1개와 바꿈으로써 벌어진다……(De la Harpe, 1780에 실린 사 다 모스토의 발언).

이러한 수수께끼 같은 언명이 있은 지 3세기 반이 넘게 지난 후, 영국의 여행가 휴 클래퍼튼(Hugh Clapperton)과 그가 이끄는 많은 대상(隊商)들은 중앙 수단의 차드(Tchad) 호수 북쪽인 빌마(Bilma) 근방에서 생계 물자 부족에 시달렸다. 이 지역의 여인들은 처음에는 음식과 사료가 충분치 않다고 우겼지만 종국에 가서는 그들이 요청하는 것을 "150퍼센트의 이윤으로" 내놓기로 했다. 클래퍼튼의 회상록(Clapperton, 1829)에 나오는 이 구절은 사 다 모스토의 수수께끼 같은 말, 즉 "2개를 1개와" 교역한다는 것이 무엇인가라는 질문에 해답을 준다. 빌마의 여인들은 가격을 이미 확립되어 있는 등가의 교환비율의 $2\frac{1}{2}$:1로 정한 것이었다. 사 다 모스토가 말하는 2:1이라는 것도 전통적 교환비율의 두 배를 뜻한다. 양쪽 경우 모두 주산물들은 다른 주산물들과 교환되고 있지만 그 교환비율은 정해진 등가관계의 배수로 되어 있다. 이 두 가지 증거는 비록 오랜 시간 간격이 있지만 참으로 알아보기 힘든 방식으로나마 주산물 교역의 기초를 이루는 정식(定式)을 담고 있다. 즉 토착민들의 생각으로 볼 때 위의 예들은 이미 정해진 1:1의 등가관계에서 변형된 교역일 뿐인 것이다.

묶음

양쪽 주산물들의 1:1 교환은 아프리카에서 교역이 이루어지는 기초이다. 아프리카와 유럽의 교역상들이 적도의 해변에서 혹은 미지의 해안가에 떠 있는 배 위에서 처음 만난 후로, 바로 이러한 결과, 즉 관례적인 무게와 길이 단위들을 서로 통일하기 위하여 세심한 절차들이 마련되었다. 그 결과는 '길이의 중량'을 서약하는 의식(儀式)이었다. 직물을 황금과 교역할 때 '교환비율'을 정할 수 있는 협정에 도달하려면 이러한 서약의 의식이 전제되어야 했다. 이러한 교역 언어에 대한 가장 기초적인 합의가 없다면 대화 자체가 시작될 수 없었다. 그리고 만약 기니 무역이 북기니로부터 황금해안으로까지 이동하면서 이 정도 교역에서 멈추었더라면 대부분의 토착민들 물품을 유럽인들의 물품과 교환하는 데에는 이 '길이의 중량'으로 충분했을 것이라고 생각할 수 있다. 하지만 황금해안에서조차 이미 여러 어려움이 두 방면에서 생겨났다. 우선 부분적으로는 유럽인들이 수출하려는 재화가 갈수록 다양해졌던 데에다가 더 중요한 원인으로 황금해안에서 획득할 수 있는 노예의 양이 계속 늘어났던 것이다. 실제로 17세기의 마지막 25년간 노예무역의 붐은 밀물처럼 거세게 솟구쳤고, 이에 유럽인들은 여러 교역 기법을 발전시키지 않고서는 도저히 해결할 수 없는 상황에 봉착하게 되었다. 그리고 이때에도 해결책은 토착민들의 교역 스타일, 즉 주산물들을 1:1로 교환하는 방식에서 찾아야만 했다.

노예는 그것과 교환되는 다른 재화에 비해 가치가 높았던 데에다 그렇다고 쪼갤 수도 없는 것이었다. 유럽인들의 다종다기한 상품들은 먼저 그것들끼리 단일한 공통 표준으로 등가관계를 맺은 뒤 이를 매개로 다시 노예 한 사람에 몇 개라는 식의 등가관계로 전환되어야 했다. 원주민들 쪽에서 보자면 전쟁 도구, 의복, 장신구, 철물, 그 밖에도 점점 더 많은 유럽의 물건에 대한 필요가 확대되면서 또다시 새로운 유럽 상품들을 요구하고 있었다. 그리고 유럽인들 쪽에서 보자면 그들의 화폐화된 회계는 주산물 교환이라는 방식을 넘어서 상업적 거래 과정을 통해 수익을 발생시켜주는 교역방식을 요구하고 있었다.

이에 노예 한 사람의 가치와 맞먹으면서 또 화폐적 회계의 요소도 도입되어 있는 새로운 종류의 주산물이 창조되었다. 이는 여러 가지 주산물의 '묶음'(sorting)으로서, 노예 한 사람의 '교환비율'(rate of trade)과 맞먹도록 짜였다. 아마 이 용어는 노예무역이 칼라바르까지 확산되면서 처음 나타난 것일 수 있다. 이 묶음은 노예를 수출하는 '손들'(hands)의 필요와 취향에 맞추어 세심하게 선별되었다. 아프리카인들의 보수주의는 무시될 수 없었다. 이 묶음을 잘못 선별하게 되면 값을 깎아준다고 해봐야 아프리카인들은 받아들이려 하지 않았다. 이들의 마음을 얻기 위한 경쟁은 따라서 순전히 그 묶음에다가 어떤 주산물들을 선별해 넣었는가 그리고 그 품질이 어떠한가에 집중되었다. 물론 왕은 총과 화약을 확보한 다음에는 해외무역에서 파생되는 관세, 통행세 등과 그 밖의 화폐수입에 관심을 두었지만, 일반인들은 유럽인들이 내미는 재화가 얼마나 매력적이고 얼마나 좋은 품질인가를 다른 모든 흥정 항목보다 우선시하였고 가격 또한 예외가 아니었다. 그렇기는 하지만, 무허가 상인들이 영국 왕립 아프리카 회사보다 25퍼센트에서 30퍼센트까지 화끈하게 가격을 인하해 내놓자 이것이 확실하게 토착민들의 호의를 얻었던 사실도 기억해야 한다. 하지만 이렇게까지 화끈한 가격인하가 아니라면 별 관심을 끌지 못했다. 따라서 정규 무역회사의 무역상들이 교환비율을 놓고 협상할 만한 여지는 거의 없었다.

　이러한 조건 아래에서는 교환비율이 어떠했다고 쉽게 일반화될 수 없다. 칼라바르에서는 토착민 추장 가운데 자기가 직접 강 상류의 중앙아프리카 노예시장에서 사온 것이 분명한 노예를 판매하는 이들도 있었다. 그들은 매일같이 노예의 값으로 철괴 13개─관습적으로는 12개임에도─를 요구하면서, 내륙에서 노예가격이 뛰었기 때문에 자기도 어쩔 수 없다고 주장하곤 하였다. 다른 한편으로 다호메이 왕은 노예약탈 습격으로 유명하였다. 다호메이는 노예와 맞바꿀 만한 재화를 생산하지도 않았으니 결국 노예를 얻기 위해서는 전쟁 말고 다른 자원이 없었다. 이에 따라 다호메이 왕도 자기가 소유한 노예의 가격에 대해 좀 더 양보할 준비가 되어 있었다. 우리가 가진 자료들에 따르면, 종국적으로 모든 수입 재화들의 '비율'을 정하였던 것은 아르드라 왕, 우이다 왕 그리고 후기 우이다로 들어가면 다호메이 왕의 대표인 야보간(Yavogan) 등이었다(Barbot, 1732: 326

and 349). 왕 쪽에서 '자신이 고른' 재화들에 대해 흥정을 벌였다는 증거는 있지만, 이때 왕과 유럽 상선의 선장들 사이에 문제가 된 것은 가격이 아니었다. 빌럼 보스만은 우이다 왕과 해외무역상들 사이에 이견이 있었음을 거리낌 없이 밝히고 있지만, 그가 불평하는 것은 오로지 노예들의 대가로 유럽인들이 내놓은 여러 재화를 놓고 우이다 왕이 분별없이 자기가 좋아하는 것들을 밝혀댔다는 것에만 집중되어 있다(Bosman, 1814). 존 바봇은 유럽 무역상들 사이에 가격경쟁은 전혀 없었다고 말하고 있으며, 토착민들과 외국인들 사이의 유일한 쟁점은 지불 방식—어느 만큼을 카우리로 지불하고 어느 만큼을 현물 재화로 지불할 것인가—이었다고 한다(Barbot, 1732).

이 교역은 1세기도 넘는 동안 여러 왕의 통치 기간에 걸쳐 수많은 유럽 나라들이 끼어들어 수백 척의 노예선에 노예를 잔뜩 싣고 갔던 교역이었다. 게다가 관계를 악화시키는 심각한 사건들까지 여러 번 있었던 교역이었다. 그럼에도 불구하고 그저 '교환비율'을 둘러싼 난점들만 아주 드물게 언급되는 정도였다는 것은 분명코 괄목할 만하다. 하지만 영국과 프랑스 쪽 자료 모두 똑같이 이 교환비율이 왕의 동의를 얻기 전에는 왕 자신 및 재상들을 제외하고 그 누구와도 교역을 시작할 수 없었다는 사실을 강조하고 있다. 최초의 시기까지 거슬러 올라간다 해도, 장 두블레가 길게 설명하고 있는 것처럼 동네의 시장에서 받아들여지는 가격 또한 왕의 관리들의 통제 아래에 있었다(Doublet, 1883). 물론 우리는 노예 가격이 비공식적으로 협상되었으며 민간 브로커들은 오직 그렇게 정해진 가격에서만 노예를 팔 수 있었고 또 유럽의 교역 재화들도 내륙의 시장들에서 오로지 재상들, 아르드라의 페울라(Feoula), 우이다에서는 왕 자신, 칼라바르의 현지 왕 등에 의해 통과된 비율로만 판매되었다는 사실에 의문을 표하지 않는다. 대답은 이렇다. 가격은 원칙상 바꿀 수 없고 왕은 단지 이를 기록해둘 뿐 협상하지는 않는다. 구르(M. Gourg)는 이 가격들이 철괴와 인도 비단만 제외하면 불변이라고 서술한다(Gourg, 1892). 그 전에 왔던 배가 교역하던 비율을 그대로 유효하게 지키는 관습적 규칙으로 인해 변경은 대개 금지되어 있었다. 노예 가격은 다호메이 국가의 고도의 외교적 사안이었으며 칼라바르에서 긴 협상을 거쳐야 하는 문제였지만, 노예와 교환되는 그 '묶음'에 들어 있는 재화들이 어떤 비율로 계산되었는지에 대해서는 거의 정보가 없다. 우리는 실제 교환비율을 기록하는 것은 물론이고 특히 그 묶음에 새로운 재화들을 포함시키도록 허락하는 일이 치밀하게 준비되고 협의되었으며, 이것이 보통 한 달 정도 시간을 잡아먹었을 것이라고 가정해야 한다. 나머지 사항들은 계속 보안에 붙여졌던 것으로 보이며, 그래서 우리는 그 묶음 안의 여러 항목들의 '비율들'이 과연 흥정 대상이었는지 그렇지 않은지, 그랬다면 어느 정도까지 그랬는지 등에 대해서 확신할 수 없다.

고대에는 인간의 가치를 매기는 데 사용된 범주들이 법률에서 나왔다. 구약성서에 보면 어른들이 성전(聖殿)에 노역 봉사시키기로 서원(誓願)했던 자기 아이들이나 부모들을 되무르려고 할 때 성전에서 그 대가로 요구할 수 있는 보속(補贖)의 양을 규정하고 있다(「레위기」 제27장).[5] 구스타프 나흐티갈은 다르푸르(Dar Fur, 동東수단)에서 노예의 가격을 매기는 표에 대략 비슷한 범주들이 있음을 발견하였다(Nachtigal, 1887). 존 애킨스(John Atkins)는 1721년 시에라리온(Sierra Leone)에서 여자 노예 한 사람에 해당

---

5 "여호와께서 모세에게 말씀하여 이르시되 이스라엘 자손에게 말하여 이르라 만일 어떤 사람이 사람의 값을 여호와께 드리기로 분명히 서원하였으면 너는 그 값을 정할지니 네가 정한 값은 스무 살로부터 예순 살까지는 남자면 성소의 세겔로 은 오십 세겔로 하고 여자면 그 값을 삼십 세겔로 하며 다섯 살로부터 스무 살까지는 남자면 그 값을 이십 세겔로 하고 여자면 열 세겔로 하며 일 개월로부터 다섯 살까지는 남자면 그 값을 은 다섯 세겔로 하고 여자면 그 값을 은 삼 세겔로 하며 예순 살 이상은 남자면 그 값을 십오 세겔로 하고 여자는 열 세겔로 하라. 그러나 서원자가 가난하여 네가 정한 값을 감당하지 못하겠으면 그를 제사장 앞으로 데리고 갈 것이요 제사장은 그 값을 정하되 그 서원자의 형편대로 값을 정할지니라"(개역 성서, 「레위기」 제27장, 1~8절).

하는 '묶음'을 이렇게 제시하고 있다.

등가에 해당하는 금괴 개수(Atkins, 1737: 163)

판자 1조각	10
77파운드짜리 주전자 7개	26
세 조각의 사라사 무명천	12
한 조각의 손수건 재료	2
여자 노예 한 사람의 가격	50

여기서 금괴란 애킨스에 따르면 금으로 만든 철사를 꼬아놓은 조각들로서, 1애키(ackey), 즉 16분의 1온스의 금에 해당하는 가치를 지녔다고 한다. 목록에 나열된 항목들로 이루어진 '묶음'이란 가상의 단위일 뿐 이 품목들로 구성된 실제의 단위는 아니었다. 선화증권(船貨證券)에 나오는 다양한 재화들은 안전 때문에 짐 선반에 보관되어 있었고 거기에 물품들을 내리기 위해 배가 기항하는 지리적 순서도 나와 있었지만, 위의 명세서에는 그런 것들과 무관하게 그저 배에 싣고 온 하물(荷物)이 열거되어 있다. 다른 한편 토착민들은 전통적인 재화들과 그 교환비율들에 익숙했고, 그 항목들 가운데 다수는 유럽 회사들의 창고 근처에서 판매되고 있었다. 유럽 회사들은 경험을 통해 토착민들의 금과 노예의 공급이 자기들 모두에게 돌아갈 만큼 충분하다는 것을 잘 알고 있었기에, 자기들끼리 똑같은 재화를 내놓아서 경쟁을 야기해 황금과 노예의 가격만 올라가는 사태를 피하기 위해 주의를 기울였다(Barbot, 1732: 182).

앞에서 말했듯이 이 '묶음'은 무엇보다 노예무역에서도 '현물로' 1:1 교역을 실시한다는 원칙을 유지하기 위해 고안된 장치였다. 이 원칙을 적용하기 위해 여러 가지를 조정하는 가운데 다양한 관행들에 가급적 일관성을 부여하는 것이 요구되었다. 바봇의 말에 따르면 남자 노예 한 사람의 기준은 "발목에서 귓불까지 여섯 뼘"이었다(Ibid.). 파울 에르트만 이세르트(Paul Erdmann Isert)는 이렇게 말한다.

젊은 흑인 한 사람은 키가 〔라인 강 지역의 척도로〕 4피트 4인치가 되어야 성인으로 간주되며, 여자 흑인은 4피트가 되어야 한다. …… 여기에 키가 미치지 못하면 1인치당 8리스달러(risdaller)[6]로 계산한다(Isert, 1797: 110~11).

노예의 신체에 결함이 있을 때 그에 대한 보상 목록도 나와 있다. "…… 예를 들어 이빨이 없을 때에는 2리스달러이다. 눈, 손가락 또는 다른 수족이 없다든가 하는 더 큰 결함이 있을 때에는 할인폭이 훨씬 더 커졌다"(Ibid.). 키는 표준에 도달하지만 결함이 있는 노예에 대해서 판매자가 구매자에게 보상해야 했다. 노예의 대가로 지불되는 '묶음'을 건드리지는 않았다. 만약 그 '묶음'에서 무언가를 덜어내는 식이었다면 무엇을 빼며 그 결과 그 '묶음'을 어떻게 재구성할 것인가 등의 선택이 유럽 교역상들에게 돌아갔을 것이다. 그런데 이렇게 되면 그 '묶음'을 단일한 하나의 단위로 삼아 교환하는 토착민들의 '현물' 교역의 논리를 거스르게 되고 말았을 것이다.

여기에서도 '현물'교역의 원칙과 엄격하게 일치하는 모종의 작업상의 도구가 등장하였다. 제임스 바봇(James Barbot)은 노예들의 여러 연령 집단을 열거하고 나서 먼저 "15세에서 25세에 이르는 흑인"으로부터 시작하여 그 각각의 가치를 매겨 나간다. 즉 이것이 표준 연령인 셈이다. 그는 계속해서 이렇게 말한다.

6 덴마크의 화폐단위.

8세에서 15세 사이 그리고 25세에서 35세 사이의 흑인은 세 명을 두 명으로 친다. 8세 이하와 35세에서 45세 사이는 두 명을 한 명으로 친다(James Barbot, 1732).

노예의 나이가 너무 적거나 많은 결함이 있을 때는 그 결함을 작업상의 약속에 의거해 합산한다. 이렇게 단순하게 몇 배를 곱하는 계수적 고안물에 힘입어 문제가 깔끔하게 해결되고 있다.

이 '묶음'은 가상의 단위로서, 이것이 작동하기 위해서는 토착민들에게 빼어난 기억력과 거래에서 기대에 부응할 만큼의 계산술이 있어야 했다. 아마도 바로 여기에서 저 유명한 담바(damba), 즉 홍두(紅豆)가 저축 도구로서 등장하게 된 것이리라. 담바라는 수수께끼는 왕성한 탐구욕과 잘 훈련된 정신을 갖춘 이세르트에 의해 해결된 바 있다(Isert, 1797). abrus precatorius라는 학명을 가진 담바, 즉 홍두는 아프리카와 아시아에 널리 퍼져 있는 콩과 식물로서, 크기와 무게가 단일하고 매력적인 모양의 콩을 결실로 맺는데, 밝은 붉은색에 검은 점이 하나 있어서 '오리의 눈'이라고 불리기도 한다. 이 담바는 '약의 중량'을 재는 단위로 쓰이며, 또 보석과 귀금속의 중량을 재는 데에도 쓰인다. 다호메이에서는 금의 중량을 재는 데 이 담바가 널리 쓰였다. 대량의 금을 잴 때 쓰는 중량 단위는 금형온스(ounce troy)[7]이며, 이는 16앤절 혹은 16애키(ackie)에 해당한다. 그리고 1앤절은 다시 24담바에 해당하였다. (인근의 아샨티에서는 타쿠taku 씨앗이 쓰였는데, 이는 담바 두 개에 맞먹는다.) 담바는 그 자체로는 가치가 없었다. 토착민들은 자기들이 유럽 무역상들에게 황금을 판매한 대가로 받을 교역 재화들의 가치를 계산하기 위한 셈돌로서 담바를 사용했던 것이다.

---

7 1온스는 보통의 물건을 재는 상형(常衡)으로는 1파운드의 16분의 1에 해당하지만, 금속을 재는 금형으로는 1파운드의 12분의 1에 해당한다.

1온스의 황금은 영국 화폐 4파운드(혹은 80실링)에 해당하였고, 1애키의 황금은 4파운드의 16분의 1, 즉 5실링에 해당한다. 황금해안에서 유럽인들은 황금을 구매한 대가를 여러 다양한 재화로 지불했거니와, 이때 토착민들은 자기들이 판매한 황금의 양에 해당하는 만큼 담바를 가죽 가방 하나에 채워서 이를 통해 유럽인들이 자신들에게 앞으로 갚아야 하는 '현물' 부채를 파운드-실링-페니로 나타낸다. 이미 지불된 황금에 해당하는 만큼의 담바 개수를 정확하게 재어 가방에서 덜어내게 되면, 가방 속에 남아 있는 담바는 토착민들이 받아야 할 교역품의 양을 나타내게 되는 것이다. 토착민들은 자기들에게 이미 지불된 재화들의 '가격 혹은 교환비율(rates)'을 익숙하게 잘 알고 있는 한, 유럽 무역상으로부터 자기들에게 들어온 재화의 양을 계속 세어 나갈 수 있다. 그리고 황금과 카우리의 교환비율은 절대적으로 안정되어 있었기에 토착민들은 이 담바로 표현된 가치를 파운드-실링-페니로 환산하는 것만큼 손쉽게 카우리로도 환산할 수 있었고, 또 유럽인들이 황금과의 비율을 안정적으로 유지했던 네덜란드의 길더나 덴마크의 리스달러 같은 은화로도 쉽게 그 가치를 바꾸어 계산할 수 있었다.

'묶음'은 '현물'로 1:1이라는 토착민들의 원칙을 고수하기 위해 고안된 것만은 아니었다. 이는 유럽의 무역상들에게도 새로운 제품을 소개하고 또 가장 이윤이 남는 비율로 교역품을 내놓는 등을 통해 상업적 재주를 부릴 여지를 주기도 했다. 1'온스'의 등가로 정해진 여러 재화의 양은 영구적으로 고정되었지만, 본국에서 가장 싼 재화를 골라내는 것은 유럽 무역상들의 능력에 달렸던 것이다.

하지만 일정한 이윤 마진을 제도화하는 것은 아직 이루어지지 못했다.

영국의 '무역온스'와 프랑스의 '옹스'

유럽인들은 처음부터 토착민들의 화폐체제에 맞추어 교역할 수밖에 없었기에 유럽인들 스스로의 영업 활동을 화폐화하는 것 또한 어려워졌다. 하지만 그것 말고도 서양의 해외무역이 반드시 갖추어야 하지만 결핍된 사항이 두 가지 있었다. 하나는 수출품이 계속 다양해지는 가운데 그 각각의 가치를 합산할 수 있도록 하는 것이며, 다른 하나는 가격 안에 이윤 마진이 내장되도록 하는 것이었다. 데이비스(K. G. Davies)는 믿을 만한 손익 계산 회계가 없었던 것이 어떻게 영국 왕립 아프리카 회사의 자본 구조를 계속 침식했는가 그리고 결국 1750년 회사가 공식적으로 청산되기 오래 전인 1712년에 이미 재화의 수출을 포기할 수밖에 없었던가를 잘 보여준 바 있다.

이 문제를 기능적 개념들로 나타내고자 하면 다음의 두 가지 질문으로 요약할 수 있다. 첫째, 왕립 아프리카 회사가 교역을 시작했던 처음 10년간 이미 무려 150가지가 넘는 유럽 쪽 재화들이 브랜디와 화약은 부피, 철괴와 총기류는 개수, 옷감은 길이, 카우리는 총량과 중량과 부피 등 다양한 차원의 단위를 기초로 교역되고 있었다. 토착민들이 내놓는 주산물은 몇 가지 되지 않으니 이 다양한 재화를 소수의 토착민 주산물과 교환하려면 그 전에 그 재화들을 합산해야 했을 것이다. 하지만 이렇게 다종다기한 단위의 재화들을 어떻게 '합산'(add up)할 것인가? 둘째, '현물'로 실시되는 교역에서 그 거래가 금융적 손실에 이르는 것을 피할 방법은 무엇인가? 좀 더 정확히 말해서, 이윤을 확보하려면 어떻게 무역을 계획해야 하는가? 또 그 이윤은 어떻게 해야 실현할 수 있을까?

결국에는 앞에서 말한 그 '묶음들'과 더불어 '무역온스'라는 새로운 회계 단위를 도입함으로써 해결책이 마련되었다. 훗날 19세기 식민주의 시대로 가면 유럽인들이 토착민들에게 유럽 화폐의 사용을 강제하게 되지만, 그 전인 당시에는 이 '무역온스'의 도입 덕분에 그럴 필요가 없었다. 또한 유럽인들은 서아프리카 토착민들이 원거리 무역에서 널리 받아들이는 방식을 그대로 지키면서도 이 '무역온스'를 도입함으로써 자신들에게 필요한 조정을 행할 수 있었다.

　유럽인들 쪽에서 보자면 이 '무역온스'라는 단위의 기원은 교역 초기의 임시적인 화폐화로, 또 교역에서 손실이 발생하는 것을 예방하고자 했던 초기의 시도들로 거슬러 올라갈 수 있다. 토착민들은 이런저런 주산물을 가치표준으로 사용하였고 이러한 관행을 초기의 영국의 왕립 아프리카 회사 또한 받아들였으니, 여기에서 초보적인 화폐화를 발견할 수 있다. 앞에서 말했지만 왕립 아프리카 회사가 수출했던 물건들 중에서 두드러진 것은 철괴였는데, 이는 철의 사용을 선호하는 토착민들의 문화적인 지향성 때문에 주로 추동되었다. 하지만 이렇게 철괴를 사용하여 여러 물품들의 등가를 표현하는 초보적 화폐화가 이루어졌다고 해도 이는 어디까지나 하위적인 화폐화(submonetization)에 불과했다. 왜냐하면 유럽인들이 화폐로 쓰는 황금으로 철괴의 가치를 평가하면 그 가치가 서아프리카 해변의 몇몇 지역에서 서로 달랐을 뿐만 아니라 한 지역 안에서도 아래위로 변동했기 때문이다. 그리고 칼라바르에서는 철괴가 아니라 '구리'가 도입되었다. 존 바봇은 1699년 옛 칼라바르에서 구리 주괴의 등가물로 여겨진 물품과 그 수량을 목록으로 제시하고 있다. 하지만 그가 이 무역 등가물들을 열거하는 것은 이것들을 합산하려는 의도는 아니다. 즉 지불에 쓰이는 여러 교역품을 합쳐놓은 단일 단위를 구성하도록 합산한다는 의미는 아닌 것이다. 그 목록은 이렇다(Barbot, 1732: 465).

철괴 1개	구리 주괴 4개
꾸러미 구슬 1개	구리 주괴 3개
아랑고(arango, 붉은 구슬) 5개	구리 주괴 4개
큰 맥주잔 1개	구리 주괴 3개
비율상 더 작은 그 밖의 물품들	
1야드의 아마포	구리 주괴 1개

단도 6개	구리 주괴 1개
놋쇠 종 1개	구리 주괴 3개
비율상 더 작은 그 밖의 물품들	

무역에서 손실이 발생하지 않도록 예방하는 상식적인 도구로서 철괴를 단위로 하여 그에 대해 대략적인 마크업으로 이윤을 계산하는 방식이 사용되었다. 토머스 필립스 선장은 런던에서 철괴를 3/6에 구입하여 황금해안의 바삼(Bassam)에서 7/6로 황금과 바꾸어 팔았다.* 초기 황금무역에서 나타나는 100퍼센트 마크업이 바로 이것으로서, 이는 훗날을 예고하는 것이었다. 나중에 '무역온스'라는 새로운 화폐단위의 도입으로까지 이어진 '평균 100퍼센트'라는 마크업의 수준이 이렇게 정해진 것이다. '무역온스'라는 발명품은 그저 유럽인들이 노예의 대가로 갚아야 하는 황금의 온스량에 해당하는 만큼을 '현물'로 지불하는 것에 지나지 않았지만, 여러 재화를 '무역온스'로 계산한다는 것은 곧 평균 100퍼센트의 마크업을 이미 감안한다는 것을 뜻했다. 토착민 노예무역상들 또한 이러한 회계 단위를 받아들이게 되고 이에 따라 유럽인들은 화폐화를 통해 수출품을 다변화할 수 있었고 또 교환비율 속에 이윤 마진을 내장할 수도 있었다.

이 '무역온스'의 역사가 어땠는지는 당시의 영업활동 자료를 보여주는 사료가 불충분하기 때문에 잘 알 수 없다. 당시 영업활동 자료는 대개 공공에 알려지지 않게 숨겨졌고 여기에는 그럴 만한 이유가 있었다. 영국 의회에 참고인으로 불려 나간 이들 또한 노예무역상들이 때때로 지나친 가격을 지불할 수밖에 없었으니만큼 동정을 받아야 한다고 주장하면서도, 영국 경제가 노예무역에서 얻는 상당한 이윤을 깎아내리는 인상을 주고

---

* [원주] "1애키(achy)는 약 5실링의 가치가 있다. …… 나는 …… 철괴 하나를 1과 1/2애키(황금)에 팔았다"(Phillips, 1746: 214).

싫어하지 않았다.

　보스만은 교역 활동에서 주고받은 서신을 책으로 출간했지만, 노예들의 실제 가격이 나와야 할 자리는 줄표(―)로 채워놓고 실제 수치를 숨기고 있다. 이러한 침묵 때문에 '무역온스'도 분명히 영향을 받지 않을 수 없었다. 의회에 불려 나간 참고인들도 잔꾀를 부려 아주 애매한 정보만 내놓았다. 이들은 차라리 후대의 경제사가들을 실망시키면 실망시켰지 당대의 흑인 영업 파트너들의 마음속에 오해―비록 잘못된 오해라고 해도―를 불러일으키는 것은 원하지 않았다. 그럼에도 불구하고 수많은 증거들을 종합해보면 유럽 무역상들의 통화단위가 변화를 겪었으며 거기에는 그럴 만한 이유가 있었다는 사실은 널리 퍼져 있었다.

　분석을 위해서 이윤을 지칭하는 세 가지 용어를 구별하는 것이 유용할 듯싶다. 첫째, 초기에 관행이 되었던 바 이윤을 확보하기 위하여 주요 산물들에 사전에 심어놓은 마크업이 있고, 둘째, 실제로 실현된 사후적인 이윤으로서 이는 그 수준이 다양하다. 마지막으로 '무역온스'라는 단일 화폐단위가 출현하는바, 이 '온스'는 출현 전이나 후나 변함없이 3만 2천 카우리로 계산되던 금형(金衡)온스와는 달리 1만 6천 카우리로 계산되었다.

　사료 부족 탓으로 역사 서술에도 장기적인 영향이 나타났다. 데이비스와 윈덤은 이 '무역온스'에 대해 아예 언급조차 하고 있지 않다. 최근까지도 노예무역을 다루는 역사가들은 이를 무시해왔으며, 심지어 최근에 나온 문헌들에서조차 여기에 관련된 문제들에 대한 논의가 모호하다. 뉴버리(C. W. Newbury)는 이렇게 쓰고 있다.

　노예의 가격은 오로지 무역'온스'로만 정확하게 결정할 수 있다. 이 회계 단위는 황금해안에서 그랬던 것처럼 유럽인들의 다양한 재화―옷감, 카우리, 구슬, 총, 화약, 럼주, 담배, 철괴 등―로 구성되어 있었으며, 이는 현지에서는 온스로 가치가 매겨졌지만 그 원래의 구매 가격은 아주 다양했다(Newbury,

1961: 22).*

우선 영국 의회에서 노예무역을 다루기 위해 1789년 꾸려진 위원회에
서는 서아프리카 무역에서 시행되는 지불 방식에 대해 조사하였는데 여
기에서 모든 참고인들은 한목소리로 다음과 같은 답변을 내놓았다. "지불
이라 할 것이 없습니다. 그저 물물교환만 있습니다." 그 물물교환이라는
게 무슨 말이냐는 것을 확인하기 위해 더 많은 질문이 이어졌고, 그 뜻은
지불이 변함없이 여러 재화로 이루어진다는 것임을 확인하였다. 아치볼
드 달젤 같은 권위자들은 여기에다 그 지불의 양이 노예 가격의 '대략 절
반'에 불과하다고 덧붙였다. 또 다른 참고인은 이렇게 말했다. "영국 화폐
1파운드는 유럽의 10/-에[8] 해당했을 것이다." 하지만 외과 의사로서 정
식 승무원으로 이 배에 올랐던 "서포크(Suffolk) 출신의 신사" 애킨스는 좀
더 명시적으로 아폴로니아 곶(Appolonia Cape)의 노예무역에서 노예는 '온
스'로 계산되었고, 노예 1인당 4'온스'였다고 밝히고 있다. "노예들은 **보통**
(at a medium) 영국 화폐 8파운드의 값어치로 계산되어, 재화로 따졌을 때
100퍼센트를 남긴다"(Atkins, 1737: 74). 즉 이 말은 노예의 가치가 4'온스'
로 매겨지며 여러 재화로 지불되는데 그 재화들의 값이 영국 화폐 8파운
드에 불과하다는 것이다. **4금형**온스는 영국 화폐 16파운드에 해당하니까
(금 1온스는 영국 화폐 4파운드), **4무역**온스(이는 재화로 이루어져 있다)는 겨
우 영국 화폐 8파운드의 등가물에 불과하다. 다른 말로 하자면, 유럽인들
은 자기들의 채무를 '온스'로 계산하여 이를 재화로 지불하였고 거기에서

---

* [원주] 뉴버리는 여기에서 분명히 '묶음'이라는 새로운 지불 관행을 언급하고 있는 것이다.
그는 또 이미 달젤(Dalzel)과 이세르트(Isert)의 시대에 이미 굳건하게 확립된 바 있는 금형
온스와 '무역온스'의 구별을 제대로 평가하려는 노력조차 보이지 않고 있다.

8 이 줄표의 자리에 사실은 분모에 해당하는 숫자가 나와야 하지만 이 기록에는 그것이 은폐
되어 있는 것이며, 이 문장 자체도 무슨 의미인지 도저히 알 도리가 없다.

의 이윤 마크업은 100퍼센트였던 것이다. 그들이 지불한 단위인 '온스'란 사실 **'무역온스'**—나중에 금형온스의 절반, 곧 영국 화폐 2파운드로 그 가치가 공식적으로 인정되었을 때 달젤 등과 같은 권위자들이 붙인 명칭이다—였던 것이다.

우리는 지금까지 우리가 말하는 100퍼센트의 마크업이 **평균**치임을 강조하여왔다. 사전(事前)적인 마크업은 재화마다 모두 달랐으며, 심지어 거래할 때마다 다양하게 변하였다. 하지만 무역상들은 사후적으로 볼 때 '보통'(at a medium) 혹은 '대략'(about) 그 정도의 마크업이 보장될 것을 희망할 수 있었다.

물론 개별 거래마다 혹은 심지어 화물 모두가 그보다 훨씬 더 낮은 이윤을 낼 가능성도 있었다. 하지만 이해를 분명히 하기 위해서는 무역온스의 가치가 달라졌던 것을 이야기하지 않는 편이 나을 것이다. 100퍼센트의 마크업은 초기부터 이미 바봇이나 보스만 같은 이들이 모두 기록하고 있었다. 바봇은 여러 재화를 대가로 지불하여 구입하면 암탉의 값이 "대략 한 마리에 6펜스이지만 그 여러 재화의 원가는 3펜스밖에 되지 않는다"고 알려주고 있다(Barbot, 1732: 330; Bosman, 1814: 503도 참조). 보스만은 우이다에서 지불하는 관세 수수료의 양에 대해서 이렇게 말하고 있다. 관세—이는 여러 재화로 지불되었다—는 "기니 가치로(in Guinea value) 대략 100파운드에 달했는데, 현지에서 그 교역 재화들이 산출하게 될 수익도 그 정도 양이었다"(Bosman, 1814: 489).

이렇게 '무역온스'는 유럽인들이 토착민들에게 금으로 계산된 부채를 갚기 위해 관습적으로 쓰인 가치를 나타내는 가상의 회계 단위였다. 유럽인들끼리는 이를 '기니 가치'라고 부르기도 하고(바봇), 또 윈덤은 이를 '해안화폐'(coast money)라고 부르기도 했다. 우이다가 교역항으로서 유럽의 노예무역 회사들과 조인했던 조약을 보면, 노예들에 대한 지불은 '묶음'으로 할 것이며 왕이 어느 **단일** 재화만으로 지불할 것을 고집하는 일은 명시적으로 금지되어 있다. 우이다에서는 카우리의 지위 또한 일개 교역품이었던 고로, 이러한 금지 조항은 암묵적으로 노예무역에서 오로지 '묶음'만을 유럽인들의 유일한 지불 양식으로 확립하는 효과를 가지고 있었다.

1704년 전쟁 이후 여러 무역회사의 현지 대리인들이 거의 동시에 서로 '합의에 들어간 조항들'(articles ...... entered into)을 합쳐보면 공통적으로 그 대리인들로 하여금 평균 100퍼센트의 사전적 이윤 마크업을 관행으로 받아들이도록 하고 있었다. 실제로 우리가 가진 사료들을 보면 사후적 이윤 마크업에 대해서는 '보통'(at a medium, 애킨스), '거의'(almost, 보스만) 혹은 '대략'과 같은 한정어구가 결코 빠지지 않는다. 여기에서 우리가 목도하는 상황은 바로 평균적인 이윤 마크업에서 모종의 새로운 화폐단위로의 이행이다. 달젤이 말하는 "여러 저작들로부터 모아 작성한 다호메이의 화폐들과 수량 및 도량형의 전체 표"를 보면, 카우리 화폐는 숫자로, 영국 동전은 실링과 펜스로 나타나 있으며, 이에 다음과 같은 등가표가 나온다. "4애키 = 1만 6천 카우리 = 40실링 대월(貸越)." 달젤의 책의 편집자인 'J. F.'는 두 가지 온스 단위가 존재한다고 말하고 있다. "**금형**온스는 4파운드 스털링이며 **무역**온스는 그 절반 가치에 불과"하다는 것이다(Dalzel, 1793: 134). 존 맥러드(John McLeod)도 그 가치를 40실링으로 간주했다(McLeod, 1820: 90). 이세르트 또한 전체적으로 동일한 관행을 따르고 있다(Isert, 1797: 112~13). 달젤은 영국의 황금해안 교역상위원회 총수로서 영국 의회 위원회에 참고인으로 불려 나갔을 때 우이다의 노예 한 사람 가격에 대해 모호한 태도를 보였지만, 일관되게 가격을 '무역온스'로 제시하고 있다. 그는 "최고급 노예"는 공급이 달릴 때에는 "30파운드에 육박"했지만 "평균적인 노예" 한 사람이 5(무역)온스, 즉 10파운드였다고 말하고 있다(Parliament Papers, 1789: 191).

노예이든 철괴이든 교역 재화의 가격은 아래위로 오르내렸지만, 이 가상의 단위인 '무역온스'의 황금 가치 그리고 황금과 카우리의 비율은 극도로 안정적이었다.

　통화의 파란만장한 사연으로 들어갈 적에 우리가 명심해야 할 것은 영국의 기니 무역이 결코 황금무역의 제도적·영업적 전통으로부터 멀리 이탈하지 않았다는 점이다. 1698년에서 1712년에 걸쳐 있었던 무허가 교역상에 대한 정책 변화—중개 이익을 10퍼센트로 한다(ten percenter's arrangement)—외에는 그 모든 역사가 영국 왕립 아프리카 회사의 연감에 수록되어 있다. 런던에서는 황금을 단위로 한 회계를 포기한 적이 없었으며 영국 교역상들에게 '온스'란 변함없이 금형온스, 즉 4파운드를 뜻했다. 런던 타워에 있는 조폐국은 사금이건 금뭉치(nugget)이건 지금(地金)으로 바꾸면서 마진 폭은 어느 쪽이든 1실링 안으로 유지하여 금본위의 유효성을 지키는 수호자 역할을 맡았다. 왕과 왕실은 정규 영업행위와 같은 방식으로 수익을 낳아주리라 기대되는 모험사업—비록 그런 식의 수익이 생겼던 것은 초기뿐이었지만—에 주주로 참여하였다. 하지만 손실이 생겼다고 해서 재무부에다 이를 보상하도록 할 수도 없었고, 서인도제도 쪽에 노예를 넘겨줄 때 재무부에서 노예 한 사람당 얼마씩 장려금을 제공하지도 않았다. '기니 비니'(Ginney & Binney) 벤처사업의 주식 지분은 자유롭게 거래되었다. 모략도 여러 번 있었고 또 이따금씩 부패 사건도 있었지만, 그래도 기니 무역은 비즈니스 세계에 내재한 엄격한 기율 아래 보수적인 관습을 따라서 평온하게 수행되었다. 물론 좀도둑질, 뇌물, 피고용자들의 생명과 윤리를 경시하는 짓들은 이 회사를 항상 따라다녔다. 하지만 경제사가들이 보는 그림은 한결같았다. 영국의 노예무역은 전체적으로 보아 일정한 패턴을 고수하고 있었다.

　프랑스의 해외무역, 특히 노예무역은 두 집단에 의해 조직되었다. 하나는 왕실의 회사, 즉 콩파니(compagnies)였고 다른 하나는 부르주아들의 선주단(armateurs)이었다. 콩파니는 자본금이 충분하지 않았고 그저 왕실의 정신(廷臣)들에게 이름뿐인 직함을 제공하는 것이 주된 역할이었으며, 보통 그 수명이 두세 해를 넘기지 못하고 또 다른 콩파니로 대체되곤 했다. 새로운 콩파니는 그 전 콩파니와 똑같지는 않아도 아주 비슷한 이름을 달고 탄생했지만, 그 전보다 더 잘되지는 않았으며 결국 오래가지 못했다. 이 콩파니는 해군이나 군사 문제의 행정업무 또한 책임졌다. 기니 해변의 요새와 창고에 대한 책임을 맡아 현지인을 고용했고, 프랑스령 서인도제도에 아프리카 노예들이 도착하였을 때 상인들이 프랑스 정부에 요구하는 장려금 신청을 심사했으며, 해군 당국에 노예상인들을 등록—노예상인들이 교역항을 떠나기 위해서는 당국의 허가를 얻어야 했다—시키는 등의 업무를 맡았다.

이 콩파니의 수입은 기니 무역에 참여하는 것으로 등록된 모든 선박의 하물에 매기는 조세에서 나왔다. 콩파니의 총재들, 경영자들, 그 밖의 다른 구성원들은 많은 봉급을 받았다(Davies, 1957: ch. I 참조). 이들은 모두 프랑스 왕을 대표하는 만큼 그 명예에 걸맞게 지출도 많을 수밖에 없었다. 뒤카스(DuCasse)의 탐사 여행(1682) 뒤 1세기 동안 외교 임무를 띠고 이곳에 왔던 공직자들 몇 명만 생각해보라. 델베(D'Elbée), 다몽(D'Amon), 장 두블레(Jean Doublet), 드 마르셰(Desmarchais), 이들보다는 중요성이 덜 했지만 라바 신부(Père Labat) 그리고 마지막으로 저 불행했던 구르 총재(Gouverneur Gourg)만 보아도, 이들이 사적인 영업을 우선시하는 개인이 아니라 프랑스 정부를 대표했다는 점이 구체적으로 드러난다.

다른 집단인 선주단은 낭트의 극소수 부자 기업들로서, 이들은 사적으로 소유한 선박으로 물품을 실었지만 콩파니보다 선박 수에서 크게 앞서고 있었다. 이렇게 수많은 선주와 후원자를 거느린 부르주아 선주단과 왕실의 콩파니 사이에는 악의에 가득찬 적대 관계가 있었던바, 가스통-마르탱은 이것이 프랑스혁명을 야기한 독자적인 원인 가운데 하나였다고까지 말하고 있다(Gaston-Martin, 1931: 433).

제도사를 보기 위하여 잠깐만 1704년으로 되돌아가보자. 이해는 프랑스인들의 노력으로 마침내 우이다를 국제적으로 개방된 항구로 확립하는 중립 선언이 결실을 보았던 해이다. 데이비스는 그다음 두 해 동안 프랑스와 영국의 무역회사들이 '몇몇 조항들이 합의에 들어간' 사실을 발견하였다(Davies, 1957: 274). 드 마르셰에 따르면 그 직후 사비에 있는 우이다 왕의 대나무 궁전에서 극적인 사건들이 터지게 되지만(Labat, 1731), 영국 역사가들의 기록에서는 그러한 사건들의 흔적조차 찾을 수 없다. 데이비스는 그 '조항들'의 내용을 구체적으로 밝히지 않고 있지만, 1704년 9월 6일 각국 노예무역 외교관들의 서명을 담은 채 조약이 체결되었고 그 내용은 바로 이 '조항들'과 일치했을 가능성이 크다. 몇 가지 요점들은 다음과 같이 추정해볼 수 있다. 오직 '현물'로만 지불할 것, '묶음', 즉 다양한 무역 재화들이 지불을 위한 단일 단위로 계속 취급될 것, 노예에 대한 지불을 단 하나의 재화로만 요구하지 않을 것, 각국이 '묶음' 속의 여러 재화들을 알아서 조절하여 얻고 있었던 평균 '마크업'을 유럽인들 이윤의 원천으로서 인정할 것 등이다. 하지만 막상 1704년 조약의 문구를 보면 오직 지불수단으로서 '묶음'을 선호한다는 점만 명시되어 있고 나머지는 암묵적으로 숨겨져 있다. 또한 영국인들은 이 조약의 효력에 대해 공공연히 유보적 태도를 표출했다고 보아야 한다. 하지만 우위를 점한 쪽은 조약의 사고방식에 익숙한 프랑스인들이었다. 새롭게 주권을 얻게 된 우이다의 왕 또한 프랑스인들이 왕좌에 앉힌 이였다. 프랑스의 '옹스'(once)는 그 직접적인 결과물이었다.

이 '옹스'라는 프랑스어는 우이다에서 프랑스의 노예무역에 쓰였던 계산 화폐로서, 노예와 유럽인들의 재화를 세는 데 모두 쓰였고 이 점에서는 영국인들의 '무역온스'와 똑같았다. 하지만 그 작동은 4파운드 화폐로 계산되는 금형온스에 기초하지 않았기에 최소한 겉보기에는 '무역온스'와 달랐다. 영국의 파운드-실링-펜스 시스템과 달리 프랑스의 기본 화폐인 리브르는 금에 기초하고 있지 않았으며, 따라서 금형온스의 리브르 가치 또한 고정되어 있지 않았던 것이다.

이 문제는 다음과 같이 설명될 수도 있다. 프랑스인들은 노예를 살 적에 토착민들의 비율에 입각하여 여러 재화로 지불하였다고 말이다. 우이다에서의 프랑스 노예무역에 대한 주도적 역사가인 시몬 베르뱅(Simone Berbain)은 다음과 같이 말하고 있다. "거래는 옹스라는 가상의 회계 단위에 따라 이루어졌다. 1옹스는 16리브르로 나누어졌다. 흑인들은 미리 고정되어 있는 가격표로 물물교환의 여러 재화들을 평가하였다"(Berbain, 1942: 68).[9] 프랑스 선박 다호메(Dahomet)호의 장부들(1772)을 보면, '옹스'의 여러 등가물이 노예 구매와 관련된 이 선박의 통상적 회계에 쓰이고 있었음이 드러난다. 재화들을 무역에서 교환 대상으로 내놓을 때에는 일정한 가격표에 따랐으며 이 가격표는 절대 변하는 법이 없었다고 프랑스의 구르 총재는 말하고 있다(Gourg, 1892: 769). 하지만 그는 철괴, 산호, 비단은 예외로 하고 있다. 철괴의 가격은 수요에 달려 있었고 산호와 비단의 가격은 품질에 따라 다양하게 변했다고 한다.[10]

다호메호의 서류에서 여자 노예 한 사람을 '옹스' 단위로 비율을 매긴 전형적인 항목을 살펴보자(Berbain, 1942: 113).

---

9 이 부분은 프랑스어로 되어 있다. 원문은 이렇다. "les transactions se réglent suivant une unité de compte fictive qui est l'once, divisée en 16livres les noirs evaluant les marchandises de troc d'après un barême fixé."

10 이 부분의 원문은 "However, he expected iron bars which depended on demand coral and silks which varied according to quality"로 되어 있어서 의미가 잘 통하지 않는다. 이 원문과 관계가 있는 초고를 바탕으로 한 것으로 생각되는 폴라니의 논문 Karl Polanyi, "Sortings and 'Ounce Trade' in the West African Slave Trade", Journal of African History, 1964, vol. 3에는 "The French Governor Gourg said that prices never changed, except for iron bars, corals, and Indian silks. The former was of course a standard, the latter two subject of quality"라는 문장이 있다(p. 384). 결국 원문의 expected는 excepted의 오자(誤字)로 보인다.

판매한 사람과 묶음	'옹스'
부용(Bouillon)으로부터, 8'옹스'에 여자 노예 1명	
브랜디 3배럴	3
123파운드의 카우리(41파운드에 1'옹스')	3
손수건 옷감 2쪽	1
플라티유(platilles, 흰색 면직물) 8개	1
	8

위에 묘사된 '묶음'의 내용물을 보면 카우리와 관련하여 주목할 만한 내역이 있다. "123파운드의 카우리 = 3'옹스'"라는 말이 그것이다. 41파운드의 카우리가 1'옹스'이니, 즉 1'옹스'는 1만 6천 개의 카우리라는 말이 된다. 이는 습관적으로 카우리에 붙는 내용이지만 표현이 무게로 되어 있어서 1'옹스'의 가치를 일정한 물리적 수량의 카우리와 동일하게 놓고 있다. 41파운드의 카우리라는 양은 총액으로 따져보면 1만 6천 개의 카우리와 동일하며, 결과적으로 영국의 '무역온스'와도 동일하다.

하지만 베르뱅은 '무역온스'라는 용어를 언급하기를 회피하고 있다. 비록 '무역온스'의 특징들은 어느 문헌에서도 정리된 바 없지만, 우리가 앞에서 보았듯이 그 기본적 요소들은 수많은 사항들의 사실관계로 기록에 남아 있다. 예를 들어 철괴의 이윤 마크업, 1온스의 황금이 4파운드 화폐와 등가라는 것, 1온스의 황금이 카우리의 가치로는 3만 2천 개이며 1무역온스는 1만 6천 개라는 점, 또 아주 간단하게 말하자면 노예에 대한 지불은 100퍼센트의 이윤 마크업을 포함한 '현물'로 지불되어 결국 절반 가격이 된다는 점 등이다.

영국 학자들과 마찬가지로 베르뱅 또한 자신의 연구 수행을 둘러싼 여러 한계들을 드러내고 있다. 그녀의 논문 제목인 '18세기 쥐다(우이다)의 프랑스 계산소'(Le Comptoir français de Juda [Ouidah] au XVIII siècle)에서 알

수 있듯이 그 주제는 프랑스 노예무역에서 우이다 사무소의 기능이었다. 그리고 그 연구의 범위는 우이다를 초점으로 한 프랑스 무역으로 조심스럽게 제한되어 있었다. 프랑스령 서인도제도의 노예무역도, 또 프랑스인이 아닌 사람들이 우이다에서 벌인 노예무역도 다루지 않는다. 따라서 영국 상인들의 무역 관행은 고찰되지 않고 있으며, 영국인들의 '무역온스' 또한 나오지 않는다. 이로 인해 '온스'를 다룰 때 유일한 참조 틀은 프랑스의 통화 시스템이 되고 있다. 이는 결코 명시적으로 언급되고 있지는 않지만, 논리적으로는 영국과 프랑스의 통화 시스템의 근본적 차이를 항상 암시하는 결과를 낳는다.

영국 통화체제(파운드-실링-펜스 체제)에서 황금은 절대적인 역할을 하는 것으로 여겨졌으며, 이는 프랑스의 리브르 화폐가 금으로부터 독자적이라는 점과 날카롭게 대조된다. 하지만 이러한 프랑스 리브르 화폐의 금으로부터의 독립이 **우이다와 우이다에 있는 프랑스 지역에까지 연장되지는 않았다.** 노예무역 붐이라는 조건 아래에서 프랑스인들 또한 영국인들과 마찬가지로 이윤 마진이 내장된 이런저런 '묶음'을 통한 교역을 피할 수 없었다. 이는 다시 모종의 가상적 회계 단위를 확립하는 것을 뜻했다. 영국인들은 금화를 실제 유통에 쓰고 있었으며 그 가상의 단위를 황금에 연결해놓았다. 우이다의 프랑스인들 또한 이를 피할 수 없었다. 베르뱅의 설명을 혼란에 빠뜨리는 수수께끼가 여기에서 나온다. 계산화폐로서의 프랑스 '온스'는 카우리의 가치를 안정적으로 유지하게 되어 있었다. 이 사실에다 카우리의 황금 가치가 안정되어 있었다는 것을 감안하면 **'온스' 또한 황금과 간접적으로 연결된다**는 점이 분명하건만 이 점이 그녀의 연구에서 애매하게 되어 있는 것이다.

베르뱅은 또한 카우리의 가치가 유지되었던 것은 노예해안에서뿐이라고 주장한다. 그 가치는 1만 6천 카우리가 4카베스(cabess)라고 주어져 있었다.* 실제로 다호메(Dahomet)호의 선장이 기록한 '묶음들'에서는 '카우리 옹스'가 변함없이 나타난다. 이 사실로 볼 때 리브르 또한 이 '옹스'의 16분의 1로 확인된다. 그리고 이 '옹스'는 카우리 1만 6천 개이니, 추론해보자면 곧 영국 '무역온스'의 가치와 같다. 요약하자면, 영국의 '무역온스'는 금형온스의 절반이며 '옹스'와는 똑같은 가치이다. 하지만 베르뱅은 '옹스'를 정의할 적에 오로지 가상의 단위로서 16리브르로 나누어지는 것만 이야기할 뿐 이러한 사실은 전혀 언급하지 않는다. 투르 리브르(livre tournais)[11]는 본래 금에 기초한 화폐가 아니다. 하지만 베르뱅이 말하고 있는 리브르는 이 '옹스'의 카우리 가치의 16분의 1로 매겨졌고, 또 이를 매개로 하여 간접적으로 금과도 연동되어 있었다. 따라서 이 두 가지 리브르 사이를 명확한 관계로 고정하는 것은 허용될 수 없었다. 물론 파리와 런던 사이의 실제 환율을 감안하여 그 두 리브르의 가치 차이의 변동 폭도 일정한 범위 내로 제한되기는 했지만 말이다.

하지만 네덜란드인들과 덴마크인들은 프랑스 모델보다는 영국 모델에 더 가까운 또 다른 '무역온스'의 변종을 개발하였다. 그 가상의 단위인 '리스달러 화폐'(risdaller monnaie) 혹은 '쿠랑'(courant)은 '리스달러 오르'(risdaller or)의 절반으로 통하였다. 이 둘은 '무역온스'와 금형온스의 관계와 동일했다.

프랑스의 '옹스'는 실제 관행에서는 '묶음'의 항목들을 극소수의 교역품으로 줄이는 결과를 낳았고, 이는 애킨스 시절을 상기시켰다. 베르뱅은 성공적인 무역에는 오직 카우리, 플라티유(platilles, 흰색 면직물), 브랜디만 있으면 되었다고 솔직하게 말하고 있다. 다호메호의 창고의 90퍼센트는

---

* [원주] "41파운드의 양초 혹은 1만 6천 개 카우리는 1옹스 혹은 4카베스에 해당한다" (Berbain, 1942: 124).

11 당시 광범위하게 쓰이던 프랑스 화폐 '리브르'는 1203년 필리프 2세가 앙주와 투르 지역을 점령한 후 투르 지역의 은화를 공식 화폐로 쓰기 시작한 것에서 비롯된다. 그래서 이 리브르의 본래 명칭은 투르 리브르(tournais livre)다.

이 세 가지 물건으로 채워져 있었다. 이세르트가 말하는 '묶음들'과 창고의 사례들은 그 반대 방향을 가리키고 있으니, 여기에는 자그마치 열두 가지 교역품들로 채워져 있었다고 한다. 이러한 가짓수는 중요하지 않은 것으로 보일 수도 있겠지만, 프랑스의 '옹스' 무역 방식은 교역항, '묶음들', '무역온스'로 이루어진 삼각형에 덜 참여했다는 생각에 신빙성을 더해준다. 사실 프랑스의 콩파니들은 봉건적 성격이 강했으므로 과연 '무역온스'와 '묶음들'을 결합하는 방식으로 가능한 한 다양한 수출선을 개발하려고 애썼을 것 같지는 않다.

영국식이 되었든 프랑스식 혹은 다른 방식이 되었든, 가상의 계산화폐를 이렇게 일방적으로 도입했던 것은 노예무역의 경제학에서 심각한 교란을 일으키게 되어 있었다. 분석적으로 보자면 프랑스의 '옹스'는 '무역온스'의 한 변종일 뿐이었고 둘 사이에는 공통점이 많았다. '무역온스' 또한 기니 해변에서의 유럽 무역에 나타난 또 다른 혁신인 '묶음'에서 파생되었다. 이 '묶음'과 '무역온스'는 유럽의 여러 통화가 아프리카로 침투하게 되는 시점 바로 직전까지도 지배적 영향력을 갖는 서로 연관된 단일한 패턴을 이루었다. 표면적으로 보자면 이러한 유럽인들의 창의성이라는 것은 자기들에게 유리하도록 교환비율을 일방적으로 수정한 것에 해당한다. 그런데 이러한 유럽인들의 창조물이 낳은 결과로서 두 가지 혼란이 생겨났다. 이 두 가지 변화의 흐름은 분석적으로는 구별되어야 하지만 상호작용으로 맺어져 있었다.

가격과 이윤에 대해 보자면, 유럽인들의 여러 가격에 들어 있는 마크업은 아주 명확했다. 노예무역 붐이 있기 전에도 토머스 필립스(Thomas Phillips)가 사용한 철괴, 애킨스가 사용했던 바 노예 가격을 .그 파운드스털링 화폐가격의 절반에 해당하는 '현물'로 지불하는 방식, 또한 바봇과 보스만이 사용했던 '기니 가치'와 '해안 화폐'(coast money; Wyndham, 1935:

68) 등을 통하여 유럽인들의 영업 정책을 명쾌하게 이해할 수 있다. 하지만 실제로 발생한 이윤은 목표로 잡은 100퍼센트에 여전히 훨씬 미치지 못했다. 주로 금을 판매하고 이 당시까지 노예는 그저 이따금씩만 판매했던 아프리카 토착민들은 단일 품목의 수입품만 받았을 뿐 여러 가지 재화로 이루어진 복합물은 아직 나타나지 않았다.

그러다가 노예무역 붐이 일면서 '묶음'으로 급속하게 전환되었으며, 이는 또 교역항의 설립과 더불어 물물교환의 조건 자체를 바꾸어놓았다. '묶음들'은 아예 그 자리에서 퇴짜를 놓든가 아니면 있는 그대로 받아들여야 했다. 지불 단위인 '무역온스'에는 이미 평균적인 마크업이 튼튼하게 자리 잡고 있었다. 판매하는 노예가 표준 신장보다 작거나 사지 혹은 이빨이 모자라는 등의 경우에는 이러한 결함에 대한 판매자의 지불 의무가 법으로 인정되었지만, 오로지 다호메이가 우이다를 교역항으로 만들어 그 행정을 맡게 된 뒤에 야보간이 개입하여 그 판매자가 구매자에게 현금, 즉 대부분 카우리로 보상하도록 강제받게 되었다(Berbain, 1942: 72). 국제적 갈등 속에서도 우이다 교역항은 개방되어 피신처를 제공했으며, 이는 이 교역항 당국의 정치적 중립뿐만 아니라 유럽 국가들의 해군 군함들 또한 재가(裁可)한 것이었다.

이 '무역온스'에 대해 토착민들이 보였던 최초의 대응은 노예 가격을 어마어마하게 올리는 것이었다. 데이비스를 인용해보자. "1670년대와 1680년대에 아프리카 노예 한 사람의 관례적인 가격은 3파운드였으니, 페틀리 웨이번(Petley Waybourne)이 1687년 우이다에서 흑인들을 공급하기로 계약했던 가격도 이 가격이었다." 그리고 그는 각주에서 이렇게 말한다.

내가 발견한 바에 따르면, 인용된 모든 노예 가격은 재화를 구매한 송장(送狀) 가격이다. 대부분의 경우 이 송장 가격은 그 회사가 영국에서 지불한 가격과 같은 것으로서, 여기에 운송비는 포함되어 있지 않다.

글은 계속된다.

1693년 왕립 아프리카 회사는 선장들에게 황금해안의 노예를 머리당 5파운드까지 쳐서 살 수 있는 대로 사오라고 훈령을 내린다. 1702년 이후에는 가격이 더욱 뛰지만, 아마도 우이다에서는 다른 곳보다 더 많이 주목되지 않았던 것 같다. 황금해안의 흑인 노예는 금세 한 명에 10파운드, 11파운드, 12파운드까지 뛰었고 1712년이 되면 무려 16파운드, 17파운드에 이르렀다. 이렇게 불과 20년도 채 되지 않아 노예 한 사람의 가격이 거의 다섯 배로 뛴 것이다(Davies, 1957: 237).

제도의 차원에서 보면 흥미로운 사실 하나가 남는다. 토착민들은 여전히 파운드 화폐를 금형온스로 계산하고 있으며, '무역온스'는 오직 유럽인들만 사용하고 있다는 것이다. 1791년 '제비'(Swallow)호의 선장 존 존스턴(John Johnston)이 남긴 이 배의 문서들을 보면(Johnston, 1920), 평균적 남자 노예의 가격은 13온스이며 이 문서 전체에서 가치 단위는 '무역온스'로 명시되어 있다. 하지만 **토착민들 스스로의 화폐단위에서 이에 상응하는 변화가 있었음을 보여주는 것은 전혀 없다.** 따라서 토착민들이 제도적 차원에서가 아니라 주로 경제적 차원에서 대응했다고 주장할 수 있다. 즉 전통적인 금형온스 단위로 볼 때 노예 가격을 즉각 인상함으로써 대응했다는 것이다. 이렇게 급작스럽게 노예 가격이 오른 것에 대해서 지금까지 나온 설명은 오직 프랑스인들과 무허가 상인들의 경쟁으로 수요가 증가했다는 것 하나뿐이지만 이는 충분한 설명이 되지 못하며, '무역온스'는 전혀 언급된 적이 없다. 1789년 청문회에 나왔던 영국의 증인들 또한 그저 지불조건이 구매자들에게 대단히 유리했다는 말만 되풀이할 뿐 불행하게도 노예무역에서 벌어진 가격 및 통화의 혼란을 해명하는 데에는 별 열의가 없었던 듯하다. 하지만 이렇게 '무역온스'에 과도한 이윤 마크업을 심어놓은 것에 대해 최소한 예외적이기는 하지만 영국 교역상들이 토착민들에게 보상해줄 마음이 생겼을 수 있다. 영국 의회의 위원회 앞에서 매튜(Matthew)가 내놓았던 다음과 같은 불가사의한 진술도 이것으로 설명할 수 있을 것이다. "우리는 그들에게 소금과 약간의 공산품을 주었습니다. 송장 가격보다 15파운드에서 18파운드를 더 치른 셈이죠 ……" (Parliamentary Papers, 1789). 여기까지는 무역 관행이 가격과 이윤의 차원에서 이행된 것이라고 할 수 있다. 새로운 긴장이 나타날 때 양측은 서로 다른 각자의 편의적 발명품을 가지고 이를 해결하게 되어 있다는 것은 상식적인 사실로 보인다. 서양인들은 이러한 이행을 통해 더 이상 유지할 수 없는 전통적 지위로부터 빠져나오면서 성장 수단의 폭을 넓히는 한편 이행에서 발생하는 여러 손실들은 양쪽 모두에 보상해주는 식으로 조정하였거니와, 결국에는 이러한 그들의 조정 방식이 현실을 지배하게 되었다. 성장은 다면적으로 이루어졌다. 유럽인들의 수출품과 토착민들의 옷감이 훨씬 더 다양해졌을 뿐만 아니라, 내륙에서 오는 대상(隊商)의 숫자와 범위 또한 크게 늘었으며, 해안 무역의 양도 증가하였다.

화폐 영역에서의 제도적 이행은 세 가지 주된 단계를 밟아 나갔다. 페틀리 웨이번이 3파운드라는 노예 가격을 승인했을 당시 우이다에서는 유럽 재화에 대해서는 철괴, 노예에 대해서는 카우리가 통용되었다. 1704년 두 번째 단계에 들어서자 우이다의 왕이 독립을 얻어 해외 교역상들은 그에게 '관세'를 지불해야 했다. 그해에 체결된 '조약' 문서를 보면 가치 단위를 철괴와 카우리 대신 노예로 한다고 명시되어 있다(Labat, 1731[II]: 91~92). 가격 목록의 패턴은 주산물들을 물물교환하는 나라들에게 익숙했다. 함무라비 법전보다 더욱 오래된 에시눈나(Eshnunna) 법전에서는 우리가 논하고 있는 시대에 '철괴해안'에서 행해졌던 바로 그 방식으로 등가물들을 고정하고 있는 것을 볼 수 있다. 즉 '철괴' 하나의 가치에 맞먹는 다양한 주산물들의 양을 열거하는 것이다. 옛 바빌로니아의 그 법률[12]을 보면 은(銀) 1단위(shekel, 세켈)는 그에 맞먹는 여러 다른 수량의 곡물, 다양한 품질의 기름, 모직, 그 밖의 다른 주산물들을 똑같은 방식으로 늘어놓고 있다. 우이다는 아프리카 노예들의 국제 교역항으로 기능하고 있었으므로 노예를 가치단위로 삼는 것은 적절해 보였다. 하지만 금세 다호메이가 우이다를 정복했고 이에 카우리가 지배적 위치를 차지하게 된다. 이 세 번째 단계로 들어서면서 중심축이 마련된다. 카우리로 나타낸 황금의 가치를 안정적으로 유지하는 것이야말로 다호메이의 지배에 절대적인 요건이 되었다. 따라서 제도의 차원에서 보자면 다호메이의 지배 이전의 우이다, 즉 유럽의 재화에 대해서는 철괴가, 노예에 대해서는 카우리가 가치기준으로 쓰이던 때를 고려하는 것이 연구에 필요할 것이다. 다호메이가 우이다를 정복하자 그 즉시 카우리가 황금온스의 가치를 나타내는 표준이 되었다. 경제적 차원에서 벌어진 여러 혼란은 가상의 화폐단위들이 출현하는 것으로 표상되는 광범위한 제도적 변화에 대한 표피적인 반응에 불과하다.

좀 더 자세히 보면 우리는 다음과 같은 놀라운 사실을 만나게 된다. 노예해안에서 교역항 이전의 초기부터 그야말로 프랑스가 다호메이를 정복하는 시점에 이르도록 우이다의 화폐 표준이 몇 번씩 변하는 동안에도 카우리의 황금 가격은 변함없이 유지되었다는 것이다. 1680년대에 보스만은 1천 카우리를 2실링 6펜스로 매겼다. 바봇은 200카우리에 팔리던 암탉 한 마리의 가격을 6펜스라고 매겼다(Barbot, 1732: 330). 양쪽 모두 1온스의 금이 정확히 3만 2천 카우리라는 결론으로 이어진다. 달젤의 표(Dalzel,

1793: 134 and n.; 135)는 1온스의 금을 4파운드스털링으로, 1'무역온스'를 2파운드스털링, 즉 1만 6천 카우리로 고정하고 있다. 1772년이 되어도 프랑스의 다호메호 사관이었던 크라수 드 메디유(Crassous de Medeuil)는 41파운드 중량의 카우리를 반복해서 1만 6천 카우리와 동일한 것으로, 즉 1황금온스의 절반인 프랑스의 '옹스'로 계산하고 있다(Berbain, 1942: 101ff.). 요컨대 카우리로 계산한 황금의 가치는 결코 변하지 않는 다호메이의 고대적 화폐 시스템의 일부를 이루었던 것이다.

제4부

결론

제11장

고대적 경제의 여러 제도

고대적 화폐의 여러 사회적 기능

인간의 살림살이 과정이 고대적인 여러 경제제도에 묻어들어 있는 방식 중에서 우리는 서아프리카에서 나타났던 한 사례를 분석하였다. 교환이라는 경제행위의 패턴을 구성하는 세 가지 제도[1] 가운데 무역과 시장의 경우는 서아프리카에서 나타났던 그 고대적 변형태들이 여러 연구에서 제시된 바 있다. 하지만 화폐의 경우는 거의 다루어진 적이 없다. 이 화폐의 안정성이야말로 다호메이 경제가 거둔 독특한 성취라는 점을 생각해보면 이는 더욱 이상한 일이다. 이 지역에서 토착 화폐의 가치를 유지해준 것은 무엇이었으며, 적절한 메커니즘도 없는 가운데에서 여러 물건들 사이의 등가관계는 어떻게 유지되었을까?

그 대답은 사회에서 화폐가 수행했던 여러 기능과 그것이 사회구조에 가져온 여러 결과에서 찾아야 할 것이다. 카우리는 화폐의 고대적 변형태

---

1 폴라니는 교환이라는 경제행위가 시장, 화폐, 교역이라는 세 가지 요소가 결합된 것이라고 보며, 이 세 가지는 모두 그 기원과 발전 경로가 독자적이라고 주장한다. Karl Polanyi, *Livelihood of Man*, Chicago: Free Press, 1977의 제1부 참조.

를 대표하는 것이며, 단일한 시장 시스템은 없었지만 그 대신 고대적 사회를 구성하는 여러 구조들의 견고함이 그 역할을 했다.

우리가 '고대적'(archaic)이라고 부르는 경제제도들이란 '원시적인'(primitive) 친족조직 사회에는 없는 것들로서, 오로지 국가 단계의 사회에서만 출현하지만 교환수단으로서의 화폐가 확산되면 다시 사라지게 되는 것들을 일컫는다. 국가 단계 사회의 외양을 이루는 경제제도들은 대략 두집단으로 나눌 수 있다. 첫째는 이자의 수취, 담보, 합자사업 등과 같이 일단 확립되고 난 뒤 근대까지 지속된 제도들이며, 둘째는 자발적 노동단, 자식들을 볼모로 잡아 빚을 내는 일, 과일나무의 상속을 지정하는 것 등 결국에는 무의미하게 퇴화하거나 사라지는 제도들이다. 이 가운데 특별히 고대적 경제제도라고 할 수 있는 것은 초기의 국가사회에만 나타나는 후자뿐이다. 이런 것들은 수십 가지가 있지만 몇 개만 열거해보겠다. 채무저당(antichretic)[2] 서약은 이자 수취와 유사하다. 이때 토지, 가축, 노예 어떤 것이든 담보물로 주어진 대상물이 채권자에게 인도될 뿐만 아니라 그 채권자는 채무자가 변제할 때까지 그 대상물의 사용권을 얻게 된다. 시장이 없다고 해도 판매가 보장되었다. 수단의 여러 지역에서는 중개인들을 통하여 판매가 정규적으로 이루어졌으며 심지어 경매인들—이들은 대개 중개인을 겸했다—까지 고용되기도 했다. '주산물 재정'(staple finance)이라고 불리는 것에서는 거의 모든 주산물에 등가관계가 확립되었고, 특히 재분배경제나 가정경제의 패턴에서 회계를 처리할 때 그러했다.

교역, 시장, 화폐 등과 같은 교환제도는 각각 고대적 변형태를 가지고 있다. 특히 괄목할 만한 예로는 다음을 들 수 있다. 먼저 교역의 고대

---

2 '채무저당'이란 돈을 빌리고 그 대가로 일정 기간 자신의 소유물을 사용하고 또 그럼으로써 이익을 수취할 권리를 부여하는 것으로, 로마법에도 나타나고 있다. 우리나라의 전세권이 이와 관련이 있다.

적 변형태로는 교역상 신분이나 교역항을 통해서 이루어지는 '관리된' (administered) 교역을 들 수 있고, 시장의 고대적 변형태로는 화폐 사용이 강제되는 '고립된' 시장들을 들 수 있으며, 마지막으로 화폐의 고대적 변종으로는 다호메이의 카우리 통화가 아주 괄목할 만한 예가 될 수 있다.

일반적인 용어로 화폐란 회화, 쓰기 또는 도량형과 비슷한 모종의 의미론적 시스템이다. 이는 화폐의 세 가지 용법, 즉 지불수단, 가치표준, 교환수단 모두에 해당된다. 고대적 화폐는 사회구조를 더 공고히 하는 독특한 효과를 가지고 있다. 숫자로 세는 관행을 도입하면 의무와 권리를 양적으로 정확히 밝힐 수 있게 되며, 그럼으로써 사회제도들은 더욱 강화되는 경향을 띠게 된다. 제도들의 사회학적 특징들은 주로 신분 형성 및 국가 건설과 결부되어 있다. 고대적 경제제도들은 일반적으로 이 두 가지와 연결됨으로써 서로 매개된다. 이러한 제도들이 발전하는 과정에서 신분이 확고해지고 국가도 공고해지며, 한편 그 제도로써 이익을 보는 집단들 및 계급들의 이해관계는 그 제도들을 지탱해준다.

따라서 고대적 경제제도들은 엄밀한 의미에서의 경제적 역할과는 별개로 여러 사회적 기능과 결부된다. 14세기의 니제르(Niger) 제국에서는 가늘고 굵게 꼰 구리줄이 신분화폐로 사용되었던바, 이를 발견한 공은 이븐 바투타(Ibn Batuta, 1958)에게 돌려야 할 것이다. 가느다란 구리줄은 임금을 지불하는 데 쓰였다. 이 화폐로는 오직 땔감용 나무와 거친 수수만 살 수 있었고, 굵은 구리줄로는 무엇이든, 심지어 지배층들이 쓰는 재화까지 살 수 있었다. 이렇게 가난한 이들에게는 소비의 한계가 정해져 있었기에 유한계급의 높은 생활수준이 자동적으로 보호받았던 셈이다. 이를 상류계급의 특권을 유지하기 위한 도구로서 '가난한 이들의 화폐'라고 말해도 부당하지는 않을 것이다. 하지만 가난한 이들의 후생을 증진하려는 사려 깊은 의도를 함축하고 있는 신분적 장치도 기록에 남아 있다. 16세기 근동 지역의 바스라(Basra)에 가보면, 더 저렴한 종류의 옷감을 구매하는

데 쓰였던 '가난한 이들의 엘(ell, 일종의 자尺)'이라는 것이 존재했다. 엘은 비싼 옷감을 판매할 때 사용하는 보통의 자보다 5분의 1이 더 길었다.

호메로스 시절 그리스에 있었던 '지배층 간 유통'(elite circulation)에서는 보화를 선물로 주고받았거니와, 여기에서는 앞의 경우와 반대되는 편향이 지배적이었다. 서아프리카에서는 '지배층 간 유통'이 교역을 조직하는 원리였다. 말, 상아, 숙련 노예, 각종 귀금속, 보석, 그 밖의 여러 보화 등의 물품은 오직 이러한 목록에 나온 지배층 재화들과 교환됨으로써만 획득될 수 있었다. 고대 근동에서 여러 고대적 화폐에 결부되어 있던 신분적 차별을 전제하지 않으면, 설형문자에 기록된 경제적 사실들 일부는 도저히 이해할 수 없는 수수께끼가 되어버린다. 함무라비 법전을 보면, 대출을 은으로 변제할 때는 이자율이 25퍼센트이지만 이를 보리〔麥〕로 갚을 때는 이자율이 33$\frac{1}{3}$퍼센트로 되어 있다. 그런데 변제 형식을 어떻게 할지는 채무자의 자유 선택에 맡겨져 있는 것으로 나타나고 있으니, 이는 분명히 이상하지 않을 수 없다. 하지만 은으로 갚는 대출은 오직 귀족들에게만 주어졌으며 평민들은 보리로 갚는 대출만 기대할 수 있었다고 한다면(이렇게 가정할 만한 근거들 또한 존재한다), 이 외면상의 부조리함은 쉽게 설명된다. 고대적 화폐는 여러 다양한 방식으로 신분과 연계되어 있었음이 분명하며, 그럼으로써 사회조직에 눈에 보이지 않지만 강력한 연결의 끈을 만들어내고 있었던 것이다.

카우리와 황금

서로 인접한 세 나라 다호메이, 아샨티, 우이다에서는 각기 다른 통화가 사용되었다. 다호메이에서는 군주가 카우리 껍데기로 된 여러 단위들을 발행하였고, 아샨티에서는 금만이 유통되었으며 우이다 교역항에서는 영국 노예상인들이 '무역온스'라는 화폐단위를 계산화폐로 발전시켰고, 프랑스인들도 마찬가지로 가상적인 '옹스'를, 그리고 네덜란드인들과 덴마크인들은 '리스달러 화폐'를 사용하였다.

19세기의 국제 금본위제가 파운드스털링을 공고히 확립된 인공적 화폐 단위로 삼아 성립했다면, 기니 해안의 대부분 지역에서 이러한 기능을 맡았던 것은 다호메이의 화폐인, 끈으로 묶은 카우리였다. 이는 전시에나 평시에나 정기적으로 발행되었고, 국내의 가격수준으로 보나 카우리와 황금 사이의 환율로 보나 안정성을 유지하였다. 하지만 금본위제에서 황금이 맡았던 역할과 서아프리카에서 카우리가 맡았던 역할의 비교를 너무 남용해서는 안 된다. 서양에서 황금은 은행권을 뒷받침하는 것으로 기능하였고, 또 환율 변동을 매개로 대외무역의 메커니즘을 조절하기도 했다. 하지만 카우리에는 이러한 통합적 과제들이 결부되어 있지 않았다. 또한 다호메이는 상선단을 갖고 있지도 않았고 적극적으로 무역을 수행하지도 않았다. 그리고 유일한 화폐의 지위를 누린 조개껍데기들은 머나먼 산호초 지역[3]으로부터 왔다. 교역상들은 카우리를 배의 중심을 잡기 위한 바닥짐으로 운송했기에 염가로 이것들을 가져올 수 있었다.

지난 75년간 카우리가 장식물로, 또 화폐로 사용되는 것은 철저히 연구되었다. 패류학(貝類學), 지리학, 문화인류학, 고고학, 경제사 등에서 모두 연구성과가 나왔다. 잭슨(J. W. Jackson)은 카우리가 선사시대에 어디까지 퍼져 나갔는지를 기록해놓았다(Jackson, 1915). 이 시대에도 카우리가 화폐로 쓰인 사례가 두 건 발견되었지만, 이들은 아주 예외적인 경우였다. 이 시대에는 카우리가 속하는 개오지과(Cypraeidae)의 무수히 많은 조개껍데기들의 대부분이 장식품으로, 또 성적인 상상력을 불러일으키는 물건으로서 더욱 선호되었다. 역사시대로 넘어오면서 폭넓은 지역에서 철, 구리, 여러 귀금속 등이 화폐로 쓰이게 되자, 카우리 또한 이 금속들과 나란히 출현했지만 카우리만이 통화로 쓰였던 것은 있었다 해도 극히 드물었다.

---

3 스리랑카 근처의 몰디브 제도를 말한다.

역사 속에서 카우리는 돈 개오지(Cypraea moneta)와 고리 개오지(Cypraea annulus) 두 가지 화폐 유형만이 있었다. 대개는 더 무겁고 크고 청회색을 띤 데에다 몸체에 노란색 테두리를 가진 고리 개오지에다 유백색의 미려한 돈 개오지를 섞어서 썼다. 고리 개오지의 원산지는 동아프리카의 잔지바르(Zanzibar) 맞은편 해안이었다. 그것은 돈 개오지보다 떨어지는 2급 카우리로서, 해로로 다호메이로 운반되었고, 다루기가 훨씬 쉽고 간편한 돈 개오지와 경쟁해야만 했다. 어떻든 간에 카우리가 통화로 쓰인 곳 가운데 선사시대에 카우리가 사용된 사실은 전혀 발견되지 않는다. 또한 고대를 포함한 역사시대 전체에 걸쳐 대부분의 서아프리카 지역 및 극동 지역 일부에서 카우리가 통화로 쓰였지만, 이와 대조적으로 근동과 중동 지역에서는 카우리 화폐가 나타난 적이 없었다.

카우리에는 아름다운 외양 덕분에 장식품적인 측면이 있다. 하지만 통화란 고유한 여러 제도적 특징을 띠며, 이는 그러한 장식품으로서의 측면과는 크게 동떨어진다. 이 점으로 인해 카우리 화폐의 연구에서도 경제사를 매혹시키는 개념적 명확성이 따라오게 된다. 여기에서 경고를 한마디 해두어야겠다. 우리는 서양 문화 바깥에서 일어나는 경제적 주제들을 다룰 때마다 아주 쉽게 자문화 중심주의의 편견에 빠져들곤 한다. 카우리는 여러 세기에 걸쳐서 금은과 경쟁하던 화폐이다. 비록 근동 지역에서는 은이 금보다 최소한 2천 년간 우위를 점했지만, 오늘날의 세련된 현대인들은 승자로 금의 손을 들어주었다. 여기에서는 은은 무시하고 금과 카우리의 비교에만 논의를 국한하겠다.

금과 카우리 각각이 지닌 태생적 성질에는 통화 단위로서의 적합성을 강화해주는 것도 있고 약화시키는 것도 있으니, 전체적으로 보아 어느 쪽이 더 적합한지 대략이나마 따져보는 것이 적절할 것이다. 카우리 쪽이 누구도 이의를 제기할 수 없을 만큼 금보다 유리한 점 가운데 하나는, 인식

가능한 단위로 존재한다는 것이다. 금은 태생적인 단위가 없기에 무게를 달아 측정하지만 이 당시에는 보편적으로 사람들이 받아들이는 금 무게의 단위가 존재하지 않았다. 카우리 쪽의 또 다른 유리한 성질은 그 단위 가치가 아주 작다는 것이다. 원시적 생활에서 지극히 중요한 품목은 이를테면 한 입에 채울 만큼의 음식처럼 적은 양이거니와, 카우리처럼 작은 단위 가치의 물건을 사용하면 이런 것들의 거래도 가능해진다. 반면 금은 지배층 사이에서나 유통되는 물건이라는 의미를 함축하고 있기에, 비록 우이다의 시장에서는 사금 몇 톨을 단위로 삼아 거래한 예도 있기는 하지만 대체로 이 점에서는 불리해진다. 다른 한편 금은 '산업'용으로 쓰일 수 있어 비록 통화로 쓰이지 않는다고 해도 경제적으로 아주 중요하다. 금에 대한 수요는 대단히 탄력적이어서 여기에서 비롯하는 경제적 중요성도 아주 탄력적이다. 반면 카우리의 장식용 수요는 탄력적이지 않다. 카우리가 활용되는 범위는 아주 좁으며 그 범위 안에서라 해도 그것의 경제적 중요성은 귀금속의 '산업적' 활용에 견주기 힘들다. 금의 산업적 활용이 금화의 안정성에 얼마나 필수적인 역할을 하는지는 너무나 잘 알려져 있기에 여기에서 강조할 필요가 없다.[4] 하지만 또다시 카우리의 미덕 쪽으로 가보자. 그것에는 위조가 불가능하다는 장점이 있다. 반면 사금과 금괴는 종종 구릿가루 등의 혼합물을 섞는 바람에 질이 떨어지기도 하며, 금화는 조금씩 깎아내는 것도 가능하다. 그리고 카우리는 소유자가 지나치게 축장해놓

---

4 금과 은이 정화(specie)로 쓰이던 대략 17세기 이후의 유럽에서는 법으로 정해놓은 금과 은의 비율(mint par ratio)이 있었다. 이 가운데 어느 한 금속, 예를 들어 금이 과소평가되거나 금 공급의 변동으로 그 가치가 이 법정 비율보다 올라가게 되면 사람들은 금을 화폐로 쓰기보다는 녹여서 보유하거나 산업적 용도로 매각하는 것이 더 유리하다고 여기게 된다. 이리하여 금은 화폐시장에서 자취를 감추게 된다. 이것이 가치가 과대평가된 악화(惡貨)가 양화(良貨)를 구축한다는 이른바 그레샴의 법칙(Gresham's Law)이 나타나게 되는 배경이다. 결국 금에 화폐 이외의 대체적 용도가 있다는 것이 그 가치 안정에 중요한 메커니즘이 된다는 것이다.

을 경우 그 부피가 엄청나기 때문에 반드시 드러나게 되어 있으므로, 국가 정책 차원에서 보자면 권장할 만하다. 스파르타인들은 지도자들도 뇌물의 낚싯밥에 넘어갈 수밖에 없는 존재라는 점을 알고 있었기에 금의 수입을 금지하고 그 대신 철을 선호하였다. 리처드 버튼(Richard F. Burton)이 전하는 바에 따르면, 다호메이의 게조 왕은 이렇게 말했다고 한다. 인근의 콩 (Kong) 산맥에 황금이 있지만 그가 카우리를 화폐로 선호하는 이유가 두 가지 있었다. 첫째는 위조가 불가능하다는 것이고 둘째는 그 누구도 남몰래 부자가 될 수 없다는 것이다(Burton, 1893〔I〕: 117, n. 3).

카우리의 물질적 성질은 그것의 가치를 심히 유동적으로 만드는데, 그 유동성은 통화로서의 성격에 도움이 되는 측면과 그 반대의 측면을 함께 가지고 있다. 카우리 껍데기는 쏟아버릴 수도, 부대자루에 담을 수도, 삽질을 할 수도, 잔뜩 쌓아 축장할 수도, 땅속에 묻어둘 수도, 자갈처럼 아래에 깔아놓을 수도 있다. 그래도 카우리는 변함없이 여전히 깨끗하고 미려하며, 흠 없고 세련된 모습과 유백색의 색깔을 자랑한다. 그것은 수천만 개씩 운반할 수도 있는데, 이는 카우리가 통화로서 성공적으로 작동하는 것을 오히려 방해한다. 실제로 이렇게 대량으로 새로 유입된 카우리 때문에 이따금씩 이미 통화로 확립된 카우리가 또다시 아예 자취를 감추어버리기도 했다.

우리는 이른바 '화폐의 여러 기원과 발전'이라는 진화의 관점에 서서 카우리 화폐를 다른 조개껍데기들과 함께 원시 화폐의 한 견본으로 놓는 것에 익숙해져 있다. 역사적 연구를 거치게 되면 이러한 진화론적인 편향은 제거된다. 지중해 중심부에서 금속 통화들과 주조 화폐까지 완전히 확립된 시기에 니제르 강 중상류 지역에서는 카우리가 통화로서 출현했다. 이슬람교 영향권인 서아프리카 지역에서 새로운 비금속 통화가 나타났던 것 또한 이를 배경으로 이해해야 한다. 그렇다면 카우리 통화의 등장을 화폐의 보편적 진화의 일부로 간주하는 오류를 범할 것이 아니라, 흑인들의 초기 제국에서 중앙집권화된 정부와 식량 시장이라는 두 가지 제도가 확산되는 과정이 그 지역의 화폐 발전사에 남긴 독특한 한 흔적이라고 이해하게 될 것이다.

다호메이 지역에서는 사금과 카우리가 식량 시장에서의 화폐 자리를 놓고 치열하게 경쟁했다. 사금은 볼타 강에서 풍족하게 얻을 수 있었으며, 카우리는 남쪽에서는 기니 해안을 통하여, 또 북쪽에서는 니제르 강을 통하여 유입되었다. 또 이미 알려진 대로, 황금은 다호메이 북쪽의 산맥에서도 발견되었다. 하지만 시장의 남성들은 정교한 저울이(대개는 아샨티에서와 마찬가지로 하인들이 들고 다녔다) 없으면 사금을 화폐로 쓰지 못했다. 아샨티 사람들도 공통의 금 단위 없이 사람마다 들쭉날쭉 다양한 금 중량 단위를 사용하였다. 우이다의 여성들은 손가락 끝을 갖다 대기만 해도 사금의 질을 분별할 수 있으며 심지어 작은 흠집까지도 찾아낼 수 있는 것으로 유명했다. 하지만 아무리 그렇다고 해도, 금은 잔돈을 셀 수 있는 세세한 단위까지도 제공해주는 카우리의 경쟁 상대가 될 수 없었다. 식량 시장에서는 항상 카우리가 황금과의 경쟁에서 승리했다. 게다가 카우리 껍데기는 개수로 셀 수 있는 것은 물론이고, 무게로도, 부피로도 잴 수 있었다. 물론 장기적으로 보자면 카우리의 가치가 지극히 낮을 뿐만 아니라 그 등락 폭이 심한 약점이 밝혀졌지만, 이는 고대적 경제라는 조건에서는 치명적이지 않았다. 카우리는 유럽인들의 주화에 맞서서 얼마든지 자신을 지켜 나갔다. 결국 카우리도 금의 이점 앞에서 무릎을 꿇게 되기는 하지만, 이는 어디까지나 국제금융—카우리가 여기에서는 화폐로 전혀 적합지 않다—의 여러 조건들 아래에서만 그러했다.

북쪽과 남쪽에서 온 카우리

다호메이 왕국이 생겨나기 이미 오래전부터 흑인들과 백인들이 서아프리카에서 만나는 두 지점이 있었다. 처음에 만나던 곳은 니제르 강 중류였으며, 한 세기 뒤에는 기니 해안도 포함되었다. 아프리카에서 카우리가 쓰인 이야기를 살펴보면 그들이 어떤 방식으로 만났는지가 일부 드러나게 된다. 언제 어디서 어떻게 카우리 껍데기가 서아프리카로 파고든 것일까? 그리고 이를 하나의 통화 시스템으로 공고하게 확립해놓은 것은 누구였을까?

다호메이는 기니 해안과 광대한 니제르 강 만곡부 사이에 있었다. 니제르 강 중류 지역과 베냉 만(Bight of Benin) 해변 두 곳에서 각각 두 교역 집단이 카우리를 유입시키고 있었다. 베르베르 투아레그족(Berber Tuareg) 그리고 나중에는 아랍인들이 그 하나였고, 포르투갈인들이 다른 하나였다. 하지만 이들의 지역 경계선은 1천 마일 이상의 거리를 두고 떨어져 있었다. 팀북투(Timbuktu)와 고고(Gogo)에서는 베네치아인들이 투아레그족 대상(隊商)을 통해 몰디브 제도에서 나온 카우리를 보내고 있었으며, 그로부터 1천 마일 떨어진 남쪽에서는 요루바 문화권의 외곽 요새인 베냉과 아르드라로 포르투갈인들이 카우리를 가져왔다.

카우리가 북쪽으로부터 서아프리카에 도착하게 된 최초의 시점은 마르코 폴로(Marco Polo)가 베네치아를 떠나 극동 지역으로 여행을 떠났던 1290년경이라고 볼 수 있다. 그는 중국 남서부 윈난성(雲南省)에 도착해서 카우리를 접하게 된 사연을 자세히 설명하면서 놀라움을 표하고 있거니와, 이는 꾸며낸 감정인 것 같지는 않다. 우리가 가진 사료에서는 니제르 강의 황금을 구매하기 위해 이국적인 조개껍데기인 카우리를 페르시아 해에서 이곳으로 가져온 장본인이 바로 마르코 폴로의 고향이자 그의 가족사업의 본거지인 베네치아라고 지목되어 있기 때문이다. 이렇게 되면 시간대는 1290년에서 이븐 바투타가 니제르 강 중류의 물줄기가 남쪽으로 급히 꺾어지는 고고에서 카우리 화폐가 쓰이는 것을 발견했던 1352년 봄 사이로 좁혀진다. 모든 정황을 종합해볼 때 1352년 당시 말리(Mali) 제국에서는 카우리가 금괴 및 구리줄과 함께 정규 통화로 쓰이고 있었다. 바투타는 카우리와 금의 교환비율을 개수까지 들어가며 거침없이 말하고 있을 정도이다. 그 또한 마르코 폴로가 윈난성에서 그랬던 것처럼 극동 지역에서 카우리를 접하게 되자 무척 놀랐다. 하지만 마르코 폴로와 달리 그는 카우리 자체뿐만 아니라 그것이 화폐로 쓰이는 용법에도 완전히 익숙했다. 바투타가 충격을 받았던 것은 카우리의 가치가 무척 커서 1밋칼[5] 혹은 1금두카트[6]와의 교환비율이 고작 1,150개였다는 점이다. 1밋칼로 몰디브에서 카우리를 산다면 무려 40만 개를 살 수 있으며, 잘하면 그 세 배인 120만 개도 전혀 불가능하지는 않았기 때문이다. 그는 이렇게 고고에서 통용되는 카우리와 금의 교환비율을 확실하게 언급하고 있다. 그리고 카우리를 한 번도 본 적 없는 사 다 모스토(Cà da Mosto) 또한 1455년에 남긴 기록에서 자신이 들은 이야기로부터 카우리(Cypraea moneta)를 정확하게 묘사하고 있으며, 이것들의 이동 경로에 대해서도 페르시아해에서 일단 베네치아로 이동한 후 베네치아에서 사하라 사막 서부의 길을 거쳐서 니제르 강으로 온다는 구체적인 정보까지 추가로 밝히고 있다.

그보다 나중에는 카우리가 남쪽으로부터 서아프리카로 유입되었다. 이것이 언제였는지는 거의 명확하게 알려져 있지만, 그 운송수단이 무엇이었는가는 그보다 훨씬 불확실하다. 북쪽으로부터 온 아랍 교역상들은 11세기에 있었던 전 세계적인 이슬람 운동을 대표하는 이들이었다(이 운동은 비록 7세기에 터져 나오기는 했지만, 당시에는 그 운동이 오래가지 못했고 깊이도 없었다). 니제르 강 상류의 황금은 로마 시대부터 카르타고와 리비아 쪽으로 흘러가고 있었던바, 당시 이슬람 교역상들은 이 황금 흐름의 원류를 찾아내느라 혈안이 되어 있었다. 니제르 강 상류와 중류에서 이들의

---

5 밋칼(mitkhal)은 이슬람 세계에서 쓰이던 계산화폐였던바, 이것이 서아프리카에서는 금을 재는 계산화폐로 계속 쓰이게 되었다고 한다.

6 베네치아에서 주조한 금·은화.

문화적 영향력은 절대적이었으며, 이들이 아라비아와 인도에서부터 친근하게 사용해온 카우리가 말리 제국에서 최소한 동쪽으로 고고에 이르는 지역까지는 널리 통용되었다. 아랍 교역상들은 밋칼 단위를 소수점 아래까지 나누어 사용하는 것에 익숙했으며, 금과 은으로 된 디나르[7] 주화와 디렘[8] 주화의 사용에도 익숙하였고, '이교도들'처럼 금의 중량을 재기 위해 담바와 타쿠(taku)[9]에만 집착하지는 않았다. 15세기와 16세기가 되면서 이들은 해안에 몰려온 유럽인들과 조우한다. 이들을 이끌었던 율법학자들은 유럽인들이 교역에서 자기들보다 우월하지는 않지만 그래도 동등한 자들이라고 여겼다.

포르투갈인들이 베냉에서 행했던 교역이 아랍인들의 눈에는 교역이라기보다 자신들의 내륙 영역을 침범하는 행위로 보였다. 포르투갈인들은 황금해안에 자리잡고서 아프리카의 주산물인 금과 제한된 가짓수의 유럽 제품들을 교환하였다. 옷감, 총, 화약, 중고 천, 대야와 칼 같은 철물 등도 있었지만 주로 철괴와 구리 반지 등이 주된 교역품이었다. 아직은 대상(隊商)이 끌고 온 노예도, 카우리도 나타나지 않았다. 그러다가 1495년 인도행 해로가 뚫리자 포르투갈인들의 상업도 방향 전환을 하게 된다. 포르투갈인들은 페르난도 포(Fernando Po) 섬과 생 토메(St. Thomé) 섬에 기지를 두고 베냉 만을 아예 자신들의 호수로 만들어버렸다. 이들이 토착민들에게 구매하는 품목 또한 이제 자신들 섬에 있는 설탕 플랜테이션 농장이나 해안 무역에 쓰기 위한 것들로 바뀌었다. 그 때문에 포르투갈인들이 베냉과 아르드라 두 지역을 어느 정도 침투해 들어가서 카우리를 사용하게 된

---

7 디나르(dinar)는 고대 로마의 데나리우스(denarius)에 맞추어 아랍인들이 주조했던 주화다.

8 디렘(dirhem)은 고대 로마의 드라크마(drachma)에 맞추어 아랍인들이 주조했던 주화다.

9 1담바(damba)의 금은 카우리 40개 묶음에 해당하며, 1타쿠(taku)는 2담바에 해당한다. 이 무게를 재기 위해 담바가 사용된다.

것이다.

　이곳 해안은 인간의 건강에 좋지 못했기에 베냉과 아르드라 두 나라도 모두 해안에서 어느 정도 떨어져 있었으며, 포르투갈인들도 이곳에 정착하는 것을 좋아하지는 않았다. 이들은 해안에서 떨어진 섬이나 바다에서 60~70마일 정도 들어간 내륙의 시장을 더욱 선호하였다. 이들은 내륙 토착민들에게도 무엇이건 가지고 와서 교역을 하자고 꾀었으며, 그 품목에는 노예도 포함되어 있었다. 하지만 일레-이페의 종교, 예술, 국가경영술을 물려받은 우월한 문명국가인 베냉은 포르투갈인들의 문화적 팽창을 제한하여 아주 좁은 지역을 넘어서지 못하게 묶어놓았다. 게다가 멀리 북쪽에서 온 아랍 교역상들이 여기에서 포르투갈인들과 맞닥뜨려 더 이상 들어오지 못하게 막았다.

　하지만 아르드라 문제에는 포르투갈인들이 결정적인 영향력을 행사하였다. 우선 아르드라 왕 스스로가 생 토메 섬에 있는 기독교 수도원에서 교육받은 이였다. 카우리 통화의 대단히 중요한 특징 하나가 여기에서 나오게 된다. 카우리를 세는 시스템의 수사가 모두 포르투갈어로 이루어진 것이다. 카우리의 최소 단위는 40개를 끈으로 묶은 것으로 토크(toque)라고 불렸으며, 5토크, 즉 2백 개는 갈리냐(galinha), 20갈리냐, 즉 4천 개는 카베스(cabess) 등 모두 포르투갈어이다.[10] 어느 집단의 행정적 우두머리라든가 중요한 항구의 책임자도 카보세로스(cabosseros)라고 불리었고, 신물(神物)[11] 같은 중요한 문화적 상징들 또한 포르투갈 이름이었다. 물론 다호

---

10 toque는 '손을 대다'는 포르투갈어이고, galinha는 '암탉'을 뜻하며, cabess는 '머리'를 뜻하는 cabeça에서 온 말이다.

11 카보세로스는 어느 집단의 우두머리를 뜻하는 옛 포르투갈어이며, fetish라는 영어는 부적, 마법을 뜻하는 포르투갈어 fetiço에서 나왔다. 포르투갈 선원들의 영향으로 서아프리카 원주민들이 마법의 힘이 깃든 물건을 이 말로 부르면서 숭배하는 관행이 나왔고, 영어와 프랑스어에서는 이러한 관행을 흥미롭게 다룬 18세기의 여행기에서 이 말을 배우게 되었다. 즉 영어 fetish의 어원은 서아프리카 원주민들이 쓰던 포르투갈어였던 것이다.

메이에서 다양한 카우리 단위를 지칭하는 이름에는 토착어도 있었다는 것을 주목해야 한다. 하지만 끈으로 묶은 카우리 화폐가 사용된 전 지역에서 이 포르투갈어 명칭들이 사용되었으며, 여기에는 다호메이도 포함된다.

이리하여 시간대는 13세기 말과 14세기 중반 사이로 어느 정도 좁혀진다. 이 시기에 카우리가 북쪽으로부터 니제르 강 중류 지역에 도착하였다. 그리고 15세기 마지막 25년 동안 포르투갈인들이 또한 베냉의 내륙에서 이를 발견했을 수 있다. 니제르 강 중류의 카우리는 틀림없이 북쪽 사막길을 통해 지중해로부터 왔지만, 베냉에 있었던 카우리는 북쪽의 니제르 강으로부터 흑인들 혹은 아랍 교역상들에 의해 흘러들어온 것일 수 있다. 어찌되었던 카우리의 이러한 유입은 훗날 희망봉을 돌아온 선박들에 의해 크게 강화된다. 아프리카 동쪽 해안에서부터도 콩고의 계곡들을 통해 카우리가 조금씩 들어오기도 했지만, 이는 무시해도 좋다.

카우리가 통화로 쓰이게 된 기원에 대해서 이제 부분적으로나마 답할 수 있게 되었다. 아프리카에서는 처음에는 아마도 두 종류의 카우리, 즉 돈 개오지와 고리 개오지가 섞인 채 끈으로 묶이지 않고서 화폐로 쓰였을 것이다. 그것이 아프리카에 도착하게 된 시간과 장소를 따져볼 때, 비록 다호메이가 카우리 통화 시스템을 통합하여 그 사용을 확대한 주역이기는 했지만, 카우리 통화 시스템의 기원이 된 것이 다호메이가 **아니라는** 것은 분명하다. 하지만 다호메이에서 쓰인 끈으로 묶인 카우리 통화의 결정적인 최초 단계에 대해서는 거의 알려지지 않았다. 알려진 게 있다면 오로지 우이다에서는 이미 다호메이에 정복당하기 전부터 카우리를 묶어서 쓰고 있었다는 사실뿐이다. 우리가 여기에서 관심을 두고 있는 것은 단지 카우리가 묶이지 않은 채 화폐로 사용되었던 것만이 아니다. 카우리를 하나의 통화로 쓰는 조직된 시스템이 일단 다호메이에 뿌리내리게 되자, 이는 이 나라의 존속에는 물론이고 기니 해변이라는 광대한 지역에 걸친 지역적 경제조직에도 대단히 괄목할 만한 도구가 된 바 있다. 이러한 카우리 통화의 조직된 시스템이 어떻게 나타나게 되었는가 또한 우리가 관심을 가져야 할 중요한 문제이다.

경제사의 기록에 남아 있는 사건들 가운데 이와 관련 있는 것이 하나 있다. 포르투갈인들은 리스본에서 정방형 천조각에다 포르투갈 왕실 문장을 찍어서 이를 가져와 화폐로 썼는데, 이것이 기니 해안의 내륙에 새로 들어선 지배자들의 화폐적 상상력을 자극했을 수 있다는 것이다. 바봇의 조카인 제임스 바봇(James Barbot Jr.)은 앙골라에서 아주 흥미로운 현장 보고서를 쓴 적이 있었으며, 이 보고서는 기니 해안을 다룬 삼촌의 저작에 부록으로 함께 수록되어 있다. 앙골라가 콩고 제국으로부터 분리 독립하자 카푸친(Capuchin) 수도승들은 그 기회를 틈타서 토착민들을 개종하고 또 리스본에 뿌리를 둔 경제조직 하나를 도입하고자 했다. 먼저 포괄적인 조세 시스템을 마련하고 그 기초가 되는 지방행정은 다시 토착민 특권 계층인 소나센(Sonassen)이 돌보도록 한 것이다. 앙골라의 여러 통화 시스템은 지역적 규모에서 통일되었고, 부분적으로는 포르투갈 왕실에 의해 독점되었다. 화폐로 유통되는 조개껍데기들은 질이 떨어지는 심보스(simbos) 조개(Olivetta nana)였는데, 그것들 모두가 앙골라 현지에서 나온 것은 아니고 일부는 브라질에서 들어왔다. 앙골라 내부에서 나온 심보스 조개 가운데는 로안다(Loanda) 지역의 것이 그 아름다운 색깔 때문에 가장 가치가 컸다. 이 인기 좋은 심보스 조개껍데기들을 짚으로 만든 자루에 64파운드씩 담아 토착민 하인들이 콩고로 운반하였고, 여기에서 노예 및 나무껍질로 만든 다양한 크기의 정방형 직물과 교환되었다. 조카 바봇에 따르면, 콩고에서는 모든 것들을 이 조개껍데기로 구매했으며 심지어 금, 은, 식량 등도 예외가 아니었다고 한다. 게다가 그는 또 "아프리카의 다른 일부 지역들에서처럼 콩고 전역에서도 금이나 다른 모든 금속으로 만들어진 주화는 사용이 억제되고 금지되어 있다"고 덧붙인다(James Barbot, Jr., 1732: 518). 하지만 리스본의 포르투갈 정부는 징세 청부업[12]과 리스본에서 인장을 찍어 앙골라에서 통용시키는 신용화폐 발행을 결합했고, 그럼으로써 징세 청부업자나 재정을 독점한 왕실 '조폐청'은 어마어마한 이윤을 거두게 되었다.

인장이 찍힌 천조각(직물 화폐)의 공식 가치는 인장이 찍히지 않은 동일한 것의 네 배였으며, 인장이 두 번 찍힌 것은 다섯 배에서 여섯 배까지 나갔다. 중국인들이 기원전 4세기와 기원후 9세기에 지전(紙錢)을 실험해본 경우를 빼면, 제국 영토의 규모에서 이토록 야심 찬 계획이 실험되었던 적은 전무후무하다. 다호메이의 국가재정 문제에서 포르투갈인들이 남긴 지적인 영향력은 과소평가할 만한 것이 아니었다. 지역적으로 가치가 안정된 화폐를 발행한 다호메이인들의 기니 지역에서의 과감한 모험은 이미 그 전에 앙골라에서 있었던 실험에서 기인한 것일 가능성이 있다. 북쪽의 니제르 강에 자리한 제국들은 다호메이보다 훨씬 오래전으로 거슬러 올라가지만, 그들이 그렇게 세련된 통화를 가지고 있었을 가능성은 아직 전혀 알려지지 않았다.

그렇다면 이 조개껍데기들은 애초에 어떻게 해서 이토록 대량으로 그 원산지로부터 이토록 먼 궤적을 밟으며 여기까지 흘러오게 되었을까. 이러한 기초적 질문에 대해서 우리는 우선 우리의 무지를 고백해야 한다. 민족지 저자들은 전통적으로 이 카우리가 이동하게 된 원인을 인도 상인들의 금전적 이득에 돌렸다. 실제로 바투타가 남긴 수치에 따르면 그럼으로써 얻을 수 있었던 이윤은 10만 퍼센트의 범위에 있었다는 것이다. 하지만 이것만으로는 이 거래가 어떻게 생겨나게 되었는지가 전혀 설명되지 않는다. 어째서 특별히 통화의 목적으로 아프리카에서 카우리에 대한 수요가

---

12 징세 청부업(tax farming)이란 말 그대로 국가가 일정 지역에서의 세금 징수를 특정인에게 청부하여 대신케 하는 사업이다. 징세 청부업자는 국가에 납부해야 할 세금보다 더 많은 금액을 징수하여 자신의 이윤의 원천으로 삼는다. 신약성서에서 증오의 대상으로 나오는 '세리'가 바로 이들이다.

그토록 커졌는가라는 질문은 그대로 남는다. 또한 그렇게 대량의 카우리를 화폐로 써서 행사되는 대규모 구매력과 구매 의사는 도대체 어디에 존재하는가라는 질문에도 전혀 대답하지 못한다.

당시의 서아프리카와 같은 초기 사회에서 통화 수단 그 자체에 대해 첫손 꼽히는 유효 수요가 나타났다는 것을 도대체 어떻게 설명할 것인가? 이 질문 앞에서 경제학자들은 당황하지 않을 수 없다. 경제 발전은 무수히 다양한 여러 양상을 띰에도 불구하고, 그 다양한 현상을 그저 오늘날 우리가 익숙하게 '경제적 이익'이라고 부르게 된 것으로 대개 다 설명할 수 있다고 생각한다면 필히 잘못된 방향으로 나아가기 쉽다. 이보다는 국가 건설이나 경제조직의 영역에서 벌어졌던 중대한 사건들 등의 요인으로 서아프리카에 통화 시스템이 도입된 원인을 설명할 수 있을 것이다. 아마도 이것이 통화로 쓸 화폐 물품에 대한 수요를 낳은 원천이었을 것이며, 결과적으로 그 물품을 획득할 구매력을 융통해줄 금융·재정의 원천이기도 했을 것이다. 경제사가라면 거대한 화폐 수요가 나타나게 된 원인을 새로운 제국들이 흥기하게 된 것에서 찾고자 할 것이며, 한 걸음 더 나아가서 지역의 여러 식량 시장을 어서 빨리 작동시키려면 모든 이들이 널리 사용하는 통화가 필요하다는 사실에서 그 원인을 찾고자 할 것이다. 카우리의 전설은 바로 이러한 방향을 가리키고 있는 듯하다.

카우리의 전설

다호메이에 어떻게 카우리가 나타나게 되었으며 또 어떻게 식량 시장이 나타나게 되었는가에 대한 토착민들의 전설을 보면, 두 사건이 연관되어 있음을 알 수 있다. 수렵생활에서 정착생활로 막 전환한 이들은 친족 관계에서도 마을 조직에서도 아무런 지위도 없고 위치도 없는 상태에 처할 수 있다. 북쪽에 있었던 니제르 강 유역의 여러 제국들도 이렇게 자기 자리가 없는 새로운 신민들에게 어떻게 식량을 분배할 것인가라는 문제에 봉착한 적이 있었을 것이며, 그 문제는 이제 다호메이처럼 보다 남쪽의 총 림지와 사바나에 새로 생겨난 왕국들도 부딪힐 수밖에 없는 것이었다. 이 왕국들은 일정한 지점까지는 그 북쪽의 제국들에서 했던 바를 그대로 따랐을 것이다.

다호메이의 첫 번째 왕 웨그바자(Hwegbadja)의 형제인 테 아그방리(Te Agbanli, 1688~1729)에 대해서는 여러 전설이 남아 있지만, 그 가운데 하나에서는 그가 포르토 노보 지역에 정착하던 당시의 정황이 전해지고 있다. 그중에서도 화폐와 시장이 밀접하게 연관되어 있었음을 보여주는 특별한 사건이 있다. 이 이야기에서는 먼저 화폐가 없었던 시절을 회고하고 나서 테 아그방리가 시장을 '발명했다'고 전하고 있다.

옛날에는 화폐가 없었다. 뭔가 사고 싶은데 당신은 소금을, 다른 이는 옥수수를 갖고 있다면, 당신은 그에게 소금을, 그는 당신에게 옥수수를 좀 준다. 당신에게 생선이, 내게 후추가 있으면, 나는 당신에게 후추를, 당신은 내게 생선을 준다. 그 시절에는 교환만 있었다. 화폐는 없었다. 각자는 자신이 가진 것을 다른 이에게 주고 그로부터 자신이 필요로 하는 것을 취했다.

그런데 테 아그방리는 이방인이었기 때문에 아코노(Akono) 사람들에게 이렇게 말했다. "여기에는 시장이 없다. 나는 당신들에게 시장을 발명해주고자 한다."

그랬더니 아코노 남자 한 사람이 이렇게 말했다. "왜 이방인 한 사람에게 모든 걸 내주어야 하는가? 우리는 그에게 살 곳을 주었는데 이제는 시장을 세울 땅을 또 내놓으라고 한다"(M. and F. Herskovits, 1958: 364).

이런 반대 의사를 표명한 그 아코노 남자는 불행하게도 시장을 정화(淨化)하기 위한 인신 제물이 되고 말았다.

이와 거의 똑같은 시점에 테 아그방리의 형제이자 다호메이의 알라독소뉘 왕조를 창시한 왕 웨그바자는 아보메이 고원의 남쪽 기슭에 살고 있는 토착민인 게데비(Gedevi)족의 왕 아그와-게데(Agwa-Gede)와 드라마 같은 권력 경쟁을 펼치고 있었다. 두 왕은 마법 그리고 여러 사회적 혁신의 영역에서 경쟁했다. 웨그바자는 새로운 법전을 도입하고, 면화에서 실을 자아 옷감을 짜는 법을 들여왔을 뿐만 아니라, 죽은 이의 시신을 나무 안쪽에 놓아두는 대신 땅에 매장하고서 왕이 바뀔 때마다 그 매장지를 사용할 권리의 대가로 계속 돈을 지불하는 제도를 들여왔다. "사람들은 이 제도를 아주 좋아했다. 이들은 말했다. '좋았어. 우리는 당신이 좋아. 우리는 당신을 영원히 왕으로 모실 거야'"(Ibid.: 361). 이렇게 비록 궁극적으로는 웨그바자가 승리를 거두지만, 단기적으로는 아그와-게데 쪽이 승자였다. 아그와-게데 왕은 가뭄 속에서 비를 내리게 했고, '마법 주문으로' 메뚜기 떼를 불러와 작물을 먹어치우게 한 다음 또다시 주문을 걸어 메뚜기 떼를 쫓아버렸으며, 땅에서 땅콩을 만들어내고, 또 카우리 화폐까지 고안해냈다. 특히 이 마지막 두 사건은 그가 왕의 지위에 합당함을 다른 이들에게 입증하려고 의도된 것이었다.

텡브웨(tengbwe)라고 불리는 풀이 있었다. 이 풀이 그 순간 불쑥 솟아났다. 그[아그와-게데]는 다시 말했다. "만약 이 땅이 진정 나의 아버지의 것이라면 내가 이 풀을 뽑아냈을 때 땅콩이 따라 올라올 것이다." 그는 풀을 뜯어냈고, 땅콩이 거기에 있었다.

사람들은 환호성을 질렀다. 그들은 손을 입에 모으고서 그에게 환호를 보냈다.

그는 다시 말했다. "만약 이 땅이 진정으로 나의 아버지의 것이라면, 내가 풀을 뽑아냈을 때 카우리들을 보게 될 것이다." 그는 그렇게 했고, 카우리들이 나왔다.

이제 사람들은 먹을 것을 찾았으며 더 이상 물품을 교환하지 않았다. 이들은 화폐를 갖게 된 것이다…….

사람들은 아그와-게데에게 몰려가서 선언했다. "당신은 우리의 왕이다. 우리에게는 다른 어떤 왕도 없다…….."

그리하여 사람들은 웨그바자를 왕으로 인정하기를 거부하였고, 아그와-게데가 죽고 난 뒤에야 비로소 웨그바자가 왕으로 군림하게 되었다(Ibid.: 366~67).

전설에서 카우리 화폐는 이렇게 어느 토착민 왕의 혁신으로 나타나는 것으로 그려져 있다. 그리고 그 결과—"이제 사람들은 먹을 것을 찾았으며 더 이상 물품을 교환하지 않았다"—는 곧 사람들 마음속에서 화폐와 시장이 밀접하게 관련되어 있음을 시사한다. 실제로 다호메이의 시장은 식량 시장이었고, 여기에서는 카우리의 지불이 법으로 강제되었다. 이는 실로 주목할 만한 사실이며, 또 우리가 익히 알고 있는 대로다.

경제를 조직하고 또 그 모습을 결정짓도록 작용했던 힘은 바로 국가였고, 이는 왕의 인신(人身)으로 체현되었다. 식량, 화폐, 시장은 모두 국가가 만들어낸 산물이었다. 헤겔-마르크스식 국가 개념은 경제적 사회(Bürgerlichegesellschaft)[13]와 대조되는 것으로서, 전자는 후자의 한 기능일 뿐이었다. 하지만 이러한 국가 개념이 초기 국가에 적용될 수는 없다. 파라오 시대의 이집트와 바빌로니아부터 니제르 강의 제국들에 이르기까지, 국가 건설이라는 추동력은 항상 경제조직의 영역 안에서도 하나의 장기적

---

13 이 말은 '시민사회'라고 옮겨질 때도 있지만, 맥락상 경제적 이익만으로 조직되는 '정신적 동물계'(헤겔), 즉 오늘날의 용어로 보자면 시장경제에 더 가깝다. 헤겔은 그렇기 때문에 인간의 윤리적 가치의 담지자인 가족이 이 '경제적 사회'와의 모순에서 파괴되고 사라지는 것을 막기 위해서는 가족과 '경제적 사회'를 모두 포괄하면서 모순을 '지양'하는 통일체로서의 국가가 필요하다고 주장한 바 있다. 비록 윤리적인 함의와 인과관계의 방향은 반대이지만, 마르크스주의에서 또한 국가와 '경제적 사회'를 서로 '낯선' 관계로 보는 것은 동일하다.

힘으로 나타나게 되어 있다. 물론 하나의 집단이 국가의 지위를 쟁취하는 방향으로 추동하는 요인들이 분명히 있지만 이는 전혀 다른 차원의 문제이다. 그러한 요인들은 군사적 요인들과 함께, 국가가 성립하기 이전 시대의 경제사에 해당되는 문제이다. 하지만 어떤 왕조가 일단 국가 건설의 경로로 들어서게 되면 그다음에는 어떻게 군대를 조직할 것인가, 군대에 필요한 것들을 어떻게 '현물로' 조달할 것인가, 조세 징수의 도구로 쓰려면 어떤 통화를 출범시켜야 할 것인가, 시장을 만들어내고 또 식량이 분배될 수 있도록 작은 단위의 화폐를 만들려면 어떻게 해야 하는가 등의 문제와 씨름하지 않을 수 없다. 다시 말하지만 이러한 문제들 중에는 국가가 '여러 등가관계'를 어떻게 마련할 것인가의 문제가 포함되어 있었다. 조세의 납부와 물품의 배급에서 여러 주산물들 사이에 대체 비율이 어떻게 되는지를 결정하는 것이 바로 이것이었다. 이렇게 정부가 경제에 대해 수행하는 활동들을 우리는 앞의 여러 장에 걸쳐서 논한 바 있다. 이런 것들에 주의를 환기해본다면, 카우리 통화의 기원이 무엇이며 어떻게 기능했는지, 다호메이 왕의 부인들은 어째서 지역의 식량 시장에서 피정복민들이 식량을 조달할 수 있게끔 카우리를 끈으로 묶어 통화로 만드는 작업을 손수 했는지에 대해서도 좀 더 현실적인 접근법을 취할 수 있게 될 것이다.

카우리와 국가

원시사회에서는 통화로 쓸 수 있도록 국가가 중앙에서 끈으로 묶어 발행하는 조개껍데기 같은 것이 없었다. 또 이런 것들은 화폐가 교환수단으로 흔하게 쓰이는 사회에서도 살아남지 못하였다. 다호메이의 끈으로 묶은 카우리는 정말 대단한 고대적 제도이다. 현대인들조차 통화정책에서 이와 비슷한 기술적 문제들 때문에 아직도 골머리를 앓고 있기 때문이다. 카우리는 사회적 복지증진에 꼭 필요한 기능들을 수행했지만 그 가치를 안정시키기란 지독하게 힘들었다. 국내적 수준은 물론이고 국제적 규모에서도 가치의 안정을 달성하려면 여러 심각한 장애물들을 극복해야 했다.

비록 잘못된 비유이기는 하지만, 이 딜레마는 오늘날 경제정책에서 복지 대(對) 인플레이션 억제 가운데 어느 것을 선택할 것인가의 문제와 닮은 점이 있다고도 할 수 있다. 카우리는 거의 무한소의 작은 가치도 나타낼 수 있기 때문에 여러 세기에 걸쳐서 가난한 이들이 사용해온 화폐였다. 따라서 인도 그리고 훗날에는 (비록 정도는 덜하지만) 서(西)수단에서도 카우리는 실제로 복지국가의 한 요소로 기능하였지만, 그 가치의 유동성―점착성이 없다는 뜻―으로 인하여 귀금속과의 공식적 환율은 거의 유지될 수 없었다. 그럼에도 불구하고 우이다와 다호메이에서는 전 영역에 걸쳐 카우리와 금 사이의 교환비율의 안정성이 완벽하게 달성되었다. 금과 은으로 회계를 시행하는 여러 교역국들이 자주 드나드는 국제적 교역항이라는 복합적인 조건들 아래에서 말이다.

인도는 통화의 여러 문제들을 서아프리카보다 먼저 겪었다. 1425~50년 사이에 무굴 제국을 방문했던 바투타는 그곳에서 극도의 부와 극도의 빈곤이 공존하는 것을 보았을 뿐만 아니라, 훗날의 여러 문명에서 지배자들이 대중의 살림살이에 대해 갖는 이해관계라고 불리게 되는 것 또한 풍부하게 목격한다(Ibn Batuta, 1958). 델리에서 도시를 돌보는 고위직에 임명된 바투타는 기근이 벌어진 어느 해에 한 개인으로서 500명의 가난한 이들을 먹여 살리는 책임을 떠맡게 된다. 이러한 상황에서 인도에서는 카우리가 이 이슬람-힌두 국가인 무굴 제국의 복지경제의 일부를 이루게 된다. 약 4세기 후 니제르 강 지역에서 벌어진 무어인들의 국가행정에서도 상황이 그다지 다르지 않았다. 다른 점이 있다면, 아직까지도 카우리가 쓰이던 팀북투 이외의 지역에서는 카우리 대신 수수가 가난한 이들의 화폐로 사용되었다는 점뿐이었다. 북반구의 고대적 경제에서 카우리가 인기 있는 화폐였다는 사실은 방금 본 다호메이의 전설에서도 드러난다. 수렵민들은 땅콩, 카우리, 식량 시장이라는 3중의 선물을 한 묶음으로 내어준

초대 왕을 찬양하고 있는 것이다. 하지만 어떤 힘들이 다호메이의 퐁(Fon) 왕조로 하여금 카우리 화폐를 제국 건설의 도구로 쓰도록 만들었는지에 대해서는 전혀 알려지지 않았다.

바투타는 몰디브 제도의 가장 큰 섬인 말레(Male)에서 3년간 요직을 맡았다. 그가 떠날 때 왕은 거액의 카우리를 선물로 주었다. 왕은 그가 중국으로 가는 길인 벵갈에서 그것으로 쌀을 살 수 있으니 받으라고 우겼지만, 그는 끝내 그 선물은 쓸모가 없다며 받아들이지 않았다. 바투타는 처음에는 왕의 관리가 자신을 따라와서 그 거래를 성사시켜주는 것을 조건으로 그것을 받으려고 했다. 하지만 결국 그가 왕으로부터 받은 것은 금이었다. 다른 이야기들에서도 카우리는 가난한 이들이 자기들이 매일 먹을 쌀을 살 수 있는 화폐이지만, 설령 한 배 가득 실어서 가지고 온다고 해도 황금은 전혀 살 수 없다고 전해진다.

바투타도 방문했던 말라바르 해안(Malabar Coast)에서 상업용 화폐는 금과 은이었지만, 이 아대륙(亞大陸)의 내륙 쪽에 있는 여러 도시에서는 카우리가 가난한 이들의 화폐로 쓰이고 있었다. 여기에서는 카우리가 끈으로 묶이지 않은 채 사용되었고 다호메이 시스템에서처럼 결코 관습적인 통화 단위로 다시 나누어지지는 않았다. 이것이 디렘 주화와 어떠한 비율로 교환되었는지, 그러한 교환이 존재하기는 했는지, 만약 존재했다면 그 교환비율은 언제 어떻게 변화했는지 등은 분명히 알기가 어렵다. 사실 바투타가 고고에서 경험한 일을 이야기하며 회상하고 있듯이, 정부가 고도로 발전된 몰디브에서조차 그 교환비율은 지극히 불안정했던 것으로 보인다.

당시 서아프리카 제국들은 14세기 초 이전에 이미 카우리를 수입하기 시작하였다. 이는 니제르 강 중류 지역에서는 새로이 출현한 물건으로서, 비록 인도에서는 지극히 저렴했지만 고고에서는 결코 가치 없는 물건이 아니었고, 바투타는 개인적으로 거기에서 카우리는 아주 높게 평가되고 있음을 발견하기도 했다. 하지만 멀고 험한 길을 거쳐 그것을 싣고 온 베르베르족 대상들은 그 반대 방향으로 물건을 나를 때에는 무조건 금으로 지불할 것을 요구하였다. 인근의 중부 수단 지역에서는 카우리가 낯설었으며 기근 때 이곳의 무어인 왕은 가난한 이들에게 수수를 분배하였다. 수수는 먹을 수도 있는 데에다가 그것으로는 시장에 나와 있는 모든 것들을 다른 그 어떤 통화보다도 염가에 구매할 수 있었다. 이후 카우리 화폐 또한 수수와 마찬가지로 이 초기 국가의 복지정책에서 절대적인 역할을 담당하게 된다.

엄밀하게 말해서 다호메이의 카우리 통화는 분명코 원시화폐가 아니었다. 역설적이지만, 이곳의 카우리 화폐는 오세아니아의 여러 '미개' 부족들이 사용했던 각종 조개껍데기 화폐보다 오히려 더욱 자연 상태에 가까웠다는 점에서 달랐다. 다호메이의 카우리 화폐는 끈으로 엮여 있다는 것을 빼면 아무런 손질도 가해지지 않았고, 몰디브 제도의 산호초에서 '거두어들인' 그 자연 상태를 그대로 유지하고 있었던 것이다. 원시 부족들이 사용한 조개껍데기들은 기술과 끈기를 가지고 연마와 절삭과 조각을 거치게 되며, 심지어 이 작업은 대개 격렬한 공동 노동이었다. 그래서 이 원시 부족들의 화폐에는 '희소성'이 따라오는 것이다. 그 가치는 그 희소성뿐만 아니라 그것을 만드는 데 따라붙는 인간 노력에 대한 감정적 반응에서 나오게 된다(Malinowski, 1922). 반면 다호메이에서의 카우리는 국가정책으로 말미암아 일종의 통화로서의 지위를 얻게 된 것이다. 국가는 그 화폐로서의 사용을 규제했을 뿐만 아니라 그것이 마음대로 수입되는 것을 막음으로써 그것이 다른 지역으로 확산되는 것을 방지하기도 했다. 이런 식으로 카우리를 다루는 것은 원시사회에서뿐만 아니라 훗날의 현대적 조건에서도 (비록 이유는 다르지만) 가능하지 않다. 결국 프랑스 관리가 들어오고 여러 금속 통화가 도입되며 또 교환수단으로서의 화폐가 보편적으로 사용되자 다호메이에서도 더 이상 카우리가 통화로 쓰이지 않게 된다.

그래서 우리가 쓰는 용어로 말하자면, 카우리 통화는 단연코 고대적 경제제도의 일부이다. 그것의 작동은 자세히 검토할 가치가 있다. 17세기와 18세기의 다호메이에서는 정확하게 3만 2천 개의 카우리가 황금 1온스(이는 8아랍밋칼에 맞먹는다)의 비율로 교환되었던 반면, 19세기 중반 수단 지역에서는 하인리히 바르트(Barth, 1859), 오스카르 렌츠(Lenz, 1884), 나흐티갈(Nachtigal, 1887) 등이 언급한 비율이 1밋칼당 3,500개에서 4,000개 사이를 오르내리고 있다(즉 여전히 옛날의 교환비율에서 크게 벗어나지 않았다). 카우리는 그 원산지인 인도양에 가까이 갈수록 그 가치가 떨어져서, 한 배 가득 정도가 아니면 거의 가치 없는 물건이 된다. 카우리가 이렇게 그 원산지로부터 지리적으로 멀리 떨어져 있기 때문에 교환비율이 오르내리는 시점과 이를 실어오는 시점도 서로 달라지기 마련이며, 19세기 후반 이전까지는 이것이 그 비율이 파멸적으로 심하게 오르내리는 것을 막아주는 하나의 보호장치가 되기도 한다.

서아프리카에서 카우리를 사용하는 지역들을 보면 그 사이에 지리적인 공백이 존재하거니와, 그렇기 때문에 이러한 공백은 더욱 주목할 가치가 있다. 문화의 다른 측면들에서는 크게 차이 나는 지역 내 부족들 사이에 일정한 문화적 특징들—여기에는 원시화폐의 여러 사례들도 포함된다— 이 공통적으로 깊숙이 침투하여 사방으로 확산되어 있는 경우가 많다. 하지만 서아프리카에서의 고대적 화폐 확산은 아주 다른 사례이며, 카우리의 화폐 사용은 전혀 보편적으로 확산되어 있지 않다. 카우리를 화폐로 사용하는 지역들과 그것을 지불수단으로 받아들이지 않는 지역들을 지도상에 그려보면 실로 마치 행정당국에서 경계선을 그은 것 같은 모양이다. 그런데 이렇게 분절화된 서로 다른 지역에 걸쳐서 황금과 카우리 사이에 엄격한 교환비율이 유지되는 놀라운 현상이 있으며, 가히 '카우리 화폐의 생태학'이라고 부를 수 있을 정도이다. 물론 이러한 현상이 현실적으로 어떻게 작동하는지에 대해서는 알려지지 않았다는 것을 인정해야 한다. 그렇기 때문에 서아프리카에서 카우리가 쓰이는 지역을 남북을 가르는 동서의 선으로 나타내봐야 그 의미는 제한적일 수밖에 없다. 카우리가 광범위하게 사용되는 것은 어느 정도 사회가 조직된 지역 **그리고** 교역로를 따라 펼쳐진 지역일 뿐이며, 그 밖에서는 거의 발견되지 않는다. 이 또한 대상(隊商) 집단의 성격으로 설명할 수 있다. 그들은 끊임없이 이동할 수 있는 치외법권적 집단이라는 점에서 하나의 반(半)정치단체이며 초기 국가와 흡사하다. 이러한 분절화의 예를 보자. 황금무역의 중심지인 팀북투 시(市)는 카우리 화폐를 사용하지 않는 사하라 지역과 니제르 강 만곡부(Niger Bend) 북쪽의 넓은 지역 사이 한가운데 있으며, 항상 카우리 화폐를 사용하는 고립 지역이었다고 알려져 있다. 다시 서쪽으로 가보면 카우리 화폐 사용 지역은 대서양에 채 이르지 못하고 끝난다. 또 니제르 강에서 동쪽으로 가보아도 훨씬 나중에야 하우사(Hausa) 국가들에까지 카우리 화폐 사용이 미치게 된다. 루이 뱅제(Louis G. Binger) 선장은 아샨티로 돌아오는 길에 사금(砂金) 통화를 지니고서 니제르 강 만곡부 남쪽의 카우리 화폐 벨트 지대와 볼타 강 상류의 교역 중심지인 본두쿠(Bonduku)를 통과하였던바, 그 과정에서 아우아보우(Aouabou) 촌락이 카우리 화폐가 통용되는 마지막 지역이며 바로 인접한 남쪽의 촌락에서는 카우리 화폐를 받지 않는다는 사실을 기록하고 있다(Binger, 1892〔II〕: 241).

카우리 껍데기의 과도한 가치 유동성을 중화하는 것은 오직 다호메이처럼 초기 국가라는 조건 아래에서 혹은 국가와 국가를 연결해주는 대상(隊商)들 내에서만 가능했다. 하지만 다호메이 이전에 역사적으로 존재했던 말리와 송가이의 여러 제국들 밖으로 나가보면, 니제르 강의 광활한 계곡과 만곡부 지역 어디에서도 다호메이에 견줄 만큼 국가가 발전한 곳이 없었다. 따라서 이 지역에서는 카우리 화폐가치의 심한 변동과 이를 해결하기 위한 여러 임시변통 조치들이 발견되거니와, 이는 카우리 화폐를 하나의 고대적 경제제도로 삼은 다호메이의 영토 안에서는 전혀 볼 수 없는 것들이었다. 그러다가 세계시장이 뚫리게 되자 카우리 껍데기의 가치 유동성은 또다시 통제 불능이 되고 말았던 것이다.

바다를 다니는 배들이 올 때마다 그 창고에서 이 새것처럼 깨끗하게 반질반질한 조개껍데기들이 그야말로 수천만 개씩 쏟아져 나오게 되자, 카우리는 식민지 행정관리들에게 하나의 악몽이 되고 말았다. 보르누(Bornu)가 1848년 이를 도입하기로 결정한 이래 리버풀에서 수출된 카우리는 1848년과 1849년 각각 60톤과 300톤에 달했으며, 합쳐서 7,200헌드레드웨이트[14]가 되었다. 20년 후인 1868~70년에는 라고스(Lagos)에서의 수입량이 무려 172,000헌드레드웨이트에 달했으며, 이를 1파운드당 대략 카우리 380개라고 계산해보면 3년 동안 70억 개 이상이 수입된 것이라고 볼 수 있다.

우간다에서는 영국 행정관리청이 조치를 취하였다. 1896년 카우리가 1루피당 약 200개로 교환되었지만 1901년이 되면 그 교환비율이 800개로 올라간다. 1901년 3월 31일 이후에는 카우리로 세금을 납부하는 것이 더 이상 받아들여지지 않았다. 이와 동시에 정부는 독일령 동아프리카로부터 대량으로 수입되고 있다는 정보를 접하자 카우리에 대해 수입 봉쇄령을 내렸다. …… 정부는 보유 물량을 결국 생석회의 재료로 써서 없애버렸다. 1902년 우간다 정부가 그 보유 물량을 파괴한 후인 1902년에도 여전히 우간다에서는 약 3백만 개의 카우리가 유통되고 있었다(H. P. Thomas and R. Scott, *Uganda*, 1935: 231; Einzig, 1949: 134에서 인용).

프랑스령 수단에서 프랑스 식민당국은 카우리의 공급이 편재(偏在)

---

14 무게 단위로 영국에서는 112파운드, 즉 대략 50킬로그램이었다.

되는 것을 바로잡으려고 안간힘을 썼지만 가망 없는 싸움이었다. "세구 (Segou)에서 프랑스 당국은 한때 2백만 개가 넘는 카우리를 축적했다. …… (약 350마일 떨어진) 젠(Djenne)에서는 …… 행정관이 …… 전혀 카우리를 축적하지 않았다"(Einzig, 1949: 143). "세 개의 촌락에서 국지적인 현금 부족이 나타나자 이를 해소하기 위해 프랑스인들은 이 공동체들에 4백만 개의 카우리를 긴급하게 지출해야 했다. 이번에도 카우리의 분배가 문제였다"(Ibid.).

19세기가 끝날 무렵 카우리의 가치는 하우사 땅(Hausaland)에서 크게 하락한다. 찰스 헨리 로빈슨(Charles Henry Robinson)의 원정대는 이곳에서 병에 걸린 말 한 마리를 팔고 또 며칠 쉬어가야 했다.

> 문제는 우리가 말을 팔 수 없었다는 것이다. 말의 가치에 해당하는 카우리를 받는다면 이를 운반하기 위해 15명의 짐꾼을 더 고용해야 했고, 그럴 경우엔 그들의 품삯으로 그들이 운반하는 화폐 전부뿐만 아니라 거기에 더해서 거액을 지불해야 했다……(C. H. Robinson, *Hausaland*, 1896: 46; Einzig, 1949: 148에서 인용).

카우리는 이미 그 전부터 고대적 경제제도가 사라짐에 따라 그 일부로서의 작동을 멈추었지만, 그렇다고 해서 단일한 시장 시스템이 아직 충분히 성장하지도 않았기 때문에 일개 상품으로서 제대로 분배되지도 못했던 것이다. 그렇다면 **고대적 화폐**의 어떠한 속성들이 어떠한 사회적 효과를 낳았기에 18세기 기니 해안 지역의 지역적 통화 시스템이 그토록 거의 완벽에 가깝게 작동했던 것일까?

신분 확립과 국가 건설
최근의 인류학과 역사 연구 덕분에 원시화폐에 대한 우리의 시야는 크게 넓어졌다. 이국적인 물건들을 박물관에 전시해놓던 수준에서 이제는 그 물건들에 여러 화폐 기능을 부여하는 사회제도들이 무엇인가로 관심이 이동하고 있다. 폴 보해넌(Paul Bohannan)이 보여주었듯이, 화폐들에 윤리적인 근거로 서열을 매기는 현상을 관찰하는 와중에 원시사회에서는 화폐에 신분 확립 기능이 있다는 사실이 전면 부각되었다(Bohannan, 1955; Bohannan, 1959). 원시적 통화들의 이러한 측면은 초기 국가에서 더욱 중요해지며, 국가 창출에 일조하는 새로운 기능까지 갖추게 된다.

고대적 화폐는 사실상 국가구조가 진화해 나가는 과정과 밀접하게 연결되어 있다. 앨리슨 퀴긴(Alison Quiggin)은 원시사회에서 다른 지역을 방문한 부족들이 그 지역의 왕들과 추장들에게 선물 형식으로 여러 주산물들을 내놓는 의식을 치르며, 그 과정에서 어떻게 그 사물들에 초자연적 힘(mana)을 부여하게 되는가를 보여준 바 있다(Quiggin, 1949). 그저 공리적인 효용 계산의 대상에 불과한 범속한 재화들을 세금으로, 공물로 또는 명예로운 선물로 제시하며, 그러면 그 공동체의 수장은 이를 그러한 것으로 받아들인다. 그럼으로써 그 범속한 재화들은 지위와 존엄성을 획득하게 되는 것이다. 이렇게 인상적인 거래를 공공 앞에서 실시함으로써 이 재화들에는 명예를 상징하는 화폐의 성질이 부여되며, 그러한 화폐의 여러 용법에는 다중적인 규칙이 적용되기에 이른다는 것이다. 퀴긴은 이것이야말로 여러 화폐가 생겨나는 제도적 원천의 하나라고 생각하고 있다. 그리고 우리는 여기에 다음과 같은 점을 덧붙일 수 있다. 원시화폐는 또한 갖가지 권리와 책무에 수량적인 함의를 부여하게 되었다고 말이다. 이는 사회구조의 견고함에 결정적으로 기여하는 조건으로서, 이러한 수량화를 통해 사회구조는 시간이 지나면서 낡아 소모되는 것에 더 강하게 저항할 수 있으며, 또 계층화된 국가사회에 필연적으로 나타나게 마련인 내적인 여러 긴장들에도 잘 버틸 수 있게 되는 것이다.

고대적인 거래들 가운데 다수는 관습적으로 설정된 등가관계를 확인하는 국가의 법령이 존재하는 것을 전제로 하고 있다. 거래에서 그 어떤 부당이득—설령 뜻하지 않은 것이라고 해도—도 발생시키지 않는 도덕적 안전장치로서 이러한 등가 설정의 법령을 전제로 삼는 것이다. 유대인들의 미슈나(Mishnah)[15]는 '고리대', 즉 교환을 통해 이윤 취득이라는 잘못을 범할 가능성에 실로 집착이라고 할 정도의 조심성을 보여주고 있다. 미슈나에서는 모든 경우의 판매-구매행위에서 무엇이 화폐이고 무엇이 재화인지를 현학적인 논리를 동원하여 구별하고 있는바, 이는 원리상 화폐를 화폐로 구매할 가능성을 배제하는 절차이다. 이러한 화폐와 재화의 구별을 정해놓은 법리는 궤변에 불과하게 들리지만, 앞서 말한 부당이득을 범할 가능성에 대한 과도한 조심성이 바로 그러한 궤변을 지탱해주는 기초가 된다. 퀴긴은 원시사회에서 화폐가 일차적으로 교환수단이 아니라는 자신의 주장을 경험적 방법을 통해 입증하였다. 하지만 초기 국가사회에서도 화폐는 일차적으로 교환수단이 아니었다. 이러한 사회에서 화폐의 기능은 초기 국가와 그 탄탄한 사회적 구조물의 벽돌들에 순서와 서열을 매겨주는 일이었다.

사실상 교환수단으로서의 화폐는 신분과 무관한 화폐의 존재를 전제로 한다. 구매-판매 혹은 임대-임차 등과 같은 경제적 거래들은 전통적 사회에서는 일반적으로 여전히 신분상의 거래에 부수적으로 따라온다. 즉 사람들의 운명에 따라 재화가 이동하는 것이다. 개개인들이 토지, 가축, 노예를 전유하는 것은 입양이나 혼인 등과 같은 신분 변화와 밀접하게 연결되어 있다. 재산 자체를 이전하는 대신 그 사용권만 이전하는 일은 자주 있으며, 심지어 두 가족이 각자의 재산을 그대로 보유하면서 그 사용권만 서로 교환하는 바빌로니아 누지(nuzi)의 디테누투(ditenutu)[16]와 같은 경우도 여기에 포함된다. 토지의 수여 또한 신분의 문제로서, 군사, 성직, 교

---

15 『탈무드』의 제1권으로서, 유대인들의 불문법이라고 여겨진다.

역의 지위를 얻는 것과 결부되어 있다. 이렇게 고대적 경제제도 아래에서는 경제통합과 신분구조가 서로 의존하고 있는 것이다. 일부 사람들의 여러 특권이 다른 사람들의 부정적 신분과 맞아떨어지게 되어 있는 한, 신분에 따라오는 여러 권리와 책무는 사회통합 효과를 가질 수 있다. 또 그와 반대로 경제통합의 형태가 어떠한가에 따라서 신분이 가져오는 효과도 그 방향이 달라질 수 있으며, 동시에 그 효과가 더 강화되기도 한다. 이는 재분배, 상호성, 가정경제라는 경제 패턴이 각각 국가 건설 및 신분이라는 문제들과 어떻게 연관되어 있는가에서도 명확히 관철되고 있다.

교환 또한 예외가 아니다. 교역의 고대적 여러 변형태가 생겨나는 가운데 교역인 신분이 탄생했다. 이 신분은 임명되는 경우도 있고 친족에서 기원한 경우도 있다. 교역항 또한 그러한 고대적 제도의 또 다른 예이다. 여성의 신분을 대부분 결정하는 요인이었던 식량 시장도 또 다른 예이다. 이러한 제도적 배경을 염두에 두고서 고대적 화폐의 경우를 살펴보게 되면 다호메이의 카우리 화폐의 본모습도 비로소 선명하게 드러나게 되는 것이다.

또한 경제를 조직하는 데서 초기 국가도 고대적 세계의 여러 제도 가운

---

16 티덴누투(tidennūtu)를 말하는 듯하다. 누지는 티그리스 강 상류의 도시로서, 옛 바빌로니아 제국이 쇠락한 후 기원전 후리아인들이 건설한 도시이며 기원전 15세기경 전성기에 달했다가 이후 히타이트에게 멸망당한다. 이 도시의 유적에서 1918년 발견된 다수의 점토판에 언급된 티덴누투라는 계약은 그 성격이 무엇인지를 놓고 거센 논쟁을 불러일으켰다. 계약에 등장하는 문구들을 놓고 보면 주고받는 것들의 성격과 그 인간관계의 성격, 또 계약의 성격 모두 현대인들로서는 정확히 파악하기 어려웠기 때문이다. 이에 리스(lease), 조건부 판매, 가치물의 상호 교환 등 여러 설이 나왔지만 배리 아이클러(Barry Eichler)는 이것이 소유권은 그대로 옛 임자에게 있는 상태에서 사용권만 교환되는 독특한 일종의 채무저당(antichresis)이라는 사실을 밝힌다. 이에는 다시 토지와 인신 두 가지 경우가 있다. 즉 A가 B에게 토지 혹은 노예의 인신을 넘겨주고 대신 B로부터 어떤 동산(動産)을 빌린다. 여기에서 넘겨준 토지 혹은 노예는 일종의 담보가 되고 그 동산은 빌린 물건이 된다. 양쪽은 계약 기간 자신이 넘겨받은 토지 혹은 노예 그리고 동산을 마음껏 사용하지만 각각의 소유권은 여전히 본래 주인에게 남는다. 계약을 종결할 권한은 빌린 사람, 즉 A에게 있다.

데 하나이다. 국가영역의 경제 그리고 국가로부터 자유로운 영역의 경제와 국가가 행정상의 이유로 맺게 되는 여러 접촉이 합쳐져서, 하나의 전체로서의 경제과정을 모양짓는다. 다시 말하지만 교환의 여러 통합 형태가 존재한다면, 그 형태를 형성하는 역할은 국가가 맡는다. 사물들의 대체 비율 및 가격 설정과 관련한 여러 등가관계, 수입품과 수출품을 다루는 행정적인 교역항, 지역의 식량 시장에서의 화폐 사용의 강제 등은 전형적인 고대적 경제제도들로서, 이런 것들은 최소한 주변적으로라도 정부의 여러 기능들에 의존하지 않을 수 없다. 신분적 거래에는 본질상 경제적 거래가 불가분으로 결합되어 있지만, 국가영역에서 진화한 법령의 틀을 빌리면 그러한 신분적 거래에서 경제적 거래만을 벗겨내는 일이 된다. 고대적 경제제도들은 이렇게 국가와 신분이라는 이중의 초점으로 틀지어지며, 고대적 경제가 지닌 힘의 원천이라고 할 수 있는 긴밀한 사회조직은 여기에서 나오게 된다.

고대적 경제의 전체 상과 그 속에서의
시장 요소의 위치

1. 폴라니 저작에서
『다호메이 왕국과 노예무역』의 위치

『다호메이 왕국과 노예무역: 어느 고대적 경제에 대한 분석』은 칼 폴라니(Karl Polanyi, 1886~1964)의 유작(遺作)이다. 그가 1947년에서 1953년까지 컬럼비아 대학 경제학과의 일반경제사 교수직을 맡으면서 이른바 '컬럼비아 프로젝트'라는 학제 간 연구를 이끌며 이루었던 지적인 작업은 『초기 제국의 교역과 시장』(*Trade and Market in the Early Empires*, 1957)이라는 학제 간 연구의 산물로 나타났다. 또 같은 기간 그 혼자서 진행했던 이론적 작업 및 고대 그리스 경제에 대한 분석은 훗날 『인간의 살림살이』(*The Livelihood of Man*, 1977)라는 저작으로 편집되어 출간되기도 했다. 이두 저작은 잘 알려져 있을 뿐만 아니라 경제인류학을 비롯한 여러 사회과학 및 역사학 분야에서 막대한 영향을 끼치기도 했다. 또한 그가 컬럼비아 대학에서 은퇴한 후 1964년 서거할 때까지 캐나다 토론토 근교의 피커링(Pickering)에 있는 그의 자택에서 이루었던 현대 산업사회의 근본적 문제에 대한 깊은 철학적 사유 또한 최근 그가 남긴 여러 문서들을 보관한 콘

코디아 대학(Concordia University) 칼 폴라니 정치경제연구소(Karl Polanyi Institute of Political Economy)의 문서고가 완전히 디지털화되어 인터넷에 공개됨에 따라 많은 관심을 끌고 있다.

하지만 그가 같은 시기에 작업하여 완성된 저작으로 내놓은 『다호메이 왕국과 노예무역』은 상대적으로 큰 관심을 끌지 못하였고, 서아프리카 지역의 경제사 및 경제인류학 연구자들을 제외하면 폴라니 연구자들 사이에서도 별다른 반향을 얻지 못하여 상대적으로 무시되어온 감이 있다. 하지만 폴라니 스스로가 완성하여 내놓은 저서가 『거대한 전환』(The Great Transformation, 1944)[1]을 제외하면 이 책뿐이라는 사실을 기억한다면, 이는 좀 의아한 일이다. 게다가 피커링에 함께 머물면서 그의 지적 작업의 반려자로 일했으며 이 책의 작업에도 함께 참여한 에이브러햄 랏스틴(Abraham Rotstein)의 회고에 따르면, 그가 피커링으로 이주했던 1959년 당시 이 저작은 이미 완성된 초고 상태였으며 이후에도 끊임없는 수정과 보완을 거치느라 무려 3년의 시간이 더 소요되었다고 한다.[2] 그야말로 폴라니가 만년에 심혈을 기울인 작업의 성과라고 할 수 있다.

이 저서가 이렇게 상대적으로 무시되어온 것은 안타까운 일이라고 생각된다. 이 저서는 폴라니의 개념과 이론에 입각하여 하나의 '고대적 경제'(archaic economy)의 모습을 총체적으로 종합해놓은 드문 연구이다. 폴라니는 이전의 작업에서 신고전파 경제학에 의해 왜곡된 경제주의적 편향을 극복하고 동서고금에 존재했던 여러 모습의 '인간의 경제'를 보편적으로 연구할 수 있도록 대안적인 여러 개념들을 내놓은 바 있다. 하지만 이러한 것들은 어디까지나 높은 추상 수준의 이론적 개념들이며, 이러한 개

---

1 『거대한 전환: 우리 시대의 정치적·경제적 기원』, 홍기빈 옮김, 도서출판 길, 2009.

2 Abrahma Rotstein, "Weekend Notes: Conversations with Karl Polanyi", in Kenneth McRobbie ed., *Humanity, Society and Commitment*, Montreal: Black Rose, 1994, p. 138.

넘들을 실제로 활용하여 한 사회의 경제체제를 어떻게 총체적으로 이해할 수 있는지의 전체 상이 드러난 연구는 찾아보기 힘들다. 폴라니가 역사적 연구의 구체적 사례로 집중했었던 고대 메소포타미아 제국들[3]과 고대 그리스 아테네의 경우[4]가 있기는 하지만, 전자는 어디까지나 시장터(marketplace)의 존재 여부와 교역의 성격과 제도라는 한정된 주제에만 관련되어 있기에 그 경제의 전체 상을 그려내는 연구라고 볼 수는 없다. 후자의 경우 철기시대의 시작부터 아테네 제국의 몰락까지의 긴 시간을 다루고 있으며 정치적·사회적 변동의 역동성과 여러 경제제도의 발생과 진화를 엮어내어 매혹적이라 할 만큼 흥미로운 그림을 그려내고는 있으나, 이 또한 조직적·체계적으로 아티카 지역 경제의 전체 상을 그려내는 연구라기보다는 흥미로운 '이야기'(story)에 가깝고, 또 그 때문에 이론적 엄밀성과 역사 사실의 균형에 여러 부족함이 있다는 지적을 받는다.[5]

그에 비하여 『다호메이 왕국과 노예무역』은 다루고 있는 시간적·공간적 범위에서나 또 분석과 서술의 방법 및 성격에서나 앞의 두 경우보다 훨씬 더 체계적인 성격을 가지고 있을 뿐만 아니라 이를 통해 다호메이 왕국이라는 사례로 나타난 '고대적 경제'의 전체 상을 그려내고 있다. 그가 제시하는 여러 개념과 이론의 목록만 보게 되면 많은 의문점과 그 함의의 모호함을 만나게 되지만, 이러한 하나의 전체 상의 서술이라는 맥락에서 풀어보면 그러한 질문들 가운데 다수가 해소됨을 느낄 수 있다. 그뿐

---

3 Karl Polanyi et. al. ed., *Trade and Market in Early Empires*, Glenco, Il: Free Press, 1957.

4 Karl Polanyi, *Livelihood of Man*, New York: Academic Press, 1977, part II.

5 예를 들어 '고전 고대'(classical antiquity) 역사 연구의 권위자인 모지스 핀리(Moses I. Finley)의 경우, 폴라니에게 큰 영향을 받았으며 고대경제사 연구의 틀에서도 비슷한 입장을 견지했지만, 해리 피어슨(Harry Pearson)이 폴라니의 유고를 정리하여 1977년『인간의 살림살이』를 출간할 때 그에게 서한을 보내어 그리스 경제사에 대한 부분을 포함하지 않도록 만류하기도 하였다.

만 아니라 그의 개념과 이론이 단순히 순수한 시장경제라는 이념형에서 벗어나는 여러 형태의 경제체제들을 이해할 수 있는 관점을 제시하는 정도에서 머무르지 않고, 비교정치경제학과 경제사 연구에서 온전히 대안적인 연구 및 서술의 틀을 제시하는 적극적인 방법론의 가능성까지 암시하게 된다.

이 글에서는 먼저 그가 '컬럼비아 프로젝트'에서 발전시켰던 개념과 이론의 체계 및 의미를 간략하게 서술할 것이다. 그리고 이러한 개념과 이론들에 바탕을 두고 하나의 '고대적 경제'로서의 다호메이 왕국을 그가 분석하고 서술하는 방식의 특징들을 살펴보겠다.

2. 실체경제학과 시장 요소의 분해

앞에서 말한 대로, 1940년대 말에서 1950년대 중반까지 폴라니는 컬럼비아 대학의 여러 학자들과 함께 원시사회와 고대사회를 포함하여 모든 비(非)시장경제를 보편적으로 분석하고 이해할 수 있는 대안적인 틀을 마련하는 작업에 몰두한다. 그 구체적인 내용은 이후에 번역·소개될 『초기 제국의 교역과 시장』 및 『인간의 살림살이』에 자세히 나올 것이며, 여기에서는 『다호메이 왕국과 노예무역』을 이해하는 데에 필요한 만큼 그 개요를 간략하게 서술하겠다.

1) 경제의 두 가지 의미와 '제도화된 과정으로서의 경제'
먼저 폴라니는 '경제'라는 말에 두 가지 정의가 섞여 있음을 지적한다.[6]

---

6 Karl Polanyi, "Carl Menger's Two Meanings of 'Economic'", in George Dalton, ed., *Studies in Economic Anthropology*, American Anthropological Association, 1971.

첫째는 인간이 삶을 영위하는 데에 필요한 여러 욕구를 충족할 수 있는 수단을 조달하는 행위라는 의미이며, 둘째는 목적을 달성할 수 있는 수단을 되도록 합리적으로 아껴서 합리적으로 선택하고 배치한다는 의미이다. 폴라니는 전자를 '실체적'(substantive) 정의라고 부르며 후자를 '형식적'(formal) 정의라고 부른다. 그런데 이 두 가지 정의는 분명히 별개의 인간 행위와 합리성을 지칭하는 것임에도 불구하고 마치 동일한 것인 양 혼동될 때가 많으며, 특히 형식적 정의의 경제 개념에 입각한 신고전파 경제학의 틀이 현대인의 경제관을 지배하게 된 뒤로는 후자가 전자를 완전히 압도해버리는 결과가 나왔다고 그는 지적한다. 폴라니는 이것이 인간 세상에 존재하는 여러 경제형태와 체제를 이해하는 데에 심각한 장애를 낳았다고 본다. 형식적 정의는 오로지 모든 개인들이 경제적 합리성에 입각하여 행동하도록 되어 있는 순수한 시장경제에만 적용될 수 있는 것이며, 그러한 정의에서 일괄적으로 연역되어 나오는 시장, 교환, 화폐, 교역, 가격 등의 제반 범주와 그 이론 또한 순수한 시장경제에만 적용될 수 있는 제한적인 것들이다. 그럼에도 불구하고 순수한 시장경제의 유형에서 벗어나는 동서고금의 여러 경제형태들에까지 이러한 형식적 경제 개념과 거기에서 파생된 제반 개념 및 범주들을 적용하게 되면, 노동시장이 존재하지도 않았던 16세기의 영국 농촌에서 '잉여가치'를 논하고[7] 고대 메소포타미아 경제에서 화폐시장을 전제하는[8] 여러 가지 시대착오적 오류를 낳게 된다는 것이다. 따라서 순수한 시장경제의 유형을 벗어나는 경제형태 및 체제를 이해하기 위해서는 '실체적' 정의의 경제 개념에 입각한 '실체경제학'의 이론 틀이 필요하다는 것이 그의 주장이었다.

---

7 Karl Polanyi, "Review of Studies in the Development of Capitalism by M. Dobb", *Journal of Economic History*, 8(2), 1947.

8 Fritz Heichelheim, *Ancient Economic History: From the Palaeolithic Age to the Migrations of the Germanic, Slavic and Arabic Nations*, vol. 1, Hague: Sijthoff, 1957.

이러한 '실체경제학'은 수단의 희소성과 거기에서의 합리적 선택이라는 개인 차원의 형식적 합리성을 벗어나서, 현실에 존재하는 인간 집단이 그들의 삶에 필요한 여러 수단을 조달하고 분배하고 향유하는 구체적 과정을 어떻게 집단적으로 제도화하고 있는가에 초점을 맞추게 된다. 이렇게 '제도화된 과정으로서의 경제'를 살피기 위하여 폴라니는 인간과 사물이 보여주는 두 가지 차원의 운동을 구별할 것을 제안한다. 첫째, 인간과 사물이 현실적으로 어떻게 이동하고 어떻게 이합집산하는가를 보여주는 '장소상의 운동'(locational movement)이 있으며, 둘째, 그러한 인간과 사물에 대한 소유와 권리가 어떻게 바뀌는가를 보여주는 '소유상의 운동' (appropriational movement)이 있다는 것이다. 다른 말로 하자면, 인간 사회가 인간과 자연의 관계를 어떻게 관념하고 어떠한 원리에 입각하여 그것을 조직하는가의 차원이 있다면, 그렇게 만들어진 질서에 따라 현실의 인간과 자연 사물이 실제로 어떻게 운동하고 조직되는가의 차원이 있다는 것이다. 이 두 측면을 종합해볼 때 비로소 하나의 사회가 그 사회를 존속시켜줄 수단의 조달과 분배와 향유라는 실체적 의미의 경제를 어떻게 조직하는지가 드러나게 된다는 것이다.

2) 교환, 상호성, 재분배, 가정경제

이러한 경제에 대한 실체적 정의와 그에 입각한 '제도화된 과정으로서의 경제'라는 관점에 서게 될 때 얻게 되는 가장 중요한 성과물은 인간의 노동 분업이 오로지 시장 교환을 통해서만 조직될 수 있다는 18세기부터의 오래된 시장주의적 편견을 넘어서게 된다는 것이다. 애덤 스미스(Adam Smith)의 이론 전개에서 두드러지게 드러나는 바, 인간은 로빈슨 크루소처럼 혼자서 스스로의 모든 경제생활을 해결하든가 아니면 다른 인간들과 노동 분업의 관계를 맺게 될 경우에는 필연적으로 "교환, 교역, 물물교환의 본성"에 의존하게 된다는 생각이 바로 그것이다. 이렇게 노동 분업을 시장 교환과 동일한 것으로 보는 관점이 지배하면서, 대규모의 노동 분업이 존재하는 문명과 사회에는 당연히 시장경제가 지배하게 된다는 고정관념이 생겨나게 된 것이다.

하지만 폴라니처럼 '제도화된 과정으로서의 경제'로 바라보게 된다면, 우리는 한 사회 안에서 실제로 집단적인 생산과 분배와 향유가 어떠한 제도적 장치들로 조직되는지를 먼저 묻게 되며, 그에 따라서 그러한 제도적 장치들의 다양성에 대해 열린 시각을 갖게 된다. 이러한 관점에서 폴라니는 여러 역사적 · 인류학적 데이터들을 분석 · 종합하여 교환, 상호성, 재분배, 가정경제라는 네 가지의 경제 통합 형태들이 존재했음을 내세운다. 요컨대, 스미스 이래 인간의 자연적 본성의 발현이라고 믿어졌던 교환이라는 것은 집단적인 경제활동을 조직하는 한 형태에 불과하며, 그와는 전혀 다른 심리적 동기와 다른 사회적 관계망을 통해서 성공적으로 노동 분업을 조직하는 경제형태들이 얼마든지 더 존재했다는 것이다.

폴라니는 이미 1944년에 출간한 『거대한 전환』에서도 이 네 가지 경제 통합의 형태를 제시한 바 있다.[9] 하지만 당시에는 이 네 개의 형태가 각각의 개념으로 제시되었다기보다는 서술적인(descriptive) 차원에서의 제시에 그쳤다는 느낌이 강하다. 이후 폴라니는 '컬럼비아 프로젝트'를 진행하면서 더욱 정교한 이론화 작업을 거쳐 이 네 가지 중 교환, 상호성, 재분배라는 세 개의 형태를 각자의 이론적 구조를 가친 범주로서 내놓는다. 즉 각각이 단지 개개인들의 임의적인 이합집산에 따라 나타나는 우발적인 행태가 아니라, 각각을 떠받치는 사회적 지지 구조(social supportive structure)를 전제로 하여 엄연한 일상의 현실로서 제도화된 것임을 강조하는 것이다. 예를 들어 교환 행위는 각각의 거래 행위자가 스스로의 이익을 목표로 가격 흥정을 벌이는 장인 '시장'이라는 제도를 전제로 하여 나타나는 형

9 『거대한 전환』, 제4장.

태이고, 상호성(reciprocity)이란 사돈을 맺은 두 가문처럼 짝이 되는 대칭성(symmetry)의 사회적 관계를 전제로 하며, 재분배는 권력에 대한 복종이든 종교적 의무이든 다양한 동기로 다양한 개체들이 중앙과 관계를 통하여 전체와 맺어진다고 하는 중심성(centricity)의 사회적 관계를 전제로 하는 것이다. 이제 이 상호성과 재분배—그리고 가정경제 또한—는 우발적 경제 행태에 대한 편의적인 묘사의 용어가 아니라 시장 및 교환과 마찬가지로 명시적으로 제도화되어 있는 사회적 관계를 기둥으로 삼아 그 위에서 안정적 · 체계적으로 작동하는 어엿한 노동 분업의 조직 방식으로 자리를 잡게 된다.[10]

3) 교환 행위의 세 요소: 시장, 교역, 화폐

노동 분업을 시장 교환과 동일한 것으로 놓아 대규모 노동 분업이 존재한 발달된 모든 사회와 문명에 필연적으로 발달된 시장경제가 있었을 것이라는 편견은 이렇게 해서 극복의 계기가 마련되었다. 하지만 다른 작업이 또 필요하다. 신고전파 경제학자들이 자신들의 형식적 정의에 입각한 '경제'의 정의에서 도출해낸 여러 경제 개념 및 범주들—화폐, 이자, 무역, 시장 등—을 이 실체적 정의에 입각한 '제도화된 과정으로서의 경제' 개념에 입각하여 해체하고 다시 구성하는 작업이다. 요컨대 화폐, 이자 등에 대해 근대의 신고전파 경제학자들이 가상의 이론에서 만들어낸 허구적 개념들을 폐기하고 그 대신 동서고금의 여러 사회에서 실제로 존재했던 바를 담아 그 특수성을 포착할 수 있는 탄력적이고 유연한 개념들로 다시 구축하는 작업이다.

이 작업은 특히 비시장경제를 연구하는 인류학자 및 경제사학자 등에

---

10 Karl Polanyi, "The Economy as Instituted Process", in K. Polanyi et. al. ed., *op.cit.*. 또한 Karl Polanyi, *Livelihood of Man*도 참조할 것.

게 절실한 작업이 된다. 이들은 연구를 진행하면서 화폐, 이자, 은행, 임노동 등 시장경제에서 익숙하게 보이는 여러 현상들과 마주치게 된다. 그런데 이를 오늘날의 시장경제에 존재하는 개념들과 거기에 딸려 있는 경제 이론을 동원하여 이해하고자 하면 도저히 이해할 수 없는 여러 모순과 난문들에 부닥치게 된다. 하지만 개념과 범주 그리고 이에 연관된 여러 이론들이 없다면 경험적 데이터를 분류·정리하고 이론화하는 일도 있을 수 없기에, 이들은 경제학에서 통용되는 이론과 개념들에 의지할 수밖에 없다. 이러한 딜레마의 대표적인 사례가 아마도 19세기 말에서 20세기 초까지 서양 고대경제사 연구에서 벌어졌던 이른바 '오이코스 논쟁'이었을 것이다. 고대 그리스와 로마사의 데이터를 보면서 한쪽 진영의 역사가들은 이들의 경제가 기본적으로 자급자족의 농업적 경제단위―'오이코스'(oikos)―에 기초하고 있었으며 상업과 수공업의 발전은 극히 제한적이었다고 주장했던 반면, 반대쪽 진영의 역사가들은 이미 당시에 발달된 은행업과 지중해를 훨씬 넘어서는 광범위한 세계무역망을 갖추고 있어 오늘날과 근본적으로 다르지 않은 종류의 경제체제였다고 주장했다. 양쪽의 주장을 입증할 만한 데이터는 얼마든지 존재한다고 한다. 두말할 것도 없이 폴라니는 카를 뷔허(Karl Bücher)나 막스 베버(Max Weber)와 마찬가지로 전자의 입장에 서 있었던 학자들의 계보에 있지만, 이들이 무시했거나 불철저하게 다루었던 질문들을 정면으로 상대한다. 설령 자신들의 주장이 옳아서 고대의 경제가 근본적으로 현대의 시장경제와 질적으로 다른 것이었다고 해도, 그 역사 데이터에서 무수하게 발견되는 화폐, 시장, 무역의 사례들은 어떻게 설명할 것인가?[11]

11 Harry W. Pearson, "The Secular Debate on Economic Primitivism", in Karl Polanyi et. al. ed., op.cit.. 또한 Karl Polanyi, "Market Elements and Economic Planning in Antiquity", in For a New West, London: Verso Press, 2014도 참조할 것.

폴라니는 여기에서 실로 과감한 이론적 혁신을 꾀한다. 한마디로 화폐, 시장, 무역은 서로 상이한 역사적 기원과 발전 과정을 가진 별개의 제도였다는 것이다. 따라서 이 가운데 하나가 나타난다고 해서 다른 두 가지 중 하나 혹은 둘이 반드시 존재했다고 가정하는 것은 그릇된 일이라는 것이다. 이 세 가지가 완전히 하나로 결합되어 마치 동시에 발생한 제도인 양 보이는 것은 오직 근대의 시장경제 체제에서만 벌어진 일이라는 것이다. 따라서 역사적 · 인류학적 사례에서 이 가운데 한 요소가 보인다고 해서 이를 시장경제 체제의 이론에서 파생된 개념을 적용하여 이해할 수는 없는 일이다. 고대 그리스에 나타난 '세계무역'은 오늘날의 세계시장에서의 무역과는 전혀 다른 것이었으며, 고대 바빌로니아에서 계산 수단으로 사용된 화폐—이를테면 은이나 보리—는 지불 수단으로도 시장에서의 교환 수단으로도 사용될 수 있는 오늘날의 화폐와는 전혀 다른 것이었다. 그렇다면 고대 그리스의 '세계무역'과 함무라비 왕국의 '화폐'의 성격은 무엇이었으며 이를 어떻게 개념화해야 하는가? 이는 그를 둘러싸고 있었던 '제도화된 과정으로서의 경제' 전체의 성격을 보면서 그 속에 묻어들어 있는(embedded) 것으로 보아 새롭게 파악해야만 한다. 함무라비 왕국에서 은을 계산화폐로 사용했다고 해서 오늘날과 같은 화폐시장이 존재했던 것이 아니며, 민주정 시기의 아테네가 광범위한 대외무역을 행했다고 해서 아테네가 18세기 영국과 같은 정치 · 사회체제를 가진 상업국가는 아니었다고 주장한다.

이렇게 우리에게 불가분의 한 덩어리로 얽혀 있는 교환경제의 세 요소인 시장, 화폐, 교역이 각각 어떠한 역사적 기원을 가지고 있었고, 또 다양한 동서고금의 경제에서 제도화되었던 양태가 어떠한 것이었는가에 대해 이론적인 틀을 제시하는 것이 그의 작업에서 중요한 다른 한 축을 이루고 있다.

3. 고대적 경제로서의 다호메이 왕국

폴라니가 명시적으로 이론화한 틀은 아니지만, 위의 논의를 종합해본 다면 우리는 비시장경제를 연구하는 하나의 틀을 얻을 수 있다. 먼저 그 사회 내에 존재하는 교환, 재분배, 상호성, 가정경제라는 네 가지 경제 통 합 형태들 각각이 어떠한 사회적 관계와 제도적 틀로 조직되어 서로 어떠 한 관계를 맺고 있었는가를 살펴본다. 그다음으로 그 사회 안에서 화폐, 시장, 교역의 현상이 발견된다면, 그러한 현상에 곧바로 시장경제 체제에 서 통용되는 개념과 이론을 적용하는 것을 삼가고, 대신 그 현상들을 둘러 싼 여러 경제 통합 형태들의 작동 맥락을 살핌으로써 그 현상이 구체적으 로 어떠한 성격과 의미를 가진 것이었음을 찾아내어 그것이 어떻게 전체 의 '제도화된 과정으로서의 경제'에 묻어들어 있는지를 규명한다는 것이 다. 이 책에서는 바로 이러한 방법으로서 근대 초기 서아프리카 해안에서 유럽인들과의 노예무역으로 유명했던 교역항 우이다와 그 배후의 다호메 이 왕국의 전체 상을 그려내고 있다.

이 글에서 제시되고 있는 폴라니의 분석과 서술은 이러한 방법론을 배 경으로 하고 있기에 몇 가지 중요하게 부각되고 음미되어야 할 측면들이 있다고 생각된다. 그 몇 가지를 다음과 같이 제시하겠다.

1) '고대적 경제'의 개념

폴라니는 인류의 경제사가 원시적 혹은 자연적 경제에서 점차 발달된 시장경제 혹은 자본주의경제로 발전해 나간다는 단계론적·진화론적 사 고를 거부하였고, 여러 다양한 사회에서 발견되는 다양한 경제형태들 사 이에 우열이나 선후 관계를 설정하는 관점을 취하지 않았다. 예를 들어 위 에서 말한 네 가지 경제 통합 형태들 사이에는 어떤 종류의 단계적 발전 관계도 존재하는 것이 아니다. 또 화폐, 시장, 교역이 하나로 합쳐지는 식으로만 진화한다는 식의 결정론도 성립하지 않는다. 고도로 발달한 20세기 후반의 산업사회에서도 독일 나치 경제나 소비에트 경제에서 보듯이, 그 세 가지가 다시 분리될 수도 있고 심지어 화폐 자체도 여러 기능에 따라 다른 화폐로 다시 분화하기도 한다는 것이다.[12]

　　하지만 이 책에서 폴라니는 인류의 경제사 전체에 걸쳐서 원시(primitive)-고대적(archaic)-근대적(modern)이라는 세 개의 느슨한 시대를 설정하고, 그 가운데 형태의 경제로서 '고대적 경제'라는 흥미로운 개념을 제시한다. 하지만 폴라니 스스로도 인정하고 있듯이, 이러한 용어 사용은 분명한 구분을 가능케 할 명시적인 정의가 없다면 서로가 서로에 의존하는 순환론으로 전락할 위험이 있다. 이 책 전체로 볼 때, 폴라니는 여러 경제형태들을 종합하고 재구성하는 권력의 중심으로서 조직국가(organized state)와 자기조정 시장(self-regulating market)을 설정하고, 전자에 의해 전체가 조직되고 운영되는 경제를 고대적 경제, 후자에 의해 그렇게 되는 경제를 근대적 경제라고 보는 것이 타당할 것이다. 요컨대, 조직국가의 출현 이전의 원시경제, 조직국가에 의해 구성되는 고대적 경제, 자기조정 시장 체제라는 별개의 경제체제가 존재하는 근대경제라는 세 단계를 설정한 것으로 보인다.

2) 다호메이 왕국의 국가 형성 과정과 국가경영술

　　따라서 이 책의 서술에서 눈여겨보아야 할 것은 다호메이 왕국의 국가 형성(state-building) 과정과 이를 운영해 나가는 국가경영술(statecraft)이다. 폴라니가 본격적인 분석에 앞서서 서술하고 있듯이, 다호메이 왕국과 우이다 교역항은 대단히 독특한 지리적 환경뿐만 아니라 호전적이고 적대적

---

12 Karl Polanyi, "The Semantics of Money-Uses", in G. Dalton ed., *Primitive, Archaic, and Modern Economies*, Boston: Beacon Press, 1968.

인 강대국들에 둘러싸여 있다는 군사적·외교적 여건을 배경으로 삼아야 이해할 수 있다. 이렇게 호전적인 환경에서 유럽의 교역상들로부터 총과 화약이라는 우월한 무기를 계속적으로 공급받아야 하며 또 그러기 위해서는 그 무기로 정기적인 전쟁을 벌여 노예를 확보해야 한다는, 일종의 전쟁-상업 순환 고리가 존재했다는 것이다. 그리고 이를 유지하고 확장함으로써 비로소 성립할 수 있는 국가가 다호메이 왕국이었으며, 우이다 교역항이라는 독특한 교역의 장과 제도 또한 그러한 정치적·군사적 맥락 속에서 생겨난 것이다. 그리고 이러한 왕국을 지속적으로 유지하기 위해서는 대단히 높은 수준의 행정 체제를 갖추어야만 했고, 이러한 국가경영술에서의 지속적인 혁신이 다호메이 왕국과 우이다 교역항의 여러 경제제도들의 모습을 형성하게 되는 중요한 요인이었다는 것이다.

여기에서 우리는 여러 경제 통합 형태들과 그 속에 묻어들어 있는 '고대적 경제제도들'이 이러한 국가 형성 및 경영이라는 정치적 목표와 불가분으로 엮여 있는 것이 고대적 경제의 보편적인 특징일 수 있다는 가능성을 보게 된다. 우리가 '경제적'이라고 부르는 여러 제도와 장치들이 생겨나고 발전하게 되는 과정은 좁은 의미에서의 경제적 합리성—앞에서 우리가 경제의 '형식적' 정의라고 부른 개념에 입각한—에 좌우되는 것이 아니라 그것보다 훨씬 폭넓은 사회 전체의 통합 및 운영의 논리와 질서에 의해 그 모습이 형성되는 것이다.

3) 국가와 사회의 균형

폴라니가 다호메이 왕국의 전체 상에서 특히 주목하고 높이 평가하는 것은 국가와 사회의 절묘한 균형 그리고 이를 통한 양쪽 영역 모두의 자율성의 보장이라는 점이다. 이곳에 국가가 성립하기 전부터, 아니 이곳의 주민들이 이곳으로 이동하기 전부터 존재했을 씨족 단위의 가정경제와 그 확대가족 및 지역공동체 사이에 존재했던 상호성은 사람들의 도덕과 종교와 관습을 담고 있는 담지체로서, 민중의 자율적 삶이 영위되는 영역이었다. 반면 고도의 행정 기술을 바탕으로 한 다호메이 왕정의 경제계획과 재분배 그리고 그것이 조직한 국내의 여러 시장들은 국가 건설과 국가 경영의 논리가 지배하는 영역이었다고 할 수 있다.

폴라니는 이 두 부분의 절묘한 균형과 조화를 통해 국가 부문의 합리성과 정책적 효율성 그리고 민간 부문의 자율성이 모두 유지될 수 있었다는 점에서 이를 높이 평가한다.

4) 경제 통합 패턴으로서의 가정경제

가정경제(householding)라는 경제 통합 형태와 관련하여, 1944년에 출간된 『거대한 전환』에서는 폴라니가 재분배, 상호성, 교환과 더불어 명시적으로 경제 통합 형태의 하나로서 언급한 바 있지만, 이후의 저작에서는 재분배, 상호성, 교환만을 이론화할 뿐 가정경제에 대한 논의와 분석은 사라져버린다. 그래서 폴라니의 이론 체계에서 가정경제라는 패턴은 그 지위가 애매한 상태로 남아 있다. 게다가 논자에 따라서는 가정경제란 사실상 그 내부의 경제 통합 형태가 재분배로 조직되게 마련이므로 독자적인 범주로 둘 것이 아니라 재분배 형태의 하부 형태로 보는 것이 옳다는 견해가 나오기도 한다.

하지만 다호메이의 고대적 경제 분석에서는 가정경제라는 패턴이 명시적으로 다시 등장하고 또 대단히 중요한 역할을 하고 있다는 점을 눈여겨볼 필요가 있다. 사견이지만 가정경제를 다른 경제 통합 형태로 해소하는 것은 잘못된 관점으로 보인다. 여러 다양한 역사 속의 자급자족 공동체들을 분석할 때는 그 안에 상호성이나 재분배가 어떻게 작동하는가보다는 그 내부를 조직하고 운영하는 원리가 어떠한 것인가가 더욱 핵심적인 설명의 열쇠가 된다. 그리고 그러한 원리에 입각했을 때 재분배나 상호성 등의 형태—심지어 교환까지도—가 가정경제 내부에 나타나는 모습도 이해할 수 있게 된다. 요컨대 가정경제는 재분배나 상호성과 동등한 독자적인 하나의 조직 및 운영 원리가 된다. 폴라니 또한 『거대한 전환』에서 가정경제를 언급할 때 그 조직 및 운영의 원리로서 '이익을 위한 생산'이 아닌 '사용을 위한 생산', 즉 성원들의 안녕을 위한 자급자족으로 언급하고 있다.

사실 이렇게 어떤 경제조직을 분석할 때 그 조직 및 운영 원리를 '이익'과 '사용'으로 나누는 것은 폴라니 훨씬 이전인 19세기 말 이래 구스타프 폰 슈몰러(Gustav von Schmoller)나 베르너 좀바르트(Werner Sombart) 등 독일 역사학파 경제사가들의 연구에서 대단히 중요한 위치를 차지하는 것이었다. 사회조직의 기본단위로서의 경제조직이 그 둘 중 어떤 성격을 가지느냐는 비단 그 조직 자체뿐만 아니라 그것을 포함하는 더 큰 범위의 사회조직 전체의 경제적 성격에서 결정적인 의미가 있기 때문이다. 이 책에서 폴라니가 다호메이의 농촌을 가정경제의 통합 형태로 분석·서술하는 데서도 이러한 측면이 중요하게 부각된다. 다호메이의 농촌은 이렇게 종교적 조직과 행사까지 포괄하는 하나의 단위였으며, 그런 면에서 명확하게 '자급자족' 혹은 '사용'을 지향하는 조직이었다는 것이다. 여기에서 종교조직과 행사는 그 농촌 사회의 조직 원리를 제공하는 중요한 역할을 하고 있었고, 종교 및 제사의 물자 조달 또한 양적으로 대단히 큰 비중을 차지하고 있었다고 한다. 따라서 잉여생산물의 축적이나 영리적 동기의 출현 따위가 나타날 수 없었다는 것이 다호메이 농촌에서의 가정경제를 분석하는 폴라니의 강조점이다.

5) 시장의 성격 I: 지역 시장

다호메이 왕국에는 많은 시장들이 있었다. 하지만 이 시장들은 스미스가 생각했던 것처럼, 자기들의 이익을 생각하는 개개인들이 자발적으로 물물교환을 벌이다가 자생적으로 발생한 그런 시장이 아니라 국가에 의해 조직되고 관리되는 시장이었다. 다호메이 국가는 전쟁국가로서의 체제를 지속적으로 작동시키기 위해 재분배뿐만 아니라 대단히 정교한 '경제계획'을 시행하였지만, 이것만으로 충족되지 않는 경제적 요구와 체제의 안정성을 위해 지역 시장들(local markets)을 만들어낸 것이다. 특히 농경지를 확보하지 못한 주민들에게 식량을 공급하는 식량 시장으로서의 기능이 중요했다. 따라서 다호메이의 지역 시장들은 몇 가지 중요한 특징들을 가지게 된다. 첫째, 물품의 가격이 관습, 국가, 길드 등의 명령과 요구에 따라 철저하게 고정되어 있었던 시장으로서, 흥정(higgle-haggle)을 통하여 가격이 위아래로 오르내릴 수 있는 오늘날의 가격 형성 시장(price-making market)이 아니었다. 둘째, 거기에서 사용되는 화폐 또한 카를 멩거(Carl Menger)와 같은 신고전파 경제학자들이 억측으로 주장했던 것처럼 교환을 촉진할 수 있도록 선택된 상품으로 결정된 것이 아니었다. 이 시장에서는 국가가 일정한 숫자의 카우리 조개껍질을 끈으로 묶어놓은 것만이 화폐로 사용하도록 되어 있었고, 국가는 해마다 시장에서 거래될 필요가 있는 물품의 양을 어림하여 발행량을 엄격하게 규제하였을 뿐만 아니라 이 화폐에서 신용 관계가 파생되는 것 또한 허용치 않았다. 셋째, 각 지역의 시장들은 철저하게 고립되어 있었기에 가격의 차이가 있다고 해서 그 차액을 노린 영리적 상업이 발달한 것은 아니었다. 넷째, 시장 안에서의 판매자는 가격의 형성을 통해 자유로운 이윤을 거둔 것이 아니었다. 이윤은 존재했지만, 이는 카우리 조개의 독특한 셈법 안에 내재해 있는 것이었다.

요컨대 이 시장들은 국가의 물자 유통 정책에서 파생된 것일 뿐, 자유로운 시장도 아니었으며 또 시장들끼리 단일한 가격체계를 형성하여 수요와 공급의 변동에 따라 가격수준이 위아래로 변동하는 오늘날의 시장 체계와는 전혀 다른 성격의 제도였다는 것이다.

6) 시장의 성격 Ⅱ : 우이다 교역항과 대외무역의 성격

앞에서 보았듯이, 폴라니는 시장, 화폐, 교역이 서로 상이한 역사적 기원을 가지는 별개의 제도들이었음을 강조한다. 따라서 대외무역이 질과 양에서 아무리 큰 비중을 차지하고 있다고 해도 이것이 반드시 시장과 화폐라는 두 제도의 요소들을 포함하는 것은 아니라는 것이다. 다호메이 왕국이 주재했던 18세기 대서양 노예무역의 가장 중요한 중심지 중 하나였던 우이다는 이러한 교역의 성격이 잘 드러난 '교역항'(port of trade)[13]의 전형적인 예로서 묘사되고 있다.

우선 이 교역항은 무역 당사자들에게서 일정한 정치적 · 군사적 중립성을 보장하여 안도감을 제공할 수 있는 중립지대(no man's land)에 자리를 잡아야 한다. 동시에 이곳에서 벌어지는 대외교역이 교역항을 주재하는 나라의 내부 경제에 침투하여 그 정치적 · 사회적 · 경제적 질서와 착종되는 일이 없어야 한다. 아프리카 서해안에서의 노예무역 중심지의 변화사를 살펴볼 때, 바로 다호메이 왕국이 주재했던 우이다가 이러한 교역항의 요건을 훌륭하게 충족시키는 곳이었다는 것을 폴라니는 강조한다. 다호메이 왕국은 지속적인 반란의 거점으로 이용되는 우이다를 결국 군사적으로 정복하지만, 이를 자국의 행정적 영토로 편입하는 대신 독자성을 가진 교역항으로 만든다. 그럼으로써 우선 해안과의 접촉을 금기로 삼는 다호메이 왕국의 내륙적인 정치적 · 종교적 질서를 그대로 유지할 수 있었을 뿐만 아니라 이곳에서의 거래가 다호메이 왕국 내부의 여러 시장들과 결합되는 것을 차단할 수 있었다는 것이다. 또 유럽 상인들의 입장에서도 다호메이 왕국을 중심에 놓고 영국, 프랑스, 네덜란드, 포르투갈 등 다양한 나라들이 맺는 정치적 · 외교적 관계의 변동에 따라 대외무역의 조건과 상황이 불안정해지는 대신 이렇게 반(半)중립지대인 우이다라는 교역항을 통하여 경제적 교역을 어느 정도 독립시킬 수 있는 이점이 있었다는 것이다. 이러한 관점에서 폴라니는 우이다 교역항의 여러 제도들의 특징을 자세히

---

13 Karl Polanyi, "Ports of Trade in Early Societies", in G. Dalton ed., *op.cit.*.

묘사하고 있다.

두 번째로 '등가'(equivalency)와 화폐의 문제가 있다. 이곳에서의 무역은 영리를 노린 상인들의 활동에서 자생적으로 생겨난 '자유 시장'의 무역이 아니라 총과 화약 등 필요한 물품을 유럽인들에게서 조달해야 하는 다호메이 왕국의 필요에서 생겨난 것이다. 따라서 그 교역의 물품과 수량이 철저하게 규제된 상태에서 이루어지는 관리무역(administered trade)으로서, 영리적 상인들이 주재하는 상업도 아니었고 또 등가비율의 변동이나 흥정 등이 있었던 것도 아니었으며, 차라리 필요한 물품을 서로 '일대일'로 바로 교환하는 물물교환의 성격을 가지고 있었다는 것이다. 여기에서 흥미로운 문제가 나온다. 이는 어디까지나 무역의 한쪽 편인 다호메이 왕국의 이야기일 뿐이다. 철저하게 영리적 목적에서 무역을 행하던 유럽의 여러 상사들은 이러한 성격의 무역에 어떻게 적응해야 했을까? 이들에게서 무역이란 다호메이처럼 '필요한 물품의 조달'이 아니라 가급적 낮은 비용에 높은 가격으로 판매하여 그 차액인 이윤의 폭을 키우는 철저한 영리 활동이다. 그리고 이들의 회계장부 또한 이렇게 화폐로 계산된 바의 경제적 합리성에 의거하여 기록되도록 되어 있다. 따라서 이들로서는 영리적 회계와 이윤의 계산을 가능하게 할 수 있도록 모든 물품을 일정하게 정해진 계산 단위로 획일화하는 형태의 무역이 필요했다. 또한 무조건 양쪽의 교역물품을 '일대일'로 맞바꾼다는 규칙 속에서도 어떻게 해서든 비용과 수입의 차이를 이루어 이윤이 발생하는 형태의 무역을 만들어내야만 했다.

이렇게 상이한 형태의 교역을 행하는 양측을 엮어주었던 것이 '무역온스, 옹스'(ounce, once)라는 단위였다. 영국인들은 다호메이 쪽에 넘겨줄 여러 물품들로 하나의 가상의 바구니를 만들어 이 '묶음'(sorting)을 '일대일'로 맞바꾸었지만, 이 '묶음'의 가치를 계산하는 단위로는 황금 1온스의 절반에 해당하는 '무역온스'라는 가상의 단위를 만들어냈다. 그리고 이 '무역온스'를 황금 1온스와 등가로 놓고 그에 해당하는 만큼의 다호메이인들의 화폐인 카우리 조개와 일정한 환율로 고정한 것이다. 이렇게 되면 황금 1온스에 해당하는 만큼의 무역을 행하더라도 실제로 넘겨준 물건은 황금 1온스의 절반 가치밖에 되지 않으므로 100퍼센트의 마크업이 이윤으로 발생할 수 있게 된다. 프랑스인들의 '옹스' 또한 마찬가지의 장치였다.

4. 맺으며: 이후의 논쟁과 현재적 함의

폴라니의 사후인 1966년 발간된 이 책은 서아프리카의 경제사 및 (경제)인류학을 전문적으로 연구하는 이들에게 큰 영향을 끼쳤지만, 또 많은 비판을 받아야 했다. 우선 이 책의 도덕적인 관점이 논란을 빚기도 한다. 다호메이 왕국은 대량의 인신공양—폴라니 자신도 무려 '4천 명'의 포로를 신들에게 제물로 바친 경우를 너무나 덤덤하게 이야기하고 있다—에다가 종교적인 식인 의례, 피지배계급에 대한 지독한 착취 등 잔인하고 피비린내 나는 여러 문화적 특징들로 유명한 나라였다. 하지만 아무리 이 책이 '과학적 연구'를 표방하고 있다고는 해도 이러한 문제들에 완전히 침묵하면서, 책의 어조 전체가 다호메이 왕국의 효율성과 계획성에 찬탄의 시선을 보내는 느낌을 강하게 주고 있다는 것이었다.

두 번째 비판은 실증적·경험적 차원에서의 비판으로서, 이 책에서 폴라니가 내리고 있는 여러 결론들이 이후의 여러 역사적·인류학적 데이터로 볼 때 심하게 과장되었거나 정확하지 못하다는 비판이었다. 여러 연구자들의 비판의 지점은 크게 두 가지라고 볼 수 있다. 첫째, 다호메이 왕국과 이전의 알라다 왕국이 노예무역에 많은 통제를 가하였던 것은 분명한 사실이지만, 이것이 '관리무역'이라고 할 만큼 완벽하고 절대적인 것은 결코 아니었다는 것이다. 우선 세계시장의 문제가 있다. 다호메이 왕국의 주요 수출품이었던 노예와 야자수 기름을 놓고 18세기에 들어와서 다른 많은 곳에서도 시장이 열리게 되었기에, 다호메이 왕이 일방적으로 교환 비율을 정한다고 해서 그것이 그대로 현실적으로 관철될 상황이 아니었다는 것이다. 다음으로 노예무역 주체의 문제가 있다. 비록 국가가 가장 중요한 주체였던 것은 옳지만, 서아프리카에서의 노예무역에는 그보다 오래전부터 이미 교역망이 존재하였으며 당시의 노예무역에서도 사적인 주체들이 분명히 있었다는 것이다. 그 결과 장기적으로 보면 노예의 가격 또한 변동을 분명히 겪었다는 것이다. 또한 다호메이 국내의 여러 시장에 대해서 보자면 비록 그 가격수준이 오랫동안 대단히 안정되어 있었던 것은 사실이지만 대외무역과의 분리가 폴라니가 말하는 것처럼 절대적인 것이 아니었다는 것이다. 유럽인들과의 교역에서 들어온 물건들이 국내의 지역 시장에서도 많이 거래되었다는 것이다.[14]

하지만 이러한 중요한 비판과 수정에도 불구하고 폴라니의 이 저서는 여전히 다호메이 왕국과 노예무역의 연구에서 중차대한 위치를 점하고 있다. 폴라니가 이 책에서 그려내고 있는 바, '고대적 경제'의 한 예로서의 다호메이 경제의 전체 상은 비록 개별적인 사실에서 비판과 수정이 벌어진다고 해도 그 가치가 크게 떨어지는 것이 아니다. 이 책이 목표로 하는 것이 새로운 데이터의 발견이나 한두 가지의 사실명제를 주장하는 것에 있지 않기 때문이다. 폴라니의 목적은 시장경제 혹은 자본주의경제라는 것을 하나의 목적론적인 완성태로 상정하고 초역사적인 이념형으로 삼아 이것을 비시장경제에 무리하게 투사해서는 안 된다는 것을 분명히 밝히는 것에 있다. 비시장경제는 자신이 말하는 실체적 정의의 경제 개념에 입각한 '제도화된 과정으로서의 경제'라는 관점에서 볼 때만 비로소 그 사회에 살았던 사람들을 움직였던 정치적·문화적·사회적·종교적 여러 동기들과 그들의 경제생활이 어떻게 서로 맞물려 묻어들어 있었는가의 전체 상

---

14 Gareth Dale, *The Limits of Market*, London: Politiy Press, 2010, pp. 177~78.

을 구체적으로 밝혀낼 수 있음을 입증하는 것이 폴라니가 이 책에서 보여주고자 했던 바이다. 이러한 폴라니의 큰 틀은 지금도 건재하다. 그렇다면 '고대적 경제의 전체 상'으로서의 이 책도 변함없는 가치를 가지고 있다고 하겠다.

마지막으로 짚고 넘어가야 할 것이 있다. 이 책의 서론 격의 글에서 폴라니도 말하고 있지만, 옛날에 없어진 이 아프리카 구석탱이의 한 나라 경제를 이렇게 연구하는 것이 현대인들에게 어떤 의미가 있을까? 제2차 세계대전이 끝날 무렵, 폴라니는 19세기의 자유방임 시장 문명이 마침내 종말을 고했으며 이제 자기조정 시장이라는 유토피아의 신화가 아닌 다른 보다 민주적이고 인간적인 원리에 입각하여 산업경제를 조직하는 '거대한 전환'의 시대가 왔다는 견해를 피력한 바 있다. 하지만 막상 전쟁이 끝나고 난 1950년대에 펼쳐진 세계 문명의 상태는 전혀 낙관할 수 없는 것이었다. 냉전이 도래하면서 전 세계는 다시 '시장경제'를 신봉하는 자본주의 진영과 '계획경제'를 신봉하는 공산주의 진영으로 찢어지고 말았다. 인간의 자유와 도덕이 산업적 효율성과 공존할 수 있는 체제를 선호하여 획일적인 시장경제와 계획경제를 모두 거부했던 폴라니로서는 참으로 좌절스러운 사태 진전이었을 것이다. 게다가 두 진영은 핵무기까지 동원하여 서로를 반드시 파괴하겠다는 파멸적 적대와 경쟁의 상황까지 빚어내고 있었다.

어째서 이런 상황이 빚어진 것일까? 폴라니는 '경제'에 대한 그릇된 관점에서 현대 문명의 근원적인 문제를 찾는다. 인간들이 집단적으로 자신들의 도덕과 자유가 깃든 삶을 영위하기 위해서 그에 필요한 것들을 조달한다는 본래적인 '살림살이'로서의 경제의 의미는 망각되고, 어떻게 경제를 조직하는 것이 더 효율적이고 합리적인가라는 '형식적' 의미의 경제 개념만이 현대인들의 생각을 지배하게 된 결과 이 지독한 이분법이 나오게 된 것이다. 인류가 이러한 시장경제냐 계획경제냐는 허구적인 대립 구도에서 벗어나 본래의 경제의 목적에 충실할 수 있는 다양하고도 유연한 경제 제도와 산업 질서를 설계하기 위해서는 반드시 그런 편협한 경제 개념에서 벗어나야만 한다. 이 점에서 볼 때 '시장경제의 신화'가 인류를 지배하기 전 고대적 경제에 존재했던 '제도화된 과정으로서의 경제'의 구체적 모습을 살펴보고 그 다양성과 창의성을 포착하는 것이야말로 막다른 골목에 처한 냉전 시대와 그 이후의 현대 문명을 구출할 중요한 활로가 아닐 수 없다.

이러한 폴라니의 혜안은 21세기 초입의 우리에게도 여전히 유효하다. 1990년대 이후 전 세계를 다시 지배하게 된 시장근본주의의 물결은 제2차 세계대전 이후 인류가 겨우 구축해놓았던 새로운 산업 문명의 질서를 근본적으로 뒤엎고 다시 금융과 자본시장의 명령에 따라 만사만물을 '자본 회계의 합리성'에 맞게 재배치하는 신자유주의적 금융자본주의의 질서로 획일화해놓았다. 비록 2008년의 세계경제 위기를 겪으면서 이러한 시장 근본주의의 교리에 대한 종교적 맹신은 크게 후퇴하기는 했으나, 막상 이를 대체할 수 있는 새로운 산업 질서 구축의 계획과 전망은 답보 상태에 있다. 이러한 답보 상태로 인하여 세계 어디라고 할 것 없이 만성적인 실업, 산업의 침체, 장기적인 불황, 사회적 불평등과 갈등, 생태의 파괴 등이 무겁게 짓누르고 있다. 다호메이 사람들을 흠모할 생각은 전혀 없다. 하지만 폴라니가 보여주는 대로 적어도 그들이 집단적인 경제생활을 조직했던 지혜와 생각만큼은 현대인들의 경직된 생각을 크게 뛰어넘는 면이 분명히 있다. 경제의 본래 의미인 우리의 개인적·집단적 '살림살이'를 보장한다는 원리에서 산업 문명을 다시 구성하는 큰 작업은 21세기의 우리에게 피할 수 없는 과제로 버티고 있으며, 여기에서 다호메이 사람들의 삶으로부터 폴라니가 전해주는 이야기를 주의 깊게 듣는 것은 분명히 큰 소득을 가져다줄 것이다.

옮긴이의 말

이 책의 번역이 최종 단계에 들어간 시점인 2014년 말, 캐나다 몬트리올 콘코디아 대학에 있는 칼 폴라니 정치경제연구소와 서울의 사회적 경제 네트워크, 서울특별시 3자는 함께 도와 서울에 칼 폴라니 정치경제연구소의 한국 혹은 아시아 지부에 해당하는 자매 연구소를 설립하기로 뜻을 모으고 양해 각서를 교환하였다. 이 글을 쓰고 있는 시점인 2015년 초, 나를 포함하여 폴라니의 저작을 연구하는 학자들과 사회적 경제에서 활동하는 사람들 등이 준비위원회를 마련하여 연구소 설립 작업을 진행하고 있고, 4월 말경에는 폴라니의 딸인 캐리 폴라니-레빗(Kari Polanyi-Levitt) 교수를 초빙하여 성대한 개소식을 치를 예정이다.

2009년에 내가 『거대한 전환』을 번역하여 출간하던 당시가 떠오른다. 그 책의 번역을 준비하기 시작했을 때에는 전혀 예상하지 못했지만, 2008년에 전 세계를 강타했던 세계 금융 위기로 인해 몇십 년간 과학이나 종교처럼 통용되던 시장근본주의에 대한 믿음이 근본적인 의문에 놓여 있었다. 때마침 출간된 『거대한 전환』은 이러한 사회의 흐름과 잘 맞아떨어져 학계와 지식계뿐만 아니라 사회 담론 전체의 큰 관심을 모으기도 했었다. 이제 그로부터 6년이 지나 이 『다호메이 왕국과 노예무역』을 번역·출간하게 된 지금은, 그렇게 환기된 폴라니의 사상에 대한 관심이 마침내 연구소의 설립이라는 결과물로 이어지고 있는 것을 본다. 폴라니의 저작을 번역·소개하기 위해 미력이나마 보태왔던 나로서는 참으로 기쁘고 또 감개가 깊은 일이다. 이 책의 출간을 계기로 하여, 또 막 태어나려는 칼 폴라니 연구소를 계기로 하여 폴라니의 경제사상에 대한 사람들의 관심이 더욱 깊어지고 넓어질 뿐만 아니라 지속적으로 확장되기를 바란다.

『거대한 전환』의 출간 이후, 다음 후속작으로 이『다호메이 왕국과 노예무역』을 번역하여 소개할 책으로 고른 이유가 있다. 이는 폴라니의 저작이 21세기의 우리에게 특히 중요한 함의점에 대한 나의 견해 때문으로서, '옮긴이 해제'보다는 이 후기에 적어두는 것이 적절하다고 생각된다. 폴라니의 사상은 폭과 깊이가 대단한 규모이기에 여러 주제와 쟁점에 대해 함의점을 가지지만, 특히 다음 두 가지 점에서 우리에게 비추어주는 바가 크다고 생각되며, 그 점에서 볼 때 반드시 우선 번역·소개되어야 할 책이 바로 이『다호메이 왕국과 노예무역』이라고 판단했던 것이다. 그 첫째는 동양 경제사, 특히 조선 이후의 한국 경제사에 대한 폴라니 사상의 함의점이며, 둘째는 현대의 각국 자본주의에 대한 비교정치경제학 연구에서 가지는 함의점이다.

나의 사견이지만, 근대 사회과학 및 역사학의 서구중심주의로 인해 가장 큰 피해를 본 학문 분야 가운데 하나가 동양 경제사이다. 서유럽의 역사, 특히 경제사를 고대-중세-근대로 이어지는 시대구분 속에서 근대 자본주의와 시장경제 그리고 산업사회가 성립하는 과정으로 보는 일련의 서사는 만들어진지 그다지 오래되지 않았다. 이러한 서사 구조는 좀 더 세분해서 보면 마르크스주의 역사적 유물론, 독일 및 영국 역사학파의 발전단계론, 정통 자유주의 경제학의 시장경제론 등으로 나눌 수 있지만, 모두 19세기 중반 이후에 나타나고 발전한 것들이다. 하지만 마르크스주의 경제사학과 자유주의 경제사학의 경우, 스스로를 하나의 '과학적인 역사 발전 법칙'으로 내세웠기에 그 짧은 연혁과 서유럽 역사의 특수성이라는 한계에도 불구하고 서구 이외의 모든 문명에 보편적으로 적용될 수 있는 틀로 차용되었다. 20세기에 들어와 시작된 한국·중국·일본 등 동양의 경제사에 대한 연구에서 또한 크게 보아 이 두 개의 틀이 최근까지도 큰 영향력을 행사해왔다. 그리하여 서유럽 경제사의 진화 과정에서 나타난 여러 단계들과 형태들이 어떻게 동양 3국에서도 나타났는가(혹은 나타나지 않았는가)라는 것이 근본적인 인식 관심이 되고, 연구에 쓰이는 이론과 개념 및 여러 범주들 또한 이러한 인식 관심에 바탕을 두어 마련되었다. 요컨대, 서유럽 경제의 진화 과정이 절대적인 준거점이 되고 여기에 비추어 동양 3국의 '발전'(혹은 '미발전') 과정과 이유를 설명하는 것이 동양 경제사 연구의 패러다임이 되어왔던 것이다.

하지만 사료에 나타난 바의 역사적 진실에 충실하고자 하는 역사가라면 이러한 이론적 틀로 우리의 경제사를 연구하려고 들 때에 당혹스러운 경험을 무수히 하지 않을 수 없게 된다. 명도전(明刀錢)은 과연 '화폐'였을까? 그렇다면 정확히 어떤 기능과 역할을 수행하는 '화폐'였을까? 정말로 조선 후기에 '자본주의 발전의 맹아'가 존재했는가? 아니면 사적 소유의 미확립으로 인해 '발전'이 '정체'되고 있었는가? 이 따옴표 속의 말들이 구체적으로 의미하는 바는 도대체 무엇인가? 실학자들은 정말로 근대적 상공 계층의 세계관을 반영한 '근대'적 정신의 대표자들인가? 정조(正祖)는 정말로 '개혁 군주'였던가? 수탈에 지친 농민들은 어째서 지주가 아닌 지방 수령에게 몰려갔던 것일까? 동양 경제사 연구자가 아닌 내가 감히 답할 수는 없는 문제들이지만, 마르크스주의 경제사학과 자유주의 경제사학이 함께 공유하는 '경제적 발전 법칙'이라는 경제주의적 관점으로 역사를 도식적으로 구성하려 한다면 결코 만족스럽게 답하기 힘든 문제들임은 분명하다. 하지만 이론의 힘은 대단히 강력하며, 조선 경제사 연구의 경우도 예외가 아니다. 그래서 우리는 참으로 오랫동안 마르크스주의 경제사학 진영과 자유주의 경제사학 진영—자본주의맹아론과 식민지근대화론으로 각각 대표되는—의 논쟁 구도에 갇혀 있게 되었다.

이 두 개의 '경제주의적' 이론 틀을 넘어서 있는 그대로의 조선 경제의 모습과 그 진화 과정을 풍부하게 담아낼 수 있도록 해주는 새로운 제3의 이론 틀은 없을까? 그리하여 실제로 존재했던 조선의 정치경제 체제의 여러 제도들이 조직되고 서로 만나 하나의 체계를 구성하는 과정을 생생하게 묘사하고, 그 제도 각각과 그것들로 구성되는 전체 체계의 조직 및 운영 원리도 일별할 수 있도록 해주는 이론 틀은 없을까? 그리하여 서유럽의 역사적 경험에서 찍혀 나온 틀을 들이대면서 '정체냐 발전이냐'라는 도식으로 조선 경제사를 재단하는 대신, 조선이라는 사회체제에 내재했던 역동성과 그 안에 도사린 모순들의 특성을 있는 그대로 파악할 수 있게 해주는 이론 틀은 없을까?

나는 폴라니의 저작이 기존의 마르크스주의 경제사학 및 자유주의 경제사학을 넘어서는 그러한 대안적 연구의 틀을 제공한다고 믿는다. 이러한 나의 믿음이 굳어진 것은 바로 이 『다호메이 왕국과 노예무역』을 찬찬히 읽어 나가면서부터였다. '옮긴이 해제'에도 썼지만, 이 저작은 폴라니가 그의 이론적 시각에 입각하여 하나의 '고대적 경제'를 온전하게 분석하고 그려낸 드문 예이다. 여기에서 우리는 근대적인 경제 관념과는 전혀 별개의 정치적·종교적·군사적 논리에 입각하여 하나의 국가가 그 나름의 '경제'를 조직하고 운영하는 모습을 생생히 엿볼 수 있다. '생산력과 생산관계의 모순'도 없으며, '요소 시장의 형성'과 '자본축적과 생산함수'도 없다. 노예사냥을 위해 매년 전쟁을 벌이고 또 잔인하기로 악명 높은 대규모 인신희생을 행했던 이들의 정신세계는 현대인들의 그것과는 전혀 다르지만, 이는 그 나름의 대단히 안정되고 효율적인 질서를 가진 '경제'를 생성해냈다. 우리가 현대인들의 의식을 지배하는 (경제주의적) 합리성의 틀을 규범적 준거로 사용하는 버릇을 버리고, 그들의 의식과 문화 그리고 그것을 바탕으로 마련된 여러 제도들을 있는 그대로 추적하는 '실체적 경제학'의 방법을 충실히 한다면, 있었던 그대로의 다호메이 경제를 생생하게 이해할 가능성을 폴라니의 이 저작이 내게 가르쳐준 것이다.

이러한 방법은 이 책을 읽기 전에 이미 마르크스주의 경제사상과 역사적 유물론을 근본적으로 비판했던 코르넬리우스 카스토리아디스(Cornelius Castoriadis)의 저작 『사회의 상상적 제도』(L'institution imaginaire de la société)에서 접한 바 있었다.[1] 하지만 이러한 이론적 방법론을 구축하는 작업과 한 사회의 경제제도 및 그 작동을 실제로 그렇게 내재적인(immanent) 방법으로 그려내는 것은 전혀 다른 문제이다. 카스토리아디스의 이론에서 탈서구중심적인 동양 경제사 연구의 방법을 바로 도출하는 것은 쉬운 일이 아니지만, 폴라니가 이루어놓은 이론적 작업과 이 저서에서 예로 보여준 방식을 참조한다면 이는 동양 경제사의 전문 연구자들에게 직접적인 자극을 줄 수 있는 영감의 원천이 될 수 있을 것이다.

두 번째는 이 저서가 자본주의의 비교정치경제학 연구에 대해 가지는 함의이다. 역사적으로 존재하는 '현실 자본주의'(actually existing capitalism)는 결코 엄밀한 의미에서의 시장경제가 아니다.[2] 이미 1930년대부터 제임

---

1 영어판으로는 The Imaginary Institution of Society(London: Polity, 1987). 카스토리아디스는 폴라니의 영향을 받았을 뿐만 아니라, 폴라니 및 마르셀 모스(Marcel Mauss)의 영향 아래 "공리주의적 사회 이론에 반대"하는 것을 모토로 조직된 경제학자 · 인류학자 · 사회학자들의 연구 집단인 MAUSS와 긴 토론을 벌이기도 한다. 이는 익명의 번역자에 의해 인터넷에 올려져 있는 문서 "Democracy and Relativism: Discussion with the 'Mauss' Group"에서 찾아볼 수 있다.

2 이 점에 대한 폴라니의 견해는 지극히 모호하다. 폴라니는 『거대한 전환』에서 그러한 자기조정 시장이 결코 실현될 수 없는 유토피아에 불과했다는 것을 누누이 강조하고 있지만, 다른 곳에서는 자기조정 시장이 제도화된 현대 자본주의의 경제는 오스트리아 학파식의 '형식적 경제학'으로 해명될 수 있다는 취지의 발언을 내놓기도 한다. 나는 전자의 관점이 옳다고 굳게 믿을 뿐만 아니라, 후자의 관점에 결코 동의할 수 없는 이유 또한 거기에서 나온다고 믿는다.

스 버넘(James Burnham)에서 존 갤브레이스(John K. Galbraith)에 이르는 여러 명민한 관찰자들이 시장 메커니즘에 의해 조정되는 자본주의는 사라졌으며 그 대신 여러 사회조직과 제도의 권력 논리가 자본주의의 작동을 조절하는 메커니즘이 되었음을 누누이 지적한 바 있다. 비록 20세기 끝 무렵에 신자유주의적 지구화가 나타나면서 모든 나라의 자본주의가 이른바 '앵글로색슨'식 시장형 자본주의로 수렴하는 게 아니냐는 전망도 있었지만, 21세기에 들어선 지금 돌이켜보면 그런 식의 전면적인 수렴은 결코 벌어지지 않았다. 우선 미국식 자본주의나 이른바 신자유주의가 꿈꾸는 '글로벌 스탠더드'의 자본주의도 그렇게 시장 메커니즘만으로 조직되는 경제가 아닐뿐더러, 그 밖의 여러 다양한 나라에서 존재하던 이른바 '자본주의의 변형태들'(varities of captialism)은 그 다른 모습들을 여전히 간직하고 있을 뿐만 아니라 오히려 세계경제 위기 이후의 상황에 적응하는 과정에서 그 특징들을 더욱 강화하는 일도 많다. 폴라니의 19세기에 그랬듯이, 우리의 21세기에도 자기조정 시장이란 여전히 완전한 유토피아일 뿐 이다.

여기에서 질문이 나온다. 그렇다면 오늘날 세계 각국에 존재하는 '현실 자본주의'는 실제로 어떻게 조직되어 작동하고 있는 것인가? 여기에서 우리는 무수한 수식으로 구성된 일반균형 모델을 버리고, 실제 제도들이 어떻게 조직되어 운영되고 있으며 어떻게 서로 관계를 맺고 있는가를 '한 땀 한 땀' 조사할 수밖에 없다. 이것이 오늘날의 현실에서 제도주의 경제학 방법론에 입각한 비교정치경제학이 절실해질 수밖에 없는 이유이며, 또한 비교정치경제학이 풀어야 할 문제 설정이기도 하다. 불행하게도 이러한 방법론은 심한 저발전 상태에 처해 있다. 소스타인 베블런(Thorstein Veblen)이나 군나르 뮈르달(Gunnar Myrdal) 등의 고전적인 모범이 있었지만, 지난 몇십 년간 경제학을 지배했던 정통 주류의 패러다임은 이러한 연구의 전통과 맥락을 거의 말살해버리고 말았기 때문이다.

경제학에서 말살되어버린 이러한 연구 방향은 사회학과 정치학으로 이어지기도 했다. 제도주의의 방법은 경제학에 독점될 이유가 없으며, 다른 사회과학 분과의 연구자들이 나름의 방법과 시각에 착목하여 현대 자본주의의 제도적 구조를 밝혀내는 뛰어난 연구를 많이 축적해왔다. 그리고 20세기 끝 무렵이 되면 이른바 여러 다른 나라의 '자본주의 다양성' 연구가 굳건히 자리를 잡기도 했다. 하지만 이러한 성과물들은 지금은 끊어져버린 베블런이나 뮈르달 등의 '구(舊)제도주의' 전통과 비교해볼 때 중요한 한계를 가지고 있는 것도 사실이다. 이는 제도를 사회 전체의 정신적·물질적 구성과의 관계 속에서 바라보는 것이 아니라 일정한 기능으로서만 바라보는 구조적 기능주의의 편향이 짙게 남아 있다는 것이다. 그래서 '생산 레짐'(production regime)이나 '복지 레짐'(welfare regime) 등의 연구는 그 자체로 중요하며 또 사회 전체의 권력 구조와 자본축적 등에 중요한 혜안을 제공하는 것이 분명하지만, 어디까지나 그렇게 주어진 기능과의 관계 속에서만 제도들과 그 제도들의 앙상블을 연구하는 한계를 가지고 있다. 이는 독일 군국주의의 발전 속에서 독일 자본주의의 발전을 함께 보았던 베블런이나 이른바 '누적적 인과율'(cumulative causation)이라는 틀에서 아시아 저발전 사회의 빈곤의 지속을 분석했던 뮈르달과는 큰 차이가 있다.

다소 엉뚱하게 들릴지 모르겠지만, 폴라니의 『다호메이 왕국과 노예무역』은 이 점에서 볼 때 현대 자본주의의 연구 방법론에도 큰 자극이 될 수 있다고 믿는다. 폴라니가 이 책에서 보여준 '고대적 경제'의 분석은 화폐나 시장과 같은 경제의 '제도들'을 이런저런 기능으로 환원하여 그 기능들의 구조로서 '경제'를 구성하는 방법과 전혀 다르다. 폴라니는 다호메이 왕정의 (유럽식 용어를 쓰자면) '국가이성'(raison d'État)과 지정학적 필요를 한 축으로, 또 토착 인구의 정신적·물질적 삶의 안정성이라는 것을 다른 한 축으로 하여 여러 다른 제도들이 어떻게 구성되고 서로 겹치면서 변형을 겪게 되는지 밝혀내고 있다. 그 결과 이곳에서 발견되는 화폐나 시장, 또 중앙계획과 대외무역 등의 제도들은 다호메이의 경우에 고유하고 독특한 모습과 성격을 가지고 있음이 드러나게 된다.

폴라니의 서문에도 나오지만, 이는 그가 냉전 시대에 자유 시장 자본주의와 국가의 중앙계획이라는 두 개의 이데올로기에 각각 집착했던 '자본주의' 진영과 '공산주의' 진영의 대립을 넘어서고자 했던 노력과도 많은 관계가 있다. 모종의 전지전능한 설계자를 상정하여 그(녀)의 관점에서 시장 혹은 중앙계획으로 획일화된 경제 질서를 구성해 나가는 방식으로는 인간의 살림살이를 만족스럽게 해결할 수 있는 시스템을 구축할 수 없다. 모든 인간 사회는 그 고유의 시간적·공간적 맥락 속에 쌓여 퇴적되어 있는 관계 망의 결과물이며, 그 속에 살고 있는 인간들은 단순한 좁은 의미의 경제적 필요뿐만 아니라 고유의 정신문화, 권력관계, 사회 관습 등의 무수한 요소들의 영향 속에서 경제제도를 만들어가게 마련이다. 인간에게 풍요뿐만 아니라 자유와 도덕을 함께 보장할 수 있는 경제 질서는 그렇게 만들어질 수밖에 없다. 서양 중세의 사람들은 자신들의 경제 질서를 규정하는 법칙이 노동하는 이들의 땀과 근면이 아니라 신의 은총을 통한 자연의 길들임이라고 믿었다. 우리도 이제 우리의 경제가 조직된 구조와 실제로 작동하는 방식에 대해 '시장의 신화'를 포함한 모든 미망을 벗고 실질적인 사회조사로 들어가야 할 것이다. 이 점에서 볼 때 다호메이 왕국의 경제를 연구하는 작업과 21세기 각국 그리고 지구적 자본주의를 연구하는 작업에는 별 차이가 없다고 믿는다.

*

이 책의 번역은 길고 오랜 과정이었다. 따로 시간을 내기 힘들어 몇 년간 일거리를 주말마다 집에 싸들고 와서 작업해야 했다. 이 때문에 미안하게도 민폐를 끼칠 수밖에 없었던 이들은 처 이지은과 이제 6살이 된 아들 은민이다. 지켜주고 힘을 돋워주어 감사하다는 말을 전한다. 또 칼 폴라니 연구소의 창립을 위해 애쓰신 송경용 신부님과 정태인 선생님께도 고맙다는 말을 전한다. 이 분들 모두가 기뻐할 수 있는 날이 어서 오도록 이 책이 역할을 할 것이라고 믿는다. 물론 노년에 들어서도 힘을 잃지 않고 이 소중한 연구를 남겨 준 폴라니에게 마음 깊은 곳으로부터 감사와 존경을 드린다.

2015년 3월
옮긴이 홍기빈

Atkins, John[R. N. Surgeon], (1737), *Voyage to Guinea, Brasil and West-Indies in His Majesty's Ships the Swallow and Weymouth*. Second Edition. London.

Baillaud, Émile, (1902), *Sur les Routes du Soudan*. Toulouse.

Barbot, James Jr., (1732), in Appendix of John Barbot, *A Description of the Coasts of North and South Guinea, and of Ethiopia inferior, vulgarly Angola*, Vol. V. London: Churchill, Awnsham Comp.

Barbot, John, (1732), *A Description of the Coasts of North and South Guinea, and of Ethiopia inferior, vulgarly Angola*, Vol. V. London: Churchill, Awnsham Comp.

Barth, Heinrich, (1857~58), *Reisen und Entdeckungen in Nord-und Central-Afrika in den jahren 1849 bis 1855*. Gotha: J. Perthes.

Barth, Heinrich, (1859), *Travels and Discoveries in North and Central Africa*. New York: Harper and Brothers.

Basden, George T., (1921), *Among the Ibos of Nigeria*. London: Seeley Service.

Berbain, Simone, (1942), *Le Comptoir Français de Juda (Ouidah) au XVIIIᵉ Siècle*. Memoires de l'IFAN, No. 3. Paris.

Binger, Captain Louis G., (1892), *Du Niger au Golfe du Guinée par le Pays de Kong et la Mossi*. Paris: Librarie Hachette et Cie.

Bohannan, Paul, (1959), The Impact of Money on an African Subsistence Economy. *American Journal of Economic History*, Vol. 19, No. 4.

Bohannan, Paul, (1955), Some Principles of Exchange and Investment Among the Tiv. *American Anthropologist*, Vol. 57, No. 1.

Bohannan, Paul, (1954), *Tiv Farm and Settlement*. London: Her Majesty's Stationery Office.

Bohannan, Laura and Paul, (1957), Tiv Markets. *Transactions of the New York Academy of Sciences*, New Series, Vol. 19, No. 7. pp. 613~21.

Bosman, Willem, (1808~14), *A New and Accurate Description of the Coast of Guinea*. In John Pinkerton (ed.) *A General Collection of the Best and Most Interesting Voyages and Travels in All Parts of the World*, Vol. XVI. London.

Brunner, Otto, (1942), *Land und Herrschaft*. Brünn: R. M. Rohrer.

Bücher, Karl, (1913), *Die Entstehung der Volkswirtschaft*. Tübingen: Verlag der H. Laupp'schen Buchhandlung.

Burns, A. C., (1929), *History of Nigeria*. London: G. Allen and Unwin Ltd.

Burton, Captain Sir Richard F., (1863), *Abeokutia and the Camaroons Mountains*. London: Tinsley Brothers.

Burton, Capt. Sir Richard F., (1893), *A Mission to Gelele, King of Dahome* (2 vols.), Memorial Edition. London.

Cà da Mosto, (1780), in De la Harpe, M. *Abrege de l'histoire generale des voyages*, Tome 2.

Clapperton, Hugh, (1829), *Journal of a Second Expedition into the Interior of Africa from the bight of Benin to Soccatoo*. Philadelphia: Carey, Lea and Carey.

Dalzel, Archibald, (1793), *History of Dahomey*. London: Author.

D'Amon, (1935), Relation du Chevalier D'Amon (1698). In *L'Establissment d'Issiny, 1687~1702*, Paul Roussier. Paris: Larose.

Davies, Kenneth Gordon, (1957), *The Royal African Company*. London, New York: Longmans, Green.

De la Harpe, M., (1780), *Abrege de l'histoire generale des voyages* (Vol. 2, Ch. IV. Dahomey; and Vol. 3). Paris: Hôtel de Thou, Rue des Poitevins.

D'Elbée, (1671), *Journal du Voyage du Sieur d'Elbée en 1669* par I. Clodoré. Paris.

Doublet, J., (1883), *Journal du Corsaire Jean Doublet de Hanfleur*. Paris.

Du Casse, J., (1935), Relation du Sieur Du Casse (1687~88). In *L'Etablissement d'Issiny*, 1687~1702, Paul Roussier. Paris: Larose.

Duncan, John, (1847), *Travels in Western Africa, in 1845 and 1846* (2 vols.). London: R. Bentley.

Dunglas, Édouard, (1957~58), *Contribution a l'histoire du Moyen-Dahomey (Royaumes d'Abomey, du Kétou et de Ouidah)*. 3 vols. Études dahoméennes, XIX~XXI. IFAN.

Einzig, Paul, (1949), *Primitive Money in its Ethnological, Historical and Economical Aspects*. London: Eyre and Spottiswoode.

Foà, Édouard, (1895), *Le Dahomey*. Paris: A. Hennuyer.

Forbes, Frederick E., (1851), *Dahomey and the Dahomans, Being the Journal of Two Missions to the King of Dahomey, and Residence at His Capital in 1849 and 1850*. London: Longmans, Brown, Green and Longmans.

Forde, C. Daryll, (1960), The Cultural Map of West Africa: Successive Adaptations to Tropical Forests and Grasslands. In *Cultures and Societies of Africa*, Ottenberg, S. and P., editors. New York.

Gautier, Émile Felix, (1935), *L'Afrique noire occidentale*. Paris: Librairie Larose.

Gourg, M., (1892), Ancien Mèmoire sur le Dahomey ⋯ (1791). In *Mémorial de l'Artillerie de la Marine*, 2ᵉ Série, Tome XX. pp. 747~76.

Herskovits, Melville J. and Frances S., (1958), *Dahomean Narrative*. Evanston: Northwestern University Press.

Herskovits, Melville J., (1938), *Dahomey, an Ancient West African Kingdom* (2 vols.). New York: Augustin.

Ibn Batuta, (1958), Travels, A. D. 1325~54. Cambridge: Printed for the Hakluyt Society at the University Press.

Isert, Paul Erdmann, (1797), *Reize van Koppenhagen naar Guinea*. Amsterdam.

Jackson, J. W., (1915~16), *The Use of Cowry-Shells for the Purposes of Currency, Amulets and Charms*. Manchester Memoirs, Vol. LX, No. 13.

Jobson, Richard, (1904), *The Golden Trade or a Discovery of the River Gambia and the Golden Trade of the Aethiopians (1620~21)*. Teignmouth, Devonshire: E. E. Speight and R. H. Walpole.

Johnson, Rev. S., S. J., (1921), *The History of the Yorubas from the Earliest Time* to the *Beginning of the British Protectorate*. London: G. Routledge and Sons.

Johnston, Captain John, (1930), in *The Proceedings of the American Antiquarian Society*, N. S.

Johnston, Captain John, (1930), "The Journal of an African Slaver, 1789~92", with an introductory note by George A. Plimpton. *The Proceedings of the American Antiquarian Society*, N. S. Vol. 39, pp. 379~465.

Labat, Père Jean-Baptiste, (1731), *Voyage du Chevalier des Marchais en Guinée*. Amsterdam: Aux dépens de la Compagnie.

Lambe, Bulfinch, (1744), Report, 27th November 1724. In *A New Voyage to Guinea*, W. Smith, editor.

Le Herissé, A., (1911), *L'ancien Royaume du Dahomey. Moeurs, Religion, Histoire*. Paris.

Lenz, Oskar, (1884), *Timbuktu: Reise durch Marokko, die Sahara und den Sudan 1879/80*. Leipzig: F. A. Brockhaus.

Mage, Abdon Eugène, (1868), *Voyage dans le Soudan occidental (Sénégambie-Niger)*. Paris: L. Hachette et Cie.

Malinowski, Bronislaw, (1922), *Argonauts of the Western Pacific*. London: G. Routledge and Sons.

Martin, Gaston, (1948), *Histoire de l'esclavage dans les colonies françaises*. Paris: Presses universitaires de France.

Martin, Gaston, (1931), *Nantes au XVIIIᵉ Siecle, L'ère des négriers, (1714~74)*. Paris: Félix Alcan.

McLeod, John, (1820), *A Voyage to Africa with Some Account of the Manners and Customs of the Dahoman People*. London: J. Murray.

Mercier, Paul, (1951), Les tâches de la sociologie. *Initiations Africaines*. IFAN.

Mercier, Paul, (1954a), *L'affaiblissement des processus d'intégration dans des sociétés en changement*. (Bulletin) de l'IFAN, Vol. 16.

Mercier, Paul, (1954b), *Cartes Ethno-démographiques de l'ouest Africain*. Feuilles No. 5, IFAN.

Mercier, Paul, (1954c), The Fon of Dahomey. In *African Worlds*, D. Forde, editor. London: Oxford University Press.

Nachtigal, Gustav, (1879~89), *Saharâ und Sûdân*. Berlin: Weidmann.

Newbury, C. W., (1961), *The Western Slave Coast and Its Rulers*. Oxford: Clarendon Press.

Parliamentary Papers, (1789), Minutes of the Evidence taken before a Committee of the House of Commons of the whole House to consider the circumstances of the Slave Trade.

Parliamentary Papers, (1790), Report of the Lords of the Committee of Council relating to the Slave Trade (Board of Trade) 1789. (Published 1790.)

Phillips, Thomas, (1746), *Journal of a Voyage to Africa and Barbadoes*, Vol. VI. London: Churchill, Awnsham Comp.

Polanyi, Karl, (1944), *The Great Transformation*. New York: Rinehart.

Polanyi, Karl, (1947), Our Obsolete Market Mentality. *Commentary*, Vol. 13, September. pp. 109~17.

Polanyi, Karl, (1963), Ports of Trade in Early Societies. *The Journal of Economic History*, Vol. XXIII, No. 1, March.

Quiggin, Alison H., (1949), *A Survey of Primitive Money*. London: Methuen.

Richard-Molard, Jacques, (1949), *Afrique occidentale française*. Paris: Berger-Levrault.

Robinson, Charles Henry, (1896), *Hausaland*. London: S. Low, Marston and Co.

Rodbertus, Karl, (1865), Zur Geschichte der römischen Tributsteuern. *Jarbücher für Nationalökonomie und Statistik*, IV.

Rostovtzeff, Michael, (1932), *Caravan Cities*. Oxford: Clarendon Press.

Roussier, Paul, (1935), *L'établissement d'Issiny, 1687~1702. Voyages de Ducasse, Tibierges et d'Amon à la côte de Guinée (publiés pour la première fois et suivis de la relation du voyage au royaume d'Issiny du Père Godefroy Loyer)*. Paris: Larose.

Sik, Endre, (1961~63), *Histoire de L'Afrique Noire*, Tome I~II [Traduit par Frida Lederer]. Budapest: Akadémiai Kiadó.

Skertchly, J. A., (1874), *Dahomey as it is: Being a Narrative of Eight Months' Residence in that Country*. London: Chapman and Hall.

Smith, William, (1744), *A New Voyage to Guinea*. London.

Snelgrave, Capt. William, (1734), *A New Account of Some Parts of Guinea, and the Slave Trade*. London: J. J. and P. Knapton.

Thomas, Harold Bekan, and Robert Scott, (1935), *Uganda*. London: Oxford University Press.

Thurnwald, Richard, (1916), *The Bararo*. Memoirs, *American Anthropologist*, No. 4.

Towrson, William, (1907), The First Voyage of Master William Towrson, 1555. In R. Hakluyt, *The Principal Navigations of the English Nation*. London.

Wyndham, H. A., (1935), *The Atlantic and Slavery*. London: Oxford University Press.

|ㅅ|

| ㅇ |